权威·前沿·原创

皮书系列为
"十二五""十三五""十四五"时期国家重点出版物出版专项规划项目

BLUE BOOK

智库成果出版与传播平台

媒介素养蓝皮书
BLUE BOOK OF MEDIA LITERACY

媒介与信息素养研究报告
（2023~2024）

RESEARCH REPORT ON THE MEDIA AND INFORMATION LITERACY (2023-2024)

数字包容与可持续发展
Digital Inclusion and Sustainable Development

主　编／姚　争　卜　卫
副主编／宋红岩

社会科学文献出版社
SOCIAL SCIENCES ACADEMIC PRESS (CHINA)

图书在版编目(CIP)数据

媒介与信息素养研究报告.2023-2024：数字包容与可持续发展/姚争，卜卫主编.--北京：社会科学文献出版社，2024.11.--（媒介素养蓝皮书）.--ISBN 978-7-5228-4402-2

Ⅰ.G219.2

中国国家版本馆CIP数据核字第2024NA8576号

媒介素养蓝皮书

媒介与信息素养研究报告（2023~2024）
——数字包容与可持续发展

主　　编／姚　争　卜　卫
副 主 编／宋红岩

出 版 人／冀祥德
责任编辑／路　红
文稿编辑／张　爽　孙玉铖　刘　燕　田正帅
责任印制／王京美

出　　版／社会科学文献出版社·皮书分社（010）59367127
　　　　　地址：北京市北三环中路甲29号院华龙大厦　邮编：100029
　　　　　网址：www.ssap.com.cn
发　　行／社会科学文献出版社（010）59367028
印　　装／天津千鹤文化传播有限公司

规　　格／开本：787mm×1092mm　1/16
　　　　　印　张：27　字　数：403千字
版　　次／2024年11月第1版　2024年11月第1次印刷
书　　号／ISBN 978-7-5228-4402-2
定　　价／158.00元

读者服务电话：4008918866

▲ 版权所有 翻印必究

媒介素养蓝皮书
编委会

主　　编　姚　争　卜　卫

副 主 编　宋红岩

编委会成员　（按姓氏笔画排序）
　　　　　　卜　卫　王圣策　刘晓红　刘福州　许志红
　　　　　　宋红岩　张　祺　姚　争　黄鸣刚　崔　波
　　　　　　潘红霞

主要编撰者简介

姚 争 博士,浙江传媒学院副校长、二级教授、博士生导师。目前担任教育部高等学校戏剧与影视学类专业教学指导委员会委员、浙江省戏剧与影视学类专业教指委主任、浙江传媒学院电视编辑与导播国家实验教学示范中心主任、中国高校影视学会影视实验教学委员会常务理事兼实验教学专业委员会主任委员、中国广播电视社会组织联合会媒介素养学术研究基地主任、浙江省文化创意产业协会副会长等职;担任中国电影金鸡奖、中国电视金鹰奖评委,入选2020年度全国广播电视和网络视听行业理论研究类领军人才。主要从事广播影视艺术和新媒体传播教学与科研工作。主持国家社会科学基金艺术学重点和一般项目2项,主持完成省部级课题6项。出版《新兴媒体竞合下的中国广播》等专著和教材4部,其中《影视剪辑教程》入选"十二五"普遍高等教育本科国家级规划教材;近年来在国内核心期刊发表影视理论论文40余篇;先后获得浙江省教学成果奖一等奖1项、二等奖3项;当选首批国家一流专业负责人,主持浙江省一流(精品)课程2门、省教学团队1个。

卜 卫 浙江传媒学院特聘教授、中国社会科学院新闻与传播研究所二级研究员、中国社会科学院大学特聘教授和博士生导师。美国加州大学圣地亚哥分校和夏威夷大学、丹麦哥本哈根大学、瑞典马尔默大学等访问学者。兼任联合国儿童基金会性别顾问、国务院妇女儿童工作委员会办公室儿童工作智库专家、中国妇女研究会理事、中国广播电视社会组织联合会媒介素养学术研究基地主任。长期从事传播与社会发展研究，其中包括媒介素养教育、数字素养与可持续发展。20世纪90年代起，在媒介素养研究、媒介素养教育和数字素养与可持续发展方面出版多部专著、教材，发表数十篇论文，主持和参与大量的媒介素养教育实践项目，在此基础上编撰了多本针对某一社会议题的普及性读物。

宋红岩 浙江传媒学院教授、硕士生导师，英国剑桥大学访问学者。现为中国广播电视社会组织联合会媒介素养学术研究基地秘书长、浙江省媒介素养教育研究会副会长、浙江传媒学院媒介素养研究所常务副所长、浙江省青年教育研究会理事。主要研究方向为媒介素养、网络空间治理、舆情与社会治理、青少年社会发展等。2007年开始从事媒介素养研究、教育与社会推广等工作，发表论文30余篇，出版《中国长三角农民工网络使用与社会认同研究》《全球数字素养发展前沿研究》等著作，《数字信息时代：呼唤青少年网络文明素养教育》《基于形象传播的中国演艺明星网络素养研究》等论文被《新华文摘》等转载。

序

从全球比较视角来看,面向数智社会的国家综合竞争力和人才储备的战略焦点,数字素养教育受到各个国家和地区的重视。在中国数字素养也走进国家政策顶层设计,这与党的二十大提出的网络强国、数字中国建设要求相适应,也与加快建设教育强国、科技强国、人才强国战略相呼应。

在此背景下,我们撰写了首部"媒介素养蓝皮书"(于2022年由社会科学文献出版社出版),该蓝皮书一经出版,受到社会各界的广泛关注,有喜悦的同时,更多的是动力和压力。在此过程中,也有人提出宝贵的意见和建议,我们都认真听取,并在本书撰写工作中进行了优化。同时,有一些值得探讨的地方,在此略谈一二,以供商榷。

第一,为什么是"媒介素养蓝皮书",而不是"网络素养蓝皮书"、"信息素养蓝皮书"或者"数字素养蓝皮书"?我们这里使用"媒介素养蓝皮书"是基于以下几个原因。

一是这里的"媒介素养"是个概括性术语或总术语,我们在第一本"媒介素养蓝皮书"的总报告里,根据联合国教科文组织于2013年发布的《全球媒介与信息素养评估框架:国家状况与能力》对其概念做了系统的梳理,指明媒介与信息素养是一组赋权公民的能力,包括以批判的、伦理的和有效的方式接近、获取、理解、评估、利用和创造以及分享信息和各种形式的媒介内容的能力,使之能够有效地参与或从事个人的、职业的和社会的活动。同时,媒介与信息素养是一组交叉的概念群,根据联合国教科文组织2021年出版的 *Media and Information Literary Curriculum for Educations and*

Learners，媒介与信息素养联盟（MIL Alliance）认为媒介与信息素养是一个伞式术语（Umbrella Term），主要包括阅读素养、新闻素养、信息素养、视觉素养、印刷素养、计算机素养、网络素养、电视素养、电影素养、广告素养、游戏素养、社交媒体素养、AI 素养、数据素养，这些提法从媒介形态或应用来讲各有侧重，但它们的实质有共通性。在本书中，媒介素养是"媒介与信息素养"的简称。

二是在中国，人们更常听到的是网络素养、数字素养等提法，从目前的政策制度、教育规划及能力提升等文件来看，对网络素养、数字素养之间的关系没有明确的界定，在不同的语境中表述各异，且二者的区别与联系尚未厘清，存在混用现象。从现有的研究文献和政策文件来看，网络素养主要侧重网络文明建设相关内容，譬如，网络安全、网络育人、防止网络沉迷等。数字素养则侧重数字化建设、数字资源开发与应用、数字素养技能提升等。从概念范畴来看，二者均不包括大众媒介部分，而本书的研究内容既包括网络新媒体，也包括数智媒介，还包括大众媒介，涉及当前大多数媒介形态及内容。因此，本书使用了媒介与信息素养的概念，具有一定的包容性与普遍性。

第二，媒介素养研究是否仅是一个学术问题？一是从学科归属来看，媒介素养起源于 20 世纪初的文盲启蒙教育，以及对书籍、报纸、电影等早期大众媒体传播效果的反思，倡导采取保护主义的教育范式。早期的媒介素养更侧重传播学和教育学。如今媒介素养跨学科交叉融合趋势日益增强，从近几年立项的国家社会科学基金项目来看，涉及传播学、教育学、社会学、人口学、情报和图书馆学、社会学、政治学等多个学科，可见，媒介素养是当前中国数智社会建设的一个学术前沿热点。

二是媒介素养也是一场教育行动。美国、加拿大等媒介素养教育比较成熟的国家均积极推进数字公民教育工程，纷纷将媒介素养教育纳入基础教育。譬如，加拿大政府将媒介素养纳入中小学 12 个年级组（K12）教育体系；2018 年荷兰发布《荷兰数字化战略：为荷兰的数字化未来做好准备》，提出学校教育数字化的战略发展目标，将媒介素养的培养贯穿小学、中学到大学的各个学段，教学内容由低阶到高阶、由简单到综合，组成前后衔接的完整学习过程。在亚洲，韩国教育部统一编制小学、初中、高中3种版本的学校数字素养教材，提出"小学低年级开始接触和理解媒体""小学高年级需要重视批判性阅读""中学需要通过媒体主动沟通并参与社会生活"的进阶式媒介素养教育模式。

三是媒介素养是一个全球倡议。2019年11月，在联合国教科文组织第40届大会上，首次将全球媒介和信息素养周列为官方活动，联合国教科文组织向全世界传达的信息是"媒介与信息素养是增强全民能力的关键"。2023年10月，联合国教科文组织举办了全球媒体与信息素养周（MIL Week），其主题是"数字空间的媒体与信息素养：一个集体性的全球议程"，共同探索3个问题：其一，数智媒介、平台与信息等对人们的影响；其二，加强数字素养利益攸关方的多边合作，力求将媒介与信息素养融入各国的政策、业务和产品；其三，敦促国际社会制定相关倡议，以提高数字空间的媒介与信息素养水平。欧盟则从区域整体发展层面出发，将数字素养纳入其教育政策，从2011年开始实施数字素养项目，连续发布并升级《欧盟公民数字胜任力框架》，先后出台《欧洲媒介素养宪章》《欧洲电影教育框架》等原则性指导意见，支持成员国制定数字素养教育相关政策，通过各种倡议和项目促进数字素养教育普及，以提高欧洲公民的数字素养水平。

第三，撰写"媒介素养蓝皮书"的作用或意义是什么？一是从个体层面来看，当前人们越来越多地面对媒介、平台与信息，每个人的生活、行为、关系、位置乃至身体都日益数字化，成为"全息数据化的人"，不仅产生了信息茧房、大数据杀熟、网络谣言、算法歧视、隐私安全等问题，还造成了游戏沉迷、社交成瘾、行为障碍等问题。因此，从个体层面来讲，数智媒介与技术的迭代发展使"媒介素养"成为这个时代人们生存的重要条件，培养媒介素养的首要任务是让人们学会如何正确处理人与媒介的关系，学会如何更好地面对数字社会，学会如何正确地接近、获取、理解、评估、利用、创造媒介与信息。

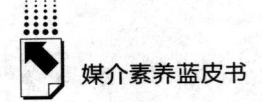

二是从国家层面来看，媒介素养是未来国家综合竞争力的先导，习近平总书记强调，要提高全民全社会数字素养和技能，夯实我国数字经济发展坚实的社会基础。媒介素养与技能提升，是中国建设数字中国、促进人的全面发展与全面建成社会主义现代化强国的重要举措。目前，中国大多数学校应重点关注数字校园建设，需要形成具有系统性、前瞻性的媒介素养教育框架，构建与数智社会相适应的数字公民的数字素养教育体系。

三是从全球视野来看，在不同国家和地区之间存在巨大的数字鸿沟和数据不平等现象，包括性别、群体、种族等数字鸿沟，这将深刻地影响一个国家的公共政策、教育发展以及国际数字安全。媒介素养的任务不仅包括一个国家和地区数字技术及其基础设备的普及和服务水平的提升，尤为重要的是，公众数字胜任力的提升和数字公民的可持续发展。联合国教科文组织将数字素养视为2030年全球可持续发展议程目标4（SDG4）实现的重要支撑。2018年发布的《数字素养全球框架》（DLGF）强调通过政策制定和实施、教育体系建设等提升人们的数字素养水平，为各国开展数字素养教育提供了政策支持和指导。

2022~2023年，中国广播电视社会组织联合会媒介素养学术研究基地、浙江省媒介素养教育研究会和浙江传媒学院媒介素养研究所克服各种困难，开展丰富多样的工作。

第一，2023年5月20~21日，第九届中国西湖媒介素养国际会议（2023）在杭州举行。本届会议以"数智时代媒介（数字）素养前沿发展研究"为主题，由中国广播电视社会组织联合会、浙江省媒介素养教育研究会、浙江传媒学院联合举办。来自全国13个省（市）、香港地区以及墨西哥、巴基斯坦、菲律宾、澳大利亚的110多位媒介素养专家、学者共聚西子湖畔，共叙媒介发展，共商素养教育。浙江传媒学院视频号对活动进行直播。会上，中国广播电视社会组织联合会副秘书长周然毅、联合国教科文组织驻华代表夏泽翰教授、联合国教科文组织媒体和信息素养联盟国际指导委员会共同主席Jesus Lau、浙江省社会科学界联合会副主席陈先春先后在开幕式上致辞。

中国社会科学院新闻与传播研究所所长、中国社会科学院大学新闻传播学院院长胡正荣在题为《国际传播素养：问题与构成》的主旨报告中，抛出"国际传播素养"的若干观点，表示要挖掘中国故事的当代价值，注重共同性、同情性、普遍性，以及本土性、区域性、全球性之间的关系。联合国教科文组织媒体和信息素养联盟专家分享了数字素养研究成果。联合国教科文组织媒体和信息素养联盟国际指导委员会共同主席 Jesus Lau 做了题为《创建国家多媒体教育路线图：重要课程要素和教科文组织的贡献》的主旨报告，详细介绍了联合国教科文组织第二版"媒介信息素养和数字素养课程"。联合国教科文组织媒体和信息素养联盟国际指导委员会亚太区域代表、菲律宾媒体和信息素养协会主席 Jose Reuben Q. Alagaran II 做了题为《培养辨别能力：教科文组织媒体和信息素养联盟亚太分会的成就》的主旨报告，对菲律宾媒体和信息素养发展经验做了介绍。清华大学新闻与传播学院教授、中国教育学会青少年媒介素养分会会长陈昌凤做了题为《生成式人工智能：人类的魔镜》的主旨发言，围绕人工智能时代的生存与挑战、技术逻辑、人性镜鉴三方面展开具体论述。北京师范大学法学院教授、博士生导师、中国互联网协会研究中心副主任吴沈括在主旨报告中对《人工智能治理政策法规》进行了深入的观察与思考。北京师范大学新闻传播学院党委书记方增泉分享了《生成式人工智能未成年人保护和发展评估指标体系》的研究成果。本次会议设立34个平行论坛，包括浙江省媒介素养教育研究会年会、理论研讨论坛、实践分享论坛以及研究生专场论坛。来自国内外高校和研究机构的23位录用论文作者分别做了精彩的报告。在平行论坛浙江省媒介素养教育研究会年会上，浙江传媒学院和浙江省媒介素养教育研究会与杭州市上城区笕桥街道办事处签订数字素养教学基地协议书，并颁发理事单位及成员证书。

第二，2023年3月和5月分别在北京、杭州召开《媒介素养蓝皮书：媒介与信息素养研究报告（2021~2022）》发布会，邀请的主讲嘉宾有清华大学教授陈昌凤、中国社会科学院大学教授杜智涛和中国传媒大学教授张开等。

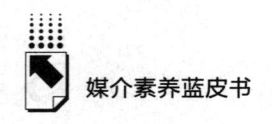

2023年8~11月组织多轮研究人员研创《媒介素养蓝皮书：媒介与信息素养研究报告（2023~2024）》。此外，还组织2023年中国广播电视社会组织联合会媒介素养课题评审等工作，共立项课题20项，并对历年课题的成果进行编录。

第三，组织媒介素养开放日等活动。2023年4月27日，浙江省媒介素养教育研究会、浙江传媒学院联合钱塘区社科联推出浙江省媒介素养科普基地开放日暨钱塘社科展示体验活动，共计500余位青少年参加了本次开放日活动。2023年5月5~15日，在宋红岩秘书长的带领下，浙江传媒学院150余名学生深入杭州市上城区笕桥街道7个社区开展老年人数字素养实地调研，回收有效纸质问卷2200余份、访谈记录20余份。对当下老年人数字素养缺失的重点问题进行研究，以贴近老年人拥抱数字社会的具体需求，为未来社区乃至杭州市"跨越银龄"老年人数字素养提升提供有针对性的建议。在2023年暑期面向浙江传媒学院招募了15支社会实践队伍，开展媒介素养教育与实践活动，并取得了丰硕的成果。

第四，以学校教学改革与课程建设为契机，开设"媒介素养教育与实践"公选课。在此基础上，邀请国内外媒介素养方面的专家学者举办数字素养大讲堂，开展丰富多彩的媒介素养校园活动。

综上所述，本书创作团队秉持时代关切与现实行动的初心，紧跟媒介素养学术前沿，开展2023~2024年"媒介素养蓝皮书"撰写工作，力求前瞻性、权威性、新颖性和原创性。本书的撰写工作主要由浙江传媒学院媒介素养研究团队完成，同时浙江传媒学院特聘教授卜卫带领的北京博士团队给予了极大的支持，他们分别来自中国社会科学院大学、中国农业大学、西南政法大学、广州大学、四川师范大学等。此外，本书还特邀北京师范大学吴沈括教授、澳大利亚墨尔本大学付俊博士等学者加盟。本书以中国广播电视社会组织联合会媒介素养专项系列课题为基础，在组稿、编辑和出版过程中得到联合国教科文组织、蚂蚁集团、中国广播电视社会组织联合会媒介素养学术研究基地、浙江省媒介素养教育研究会和浙江传媒学院的大力支持与帮助，也得到各位作者、编委的关心与支持。在此，谨代表"媒介素养蓝皮书"编委会向各方表示衷心的感谢。同时，要感谢社会科学文献出版社及其编校人员的辛勤工作。由于成稿时间仓促，本书中疏漏、不足之处在所难免，恳请各位学者、读者不吝赐教。

姚 争

浙江传媒学院副校长、教授

"媒介素养蓝皮书" 主编

2024年10月

摘　要

本书通过大量的实地调研和政策研究，探讨数字包容框架下公民数字素养提升的需求、现状及其在各领域的应用情况，在此基础上提出政策建议。

研究发现，数字包容来自对数字鸿沟的反思，但数字包容不仅指消除鸿沟，公平获取访问设备和连接，还包含公民的数字素养提升，如数字获取、制作、使用、评价、交互、分享、创新、问题解决、安全、伦理道德等一系列素质与能力。在一个国家的不同地区（例如，城市与农村、沿海与内陆），以及不同人群之间，可能存在多个数字素养鸿沟，这取决于他们的年龄、收入、性别、教育和阶层以及其他情况。采用数字包容框架探讨不同群体的数字素养提升情况，是为弥合这些鸿沟和促进社会平等。

本书包括4篇有关不同脆弱群体的调研报告：特殊学校视障青少年数字素养现状与需求调研报告、老年人媒介使用及数字素养状况调研报告、乡村青少年隐私和个人信息保护意识调研报告以及乡村女性数字能力建设调研报告。这些报告介绍了不同群体数字鸿沟的新形式以及数字素养需求和现状，建议采用包容性数字素养教育，以人为中心促进数字素养提升。

本书包括3篇乡村青年和女性利用数字素养促进在地发展的调研报告。包括乡村民宿从业者数字素养调研报告、利用传播技术扩展乡村性别友好空间调研报告，以及"数字化赋能"形塑乡村创变者调研报告。这些报告以人为中心，探讨数字素养提升在当地发展中的作用。特别是后两个报告，根据乡村妇女的需求重构技术体系，将适宜技术嵌入她们的生活和生计中，特别在非遗传承方面，突出少数民族妇女的经济贡献，突出返乡青年和女性的

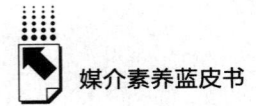

主体性，为自下而上地建构不同的数字素养知识体系提供了借鉴。

  本书还包括 3 篇有关城乡媒介素养教育的经验报告，以探索媒介素养教育的实践路径。本书提供了相关政策新进展的研究资料，其中，关于人工智能政策的研究报告介绍了当前国际国内人工智能技术发展现状，阐释了当前中国人工智能立法的背景、制度要求、内在逻辑和制度启示。

  本书研究发现，全体公民数字素养的提升是实现数字包容以建构平等社会的关键。数字包容不仅需要自上而下的政策和技术支持，也需要自下而上地针对不同社会群体的发展需求提供适合其发展的数字素养教育，以通过数字素养提升促进在地的包容性发展。

关键词： 数字包容　数字素养　包容性发展　数字鸿沟

目 录

Ⅰ 总报告

B.1 "不让一个人掉队":关于数字包容、数字素养与可持续发展的

研究报告……………………………………… 卜 卫 蔡 珂 / 001

Ⅱ 政策法规篇

B.2 中国媒介与信息素养政策法规发展及分析(2021~2023)

………………………………………………………… 杨英文 / 029

B.3 中国人工智能政策法规发展及分析(2020~2023)

………………………………………………… 吴沈括 邓立山 / 051

Ⅲ 数字包容与可持续发展篇

B.4 特殊学校视障青少年数字素养现状与需求调研报告…… 蔡 聪 / 071

B.5 数字适老?老年人媒介使用及数字素养状况调研报告

………………………………………………………… 宋红岩 / 109

B.6 乡村青少年隐私和个人信息保护意识调研报告
　　……………………………………………… 王圣策　胡　芸 / 153
B.7 乡村女性数字能力建设调研报告
　　——以"数字木兰"民宿管家培训计划为例
　　………………………………………… 卜　卫　蔡　珂　曹　昂 / 172
B.8 乡村民宿从业者数字素养调研报告………………… 曹　昂 / 215
B.9 利用传播技术扩展乡村性别友好空间
　　——L乡村妇女发展基金会性别项目的调研报告…… 王子艳 / 234
B.10 "数字化赋能"形塑乡村创变者
　　——友成企业家乡村发展基金会"香橙妈妈"项目研究报告
　　………………………………………………… 卜　卫　蔡　珂 / 256

Ⅳ 媒介素养教育篇

B.11 广州市少年宫张海波媒介素养教育团队实践经验报告
　　………………………………………………… 张灵敏　王晓艳 / 277
B.12 黄山乡村学校媒介素养教育经验报告 ……… 王晓艳　张灵敏 / 310
B.13 新闻传播类大学生获得性媒介素养与职业发展个案研究
　　………………… 崔　波　白一涵　曹贤洁　赵　晞　黄智尚 / 329

Ⅴ 比较借鉴篇

B.14 数字素养与理想的数字生活
　　——澳大利亚数字素养教育的实践和反思 ………… 付　俊 / 359
B.15 欧盟媒介素养政策研究（2010~2020）
　　………………………… 王子娴　王子超　邱才浩　李　琛 / 370

目 录

Abstract …………………………………………………………… / 388
Contents …………………………………………………………… / 390

皮书数据库阅读使用指南

总 报 告

B.1
"不让一个人掉队":关于数字包容、数字素养与可持续发展的研究报告

卜卫 蔡珂*

摘　要： 本报告通过文献综述,回顾和分析了数字包容概念的来源、变化及应用情况,而后在数字包容框架下审视不同脆弱群体的数字素养现状及相关政策的发展情况。研究发现,数字包容来自对数字鸿沟的反思,但数字包容不仅指消除鸿沟的公平获取访问设备和连接,还包括公民数字素养的提升,如数字获取、制作、使用、评价、交互、分享、创新、问题解决、安全、伦理道德等一系列素质与能力的提升,并以可改善生活的方式有效地使用技术。文献分析发现,诸多定量或定性研究描述了数字包容重点关注的群体,如残障人士、老年人、女性、少数民族群众以及乡村居民,得出其数字素养普遍偏低的结论。数字包容不仅需要自上而下的政策和技术支持,也需要自下而上地针对不同社会群体的发展需求提供适合其发展的数

---

* 卜卫,中国社会科学院大学特聘教授,研究方向为传播与社会发展;蔡珂,北京外国语大学国际新闻与传播学院博士后,中国社会科学院大学与澳大利亚麦考瑞大学联合培养博士,研究方向为国际传播、传播与社会发展。

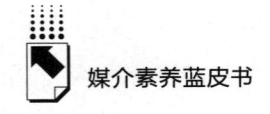

字素养教育，并通过数字素养提升促进在地的包容性发展。

关键词： 数字包容　数字素养　数字能力　包容性发展

"不让一个人掉队"来自2015年9月25至27日联合国可持续发展峰会通过的一份由193个会员国共同达成的成果文件《改变我们的世界——2030年可持续发展议程》(*Transforming Our World: The 2030 Agenda for Sustainable Development*)。该纲领性文件包括17项可持续发展目标和169项具体目标，并表明"在踏上这一共同征途时，我们保证，绝不让任何一个人掉队""我们将首先尽力帮助落在后面的人"。这就是为什么我们在研究、建构数字素养理论以及进行实践推广时一定要强调包含目前在数字环境中"落在后面的人"。谁是落在后面的人？"十四五"规划指出要"加强全民数字技能教育与培训，普及提升公民数字素养"，其后提出要"加快信息无障碍建设，帮助老年人、残疾人等共享数字生活"①，信息无障碍建设的对象如老年人、残障人士是可见的"落在后面的人"。

本报告主要通过文献综述，② 分析数字包容概念的来源、发展情况及其与数字素养提升的关系；在数字包容框架下审视脆弱群体数字素养的现状及其需求的满足情况，以及相关政策的发展情况。

---

① 《中华人民共和国国民经济和社会发展第十四个五年规划和2035年远景目标纲要》，中国政府网，2021年3月13日，https://www.gov.cn/xinwen/2021-03/13/content_5592681.htm。

② 本报告主要文献来源：一是联合国及我国相关文件；二是国际刊物论文；三是2020年1月1日至2024年4月30日知网中以"数字包容"为主题的288篇论文，其中以"数字包容　老年"为主题的为99篇，以"数字包容　乡村"为主题的为44篇，以"数字包容　农民"为主题的为22篇。此外，本报告还对以下主题的文献进行整理与分析：数字方面，以"数字　残障"为主题的为218篇，以"数字　妇女"为主题的为597篇，以"数字　乡村青少年"为主题的为11篇；残障人士群体方面，以"残障　数字素养"为主题的为6篇，以"残障　媒介素养"为主题的为10篇；老年群体方面，以"老年　数字素养"为主题的为249篇，以"老年　媒介素养"为主题的为270篇；农民群体方面，以"农民　数字素养"为主题的为461篇，以"农民　媒介素养"为主题的为582篇，以"乡村青少年　媒介素养"为主题的为13篇；女性群体方面，以"女性　数字素养"为主题的为91篇，以"妇女　媒介素养"为主题的为72篇。

"不让一个人掉队"：关于数字包容、数字素养与可持续发展的研究报告

一 探讨数字包容框架

（一）从数字鸿沟到数字包容

数字包容来自对数字鸿沟的探讨。数字鸿沟（Digital Divide）一词起源于20世纪90年代，用以描述在信息与通信技术（ICT）获取与使用方面存在的不平等现象。2000年，美国国家电信信息行政署发布了《走向数字包容——一份关于美国人获取技术工具的报告》。数据来自人口普查局的统计和对48000户家庭的采访，显示互联网普及率正在快速提升，自1998年12月以来，接入互联网的家庭数量激增58%，超过一半的家庭拥有计算机，使用互联网的个人数量增加1/3。传统的数字落后群体取得了显著进步——农村家庭和全国家庭的互联网接入差距在逐渐缩小；男女之间的互联网使用差距基本消失；50岁以上的个人在所有年龄组中互联网使用增长率最高。然而，数字鸿沟依然存在——残障人士的互联网接入率仅为非残障人士的一半，50岁以上的人群最不可能成为互联网用户，双亲家庭拥有互联网接入的可能性几乎是单亲家庭的两倍，农村地区在宽带普及率方面落后于城市等。[1] 数字包容概念的提出是为应对数字鸿沟带来的挑战，但并没有得到明确界定，多集中在设备和网络是否连接方面，后来逐渐延伸到对数字素养、信息获取能力和社会经济背景等方面的关注。随着互联网的普及和技术的进步，研究者逐渐认识到数字鸿沟不仅是技术获取的问题，还涉及社会公平和经济发展等深层次问题。[2] 其核心在于通过公平的数字机会减少社会不平等，推动社会经济的包容性发展。[3]

"数字包容"成为政策主张。早在2000年7月，八国峰会发布的《全球

---

[1] National Telecommunications and Information Administration, "Falling through the Net: Toward Digital Inclusion. 'A Report on Americans' Access to Technology Tools," 2000.
[2] Van Dijk, J., *The Deepening Divide: Inequality in the Information Society* (Sage Publications, 2005).
[3] Helsper, E. J., *Digital Inclusion: An Analysis of Social Disadvantage and the Information Society* (Department for Communities and Local Government, 2008).

信息社会冲绳宪章》中就提出信息社会的包容原则,即"任何人、任何地方都应该参与、并受益于信息社会,任何人不应该被排除在外"。[1] 2006年,"数字包容"一词被正式纳入欧盟的政策话语体系,欧盟委员会(European Commission)发布《i2010高级别集团基准框架》,提出"包容,将数字素养作为优先目标"(Inclusion, with an Emphasis on Digital Literacy as a Priority Objective)。[2] 2019年,国际电信联盟将数字包容界定为"通过信息通信技术赋权。通过促进信息通信技术的可及性和使用,以促进有特殊需求的人,包括土著人民和农村地区人民的社会和经济发展;残疾人;妇女和女童;还有青年和儿童"。对于国家发展而言,"数字鸿沟"是在数字化转型中推进经济发展与社会进步必须解决的问题,所以首先是自上而下的政策回应。

(二)数字包容的定义和内涵

2010年后,世界各地公共机构注意到数字鸿沟"有/无"二元概念无法解释现实中复杂的数字排斥问题,开始广泛采用"数字包容"一词。[3] 其中,"数字"泛指互联网时代的数字技术及其产品、服务[4],"包容"指每个人都被数字社会平等地纳入和惠及[5]。研究者梳理发现,"数字包容"一词具有作为"目标"和"行动"两种不同的解释取向。[6]

第一,目标取向的数字包容。目标视角下的数字包容是个人和群体参与数

---

[1] Kyushu-Okinawa Summit 2000, "Okinawa Charter on Global Information Society," 2018, http://www.mofa.go.jp/policy/economy/summit/2000/documents/charter.html.

[2] "European Commission: i2010 Benchmarking Framework," 2006, https://ec.europa.eu/eurostat/web/employment-and-social-inclusion-indicators/digital-inclusion.

[3] Hosman, L., Pérez Comisso, M. A. P., "How Do We Understand 'Meaningful Use' of the Internet? Divides, Skills and Socio-Technical Awareness," *Journal of Information, Communication and Ethics in Society* 3 (2020).

[4] Olphert, W., Damodaran, L., "Older People and Digital Disengagement: A Fourth Digital Divide?" *Gerontology* 6 (2013); Rundel C., Salemink K., "Bridging Digital Inequalities in Rural Schools in Germany: A Geographical Lottery?" *Education Sciences* 4 (2021).

[5] Definitions, "National Digital Inclusion Alliance," 2022, https://www.digitalinclusion.org/definitions.

[6] 付熙雯、黄思雅:《数字包容:一项基于英文文献的研究综述》,《图书情报知识》2023年第4期。

字社会的一种理想状态,即每个人都能通过平等地获得和使用数字技术充分参与社会生活,平等地共享数字红利。数字包容要实现技术上的包容,它强调为每个人的社会参与提供"公平的机会",其在某种程度上被视为对弱势群体的"数字赋权",是社会正义的体现。一是在个人技术使用效果上,人人都能实现技术自足,在技术参与、协作和创新中增进幸福感;通过技术赋权和赋能,改善个人的经济状况、生活质量和社会参与情况,最终实现社会包容。二是在社会数字环境的创建上,形成开放、多元、创新的技术使用环境,以技术驱动和包容驱动消除不平等,建设以人为本、可持续发展的包容型数字社会。

第二,行动取向的数字包容。行动视角下的数字包容是为个人和群体提供技术获取机会和提升使用能力的实践活动,其开展程度直接反映了数字包容行动主体促进社会平等的能力。数字包容行动强调提高人们获取和使用技术的平等性。一是在改善技术获取上,提高数字基础设施、设备、内容、应用、设计的可负担性和可及性,使人人都能拥有高质量的技术接入和访问互联网机会。二是在提升技术使用能力上,增强人们对技术的可接受性和可适应性,提升数字素养,确保人人都能融入社会;同时提升人们对技术的"自我效能感",使技术不仅可用,而且有用。

数字包容被定义为"每个人在任何地方公平、有意义且安全地获取、使用、引领和设计数字技术、服务及相关机会"。[①] "我们必须以公平的包容为目标,让每个上网的人都有同样的机会,让边缘化的社区不被落在后面。对于每个想要连接的人,我们应保证互联网、数字设备、服务、平台和相关内容的可用性和可访问性;以负担得起的方式获得它们以及关键的数字和其他技能、教育和工具;公平参与安全、无歧视的在线空间,有机会创建内容,考虑让不同群体参与数字设备、服务、平台的设计、开发、测试和评估。"[②]

这一概念不仅强调技术的可获取性,还包括数字素养提升、安全与隐私保

---

① "UN: Digital Inclusion, Definition, Roundtable on Digital Inclusion," https://www.un.org/techenvoy/sites/www.un.org.techenvoy/files/general/Definition_Digital-Inclusion.pdf.

② "UN: Digital Inclusion, Definition, Roundtable on Digital Inclusion," https://www.un.org/techenvoy/sites/www.un.org.techenvoy/files/general/Definition_Digital-Inclusion.pdf.

护以及社会经济包容等多方面的内容。不少研究者提出数字包容的内涵，主要包括以下几个方面。一是技术获取的公平性。确保所有人都能平等地获取和使用ICT。二是数字素养的提升。提供必要的教育和培训，使个人能够有效地使用数字技术。三是安全和隐私保护。保障个人在使用数字技术时的安全和隐私。四是社会经济包容。通过数字技术促进社会经济包容发展，减少贫困和不平等。

中国研究者根据世界基准联盟对"数字包容"的衡量维度，结合我国国情与发展现状，提出将"数字获取、数字技能、数字创新、数字信任"作为分析我国数字包容情况的框架。①

一是数字获取，考察是否缺乏物质性连接途径。不仅是设备、连接和内容等方面的可及性，还有可用性、可负担性和高品质，均是物质性获取的关键因素。电信基础设施的不健全和高昂的商业服务费用，限制了欠发达地区和低收入人群对数字技术的获取。而企业提供的内容方向以及服务质量和信息无障碍与适老化程度，影响了获取数字技术人群的多元性，决定了老年人、残障人士、妇女和儿童等在数字社会中的比例，也进一步影响每个人的社会参与和价值实现程度。

二是数字技能，指一个人使用数字技术，并规避数字参与可能带来的各种不利影响的能力。② 个人的数字技能水平，在一个国家内部的不同性别、年龄、地点和其他社会环境组别之间，以及不同国家之间，差异都很大。③ 合理地使用ICT需要掌握一系列技能。这些技能得益于一般性学习、批判性思维、问题解决能力和创造性技能的支撑，在模拟领域也很有用。

目前，有多种用于识别、分类和衡量数字技能的框架并存。其中，最著名的是欧盟委员会的数字能力（DigComp 2.0），该框架确定了五大支柱：信息和数字素养、通信和协作、数字内容创建、数字安全和问题解决。在

---

① 《2022TADC｜〈数字包容 科技普惠〉2022白皮书发布》，信息无障碍联席会议，2022年6月16日，http：//www.capa.ac/news_content？id=188。
② ITU, "Measuring the Information Society Report," 2018, https：//www.itu.int/en/ITU‐D/Statistics/Documents/publications/misr2018/MISR‐2018‐Vol‐1‐E.pdf.
③ ITU, "Measuring the Information Society Report," 2018, https：//www.itu.int/en/ITU‐D/Statistics/Documents/publications/misr2018/MISR‐2018‐Vol‐1‐E.pdf.

DigComp 2.0 下，保护个人数据和隐私安全的技能，与创建内容和编写软件程序同样重要。① Van Deursen，Helsper 和 Eynon 提出了另外一个框架，其中包括四种技能：运营、信息管理、内容创建和社交。②

综上所述，物质性获取和数字技能是数字包容的基础，但它们并不能保证个人对 ICT 的有效使用。个人的数字包容深度，可以通过其 ICT 使用时间、类型和多样性的记录来确定。有些人以极少数和特定的方式使用 ICT，而其他人使用这些技术开展学习、购物等各种活动。缺乏适合某些文化环境的本地化内容，缺乏用户友好界面，以及对隐私和安全存有疑虑，可能会阻止那些拥有必要的访问权限和技能的人使用 ICT。例如，据估计超过一半的互联网内容仍使用英文，这可能会使被边缘化的非英语用户望而却步，③ 随着网络效应的不断扩大，信息获取壁垒有可能导致用户之间的鸿沟进一步加深。

三是数字创新，指企业与不同人群或组织合作，通过技术创新和解决方案实现业务增长和社会效益提升。如企业与高校合作共同研发人工智能、区块链等技术，并将其应用于可持续发展议题。数字创新能够促进经济和社会价值同步提升。创新可能是数字包容中最容易被忽视的一方面。不过，考虑到数字创新带来的经济收益，还是需要解决这个问题，以确保这些收益得到公平分配。④

四是数字信任，指企业对网络安全和个人隐私的保护。

总之，数字包容框架不仅指访问设备和连接。公平获取是必要的，但不足以保证数字技术广泛惠及人类，必须为人们提供公平的机会。因此，数字包容的定义包括四个方面：访问、技能和使用、创新以及数字信任。我们注意到，访问（物质性连接）、创新和数字信任的主体均是政府或企业，只有技能和使用与个人能力提升相关。

---

① World Benchmarking Alliance：《数字包容基准：范围界定报告》，2019 年 3 月。
② Van Deursen A. J. A. M.，E. J. Helsper, R. Eynon, "Development and Validation of the Internet Skills Scale (ISS)," *Information, Communication and Society* 6 (2016).
③ https：//w3techs.com/technologies/overview/content_language/all.
④ 《2022TADC|〈数字包容 科技普惠〉2022 白皮书发布》，信息无障碍联席会议，2022 年 6 月 16 日，http：//www.capa.ac/news_content? id=188。

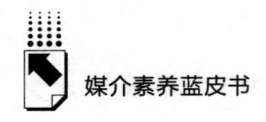

数字包容是一个复杂的问题。在一个国家的不同地区（例如，城市与农村、沿海与内陆地区），以及不同人群之间，不只存在一个而且可能存在多个数字鸿沟，这取决于他们的年龄、收入、性别、受教育水平等。数字包容框架为弥合这些鸿沟，演化为数字政策，并随着技术的进步和社会的发展不断变化。

（三）数字包容与包容性发展

"包容"已成为发展的关键词。在可持续发展（Sustainable Development Goals，SDGs）报告中，"包容"被提及41次之多，包括包容社会、包容社区等。"包容性增长"这一概念被理解为"增长与平等机会相结合"。它的重点是创造机会并使所有人都能获得机会，而不仅仅是穷人。当一个社会的所有成员，不管他们的个人情况如何，都平等地参与并为增长进程做出贡献时，就会出现包容性增长。同样，包容性增长强调增长创造的经济机会最大限度地惠及所有人，特别是穷人。[①]

数字包容与可持续发展目标（SDGs）密切相关。多个目标都强调通过提供数字技术和提高数字素养促进经济发展、社会公平和环境保护。特别是在SDG4：优质教育4.4中提到"到2030年，拥有就业、体面工作和创业所需要的技术和职业技能等的青年和成年人大幅增加"。以及在SDG5：性别平等5.b中提到要"加强技术特别是信息和通信技术的应用，以赋权妇女"，将数字包容和提升ICT素养或数字素养纳入可持续发展议程。

联合国大会在其2015年信息社会世界峰会的成果审阅中，强调了信息和通信技术对可持续发展目标和消除贫困的跨领域贡献，并指出信息和通信技术的获取已成为"一个衡量发展的指标和期望目的"。[②] 为促进和监督各国SDGs实施，2016年联合国经济及社会理事会统计委员会第四十七届会议的

---

① "Ganesh Rauniyar and Ravi Kanbur：Inclusive Growth and Inclusive Development：A Review and Synthesis of Asian Development Bank Literature，" Asian Development Bank，2009.

② UN General Assembly Resolution A/70/125.

《可持续发展目标各项指标机构间专家组的报告》拟定了一个全球指标框架，其中，有7项与ICT有关。如可以使用计算机和可以上网的学校比例（SDG4：优质教育），具有ICT技能的人口比例（SDG4：优质教育），按性别划分的拥有移动电话的人口比例（SDG5：性别平等），移动网络覆盖的人口数量（SDG9：产业、创新和基础设施），按速度划分的固定宽带订阅和使用互联网的人口比例（SDG17：促进目标实现的伙伴关系）① 等均可作为是否实现特定发展目标的衡量指标。②

（四）数字包容与数字素养提升政策

数字包容不仅旨在弥合数字鸿沟，还关注技术获取和使用带来的社会不平等及个人发展的权利。它不仅帮助人们获取技术，还培养使用传播技术的能力和数字素养，使其能有效参与经济和社会活动，提升生活质量。数字包容注重社会平等，通过支持老年人、残障人士等脆弱群体，打破性别、种族、年龄壁垒，促进包容性发展。③ 根据《"十四五"数字经济发展规划》，"数字经济是继农业经济、工业经济之后的主要经济形态，是以数据资源为关键要素，以现代信息网络为主要载体，以信息和通信技术融合应用、全要素数字化转型为重要推动力，促进公平与效率更加统一的新经济形态。我国数字经济转向深化应用、规范发展、普惠共享的新阶段"。数字包容将通过以人权为基础的、多方利益相关者参与的政策发展及其行动实现。其基本逻辑：人权应在网络上得到促进、保护、尊重，如同在现实生活中一样，必须考虑个人在数字世界中的具体需求，以确保没有一个人被落下。

已有研究者就我国弥合数字鸿沟、促进数字包容的政策文献做了内容分析。被分析的政策文献主要有两个来源：一是以"数字包容""信息惠民"

---

① https://www.un.org/sustainabledevelopment/sustainable-development-goals/.
② World Benchmarking Alliance：《数字包容基准：范围界定报告》，2019年3月。
③ Chris Abbott、杨玉芹、焦建利：《电子包容：学习困难与数字技术研究新进展》，《远程教育杂志》2008年第3期；闫慧、张鑫灿、殷宪斌：《数字包容研究进展：内涵、影响因素与公共政策》，《图书与情报》2018年第3期。

"网站无障碍""信息无障碍""信息公平""智慧老龄化""数字乡村""数字红利""数字鸿沟""信息贫困""数字排斥""数字贫困""数字不平等"等为关键词,在"北大法宝""北大法律信息网""北大法意"等数据库检索;二是来自百度等搜索引擎,中国政府网、中国残疾人联合会、工业和信息化部、公安部等部门网站和各地方政府及相关部门的网站。结果发现:截至2021年4月20日,从发文数量来看,国务院与国务院办公厅发文最多,且多为独立发文,说明国务院及国务院办公厅在弥合数字鸿沟中起着领头作用。研究还发现,"残疾人"、"信息化"、"互联网"和"老年人"这四个词的出现次数最多。分析结果显示,"残疾人"共出现351次、"信息化"共出现284次、"互联网"共出现236次、"老年人"共出现209次。由此可见,数字包容政策的主题是解决残疾人和老年人群体存在的数字鸿沟问题,其目的是推进国家信息化发展,提高互联网的应用普及率。[1]

2021年11月,中央网络安全和信息化委员会印发《提升全民数字素养与技能行动纲要》(以下简称《纲要》),对提升全民数字素养与技能做出安排部署。《纲要》首先指出了数字素养和技能提升对国家发展和对个人发展的重要意义,立足新时代,要把提升全民数字素养与技能作为建设网络强国、数字中国的一项基础性、战略性、先导性工作,切实加强顶层设计、统筹协调和系统推进,注重构建知识更新、创新驱动的数字素养与技能培育体系,注重建设普惠共享、公平可及的数字基础设施,注重培养具有数字意识、计算思维、终身学习能力和社会责任感的数字公民,促进全民共建共享数字化发展成果,推动经济高质量发展、社会高效能治理、人民高品质生活、对外高水平开放,为我国开启全面建设社会主义现代化国家新征程和向第二个百年奋斗目标进军注入强大动力。

《纲要》对数字素养进行了定义,即数字素养与技能是数字社会公民学习工作生活应具备的数字获取、制作、使用、评价、交互、分享、创新、安

---

[1] 曾刚、邓胜利:《我国数字包容政策分析与对策研究——基于政策工具视角》,《信息资源管理学报》2021年第5期。

"不让一个人掉队"：关于数字包容、数字素养与可持续发展的研究报告

全保障、伦理道德等一系列素质与能力的集合。

《纲要》提出了国家层面的数字包容战略，即着力构建覆盖全民、城乡融合、公平一致、可持续、有韧性的数字素养与技能培育体系，着力拓展全民数字生活、数字学习、数字工作、数字创新四大场景，坚持统筹谋划，系统推进。遵循数字化发展规律，针对不同类型的群体、不同年龄阶段的公民，强化顶层设计和统筹谋划，整合资源，筑牢基础，补齐短板，整体提升全民数字学习、工作、生活和创新的素养与技能，以及坚持以人为本，实现普惠共享。秉持发展为了人民、发展依靠人民的理念，推动数字教育资源、数字技能培训、数字产品和信息服务等高质量发展和开放共享，不断提高人民群众的获得感、幸福感、安全感。

《纲要》提出数字包容需要关注的重点人群，主要包括老年人和残障人士。充分考虑老年人和残疾人的特殊性，加强数字设备、数字服务信息交流无障碍建设，在老年人和残疾人出行、就医、就餐、购物等高频服务场景中保留人工服务渠道，防止出现强制性数字应用、诱导性线上付款等违规行为。依托老年大学、开放大学、养老服务机构、残疾人服务机构、社区教育机构等，丰富体验学习、尝试应用、经验交流、互助帮扶等老年人、残疾人数字技能培训形式和内容。推动营造社会各界积极帮助老年人、残疾人融入数字生活的良好氛围，构建全龄友好包容社会。

数字工作场景主要包括产业工人、农民、新兴职业群体和妇女。一是提高产业工人数字技能。完善企业员工职业技能培训体系，建立职工培训中心、网络学习平台等培训载体，丰富数字素养与技能培训内容，提高员工的职业胜任力。健全企业职工培训制度，针对产业工人系统开展面向生产全环节的数字技能培训，持续壮大现代产业工人队伍，培养数字领域高水平大国工匠，提升数字化生产能力。

二是提升农民数字技能。构建现代农业科教信息服务体系，优化全国农业科教云平台，整合新技术推广、电商销售、新媒体应用等优质培训资源，持续推进农民手机应用技能培训工作，提高农民对数字化"新农具"的使用能力。引导企业、公益组织等参与农民数字技能提升工作，推动数字服务

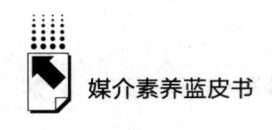

和培训向农村地区延伸。

三是提升新兴职业群体数字技能。面向"互联网+教育"、互联网医疗、电子商务、供应链管理服务、线上办公、"虚拟"产业园、"无人经济"等新业态新模式，制定数字领域新职业标准，丰富职业培训课程，开展从业人员培训。引导支持新兴职业群体积极利用5G、人工智能、虚拟现实、大数据、区块链等数字技术创新创业。

四是开展妇女数字素养教育与技能培训。依托各类网络平台，推出一批面向妇女设计制作的数字素养公开课，增强妇女安全上网、科学用网、网上创业等的数字意识和能力。加强妇女通过网络参与经济生活的能力，加大直播带货、电商运营等培训力度，引导西部地区和偏远山区妇女网上就业创业。

《纲要》未提到上述人群如何参与数字创新。从相关文件和论文来看，数字创新的主体是互联网企业。

从上述分析中，我们可以得出以下几点结论。第一，数字包容不仅针对"有"或"无"的数字鸿沟，还包括通过数字包容促进包容性发展以构建一个平等社会的目标。第二，数字包容的概念包含数字素养，如"数字获取、制作、使用、评价、交互、分享、创新、安全保障、伦理道德等一系列素质与能力"。全体公民数字素养的提升是实现数字包容的关键。第三，数字包容与包容性发展相辅相成，通过数字包容促进包容性发展。第四，数字包容需要自上而下的政策支持，以从制度或政策上保证各种脆弱群体能够参与发展并从发展中获益。

二 数字包容的实践探索

数字包容的目的是对抗"数字鸿沟"，重点是缩小狭义的"数字鸿沟"——那些拥有和不拥有对计算机和互联网的物质访问权限的人们之间的差距。[①] 人们

---

① Van Dijk, Jan A. G. M., "The Deepening Divide: Inequality in the Information Society," 2005.

担心那些无法获得这些技术的人会被一个快速变化的信息社会抛在后面，从而扩大在机会、收入和财富方面已有的差距。数字包容曾经仅被视为一个技术问题，解决方案也同样被简单地技术化。例如，让每个儿童拥有一台笔记本电脑的 OLPC 项目，旨在向发展中国家的儿童分发低成本教育设备，经验表明，公平获取是必要的，但不足以保证数字技术使全体人民受益。因此，必须为人们提供平等机会发展相关技能，并有效地使用数字技术改善他们的生活。[1]

数字包容框架需要辨别"谁是落在后面的人"，政策文件涉及老年人、残疾人或女性等，但缺少一个概括性定义。本报告采用健康传播学科中"自主性受限群体"的概念。Pranee Liamputtong 曾针对健康传播研究汇总了对易受伤害人群的定义并做出分析。这些定义包括"因生理/心理因素或不平等状况而致自主性受限制"的个体；"缺乏对个人生活做出选择的能力、缺乏自我决策及缺少独立自主意识的人"，他们"经历真实的或潜在的伤害，要求特殊保护来确保他们的福利和权利"。根据人口统计学特征和技术认知及其技能的水平，本报告将自主性受限的人群定义为：乡村青少年及乡村居民、女性、残障人士、老年人和少数民族群众。我们需要重点提升他们的基础数字技能，如使用智能手机进行基础操作；对于低数字技能中的残障人士等未充分就业人群，我们需要帮助他们提升与就业相关的数字技能，以帮助他们充分参与数字经济；对已就业但未来职业可能受到新技术冲击的人群，我们需要关注数字技能的提升对重塑其生活的影响。

（一）数字乡村建设与农民数字素养

根据《第52次〈中国互联网络发展状况统计报告〉》[2]，截至2023年6月，我国城镇网民规模达7.77亿人，占网民总体的72.1%；农村网民规模达3.01亿人，占网民总体的27.9%。农村网民占农村总人口的60.6%，

---

[1] World Benchmarking Alliance：《数字包容基准：范围界定报告》，2019年3月。
[2] 中国互联网络信息中心：《第52次〈中国互联网络发展状况统计报告〉》，2023年8月。

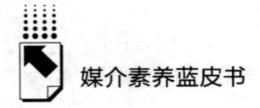

城镇网民占城镇总人口的85.0%。截至2023年12月，我国城镇网民规模达7.66亿人，占网民整体的70.1%；农村网民规模达3.26亿人，占网民整体的29.9%。农村网民占农村总人口的66.5%，城镇网民占城镇总人口的83.4%。虽然农村网民人数有所提高，但仍可看出在互联网获取和使用方面城乡差异显著，主要表现为33%~40%的农民没有使用互联网。但农村发展仍需数字技术支持。为此，《2023年数字乡村发展工作要点》指出，根据《中共中央 国务院关于做好2023年全面推进乡村振兴重点工作的意见》《数字中国建设整体布局规划》部署要求，深入实施《数字乡村发展战略纲要》《数字乡村发展行动计划（2022—2025年）》，以数字化赋能乡村产业发展、乡村建设和乡村治理，整体带动农业农村现代化发展、促进农村农民共同富裕，推动农业强国建设取得新进展等。其工作目标是到2023年底，数字乡村发展取得阶段性进展。数字技术为保障国家粮食安全和巩固拓展脱贫攻坚成果提供更加有力的支撑。农村宽带接入用户数超过1.9亿，5G网络基本实现乡镇级以上区域和有条件的行政村覆盖，农业生产信息化率达到26.5%，农产品电商网络零售额突破5800亿元，全国具备条件的新型农业经营主体建档评级实现全覆盖。乡村治理数字化水平稳步提高，乡村数字普惠服务不断深化，农民数字素养与技能持续提升。

国内不少研究者进行了提升农民数字素养的研究。一些研究分析了农民的数字素养现状，并提出了相应的对策建议。其中，中国社会科学院信息化研究中心的调查表明，我国居民数字素养水平整体偏低，存在明显的城乡发展不均衡现象，农民数字素养存在"掉队"风险，中老年群体数字素养跟不上时代发展，使用个人电脑、手机等智能设备从事创造性、生产性活动的意识和能力不足。提升国民数字素养已刻不容缓。建议充分结合我国国情，从数字社会的生产生活需求实际出发，构建更具前瞻性、广泛性和落地性的数字素养教育框架，依靠全社会的力量，将其视为终身学习社会体系的一环，促进全民数字素养提升。就乡村而言，继续加强基础设施建设，包括但不限于以云计算、大数据、人工智能等为代表的"新IT"数字基础设施建

"不让一个人掉队":关于数字包容、数字素养与可持续发展的研究报告

设,提供促进乡村建设的数字化工具,在农村地区进一步促进数字科技与种业、种植业、畜牧业、水产业、林业、农产品加工业等深度融合。消弭城乡居民数字素养鸿沟、提升农民数字素养是建设数字乡村的"最后一公里"。在农村地区因地制宜、系统提升农民数字素养,从而促进农民接入和使用互联网从事创造性、生产性活动,培养农民使用数字技术致富的相关意识和技能。同时推动数字化工具适老化改造,缩小老年人与其他社会成员间的数字鸿沟。[①]

梁悦的研究发现,调查点 H 县青壮年农民群体的数字素养水平整体偏低,各维度都存在较大的提升空间。具体体现在:虽具备一定的数字设备操作能力,但继续提升的意识不强;虽具备一定的信息检索能力,但获取和整理信息的途径较为单一;数字空间的互动行为频繁,但参与数字社交的规范意识有待提升;多以浏览数字内容为主,创造性和参与性不足;虽已具有一定的数字安全意识,但安全防护措施采取不足,以及虽有一定的通过数字设备和互联网解决问题的意识,但是解决问题的能力还有待加强。此外,研究还发现在提升青壮年农民数字素养的一系列活动中,年龄、学历、从事的主要工作,对数字技术的恐惧,地区数字设施设备以及数字化服务的供给,来自政府、社会、家庭、学校的教育支持,以及外部的政策制约、农民生活空间的非正式规范等要素的欠缺或不足会通过影响青壮年农民提升其数字素养的观念、意愿、动机、行为和机会等直接或间接地制约这一群体数字素养的提升。[②]

徐橙红的研究将湖北省中年农村居民作为调研对象,通过问卷调查法和访谈法发现湖北省中年农村居民数字素养水平整体较低。针对调研结果,研究者基于数字鸿沟理论归纳出湖北省中年农村居民数字素养提升面临数字接入困境、数字感知困境和数字使用困境,并基于社会支持理论构建了

[①] 中国社会科学院信息化研究中心:《乡村振兴战略背景下中国乡村数字素养调查分析报告》,2021 年 3 月。

[②] 梁悦:《青壮年农民数字素养提升的教育路径研究——以西南地区 H 县为例》,硕士学位论文,西南大学,2023。

中年农村居民需求驱动的政府主导、公共图书馆培养、社会力量参与的多元主体协同共建的数字素养提升模式。① 类似的研究还有余设华等的《数字乡村建设背景下河北农民数字素养研究》②、许馨月等的《数字乡村战略下的农民数字素养研究——基于湖南乡村的调查》③、潘颖的《乡村公共数字文化服务对数字包容的作用机理研究——基于乡村用户群体的田野调查》④ 以及朱逸文等的《乡村振兴视域下新型职业农民数字技能培育研究》⑤ 等。

另有研究发现数字技能对农民电商参与行为产生的影响，如蒋洁洁等学者的研究发现：数字技能对农民电商参与决策的行动和程度均具有显著的正向影响；信息获取在数字技能对农民电商参与决策的行动和程度的影响中存在部分中介效应，中介效应占总效应的比重分别为11.76%和11.73%；数字技能对收入水平较高、受教育水平较高的农民电商参与决策的行动和程度的正向影响更为显著。所以政府应从有效提升农民数字技能、稳步实现信息获取自由、重点关注农民内部分化三个方面提升农民电商参与率。⑥

除了经验研究之外，还有大量的政策研究。如付达杰等人的"职业教育赋能"研究指出，要"加强数字素养与技能教育课程与资源开发、强化数字乡村发展服务实践与绩效评价、构建跨界合作的多元协同培育体系、加大经费投入，推出各类重大专项活动，在实践中还需充分考量对农民的

---

① 徐橙红：《数字乡村背景下中年农村居民数字素养提升模式研究——基于湖北省的调研》，硕士学位论文，郑州航空工业管理学院，2023。
② 余设华等：《数字乡村建设背景下河北农民数字素养研究》，《邢台职业技术学院学报》2022年第6期。
③ 许馨月等：《数字乡村战略下的农民数字素养研究——基于湖南乡村的调查》，《商业经济》2024年第4期。
④ 潘颖：《乡村公共数字文化服务对数字包容的作用机理研究——基于乡村用户群体的田野调查》，《图书馆建设》2024年第4期。
⑤ 朱逸文等：《乡村振兴视域下新型职业农民数字技能培育研究》，《学校党建与思想教育》2023年第8期。
⑥ 蒋洁洁等：《数字技能如何影响农民电商参与行为？——基于信息获取的中介效应分析》，《中国农业大学学报》2024年第4期。

数字包容，增强职业教育数字适应性，以形成农民数字素养与技能提升的职教路径与长效机制"。① 沈费伟等人的研究引入数字包容理论，发现乡村数字弱势群体权利保障的包容实践包括技术接入与使用、公平参与社会活动等方面。建议未来从构建包容性政策框架、重视包容性技术应用、保障数字包容权利等方面进行优化。②

亦有研究者建构了评估我国农民数字技能的量表。李晓静等人的研究通过梳理数字技能的相关理论框架，结合我国乡村实际，对西部地区农民进行观察、访谈及问卷调查，从"操作技能""信息技能""社交技能""创造技能""安全技能""问题解决技能""数字农业增收技能"七个维度构建我国农民数字技能量表（DiSSF），并进行了评估及应用探讨。研究发现，我国西部地区农民的数字技能整体水平较低，因此，提升农民信息技能、引导数字农业增收、加强数字安全教育、加快新型职业农民培育，是未来弥合城乡数字鸿沟、推进数字乡村建设和乡村振兴的重要方向。③

（二）数字包容与性别平等

数字环境正在重塑人们的生活，但研究发现，数字技术的普及并不会自然带来性别平等。不难发现，在数字素养七个方面——硬件设备和软件操作、信息和数据素养、沟通与合作素养、开发/整合和创造数字内容素养、数字安全素养、问题解决素养以及与职业发展相关的素养中均存在性别差距。④

---

① 付达杰、唐琳：《包容与发展：职业教育赋能农民数字素养与技能提升研究》，《职教发展研究》2023年第2期。
② 沈费伟、胡紫依：《建构数字包容体系：实现乡村数字弱势群体权利保障的策略选择》，《社会主义研究》2024年第1期。
③ 李晓静、王志涛：《数字乡村战略下我国农民数字技能量表构建及应用》，《图书与情报》2023年第4期。
④ 卜卫、蔡珂：《数字素养、性别与可持续发展——从"性别与发展"理论视角探讨数字环境下如何促进性别平等的发展》，《妇女研究论丛》2023年第3期。

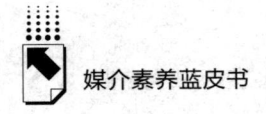

数字素养方面性别差距的出现有社会结构性原因。第一，如联合国妇女地位委员会第67届会议指出，技术和创新的性别层面存在错误认识。数字化采用了无视性别差异的创新模式，在利用技术解决社会问题的过程中往往忽视性别、年龄和种族等因素，缺乏满足妇女和女童需求的自主意愿，因此无法开发出能够从根本上解决性别偏见和促进性别关系变革的技术。第二，新技术催生新问题和新风险，如技术可能会助长的性别暴力和人工智能、机器人领域存在的性别偏见，使女性及其他少数群体面临新的不利处境。如网络性别暴力、网络性犯罪、网络人口贩卖和网络跟踪等，从而阻碍女性或其他少数群体利用信息技术。仅仅改善基础设施不足以使妇女都能"切实使用网络"。为此，提升女性的数字素养显得尤为重要，数字素养应成为数字环境中促进妇女发展的动力，而不是妇女发展的新障碍。

SDG5：性别平等5.b中明确提出"加强技术特别是信息和通信技术的应用，以赋权妇女"。《中国妇女发展纲要（2021—2030年）》第一次提出"媒介素养"，即"全面提升妇女的媒介素养，提高妇女利用信息技术参与新时代经济社会高质量发展的能力"。2024年1月，中华全国总工会办公厅印发《女职工数字技能提升方案》，公布了女职工数字技能提升方案，提出坚持以女职工为中心，以提升女职工创新创造能力、促进女职工全面发展为根本目的，以构建女职工数字技能学习培训服务体系为重点，着力提升女职工数字工作、数字创新、数字生活、数字安全与伦理等技能，努力形成一批女职工数字创新成果。

研究者从不同视角探究如何消弭性别差距。如卜卫和蔡珂在可持续发展框架下，从"性别与发展"理论视角揭示性别数字鸿沟，尝试提出通过包容性数字素养教育促进性别平等和发展的政策方案。这个方案并不局限于技能或技术方面的培训，而是要挑战传统的社会性别规范，消除一切阻碍妇女行使正当权利的障碍。性别平等的数字素养教育是在包容性发展的基础上将信息技术素养嵌入其个人发展和社会发展，数字素养提升不仅为改善妇女生计，促使妇女参与发展，更重要的是通过信息技术在生产、再生产和社区（社会）发展等领域中赋权妇女，以促进性别平等和社会公正。[1]

一些研究关注数字素养对女性发展的影响。陈丽等学者应用中国家庭追踪调查（CFPS）数据库，发现数字素养对农村女性劳动力的就业质量有显著的提升作用，对主观就业质量影响更大。数字素养能拓展农村女性劳动力的信息渠道，由此提升农村女性劳动力客观就业质量。[2] 杨柠泽等学者基于中国综合社会调查（CGSS）数据，采用 Probit 模型分析数字素养对农户共同富裕的影响效应及作用机制，发现提升数字素养能显著促进农户共同富裕，数字素养每提升 1%，农户实现共同富裕的概率将提高 4.5%；数字素养对农户共同富裕的影响受农户禀赋的影响，低学历、中青年和女性农户更容易在数字素养提升的过程中受益；提升数字素养还会强化农户信息优势、提高其社会资本和人力资本存量进而促进共同富裕。为此，政府应系统提升低收入群体的数字素养和持续加强数字乡村建设，为数字赋能共同富裕的长效机制提供支撑。[3]

（三）数字包容与残障融合

残疾人是被技术边缘化的典型群体，现有措施聚焦于改造技术（如使用集成、内置的无障碍工具替代单独的外显辅助技术），提升技术易用性，为他们提供高水平定制服务、培训和支持。通过无障碍设计和专门的支持项目，帮助残障人士更好地利用数字技术，实现独立生活和社会参与。[4] 例如，一些国家和地区通过制定无障碍政策，确保数字技术和服务对残障人士

---

[1] 卜卫、蔡珂：《数字素养、性别与可持续发展——从"性别与发展"理论视角探讨数字环境下如何促进性别平等的发展》，《妇女研究论丛》2023 年第 3 期。

[2] 陈丽、翁贞林：《数字素养对农村女性劳动力就业质量影响》，《江西财经大学学报》2024 年第 4 期。

[3] 杨柠泽、王艺蔚、孙学涛：《数字素养与农户共同富裕：影响效应及其机制》，《广东财经大学学报》2023 年第 6 期。

[4] 付熙雯、黄思雅：《数字包容：一项基于英文文献的研究综述》，《图书情报知识》2023 年第 4 期。

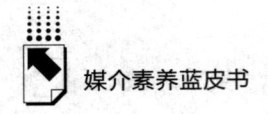

友好。

残障人士得到政策支持。2020年，工业和信息化部印发《互联网应用适老化及无障碍改造专项行动方案》，指出信息无障碍是指通过信息化手段弥补身体机能、所处环境等存在的差异，使任何人（无论是健全人还是残疾人，无论是年轻人还是老年人）都能平等、方便、安全地获取、交互、使用信息。当前，我国公共服务类网站及移动互联网应用无障碍化普及率较低，适老化水平有待提升，多数存在界面交互复杂、操作不友好等问题，使老年人不敢用、不会用、不能用；普遍存在图片缺乏文本描述、验证码操作困难、相关功能与设备不兼容等问题，使残疾人等群体在使用互联网过程中面临多种障碍与数字鸿沟。为切实解决老年人、残疾人运用智能技术的问题，提升互联网应用适老化水平及无障碍普及率，特制定《互联网应用适老化及无障碍改造专项行动方案》。

针对视力障碍人士，推动网站和手机App与读屏软件做好兼容工作，解决验证码操作困难、按钮标签和图片信息不可读的问题。推动企业设计研发智能导盲技术和功能。

针对听力障碍人士，鼓励互联网产品内容信息加配字幕，提高与助听器等设备的兼容性。推动企业提供在线客服等其他可替代电话客服的服务方式。

针对肢体障碍人士，引导网站和手机App支持自定义手势，简化交互操作，推出更多贴合肢体障碍群体需求特点的互联网应用。①

一些研究者针对"数字遗民"问题提出应对策略，如杨峥威等人的研究指出，通过提供公共服务和实施社会服务项目加强媒介素养教育，并为有需要的"数字遗民"提供有针对性的媒介素养提升服务，引导"数字遗民"群体主动学习，适应信息化社会、掌握数字化生存技巧。② 可见，有针对性

---

① 《工业和信息化部关于印发〈互联网应用适老化及无障碍改造专项行动方案〉的通知》，中国政府网，2020年12月24日，https://www.gov.cn/zhengce/zhengceku/2020-12/26/content_5573472.htm。

② 杨峥威、曹书丽：《媒介发展中的"数字遗民"问题及其应对策略》，《社会福利》（理论版）2021年第2期。

的数字素养提升是弥合数字鸿沟的主要策略。许玲菁的研究试图构建一个能够推动残障人士数字素养提升的网络结构，① 以推动信息无障碍化。

值得注意的是，残障人士并没有坐等"信息无障碍化"，他们积极参与技术创新。2022年，微软中国、小米和上海有人公益基金会（残障团体）于2022年5月宣布达成合作，在中国共同推广包容性设计理念、推进无障碍技术发展。作为此次合作的重要内容，三方联合发布中文版《包容性设计原则手册》。该手册以微软《包容性设计原则手册》为蓝本，结合了小米在智能手机、AIoT等方面的无障碍与包容性设计实践，以及上海有人公益基金会的无障碍倡导经验。本次合作首批将赋能1000位开发者，践行并推广无障碍设计理念。同时，三方将为残障人士提供数字技能培训，拓展就业渠道，帮助残障人士深入理解无障碍理念，并将其融入之后的产品设计中，从源头做到无障碍，减少设计导致的使用不便。

（四）老人包容与数字素养

同残障群体一样，数字技术是否包容老年人也得到广泛关注。实际上，工业和信息化部印发的《互联网应用适老化及无障碍改造专项行动方案》（以下简称《行动方案》），将适老化和无障碍作为同等重要的工作。

针对老年人，《行动方案》提出要"推出更多具有大字体、大图标、高对比度文字等功能的产品。鼓励更多企业推出界面简单、操作方便的界面模式，实现一键操作、文本输入提示等多种无障碍功能。提升方言识别能力，方便不会普通话的老人使用智能设备"。此外，针对当前互联网应用中强制广告较多，容易误导老年人的问题，网站和手机App完成改造后的适老版、关怀版、无障碍版本将不再设有广告插件，特别是付款类操作将无任何诱导式按键，以便各类特殊群体方便、安全地使用。

《行动方案》还提出开展互联网网站与移动互联网应用适老化及无障碍

---

① 许玲菁：《浙江省H县残障人员数字素养增能网络研究》，硕士学位论文，南京理工大学，2022。

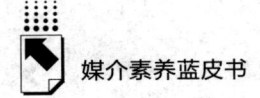

改造。首批优先推动国家相关部门及省级人民政府、残疾人组织、新闻媒体、交通出行、金融服务、社交通信、生活购物、搜索引擎等八大类共115家网站进行改造。中国互联网协会协助基础电信企业及网站接入服务商加快互联网无障碍服务体系建设，持续推动互联网信息无障碍环境建设。同时，立足老年人、残疾人的实际生活体验，丰富满足其需求的移动互联网应用种类和功能，对《工业和信息化部　中国残疾人联合会关于推进信息无障碍的指导意见》中列出的移动互联网应用十大领域、注册用户数超过5000万人、同类产品中市场份额排前5名的App进行适老化及无障碍改造。首批优先推动新闻资讯、社交通信、生活购物、金融服务、旅游出行、医疗健康等六大类共43个App进行适老化及无障碍改造。中国信息通信研究院协助各互联网企业，在开发设计移动互联网应用的过程中落实信息无障碍有关标准的要求，并将无障碍优化纳入产品及服务的日常维护流程。① 从国家层面开展基础设施建设并提供相应服务。

项松林、杨彪的研究表明，在老年人参与乡村公共数字文化服务的过程中，存在物质接入、技能使用与使用效果上的不平等，并形成主观抗拒与客观难题带来的接入鸿沟、技术桥接失灵与社会支持缺乏带来的使用鸿沟、文化反哺减弱与信息素养水平降低带来的知识鸿沟。这些鸿沟将造成数字权利丧失并带来社会排斥。因此，要增强老年人数字意识，提升老年人自我效能感，并依托外部资源提升其数字使用能力。老年人参与乡村公共数字文化服务的推进路径：要以三元交互决定论为模型参照进行个体赋能，激活内生潜力，提升数字接入能力；社会赋能，整合外部资源，提升数字使用能力；环境赋能，健全支持体系，提升数字获取能力。②

---

① 《工业和信息化部关于印发〈互联网应用适老化及无障碍改造专项行动方案〉的通知》，中国政府网，2020年12月24日，https://www.gov.cn/zhengce/zhengceku/2020-12/26/content_5573472.htm。

② 项松林、杨彪：《从数字鸿沟到数字包容：老年人参与乡村公共数字文化服务的推进路径》，《图书馆》2024年第5期。

朱晓雪等人提出老年人跨越数字鸿沟的现实困境和实践路径。[1] 张耀匀提出农村老年"数字鸿沟"的形成机理及弥合机制。[2] 王雪峰等人认为，公共图书馆在提升老年人数字素养方面具有天然优势，对我国31个省级公共图书馆老年数字素养教育进行了调研，据此提出了提升策略，[3] 但同样未能涉及基于当地老年人生存和发展现状的数字素养内容建构，以及缺少对数字素养教育所追求目标的论证。

（五）民族包容与数字素养

少数民族有不同的文化习惯和语言，融入当地主流的数字环境难度较大。不少研究者寄希望于数字素养教育，以通过具有一定文化适应性的数字素养培训，缓解数字排斥带来的社会排斥，有效提升她们的社会参与度和自我发展能力。

文献综述发现，大多数研究关注少数民族不同受教育层次的学生的媒介素养。张淼的研究指出，少数民族大学生是否具备较高的媒介与信息素养与个人学业和地区稳定发展情况紧密相关。期望媒介素养课程注重培养：权威信息判断能力、有效信息获取能力、多元素养综合能力、创新信息探索能力等。提出 MIL 的教育实施策略：完善信息服务引导体系，充分发挥移动服务的教育功能，通过实践活动提升少数民族学生的综合素养。[4]

黄鑫华的"土家族老年群体手机媒介素养研究"发现，感知有用性、感知易用性、文化水平等因素对土家族老年人手机使用有显著影响，而感知风险度、使用成本、自我认同等因素并不足以影响土家族老年人的手机使用；土家族老年人的手机使用呈现功能单一、注重经济性、缺乏自我认同等

---

[1] 朱晓雪、耿燕川、雷英：《助推老年人跨越"数字鸿沟"：形成逻辑、现实困境与实践路径》，《福建开放大学学报》2024年第1期。

[2] 张耀匀：《农村老年"数字鸿沟"的形成机理及弥合机制研究——以江苏省Z镇的老年人为例》，硕士学位论文，贵州大学，2023。

[3] 王雪峰、杨书彬、张燕：《公共图书馆老年群体数字阅读推广与数字素养》，《邯郸职业技术学院学报》2024年第1期。

[4] 张淼：《藏区高校图书馆面向少数民族大学生的 MIL 教育研究》，《大学图书情报学刊》2019年第2期。

特点。对此研究人员提出以下几方面提升土家族老年人媒介素养的策略：拓宽使用场景、加强代际支持、开设辟谣专栏、增进民族认同。相关策略切实可行，对提升少数民族地区老年人媒介素养有重要的参考意义。①

有的少数民族的 MIL 研究扎根于族群聚集地，因此自然集中于媒介使用研究，不仅是数字媒介，也包括大众媒介。《火塘·电视·手机——少数民族村寨的媒介使用与媒介素养研究》发现：对媒介的使用渗透生活的各个方面，呼吁有关部门进行乡村媒介人培养，将其作为媒介使用的引导力量，从而为提高我国少数民族地区媒介素养提供新途径和新方法。② 余光会等人的研究发现：彝族群众电视和手机使用较多，电脑和网络的拥有与使用较少；媒介接触目的明确但媒介认知不够全面深入。对媒介素养的认知非常模糊，以及大众媒介促进经济文化发展的作用有待提高等。由此提出要"建设少数民族媒介素养教育'试验田'"。③

陈芳芸的少数民族妇女快手短视频传播实践研究采用田野调查的方法，对乡村少数民族妇女在快手短视频传播实践中的自我呈现进行质性分析，发现少数民族妇女在对本民族传统文化自发的传播过程中，充分发挥自身才能，冲破性别桎梏，塑造了敢闯敢做、大胆展现自我、积极向榜样力量靠拢的形象；在传播实践中，少数民族妇女发挥主观能动性，用自己的手工技艺实现经济独立。与此同时，少数民族妇女的媒介素养教育任重道远。鉴于此，研究提出对少数民族妇女进行媒介素养教育的几点建议。④ 应该指出，该研究发现少数民族妇女使用数字媒介具有主体性。但是，技能不等同于素养。并且，应警惕自上而下的"建议"，最好从少数民族妇女的需求出发建

---

① 黄鑫华：《土家族老年群体手机媒介素养研究——以石柱县中益乡土家族为例》，硕士学位论文，四川外国语大学，2023。
② 刘俊妍：《火塘·电视·手机——少数民族村寨的媒介使用与媒介素养研究》，硕士学位论文，华中师范大学，2018。
③ 余光会、施艳：《贵州少数民族受众大众媒介素养现状调查——以大方县百里杜鹃彝族为例》，《劳动保障世界》2017 年第 26 期。
④ 陈芳芸：《民族妇女快手短视频传播实践研究——基于贵州纳雍县湾子村的田野调查》，硕士学位论文，贵州民族大学，2023。

构 MIL 和发展具有地方特色的以赋权妇女为目标的教育方法论。

在理论探讨部分，本报告绘制出数字素养提升实践分析框架，如表 1 所示。从已有的针对不同群体的数字素养研究发现，对不同的群体，有不同的应用场景。

表 1 数字素养提升实践分析框架

不同人群	数字生活	数字工作	数字创新
乡村居民		集中于乡村发展	
女性		集中于创（就）业	
残障人士	集中于生活融入		包容技术设计原则
老年人	集中于生活融入		
少数民族群众		集中于创（就）业和当地发展	

注：数字信任主体为企业，此处不做分析。
资料来源：笔者自行整理。

不难看出，现有数字包容实践总体遵循自上而下的路径。由公共部门主导，侧重于集中规划和全面建设基础设施以及对 App 进行无障碍化改造，并提供相应的数字素养教育资源。自下而上的路径包容实践不多，未能充分考虑不同人群的提升需求和社区层面的主体性。数字创新方面，除了残障社会组织与企业合作发布的《包容技术设计原则》，较少看到上述群体参与数字创新的内容。

三 主要结论与分析

数字包容来自对数字鸿沟的反思。数字包容不仅针对接近、使用、知识资源、语言等多种数字鸿沟，还包括通过数字素养提升促进包容性发展，以构建一个平等社会的目标。目标导向的数字包容已经说明：在个人使用效果上，人人能够实现技术自足，在技术参与、协作和创新中获得幸福感；通过技术赋权和赋能，改善个人的经济状况、生活质量和社会参与情况，最终实现社会包容；在社会数字环境创建上，形成开放、多元、创新的技术使用环境，以技术驱动和包容驱动消除不平等，建设以人为本、可持续发展的包容型数字社会。

数字包容概念包含数字素养，数字素养提升是实现数字包容的基础和重要途径。数字包容不仅强调技术的可获取性，还包括提升数字素养、安全与隐私保护以及社会经济包容等多方面的内容。通过教育和培训，提高个人的数字素养，可以有效提升其社会参与度和经济独立性。技术的发展越来越彰显出利用技术进行创新的可能性。如张文宇教授所说，"在大模型时代，互联网核心技术的贡献者和互联网生态的关键参与者将是每个人"。① 人们有能力参与，才有可能平等"可见"和进行相应的社会变革。

数字包容与包容性发展相辅相成，通过数字包容促进包容性发展。数字包容不仅涉及技术获取的公平性，更重要的是确保所有人能够有效、安全地使用数字技术，从而提升个人和社会的整体素养与发展水平。这对于应对社会不平等问题、促进社会经济包容性发展具有重要意义。② 有研究者在考察性别项目后指出，数字素养教育并不局限于技能或技术方面的培训，而是要挑战传统的社会性别规范，消除一切妇女利用技术的障碍。

大量研究描述了数字包容关注的群体，如残障人士、老年人、女性以及农民，大致得出这部分人群数字素养普遍偏低的结论。为提升这部分人群的数字素养，有关部门出台了不少政策，提出要利用技术创新和无障碍设计确保所有人，包括残障人士和老年人，能够公平地使用数字技术。但是这里面有三个问题需要关注。一是数字素养普遍偏低或偏高的衡量标准是什么？是依据哪个群体的经验制定的？是否适合上述这些群体？二是残障人士与老年人并列提出，其应用场景大多为"数字生活"场景，这两个群体是否都没有"数字工作"的需求？以及这两个群体是否有不同的需求？三是有关调研或政策制定缺少对上述群体的发展需求以及提升数字素养需求的特别关

---

① 《人工智能专家张文宇：人工智能的发展离不开人性的驱动》，杭州网，2023年12月4日，https://hznews.hangzhou.com.cn/jingji/content/2023-12/04/content_8654237.htm。
② Helsper E.，"Digital Inclusion：An Analysis of Social Disadvantage and the Information Society," *Department for Communities and Local Government* (2008); Robinson L. et al., "Digital Inequalities and Why They Matter," *Information，Communication & Society* 5 (2015).

注。在技术参与和数字创新中，上述人群也难以称为"主体"。

实现数字包容，要获得政策支持，从制度上保证各种脆弱群体能够参与发展并从发展中获益。研究发现，绝大多数论文提出了数字包容的政策，但这些政策大多是自上而下提出的，强调供给方面，而缺少对不同群体需求的调研及分析。促进数字包容的确需要基于证据的多方利益相关者和全社会的共同努力。但是，数字包容的进程不能只是自上而下的，"需要积极与那些受其影响最大的人群互动。要拥抱新技术并充分利用它们，人们需要认为这些技术是包容的、有用的和值得信赖的。将目前被排除在数字空间之外的边缘化社区的观点纳入进来，对于利用技术为个人和社会提供潜力至关重要"① "随着数字世界和技术的不断发展，我们定义包容的方式也必须不断发展。实现公平的数字包容需要对数字世界、被排除的群体及其遇到的障碍进行不断且有意识的重新思考。随着技术的发展，这些实现公平数字包容的努力需要被确认和具体化。"②

四 数字包容视阈下数字素养发展建议

根据上述结论与分析，本报告提出如下几点建议。

第一，制定基于证据的全面的数字包容政策。基于证据的政策制定强调其过程要包括自下而上的研究，以及针对不同群体需求的调研，确保所有社会群体，特别是边缘化群体的声音能被听到，并可以进入政策制定过程。数字包容政策应涵盖技术获取、数字素养教育、安全与隐私保护、经济社会包容等多个方面，最终能够使这些人群公平地获得和使用数字技术并促进其发展。

第二，警惕并批判性讨论数字素养的国际或国家"统一标准""评估标准"。根据不同群体的发展需求自下而上构建不同的数字素养教育模块或内

---

① "UN: Digital Inclusion, Definition, Roundtable on Digital Inclusion," https://www.un.org/techenvoy/sites/www.un.org.techenvoy/files/general/Definition_Digital-Inclusion.pdf.
② "UN: Digital Inclusion, Definition, Roundtable on Digital Inclusion," https://www.un.org/techenvoy/sites/www.un.org.techenvoy/files/general/Definition_ Digital-Inclusion.pdf.

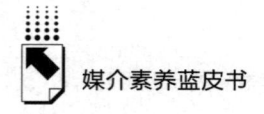

容。从理论和实践上区别通识教育和针对不同群体发展需求的数字素养教育。教育机构和社会组织应提供多样化的数字素养教育和培训项目，满足不同人群的需求。特别是针对中老年人、青少年、女性和残障人士，应提供专门的培训项目，帮助他们提升数字技能；同时要协助开发不同人群的需求，促进他们在数字生活、数字工作和数字创新等不同应用场景的学习。与这些群体合作，共同发掘这些群体参与数字技术创新的机会与途径，以达到"人人能够实现技术自足，在技术参与、协作和创新中增进幸福感"以及通过技术赋权促进个人发展和社会包容。

第三，促进多方合作。政府、企业、教育机构和非政府组织应加强合作，共同促进全民数字素养提升和数字包容的发展。企业和研究机构要在了解不同人群需求的基础上，与其合作共同开发适合特定人群的新技术，通过技术创新确保所有人都能公平地使用数字技术。这包括开发适合所有人群的无障碍软件和硬件产品。

第四，开展基于证据的持续的研究和评估。学界和研究机构应持续开展关于数字包容和数字素养的研究，注重自下而上地评估现有政策和项目的效果，以求根据不同群体需求的满足情况，不断改进和完善现有政策，确保数字包容和数字素养提升的措施切实有效。

政策法规篇

B.2 中国媒介与信息素养政策法规发展及分析（2021~2023）

杨英文*

摘　要： 本报告以"媒介素养""网络素养""信息素养""数字素养"为核心，以2021~2023年出台的相关法律法规为样本，梳理法律法规对其具体规定，分析不同用语下法律法规的不同侧重点，以期为不同学科提供法律层面的思考。从法律效力位阶的维度，梳理与媒介有关的法律、行政法规、地方性法规、行政规章、政党及组织文件等广义的法律规范。内容侧重不同人群的权益保护、网络安全、数字政府、数字经济及全民素养等。已有相关政策法规多以教育引导为主，缺乏惩罚性措施和执行力，但将"素养"概念纳入法律制度框架，引导人们增强自律意识、校正价值观。到2025年全民数字素养达到发达国家水平时，数字伦理道德水平大幅提升，有关"媒介素养""网络素养""信息素养""数字素养"的政策法规将承担更大的社会责任，提供更加有效的制度保障。

---

* 杨英文，法学博士，浙江传媒学院教师，研究方向为媒介政策与法规、新兴权利。

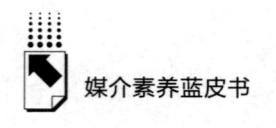

关键词： 媒介素养　网络素养　信息素养　数字素养

当今的中国，网络、数字、人工智能等新事物在无形中影响着人们的生活。人作为中心，需要通过复杂的媒介应对海量信息的"轰炸"，而随着社会的发展，一系列与媒介素养有关的法律法规出台了。法律不是"命令"的集合，而是文本的集合。法律文本中用语的选择对应不同的社会环境，本报告从不同的维度分析政策法规对媒介素养的回应。

一　中国法律法规的效力级别的分析维度

依据《中华人民共和国立法法》第 2 条，并结合其他规定，"法律"一词包含三个层次：狭义的是指全国人大及其常委会制定的法律；较宽泛的则包括行政法规、地方性法规、自治条例和单行条例；最广义的是再加上国务院部门规章和地方政府规章。本报告利用的威科先行数据库，服务于法律专业人士，其法律法规的范围还包括政党及组织文件、司法解释、监察法规、行业规范、地方性司法文件、军事法规、国际条约和国家标准。因此，本报告的分析文本是最广义上的法律。因分析文本的时间跨度不大，本报告中没有精准地按照时间顺序分类。

（一）以"媒介素养"为线索的法律法规颁布及生效情况

2021~2023 年颁布及生效的有关"媒介素养"的法律法规中，行政法规有国务院印发的《中国妇女发展纲要（2021—2030 年）》和《中国儿童发展纲要（2021—2030 年）》①，部门规章有《教育部办公厅　中央宣传部办公厅　中国记协办公室关于建立中国新闻传播大讲堂长效机制

---

① 《国务院关于印发中国妇女发展纲要和中国儿童发展纲要的通知》，中国政府网，2021 年 9 月 27 日，https://www.gov.cn/zhengce/zhengceku/2021-09/27/content_5639412.htm。

的通知》①，政党及组织文件有中共中央发布的《法治社会建设实施纲要（2020—2025年）》②。46部地方性法规的文本中涉及"媒介素养"。

（二）以"网络素养"为线索的法律法规颁布及生效情况

2021~2023年颁布及生效的有关"网络素养"的法律法规中，法律有《中华人民共和国未成年人保护法》，部门规章有《教育部办公厅关于做好2023年高校思想政治工作队伍培训研修中心重点建设工作的通知》《教育部等十三部门关于健全学校家庭社会协同育人机制的意见》《文化和旅游部办公厅关于加强网络文化市场未成年人保护工作的意见》《网信系统法治宣传教育第八个五年规划（2021—2025年）》《提升全民数字素养与技能行动纲要》《教育部办公厅等六部门关于进一步加强预防中小学生沉迷网络游戏管理工作的通知》《国家新闻出版署关于进一步严格管理切实防止未成年人沉迷网络游戏的通知》《中央文明办 文化和旅游部 国家广播电视总局 国家互联网信息办公室关于规范网络直播打赏 加强未成年人保护的意见》。③ 60部地方性法规的文本中涉及"网络素养"，其中包括38部与"妇女儿童发展规划"相关的规定。上海、新疆、甘肃、贵州等地推出了未成年人保护条例，如《广西壮族自治区预防未成年人犯罪条例》。而其他地方性单位，如重庆市教育委员会、广东省教育厅、福建省教育厅也均开展了未成年人网络整治专项行动。其他地方性法规的文本中也涉及"网络素养"的相关要求，如《安徽省民政厅等9个部门关于落实农村留守儿童委托照护责任的意见》、天津市人民政府办公厅印发的《天津市贯彻落实中国反对拐卖人口行动计划（2021—2030年）实施方

---

① 《教育部办公厅 中央宣传部办公厅 中国记协办公室关于建立中国新闻传播大讲堂长效机制的通知》，教育部网站，2021年9月13日，http://www.moe.gov.cn/srcsite/A08/s7056/202109/t20210924_566540.html。
② 《中共中央印发〈法治社会建设实施纲要（2020—2025年）〉》，中国政府网，2020年12月7日，https://www.gov.cn/zhengce/2020-12/07/content_5567791.htm。
③ 司法部网站，https://www.moj.gov.cn/pub/sfbgw/flfggz/flfggzflty/fltysfxzxgflfg/。

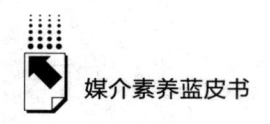

案》以及中共巴中市委、巴中市人民政府印发的《巴中市法治宣传教育第八个五年规划（2021—2025年）》等。

（三）以"信息素养"为线索的法律法规颁布及生效情况

2021~2023年颁布及生效的有关"信息素养"的行政法规有国务院印发的《全民科学素质行动规划纲要（2021—2035年）》；部门规章有科技部、中央宣传部、中国科协印发的《"十四五"国家科学技术普及发展规划》，教育部印发的《生命安全与健康教育进中小学课程教材指南》，国家知识产权局办公室、教育部办公厅印发的《高校知识产权信息服务中心建设实施办法（修订）》。省级地方性法规有天津市人民代表大会常务委员会发布的《天津市科学技术普及条例（2021修正）》、贵州省人民代表大会常务委员会发布的《贵州省公共图书馆条例》。其他地方性法规中，145部的文本中涉及"信息素养"。多数以大中小学的教育为主，如锡林郭勒盟行政公署印发的《锡林郭勒盟全民科学素质行动规划纲要实施方案（2021—2025年）》、北京市教育委员会印发的《2021年北京市教育信息化和网络安全工作要点》。

（四）以"数字素养"为线索的法律法规颁布及生效情况

2021~2023年颁布及生效的有关"数字素养"的法律有《中华人民共和国国民经济和社会发展第十四个五年规划和2035年远景目标纲要》，行政法规有《全国一体化政务大数据体系建设指南》《国务院关于加强数字政府建设的指导意见》《"十四五"数字经济发展规划》。

部门规章有中共中央网络安全和信息化委员会印发的《提升全民数字素养与技能行动纲要》、《国家发展改革委等部门关于推动平台经济规范健康持续发展的若干意见》、《农业农村部办公厅 中国科协办公厅关于开展2022年科普服务高素质农民培育行动的通知》、中央网信办等五部门印发的《2022年数字乡村发展工作要点》、《中共中央 国务院关于加强新时代老龄工作的意见》、中央网信办等十部门印发的《数字乡村发展行动计划

（2022—2025年）》、中共中央网络安全和信息化委员会印发的《"十四五"国家信息化规划》、民政部印发的《"十四五"民政信息化发展规划》、国务院新闻办公室印发的《国家人权行动计划（2021—2025年）》、人力资源和社会保障部印发的《"技能中国行动"实施方案》等20余部。

114部地方性法规的文本中使用了"数字素养"一词，广东省、浙江省、广州市出台"数字经济条例"，40个地方出台"数字经济发展规划"，黑龙江省、江苏省等出台"数字政府建设规划"，上海市人民政府办公厅印发《上海市全面推进城市数字化转型"十四五"规划》。

二 政策法规的内容维度

（一）"媒介素养"法律法规的特别关注

1. 对特殊人群的权益保护

对妇女的保护。如《中国妇女发展纲要（2021—2030年）》第二部分"（七）妇女与环境"指出，主要目标是健全文化与传媒领域的性别平等评估和监管机制，全面提升妇女的媒介素养，提高妇女利用信息技术参与新时代经济社会高质量发展的能力。策略措施是引导妇女提高媒介素养。利用妇女之家、图书馆、网络课堂等开展面向妇女的媒介素养培训和指导，加强妇女网络素养教育，提升妇女对媒介信息选择、判断和有效利用的能力，提升妇女网络安全意识和能力，消除性别数字鸿沟。加强学生网络素养教育，引导女生合理安全使用网络，提升自我保护能力，防止网络沉迷。重点帮助老年妇女、困难妇女和残疾妇女群体掌握网络基本知识技能。开展争做"巾帼好网民"活动，推动妇女弘扬网上正能量。

对儿童的保护。如《中国儿童发展纲要（2021—2030年）》在"儿童与环境"项下的主要目标是提供更多有益于儿童全面发展的高质量精神文化产品，保护儿童免受各类传媒不良信息影响，提升儿童媒介素养。策略措施是加强儿童媒介素养教育。保障儿童利用和参与媒介的权利。丰富儿童数字生活体验，提高数字生活质量。通过学校、幼儿园、家庭和社会等多种渠道，提升儿童及其监护人媒介素养，加强对不同年龄阶段儿童使用网络的分类教育指导，帮助儿童掌握网络基本知识技能，提高学习交流的能力，养成良好用网习惯，引导儿童抵制网络不文明行为，增强信息识别和网上自我保护能力，防止沉迷网络。为欠发达地区儿童、残疾儿童、困境儿童安全合理参与网络提供条件。

但是，在有关妇女儿童的法律、行政法规和地方性法规的文本中，对老年女性的权益保护，均局限于"完善经济困难高龄失能老年人补贴制度，落实各项补贴待遇，逐步提升老年妇女福利水平"，均未强调提高老年女性媒介素养的举措。

2. 网络安全领域的媒介素养

36部有关"媒介素养"的法律法规关注"网络安全"。如《法治社会建设实施纲要（2020—2025年）》第二十三条规定，培育良好的网络法治意识。坚持依法治网和以德润网相结合，弘扬时代主旋律和社会正能量。加强和创新互联网内容建设，实施社会主义核心价值观、中华文化新媒体传播等工程。提升网络媒介素养，推动互联网信息服务领域严重失信"黑名单"制度和惩戒机制，推动网络诚信制度化建设。坚决依法打击谣言、淫秽、暴力、迷信、邪教等有害信息在网络空间传播蔓延，建立健全互联网违法和不良信息举报一体化受理处置体系。加强全社会网络法治和网络素养教育，制定网络素养教育指南。加强青少年网络安全教育，引导青少年理性上网。深入实施中国好网民工程和网络公益工程，引导网民文明上网、理性表达，营造风清气正的网络环境。

《教育部办公厅　中央宣传部办公厅　中国记协办公室关于建立中国新闻传播大讲堂长效机制的通知》第三条规定，加强教学组织管理。支持各相关高校把大讲堂课程作为新闻传播类专业的必修课，纳入学分管理，实现新闻传播院系师生的全覆盖；鼓励其他专业学生选修，提高全媒体时代高校师生的新闻媒介素养，加强对党的新闻舆论工作的学习宣传教育，引导广大师生不断坚定"四个自信"。支持各相关高校指定专人负责大讲堂的教学组织，开展学习、交流、研讨、培训等，确保大讲堂课程落地落实。

（二）"网络素养"法律法规的特别关注

1. 对特殊人群的保护

在近三年涉及"网络素养"的政策法规中，48部法律及地方性法规突出对未成年人的网络素养的规定。《中华人民共和国未成年人保护法》第五章第六十四条规定，国家、社会、学校和家庭应当加强未成年人网络素养宣传教育，培养和提高未成年人的网络素养，增强未成年人科学、文明、安全、合理使用网络的意识和能力，保障未成年人在网络空间的合法权益。第七十一条规定，未成年人的父母或者其他监护人应当提高网络素养，规范自身使用网络的行为，加强对未成年人使用网络行为的引导和监督。

《中国儿童发展纲要（2021—2030年）》"儿童与安全"策略措施规定，加强未成年人网络保护。落实政府、企业、学校、家庭、社会保护责任，为儿童提供安全、健康的网络环境，保障儿童在网络空间中的合法权益。加强网络监管和治理，完善和落实网络信息监测、识别、举报、处置制度，依法惩处利用网络散布价值导向不良信息、从事危害未成年人身心健康的行为。网络游戏、网络直播、网络音视频、网络社交等网络服务提供者，针对未成年人使用其服务依法设置相应的时间管理、权限管理、消费管理等功能，不得为未满十六周岁儿童提供网络直播发布者账号注册服务。加强网络语言文明教育，坚决遏阻庸俗暴戾网络语言传播。实施国家统一的未成年人网络游戏电子身份认证，完善游戏产品分类、内容审核、时长限制等措施。加强儿童个人信息和隐私保护。

《文化和旅游部办公厅关于加强网络文化市场未成年人保护工作的意见》[①] 第三条强调，加强网络素养教育。指导网络文化市场主体加强未成年

---

① 《文化和旅游部办公厅关于加强网络文化市场未成年人保护工作的意见》，中国政府网，2021年11月29日，https://www.gov.cn/zhengce/zhengceku/2021-12/02/content_5655433.htm。

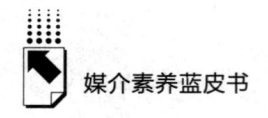

人及家长网络素养宣传教育，增强未成年人科学、文明、安全、合理使用网络的意识和能力。监督网络文化产品和服务提供者履行预防未成年人沉迷网络的义务，指导相关企业、行业组织相互配合，采取科学、合理的方式对未成年人沉迷网络进行预防和干预。

《国家新闻出版署关于进一步严格管理切实防止未成年人沉迷网络游戏的通知》[1] 第四条强调，积极引导家庭、学校等社会各方面营造有利于未成年人健康成长的良好环境，依法履行未成年人监护职责，加强未成年人网络素养教育，在未成年人使用网络游戏时督促其以真实身份验证，严格执行未成年人使用网络游戏时段时长规定，引导未成年人形成良好的网络使用习惯，防止未成年人沉迷网络游戏。

《中央文明办 文化和旅游部 国家广播电视总局 国家互联网信息办公室关于规范网络直播打赏 加强未成年人保护的意见》[2] 强调，加强网络素养教育。鼓励学校开展未成年人网络素养教育，围绕网络道德意识和行为准则、网络法治观念和行为规范、网络使用能力建设、人身财产安全保护等培育未成年人网络安全意识、文明素养、行为习惯和防护技能。引导未成年人监护人主动学习网络知识，加强对未成年人使用网络行为的教育、示范、引导和监督。支持社会各界共同开展宣传教育，促进未成年人开阔眼界、提高素质、陶冶情操、愉悦身心。

《安徽省民政厅等9个部门关于落实农村留守儿童委托照护责任的意见》[3] 强调，要引入专业社会组织和青少年事务社会工作者，依托12355等线上线下服务未成年人阵地为农村留守儿童提供法治教育、心理健康、网络素养等服务。妇联要加强对农村留守儿童的父母及被委托人家庭教育指导工

---

[1] 《国家新闻出版署关于进一步严格管理切实防止未成年人沉迷网络游戏的通知》，中国政府网，2021年8月30日，https://www.gov.cn/zhengce/zhengceku/2021-09/01/content_5634661.htm。

[2] 《中央文明办 文化和旅游部 国家广播电视总局 国家互联网信息办公室关于规范网络直播打赏 加强未成年人保护的意见》，文化和旅游部网站，2022年5月7日，https://www.mct.gov.cn/whzx/whyw/202205/t20220507_932837.htm。

[3] 《安徽省民政厅等9个部门关于落实农村留守儿童委托照护责任的意见》，安徽省民政厅网站，2021年7月29日，http://mz.ah.gov.cn/public/21761/120654181.html。

作，依托妇女之家、儿童之家等活动场所，为有需要的未成年人提供课后辅导、心理疏导等关爱服务。

《提升全民数字素养与技能行动纲要》第二十二条规定，提高全民网络文明素养。建立完善网络文明规范，普及网络文明观念，发展积极健康的网络文化，进一步完善政府、学校、家庭、社会相结合的网络文明素养教育机制，不断提升青少年网络素养，引导健康合理使用数字产品和服务，推动全社会形成文明办网、文明用网、文明上网、文明兴网的共识。

《教育部办公厅等六部门关于进一步加强预防中小学生沉迷网络游戏管理工作的通知》①第三条强调，严格校内教育管理。地方教育行政部门要指导学校对经申请带入校园的手机等终端产品进行统一管理，严禁带入课堂。学校提供的互联网上网服务设施，应安装未成年人网络保护软件或者采取其他安全保护技术措施。学校教职员工发现学生进入互联网上网服务营业场所时，应当及时予以制止、教育。学校要广泛开展各类文体活动，引导学生培养兴趣爱好，自觉远离不良网络诱惑。要采取多种形式加强网络素养宣传教育，采取科学合理的方式对中小学生沉迷网络行为进行预防和干预，引导中小学生正确认识、科学对待、合理使用网络。

"网络素养"在对妇女这一群体的阐释集中在"妇女发展规划"和各地方的"妇女发展规范"中，内容没有超出《中国妇女发展纲要（2021—2023年）》中所强调的，引导妇女提高媒介素养。利用妇女之家、图书馆、网络课堂等开展面向妇女的媒介素养培训和指导，加强妇女网络素养教育，提升妇女对媒介信息选择、判断和有效利用的能力，提升妇女网络安全意识和能力，消除性别数字鸿沟。加强学生网络素养教育，引导女生合理安全使用网络，提升自我保护能力，防止网络沉迷。重点帮助老年妇女、困难妇女和残疾妇女群体掌握网络基本知识技能。开展争做"巾帼好网民"活动，推动妇女弘扬网上正能量。而"网络素养"对未成年人的阐释在《中国儿童发

---

① 《教育部办公厅等六部门关于进一步加强预防中小学生沉迷网络游戏管理工作的通知》，教育部网站，2021年10月20日，http://www.moe.gov.cn/srcsite/A06/s3321/202110/t20211029_576140.html。

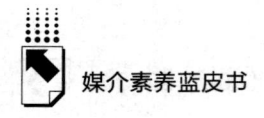

展纲要（2021—2023年）》中并未明确提及，而是在多部其他法规中深入全面规定。

2.法治宣传教育

《网信系统法治宣传教育第八个五年规划（2021—2025年）》① 第二部分第六条规定，深入宣传党内法规。深入学习宣传党内法规，注重党内法规宣传同国家法律宣传的衔接协调。突出《中国共产党章程》《中国共产党宣传工作条例》等党内法规的学习宣传。把学习掌握党内法规作为合格党员的基本要求，列入党组织"三会一课"内容，在考核党员、干部时注意了解相关情况，促进党内法规学习宣传常态化、制度化。

第二部分第四条规定，突出宣传涉互联网重要法律。切实加强网络法治建设的实践经验和成绩宣传。重点宣传国家安全法、反恐怖主义法、网络安全法、英雄烈士保护法、电子商务法、未成年人保护法、数据安全法、个人信息保护法等涉互联网治理的法律。加强对"十四五"期间制定和修订的涉互联网治理法律的宣传普及。组织创作涉互联网重要法律的优质普法产品，成立相关法律宣讲团，开展知识竞赛，充分利用新媒体，在网信系统开展普法宣讲活动。结合"4·15"全民国家安全教育日、国家网络安全宣传周等全国性法治宣传教育活动，组织开展相关网络普法专项活动，进一步提升全体网民网络法治素养和网络安全防范意识，以高质量普法推动网络强国建设。

第二部分第五条规定，深入宣传涉互联网重要法规和规范性文件。加强对《关键信息基础设施安全保护条例》《互联网信息服务管理办法》《互联网新闻信息服务管理规定》《区块链信息服务管理规定》《儿童个人信息网络保护规定》《网络信息内容生态治理规定》《网络安全审查办法》《汽车数据安全管理若干规定（试行）》等法规规章，以及《互联网用户公众账号信息服务管理规定》《互联网群组信息服务管理规定》《移动互联网应用

---

① 《网信系统法治宣传教育第八个五年规划（2021—2025年）》，中央网信办网站，2021年11月17日，https://www.cac.gov.cn/2021-11/17/c_1638745465852216.htm。

程序信息服务管理规定》《互联网直播服务管理规定》《互联网新闻信息服务许可管理实施细则》《网络音视频信息服务管理规定》《App违法违规收集使用个人信息行为认定方法》等规范性文件的宣传解读。围绕有偿删帖、网络"黑公关"、网络水军、流量造假、侵害个人信息权益、资本操控舆论、网络平台垄断、数据跨境流动失序、涉不雅低俗内容频发等人民群众关心关注的问题，加强普法宣传和以案释法力度，明确网络活动的底线和高压线，教育引导广大网民、网络媒体和互联网企业等各类主体牢固树立网络法治意识。

第三部分第三条规定，加强青少年专项网络普法。把青少年网络法治宣传教育作为重点，针对青少年群体特点，创作更多青少年喜爱的网络普法产品，把要讲的道理、情理、事实用青少年易于接受的语言和方式呈现出来。开展青少年网络法治素养培育提升工程。围绕青少年网络权益保护，加强青少年网络素养和网络安全教育，使青少年网民从小养成良好的网络法治意识和法治素养。

中共山东省委印发的《贯彻落实〈法治社会建设实施纲要（2020—2025年）〉具体措施》第十七条强调，依法加强网络空间治理。落实网络安全审查和互联网企业管理主体责任，实行网络空间规范化、精准化治理。加强网络内容建设，实施社会主义核心价值观、中华优秀传统文化网上传播工程。开展"净网""清朗"等专项整治行动，有效实施对自媒体、聚合平台以及个性化推送平台行为的监管。推进全社会网络法治和网络素养教育。开展"网络安全知识进校园"行动。实施"好网民·在山东"品牌工程。组织"网上正能量"宣传选树活动。

（三）"信息素养"法律法规的特别关注

以"信息素养"为关键词，在威科先行数据库检索到行政法规1部，部门规章9部，地方性法规127部。其中，以教育行业信息素养提升最为明显，85部法规的文本涉及教育领域的信息素养问题。教育部印发的《生命

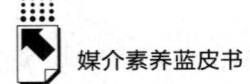

安全与健康教育进中小学课程教材指南》①"安全应急与避险伤害"中指出，伤害、暴力威胁等是影响儿童青少年生命安全及健康的主要因素。其中，溺水和交通伤害（道路交通事故）是常见的导致学生意外受伤和死亡的重要原因，校园欺凌和涉及学生的网络电信诈骗等时有发生。应引导儿童青少年增强安全防护意识，学会预防和规避危险，掌握应急常识和急救技能，提升信息素养，增强网络信息的辨别意识和能力。

国家知识产权局办公室、教育部办公厅印发的《高校知识产权信息服务中心建设实施办法（修订）》②第八条的第三项指出，培育专业人才。承担高校知识产权相关业务知识培训，开展知识产权信息素养教育，宣讲普及知识产权信息知识及技能，提升在校学生知识产权创造运用素养；支持知识产权相关专业、学科建设，提供信息资源和师资支持；为师生开展知识产权信息分析、创新活动提供支持和指导；参与高校知识产权教学研究、人才培养和国际交流等活动。

《教育部等四部门关于实现巩固拓展教育脱贫攻坚成果同乡村振兴有效衔接的意见》③"重点任务"中第一条的第三项指出，巩固拓展教育信息化成果。巩固学校联网攻坚行动成果，加快学校网络提速扩容。完善国家数字教育资源公共服务体系，助力脱贫地区共享优质教育资源，不断扩大优质教育资源覆盖面。深化普及"三个课堂"应用，实现依托信息技术的"优质学校带薄弱学校、优秀教师带普通教师"模式制度化，指导教师共享和用好优质教育资源。提升脱贫地区师生信息素养，构建以校为本、基于课堂、应用驱动、注重创新、精准测评的教师信息素养发展机制，加强学生课内外一体化的信息素养培育，推进信息技术与教育教学的深度融合。

---

① 《教育部关于印发〈生命安全与健康教育进中小学课程教材指南〉的通知》，教育部网站，2021年10月26日，http://www.moe.gov.cn/srcsite/A26/s8001/202111/t20211115_579815.html。
② 《国家知识产权局办公室 教育部办公厅关于印发〈高校知识产权信息服务中心建设实施办法（修订）〉的通知》，国家知识产权局网站，2021年6月15日，https://www.cnipa.gov.cn/art/2021/6/15/art_75_160042.html。
③ 《教育部等四部门关于实现巩固拓展教育脱贫攻坚成果同乡村振兴有效衔接的意见》，教育部网站，2021年4月30日，http://www.moe.gov.cn/srcsite/A03/s7050/202105/t20210514_531434.html。

《教育部等五部门关于大力加强中小学线上教育教学资源建设与应用的意见》①"提高师生应用能力"指出，第一，加强教师培养培训。高等学校要把信息技术作为师范类专业的必修课程，把提高信息素养作为师范生培养的重要目标。进一步加大信息技术与教育教学融合应用培训力度，作为"国培计划"、全国中小学教师信息技术应用能力提升工程2.0和各地各校教师培训的重要内容，有针对性地开展好专题培训。第二，提升学生信息素养。各地要指导和推动中小学按照国家课程方案和课程标准开齐开足开好信息技术课程，将信息素养培育有机融入各门学科教育教学，培养学生信息意识和信息检索、鉴别、选择能力，注重提高学生数字化学习与创新能力，以及利用信息技术解决实际问题的能力。积极推动把信息技术课程纳入初高中学业水平考试，将学生信息素养纳入学生综合素质评价。

1. 不同人群的信息素养

明确规定了"师生信息素养"的有25部法律法规的文本。《教育部等四部门关于实现巩固拓展教育脱贫攻坚成果同乡村振兴有效衔接的意见》指出，巩固拓展教育信息化成果。巩固学校联网攻坚行动成果，加快学校网络提速扩容。完善国家数字教育资源公共服务体系，助力脱贫地区共享优质教育资源，不断扩大优质教育资源覆盖面。深化普及"三个课堂"应用，实现依托信息技术的"优质学校带薄弱学校、优秀教师带普通教师"模式制度化，指导教师共享和用好优质教育资源。提升脱贫地区师生信息素养，构建以校为本、基于课堂、应用驱动、注重创新、精准测评的教师信息素养发展机制，加强学生课内外一体化的信息素养培育，推进信息技术与教育教学的深度融合。

上海市人民政府印发的《上海市教育发展"十四五"规划》②指出，深入推进新技术赋能教育。推动教育数字化转型和广泛应用，使学习更有乐

---

① 《教育部等五部门关于大力加强中小学线上教育教学资源建设与应用的意见》，教育部网站，2021年1月20日，http://www.moe.gov.cn/srcsite/A06/s3325/202102/t20210207_512888.html。
② 《上海市人民政府关于印发〈上海市教育发展"十四五"规划〉的通知》，上海市人民政府网站，2021年8月3日，https://www.shanghai.gov.cn/nw12344/20210827/3eb4bdfdfe014bbda40ff119743b74f0.html。

趣，使学生成长更快乐。着力建设教育数字基座，升级教育数据中心，完善教育数据标准体系，优化大规模智慧学习系统，提供更多优质、泛在的数字化教育应用场景，为全市师生提供优质在线教育和个性化学习支持。提升师生信息素养，加强师生信息技术应用能力和信息思维培养，增强师生网络和信息安全意识。以新技术促进教育理念和教学模式变革，建设数字教材资源、研究型课程自适应学习平台，推进优质教育资源建设、开放与共享。构建基于5G等技术的"云—网—边—端"一体化基础环境，加快学校全面感知物联网基础设施配置，加强教育信息化的网络安全保障，推进智慧学校、智慧实验室建设，建设教育现代化动态监测网络、教育决策智能化支持系统。

《安徽省实现巩固拓展教育脱贫攻坚成果同乡村振兴有效衔接的实施方案》指出，巩固拓展教育信息化成果。巩固学校联网攻坚行动成果，加快学校网络提速扩容。提升安徽基础教育资源应用平台服务供给能力，助力脱贫地区共享优质教育资源，不断扩大优质教育资源覆盖面。持续推进智慧学校应用，深化普及"三个课堂"应用，实现依托信息技术的"优质学校带薄弱学校、优秀教师带普通教师"模式制度化，指导教师共享和用好优质教育资源。提升脱贫地区师生信息素养，构建以校为本、基于课堂、应用驱动、注重创新、精准测评的教师信息素养发展机制，加强学生课内外一体化的信息素养培育，推进信息技术与教育教学的深度融合。全面推进智慧学校建设。

北京、天津、上海、安徽、鹤岗、大兴安岭、伊春、葫芦岛、威海、三明、绍兴和教育部出台的12部法律法规的文本规定了"教育发展'十四五'规划"中的师生信息素养。山西、广州、江苏开展了中小学生信息素养提升实践活动。三亚市教育局、舟山市教育局、常州市教育局、大兴安岭地区行政公署教育局分别下发了"加强中小学生手机管理的通知"，把技术赋能教育用在法律法规和教育实践中。

2. 网络安全方面的信息素养

《上海市全面推进城市数字化转型"十四五"规划》中规定，推动生活数字化转型，创造高品质生活。探索成长新空间。以"让人人都有人生出彩机会"为出发点，增强数字化对教育、就业等个人成长各阶段的赋能。以提升师生信息素养、加强家校互动、建设数字校园为重点，变革教学模式、改进学习方式、创新评价方法、强化学生关爱，实现教育更高层次发展。推进数字化就业服务，打造求职者个人数字档案，实现劳动者和用人单位精准对接和匹配。加强技能认定、技能培训、个人创业、灵活就业等领域数字化赋能，向各类人群提供低成本、便利化、全要素、开放式的数字化服务。

（四）"数字素养"法律法规的特别关注

党的十八大以来，党中央、国务院从推进国家治理体系和治理能力现代化的全局出发，准确把握全球数字化、网络化、智能化发展趋势和特点，围绕实施网络强国战略、国家大数据战略等作出了一系列重大部署。经过各方共同努力，各级政府业务信息系统建设和应用成效显著，数据共享和开发利用取得积极进展，一体化政务服务和监管效能大幅提升，"最多跑一次""一网通办""一网统管""一网协同""接诉即办"等创新实践不断涌现，数字技术在新冠疫情防控中发挥了重要的支撑作用，数字治理成效不断显现，为迈入数字政府建设新阶段打下了坚实基础。但同时，数字政府建设仍存在一些突出问题，主要是顶层设计不足、体制机制不够健全、创新应用能力不强、数据壁垒依然存在、网络安全保障体系还有不少短板、干部队伍数字意识较弱和数字素养不高、政府治理数字化水平与国家治理现代化要求还存在较大差距。

1. 数字政府

当前，我国已经开启全面建设社会主义现代化国家新征程，推进国家治理体系和治理能力现代化、适应人民日益增长的美好生活需要，对数字政府建设提出了新的更高要求。62部地方性法规在"数字素养"方面明确强调"数字政府"。《浙江省人民政府关于深化数字政府建设的实施意见》强调，提升数字素养。加大政府数字化专业人才引进力度，加快建立数字政府领域

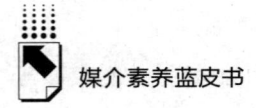

高层次、复合型人才培育机制。建立完善数字政府培训课程体系，定期对全省政府系统各级干部进行数字化业务能力培训，提升干部队伍塑造变革能力，培养造就一大批数字意识强、善用数据、善治网络的干部，为全面增强数字政府建设效能提供重要人才保障。云南省人民政府印发的《"十四五"数字云南规划》勾勒的美好未来是，数字社会服务水平快速提升，数字乡村治理服务水平显著提升，人民生活数字化发展加快，公民数字素养不断提升。数字政府运行与治理效能显著优化，政府业务流程高效协同、政府决策科学智慧、社会治理精准有效。建成"城市大脑"核心中枢，推进城市规划、建设、管理和运营全面数字化，形成数字城市建设发展新模式。数字化国际合作更加活跃，初步建成面向南亚东南亚辐射中心数字枢纽。数字化发展政策保障、安全保障能力显著增强，数字生态体系基本健全。上海市人民政府办公厅印发的《上海市全面推进城市数字化转型"十四五"规划》强调，发挥国有企业数字新基建主力军优势，开展新型基础设施投资和建设，搭建数字化生态协同平台。进一步整合资源，引导金融资本有效支撑数字化转型，推进设立数字化转型相关基金，推动重点企业在科创板上市。提升全社会数字素养，广泛开展数字化转型技能培训，面向专业技术人员、公务人员等推广数字化培训项目。江苏省人民政府办公厅印发的《江苏省"十四五"数字政府建设规划》规定，提升公民数字素养。建设数字文化，培育数字文明，大力弘扬社会主义核心价值观，加强行业自律和行为规范，形成人人为数字社会贡献正能量良好风尚。探索制定学生数字素养评价体系，推动中小学设置人工智能、编程教育等课程，鼓励高校开设相关专业，引导职业学校深化产教融合。鼓励公共服务机构提供线上学习渠道，鼓励数字图书馆建设。开展数字素养宣传，提高认知水平和实践意识。

2. 呼吁提升全民素质素养

《国家人权行动计划（2021—2025年）》第一部分"经济、社会和文化权利"的第一条"基本生活水准权利"强调，弥合城乡数字鸿沟。统筹推进智慧城市与数字乡村建设，促进城乡信息化融合发展，提升全民数字素养与技能。这个文件把"提升全民素养"作为人的一项基本生活水准权利，属于经济、社会和文化权利的范畴。

《中华人民共和国国民经济和社会发展第十四个五年规划和2035年远景目标纲要》第十六章第三节"构筑美好数字生活新图景"中强调，推动购物消费、居家生活、旅游休闲、交通出行等各类场景数字化，打造智慧共享、和睦共治的新型数字生活。推进智慧社区建设，依托社区数字化平台和线下社区服务机构，建设便民惠民智慧服务圈，提供线上线下融合的社区生活服务、社区治理及公共服务、智能小区等服务。丰富数字生活体验，发展数字家庭。加强全民数字技能教育和培训，普及提升公民数字素养。加快信息无障碍建设，帮助老年人、残疾人等共享数字生活。

《"十四五"国家信息化规划》根据《中华人民共和国国民经济和社会发展第十四个五年规划和2035年远景目标纲要》中的主要目标和重点内容，把基础能力、战略前沿、民生保障等摆在了优先位置，确定了全民数字素养与技能提升、企业数字能力提升、前沿数字技术突破、数字贸易开放合作、基层智慧治理能力提升、绿色智慧生态文明建设、数字乡村发展、数字普惠金融服务、公共卫生应急数字化建设、智慧养老服务拓展等10项优先行动。

《提升全民数字素养与技能行动纲要》强调，数字素养与技能是数字社会公民学习工作生活应具备的数字获取、制作、使用、评价、交互、分享、创新、安全保障、伦理道德等一系列素质与能力的集合。提升全民数字素养与技能，是顺应数字时代要求，提升国民素质、促进人的全面发展的战略任务，是实现从网络大国迈向网络强国的必由之路，也是弥合数字鸿沟、促进共同富裕的关键举措。当前，全球经济数字化转型不断加速，数字技术深刻改变着人类的思维、生活、生产、学习方式，推动世界政治格局、经济格局、科技格局、文化格局、安全格局深度变革，全民数字素养与技能日益成为国际竞争力和软实力的关键指标。全球主要国家和地区把提升国民数字素养与技能作为谋求竞争新优势的战略方向，纷纷出台战略规划，开展面向国民的数字技能培训，提升人力资本水平。

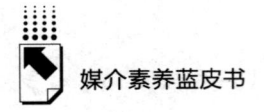

3.对特殊群体的要求

对领导干部的数字素养要求。《国务院关于加强数字政府建设的指导意见》强调，着眼推动建设学习型政党、学习大国，搭建数字化终身学习教育平台，构建全民数字素养和技能培育体系。把提高领导干部数字治理能力作为各级党校（行政学院）的重要教学培训内容，持续提升干部队伍数字思维、数字技能和数字素养，创新数字政府建设人才引进培养使用机制，建设一支讲政治、懂业务、精技术的复合型干部队伍。深入研究数字政府建设中的全局性、战略性、前瞻性问题，推进实践基础上的理论创新。成立数字政府建设专家委员会，引导高校和科研机构设置数字政府相关专业，加快形成系统完备的数字政府建设理论体系。民政部印发的《"十四五"民政信息化发展规划》承认，一些民政干部的数字素养不能很好适应数字化时代浪潮；新一代信息技术与民政业务融合有待深化；各级民政网络安全风险防范意识和综合实力亟待增强。

对农民的数字素养要求。《数字乡村发展行动计划（2022—2025年）》强调，激发乡村振兴内生动力为主攻方向，着力发展乡村数字经济，着力提升农民数字素养与技能，着力繁荣乡村网络文化，着力提高乡村数字化治理效能，为推动乡村振兴取得新进展、农业农村现代化迈出新步伐、数字中国建设取得新成效提供有力支撑。《2022年数字乡村发展工作要点》的主要目标是：乡村数字基础设施建设持续推进，5G网络实现重点乡镇和部分重点行政村覆盖，农村地区互联网普及率超过60%。乡村数字经济加速发展，农业生产信息化水平稳步提升，农产品电商网络零售额突破4300亿元。乡村数字化治理体系不断完善，信息惠民服务持续深化，农民数字素养与技能有效提升，数字乡村试点建设初见成效。《农业农村部办公厅 中国科协办公厅关于开展2022年科普服务高素质农民培育行动的通知》中的"重点任务"指出，促进科普服务高素质农民培育。中国科协、农业农村部将联合实施科普中国"智惠农民"项目，围绕文明生活、农业生产、医疗健康、生态环保、生物技术、数字素养等主题，汇聚优质科普信息化资源，服务农民科技文化素质提升。

对老年人的数字素养要求。《中共中央　国务院关于加强新时代老龄工作的意见》指出，在鼓励推广新技术、新方式的同时，保留老年人熟悉的传统服务方式，加快推进老年人常用的互联网应用和移动终端、App 应用适老化改造。实施"智慧助老"行动，加强数字技能教育和培训，提升老年人数字素养。

对企业家的数字素养要求。《九江市"十四五"数字经济发展规划》强调新时代"数字浔商"百家计划。实施企业家数字素养提升工程，加大互联网、数字经济等战略思维培训宣讲，推进企业家数字经济战略思维培育，造就一批具备数字经济时代战略视野的知名浔商。

对人才的数字素养要求。《浙江省数字经济发展"十四五"规划》强调，布局国际人才促进中心、海外人才工作站等海外人才飞地，加快集聚数字经济全球顶尖创新人才。实施企业家数字素养提升工程，造就一批具备战略视野的"数字浙商"。

4. 数字经济中的数字素养

国务院印发的《"十四五"数字经济发展规划》强调，提升全民数字素养和技能。实施全民数字素养与技能提升计划，扩大优质数字资源供给，鼓励公共数字资源更大范围向社会开放。推进中小学信息技术课程建设，加强职业院校（含技工院校）数字技术技能类人才培养，深化数字经济领域新工科、新文科建设，支持企业与院校共建一批现代产业学院、联合实验室、实习基地等，发展订单制、现代学徒制等多元化人才培养模式。制定实施数字技能提升专项培训计划，提高老年人、残障人士等运用数字技术的能力，切实解决老年人、残障人士面临的困难。提高公民网络文明素养，强化数字社会道德规范。鼓励将数字经济领域人才纳入各类人才计划支持范围，积极探索高效灵活的人才引进、培养、评价及激励政策。

结　语

本报告对中国"媒介素养""网络素养""信息素养""数字素养"

政策法规的内容进行了分析，从制度层面保障素养的养成和规则的遵守。但是中国有关素养的政策法规在立法发展层面有时代的印记，在立法上有待完善的地方。随着数字时代的到来，提升包括媒介素养、网络素养、信息素养在内的数字素养至关重要。提升中国公民的数字素养是不容忽视的社会责任。

1. 中国"媒介素养""网络素养""信息素养""数字素养"政策法规的特征

"媒介素养""网络素养""信息素养""数字素养"在我国近三年的法律法规的文本中呈现不同的特征。从法律法规用语的选择上，"媒介素养"和"网络素养"较多同时出现在一部法律法规中，而"信息素养""数字素养"则很少重合使用。有关"数字素养"的立法数量猛增，且东北地区、西南地区出台的相关地方性法规密集，是立法先行的代表。

在威科先行数据库中，在2021年至2023年8月任何一部涉及"数字素养"的法律法规中，都没有出现"媒介素养"。只有《提升全民数字素养与技能行动纲要》提到一次"网络素养"，《天津市科学技术普及条例（2021修正）》等7部法律法规中既规定了"数字素养"，又规定了"信息素养"。41部法律法规中既规定了"媒介素养"，又规定了"网络素养"。只有《江苏省妇女发展规划（2021—2025年）》既规定了"媒介素养"，又规定了"信息素养"。近70部提及"网络素养"的法律法规中均没有提及"信息素养"。

2. 中国"媒介素养""网络素养""信息素养""数字素养"政策法规的不足

随着信息革命的持续深化，媒介素养在教育、传播和管理领域中的重要性日益凸显。政策法规不可忽视媒介素养的保障作用。近年来，涉及"媒介素养"的政策法规不断完善与更新，这一趋势从近三年的政策法规数量上可见一斑，但在法律的位阶上处于低端，或者只是规范性文件。作为以权利与义务为主要内容的法律，将"素养"概念纳入其中，有助于明确社会及不同群体应具备的基本素质和能力标准。这不仅有助于提升信息素养、网络素养和数字素养水平，还能在法律框架下引导人们规范自身行为。

尽管法律法规具有规范性和权威性，但在媒介素养方面难以实施"强制性"措施。目前，我国关于"媒介素养"的政策法规多以倡导性为主，旨在为人们指明方向，鼓励并指导其实施积极行为。这些政策法规尽管缺乏实质性的惩罚性规定，也不具备强制执行力，但仍具有很强的教育和倡导作用，能够产生积极的社会价值。倡导性条款不仅能够引导特定群体增强自律意识、校正价值观，还能明确其行为的边界和底线，为社会评价和社会选择提供依据。这些条款广泛出现在各类法律法规中，用于规定和倡导社会行为规范与道德准则，旨在引导人们积极向善，促进社会和谐稳定发展。

鉴于法律的滞后性和严谨性，对媒介素养的规定不宜过于严苛，也不宜采用传统的惩罚性措施。在技术革命不断影响社会和个人生活的当今及未来，政策法规对信息素养、网络素养和数字素养的规定应与时俱进，同时保持一定的灵活性，以确保法律与素养之间的平衡。

3. 中国"媒介素养""网络素养""信息素养""数字素养"政策法规的社会责任

如今，包含媒介素养、网络素养和信息素养在内的数字素养被广泛提及，且强调其社会责任。以教育部印发的《教师数字素养》为例，教育部把其作为教育行业标准，突出的特点是对教师数字社会责任的特别规定。教师在数字化活动中的道德素养和行为规范方面的责任，包括法治道德规范以及数字安全保护两个方面。教师应遵守与数字化活动相关的法律和道德伦理规范，包括：第一，依法规范上网，即遵守互联网法律法规，自觉规范各项上网行为；第二，合理使用数字产品和服务，即遵循正当必要、知情同意、目的明确、安全保障的原则，尊重知识产权、注重学生身心健康；第三，维护积极健康的网络环境，即遵守网络传播秩序，利用网络传播正能量。教师应具备数字安全保护和网络安全防护的能力，包括保护个人信息和隐私，维护工作数据安全，注重网络安全防护，辨别、防范、处置网络风险行为。

到 2025 年，全民数字化适应力、胜任力、创造力显著提升，全民数字素养达到发达国家水平，全民实现智慧共享、和睦共治的数字生活，数字安全保障更加有力，数字伦理道德水平大幅提升。有关"媒介素养""网络素

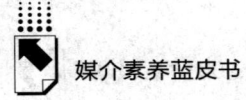

养""信息素养""数字素养"的政策法规将承担更大的社会责任,提供更加有效的制度保障。到 2035 年,基本建成数字强国,数字创新创业繁荣活跃,将建成网络强国、数字中国、智慧社会,有关"数字素养"的政策法规更加完善。

B.3
中国人工智能政策法规发展及分析（2020~2023）

吴沈括　邓立山*

摘　要： 随着人工智能技术的快速发展和应用，人们的生产效率得到大幅度的提高。但人工智能的开发、训练和使用过程都可能被恶意利用，从而产生隐私、公平、歧视、安全和社会稳定等多方面的问题，因此需要有法律法规予以规范。本报告简要介绍了当前全球的人工智能技术和治理发展现状，概述了中国2020~2023年关于人工智能的政策和法律法规，最后重点详细介绍了《互联网信息服务算法推荐管理规定》《互联网信息服务深度合成管理规定》《生成式人工智能服务管理暂行办法》等三部目前已经生效的部门规章，希望阐释当前中国人工智能立法的背景、制度要求、内在逻辑和制度启示。总体来看，中国人工智能政策法规的建设已经历了以立法意见为主的顶层设计和以部门规章为主的敏捷治理阶段，正向全面化、系统化迈进，中国人工智能政策法规的制定为国际人工智能治理提供了中国经验、中国实践和中国方案。

关键词： 人工智能　深度合成　互联网信息服务算法　法律法规

---

* 吴沈括，北京师范大学法学院博士生导师，中国互联网协会研究中心副主任，研究方向为网络治理、数据治理、人工智能治理、数字经济、数字政府与网络犯罪等；邓立山，美国西北大学法学院法律硕士（LLM），研究方向为网络治理、数据治理、人工智能治理。

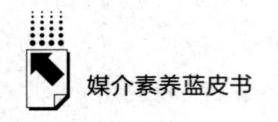

一　人工智能技术与法律法规发展综述

（一）全球人工智能技术和治理发展

人工智能（Artificial Intelligence）技术已成为驱动新一代产业革命和经济发展的关键技术。当前，人工智能技术的应用已具有较高水平并仍在高速发展中，自然语言处理、计算机视觉等技术在智慧工业生产、智能家居、自动驾驶、人脸识别、语音和文字识别等多个方面的实际应用已经深入人们的生活。在技术日渐成熟后，特别是随着通用人工智能的发展，人工智能技术的产业应用规模将进一步扩大，并具有向大部分行业扩展的潜力。但与此同时，人工智能因为其所利用大数据的来源问题、质量问题等存在隐私侵犯和不稳定性高的风险。此外，由于算法的不透明特性，人工智能应用在可解释性和可问责性方面也存在风险。习近平总书记多次对人工智能问题作出指示，他指出"人工智能是新一轮科技革命和产业变革的重要驱动力量，加快发展新一代人工智能是事关我国能否抓住新一轮科技革命和产业变革机遇的战略问题"①。同时，他强调要加快人工智能领域的立法步伐，努力健全国家治理急需、满足人民日益增长的美好生活需要必备的法律制度。②

全球可信人工智能治理快速发展。当前，国际人工智能技术发展迅速，以 ChatGPT 为代表的人工智能应用获得广泛使用，但为应对人工智能风险挑战，全球多国和国际组织提出了可信人工智能倡议，部分国家提出了人工智能立法。G20 于 2019 年推出《G20 人工智能原则》，联合国教科文组织于 2021 年推出《人工智能伦理问题建议书》。欧盟于 2021 年提出《人工智能法案》并于 2023 年通过，即将对人工智能应用加以全方位的治理。美国在

---

① 《习近平：推动我国新一代人工智能健康发展》，新华网，2018 年 10 月 31 日，http：//www. xinhuanet. com/politics/2018-10/31/c_1123643321. htm。
② 《坚持走中国特色社会主义法治道路　更好推进中国特色社会主义法治体系建设》，中国共产党新闻网，2022 年 2 月 6 日，http：//dangjian. people. com. cn/n1/2022/0216/c117092-32352862. html。

2022年通过了《算法问责法案》。除了新的专项立法外，以欧盟《通用数据保护条例》为代表的个人信息保护立法，也对利用算法进行自动化决策的行为做出了规制。

（二）促发展与防风险并重的中国人工智能监管

第一，在立法意见方面，国家网信办等九部门于2021年发布了《关于加强互联网信息服务算法综合治理的指导意见》（以下简称《指导意见》），对已经广泛使用的信息服务算法提出了规范要求。2021年，国家新一代人工智能治理专业委员会发布了《新一代人工智能伦理规范》；2022年，中共中央办公厅、国务院办公厅发布了《关于加强科技伦理治理的意见》，提出对人工智能治理伦理先行的要求。伦理先行是在人工智能技术快速发展、立法难以跟上技术发展的现实下，对人工智能治理的有效举措。2022年，科技部等六部门印发《关于加快场景创新以人工智能高水平应用促进经济高质量发展的指导意见》以促进人工智能应用发展。

第二，在具体规范方面，2021年生效的《中华人民共和国个人信息保护法》对自动化决策进行了规范。此后，为契合人工智能技术的快速发展，在正式立法出台之前的2022年，国家网信办等四部门发布的《互联网信息服务算法推荐管理规定》（以下简称《算法推荐管理规定》）生效；2022年，国家网信办等三部门发布的《互联网信息服务深度合成管理规定》（以下简称《深度合成管理规定》）生效；2023年，国家网信办等七部门发布《生成式人工智能服务管理暂行办法》（以下简称《暂行办法》）。当前，这三部部门规章是中国人工智能治理的主要法律依据，从算法推荐、深度合成以及生成式人工智能三个技术领域进行规制，体现了发展和安全并重、促进创新与依法治理相结合的原则。科技部等十部门于2023年发布《科技伦理审查办法（试行）》（征求意见稿），将在未来对算法活动采取更规范和更严格的伦理审核。2023年8月，国家网信办发布《人脸识别技术应用安全管理规定（试行）》（征求意见稿），将对人脸识别技术的应用予以规制。目前，关于自动驾驶等其他领域的人工智能技术立法工作也正在推进。2023

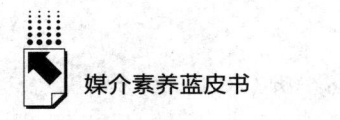

年十四届全国人大常委会提出立法规划，该规划对"推进科技创新和人工智能健康发展"的相关法律适时安排审议，这将进一步科学规范人工智能的发展与防范相关风险。

第三，在标准体系建设方面，国家标准化管理委员会等五部门于2020年印发《国家新一代人工智能标准体系建设指南》，以建设人工智能的标准体系；全国信息安全标准化技术委员会（以下简称"信安标委"）于2021年发布的《人工智能伦理安全风险防范指引》是人工智能伦理安全风险防范的指南。此外，信安标委还计划发布《网络安全技术　生成式人工智能预训练和优化训练数据安全规范》《信息安全技术　生成式人工智能人工标注安全规范》等标准。相关标准将从法律要求和技术实践相结合的角度，更好地指导具体行业的人工智能监管与合规工作。

本报告将对《算法推荐管理规定》《深度合成管理规定》《暂行办法》等三部目前已经生效的部门规章进行详细分析，力求阐释当前人工智能立法的背景、制度要求、内在逻辑和制度启示。

二　《互联网信息服务算法推荐管理规定》

（一）立法背景及目标

2021年12月31日，国家网信办、工信部、公安部和国家市场监督管理总局发布《算法推荐管理规定》，并于2022年3月1日起施行。此前在2021年发布的《指导意见》提出，互联网信息服务算法作为近年来涌现的人工智能技术，对信息传播、数字经济等方面的发展发挥了重要作用。但与此同时，算法技术带来的网络秩序变化对传统的信息传播、社会安定、市场运行等方面的秩序产生了冲击，从而衍生出新的问题。为此，《指导意见》提出要从治理机制、监管体系、算法生态三个方面在2021年起的三年内进行全面治理布局。国家网信办、工信部、公安部和国家市场监督管理总局于2021年发布的《算法推荐管理规定》就是对《指导意见》治理布局的初步落地。在价值导向方面，《算法推荐管理规定》延续了《指导意见》关于科技伦理、安全与底线意识的要求，将维护国家与社会公共利益作为治理目标。在内容方面，《算法推荐管理规定》与《指导意见》保持一致，将算法作为信息传播的有力工具，并对其内容提出了符合社会主义核心价值观的要求，目的是营造清朗的网络空间。此外，《算法推荐管理规定》还从算法公平与可解释性角度落实了《指导意见》对权益保障的要求。

《算法推荐管理规定》的上位法包括《中华人民共和国网络安全法》《中华人民共和国数据安全法》《中华人民共和国个人信息保护法》《互联网信息服务管理办法》等法律、行政法规。这四部法律法规从不同方面为《算法推荐管理规定》提供了立法依据，但就算法领域而言，其中《中华人民共和国个人信息保护法》对个人信息的自动化处理做出简要的规定、《中华人民共和国数据安全法》对开发数据新技术做出简要的规定。《算法推荐管理规定》是首次全面对算法进行综合性治理的规范，是四部上位法在算法这一新领域的细化。在技术安全和权益保护层面，《算法推荐管理规定》对应用安全、数据安全和个人信息权益等实施了多层次的保护措施，以遵守《中华人民共和国网络安全法》、《中华人民共和国数据安全法》和《中华人民共和国个人信息保护法》。为落实《互联网信息服务管理办法》的相关要求，《算法推荐管理规定》在资质要求和内容治理方面进一步细化了规则。

（二）制度要旨

1. 规制范围

《算法推荐管理规定》将利用算法提供互联网信息服务的相关行为纳入规制，具体包括生成合成类、个性化推送类、排序精选类、检索过滤类和调度决策类等多种算法类别。其中，生成合成类算法对应被广泛应用的生成式人工智能，可以根据输入内容结合所学材料的概率分布，生成文字、语言和图片等内容。这一领域与后续通过的《暂行办法》的规制范围有所交叉。同时，利用生成式人工智能进行恶意"深度伪造"被《深度合成管理规定》

管辖。由此，这三部部门规章对生成式人工智能应用的一般服务、利用算法传播生成内容和恶意"伪造"内容进行了全面的场景覆盖。个性化推送类算法则是基于个人信息、用户行为数据及其他数据的大数据分析和训练生成的，可以根据一个人的特性推荐包括新闻、商品在内的信息，常用于电商产品推荐。排序精选类算法可以根据实时热度和用户过往行为记录等信息，调整呈现内容的排序优先级，常用于实时热点新闻热搜。检索过滤类算法基于对用户数据和规则的学习，可以根据需求筛选和过滤内容，由此可以根据法律法规对不良内容进行过滤，常用于公众平台的内容审核。调度决策类算法是基于案例数据的学习训练，结合当时的应用场景输入做出定制化最优选择的算法，常用于地图软件的路径选择。此外，基于《算法推荐管理规定》的非穷举式表述，其他类别符合要件的算法仍有被纳入的可能性。

2. 监管原则

第一，两级多部门协调监管，行政监管与行业自律共同发挥作用。《算法推荐管理规定》第三条强调了由国家网信部门统筹"算法推荐服务治理和相关监督管理工作"，各级电信部门、公安部门和市场监督部门各司其职的监管原则。国家层面的部门负责全国事务，地方层面的部门则负责辖区内的相应监管工作。这是《算法推荐管理规定》针对算法监管问题专业性强、涉及领域多、牵扯范围广等特性所定制的监管方式。第三十条规定对于发现违法情况的，可以直接向对应的监管主体进行举报。在行政机关规制之外，《算法推荐管理规定》鼓励建立行业规范和标准并加强行业自律，以从内部消除算法的负面影响。

第二，《算法推荐管理规定》基于法律、道德、伦理、原则等多层次设立了算法合规要求。《算法推荐管理规定》第四条规定，算法合规除了法律之外还应该考虑社会、商业和职业等多方面的伦理与道德，以及基于算法特性的公正公平、公开透明、科学合理和诚实信用的原则。虽然伦理道德和原则存在解释空间，但基于当前的算法缺乏可解释性的特点和本着为促进发展的考虑，难以直接对基于算法的具体行为立法，对算法的伦理和原则问题定期评审以防止对社会造成伤害具有必要性。

3. 信息服务合规义务

第一，倡导向上向善和防止不良行为的双向合规义务。《算法推荐管理规定》第六条对算法推荐服务提供者提出了算法的使用要符合主流价值观和正能量的要求，但同时要防止违反法律法规的算法行为，防范和抵制不良信息通过算法传播。在具体内容上，第八条要求算法推荐服务提供者定期进行技术审查，防止出现诱导用户沉迷和过度消费等违法违规或违背道德的内容。类似的，第十条对违法和不良兴趣标签的使用做出了限制。第十一条要求在服务版面根据人工干预和用户选择，呈现符合主流价值导向的内容。对于与新闻发布相关的算法使用，第十三条规定应当取得许可并按规范要求的范围发布新闻，不得发布虚假新闻。第二，落实算法安全主体责任。《算法推荐管理规定》第七条对算法自身的机制、伦理，算法应用中的信息发布、数据保护、反诈骗，算法自身的安全体系建设等多个方面提出了建设管理和技术两个方面的措施、规则和人才体系的要求。在具体实现上，除了前文已经提到的算法推荐服务提供者义务，第八条提出了技术审查的要求，第九条细化了安全管理要求，第十二条对算法透明度和可解释性问题的解决提供了方法，第十四条对利用算法从事注册虚假账号、操纵互联网信息呈现等不良信息做出了干预，第十五条对利用算法排除竞争的垄断行为进行了限制。

4. 用户权益保障

第一，《算法推荐管理规定》充分保障了用户算法知情权和选择权。《算法推荐管理规定》第十六条要求算法推荐服务提供者应当公示算法推荐服务所使用的原理、目的和机制，以保障用户对算法决策内容逻辑的知情权。第十七条则是基于知情权的选择权实现，用户在了解算法后可以选择不接受算法服务并要求删除自己的标签。第二，全面规定了对弱势群体利益的保护。《算法推荐管理规定》第十八条要求通过未成年人模式和避免推送儿童不宜内容的方式保护未成年人。针对老年人，第十九条提出算法的适老化和防诈骗能力建设要求。此外，第二十条要求相应的算法应当考虑保护劳动者的基本劳动权利。第二十一条则保护了消费者不因算法分析个人行为信息而受差别对待的伤害。第二十二条则要求

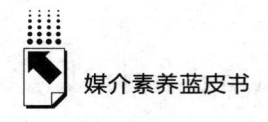

算法推荐服务提供者为用户和公众提供投诉渠道，以及时响应需求和提供权利保护支持。

5. 监管措施

《算法推荐管理规定》第二十三条依据"算法推荐服务的舆论属性或者社会动员能力、内容类别、用户规模、算法推荐技术处理的数据重要程度、对用户行为的干预程度等"设立了独特的分级分类制度，以准确识别算法对应的危险程度以便进一步分级管理。第二十四条到第二十七条为更好地应对算法的舆论和社会动员能力可能产生的负面社会风险，具有舆论属性或者社会动员能力的算法推荐服务提供者需要按要求进行备案并开展安全评估。对于舆论属性和社会动员能力的理解，则可以联系2018年国家网信办颁布的《具有舆论属性或社会动员能力的互联网信息服务安全评估规定》，"提供公众舆论表达渠道或者具有发动社会公众从事特定活动能力"是该定义的关键。第二十八条和第二十九条为所有的算法推荐服务提供者提出了按要求接受安全评估和监督检查工作的规定，并提出了行政机关对个人信息保密的要求。

（三）制度启示

《算法推荐管理规定》表明，基于算法所具备的技术专业性和应用广泛性，其治理模式已开始向特定领域和特定场景纵向发展。对于需要遵守合规义务的主体而言，更具细分领域专业性的合规措施将成为必要。依据《算法推荐管理规定》建立起来的算法备案制度已开始实施，互联网信息服务算法备案系统已经顺利上线。目前，第二批深度合成服务算法备案已于2023年9月完成公示。结合制度设计和现实实行情况来看，算法备案制度在保证信息服务算法产业良性发展的同时，用备案的形式对算法的健康发展起着促进作用。首先，算法备案实现了对算法透明度的提升，公众和相关人员可以通过备案了解已承诺过安全性和权益保护的算法，以及算法的具体用途，从而便于消费者做出更适合保护自身权益的算法产品使用行为。其次，算法备案作为一种官方记录形式，可以驱使算法企业自身主动、高标准满足合规需求。但在这些优点之外，因为算法具有可解释性差、技术专业度高的特点，算法备案的信息公开面临无法用自然语言简单描述的困难，从而难以实际提升算法背后的运行逻辑对大众的透明度。这一基于技术现实的局限，是算法监管普遍面临的困难，有待后续法学与技术领域的合作，在法学解释和技术进步两个方面共同进一步予以解决。

三 《互联网信息服务深度合成管理规定》

（一）立法背景及目标

2022年11月25日，国家网信办、工信部和公安部发布《深度合成管理规定》，并于2023年1月10日起施行。在立法背景方面，《深度合成管理规定》是落实中央决策、营造清朗网络空间和促进深度合成技术良性发展的综合举措。

第一，《深度合成管理规定》的制定是为深入贯彻党中央在数字领域的决策部署。党的十九大报告在"营造清朗的网络空间"任务下提出"辨伪求真"的具体目标，此后中共中央印发的《法治社会建设实施纲要（2020—2025年）》提出，要制定完善算法推荐、深度伪造等新技术应用的规范管理办法。在此背景下，为应对具体领域的深度合成应用问题，促进信息服务行业的良性发展，国家陆续出台了《网络音视频信息服务管理规定》《网络信息内容生态治理规定》《关于加强网络直播规范管理工作的指导意见》《互联网信息服务算法推荐管理规定》等四部文件，其中对利用深度学习技术生成合成网络传播内容进行了初步规范。此外，深度合成立法也是《指导意见》从整体上对算法治理做出立法要求与规划的具体落地。

第二，《深度合成管理规定》是营造清朗网络空间的重要方式。深度合成技术可以用于生成和编辑原本人类才能处理的文本、声音、图片、视频等内容，目前由最先进的技术合成的内容已经可以达到以假乱真的程度。例如，ChatGPT已经可以在很多学术问题回答上达到大学生水平，并实际已经

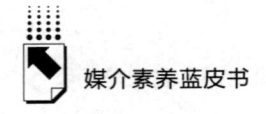

通过了美国的律师资格考试。当深度合成技术可以被应用于深度伪造的场景，如制作违法内容、诋毁他人名誉和声誉、冒充他人实施诈骗等，则可能破坏正常的信息传播秩序和社会秩序，并损害国家、社会和个人利益。《深度合成管理规定》明确了深度合成技术使用方式和场景的红线，为在人工智能技术应用时代营造清朗网络空间提供技术源头上的制度保障。

第三，《深度合成管理规定》是促进深度合成技术良性发展的指引。深度合成技术作为人工智能技术的一种类型，属于当前广泛应用的生成式人工智能，其中包括生成对抗网络（GANs）和生成式预训练模型（GPT）等技术。该技术已经在教育、医疗、艺术创作、内容写作等领域广泛使用，将作为提升人类生产力的加速工具。《深度合成管理规定》为在互联网信息服务领域使用深度合成技术制定了系统且综合的发展路径，为深度合成技术的发展提供了法治保障。

（二）制度要旨

1. 规制范围

在中国境内的互联网信息服务中使用深度合成技术就会受到《深度合成管理规定》的管辖，在定义范围上，《深度合成管理规定》采取了非穷举的形式在附则中将深度合成技术定义为"利用深度学习、虚拟现实等生成合成类算法制作文本、图像、音频、视频、虚拟场景等网络信息的技术"。这一定义有助于相关执法机关和责任主体确定规制范围，同时为未来可能发展出的深度合成技术留出规制空间。可以看出，在这部《深度合成管理规定》中，生成式人工智能的相关技术也被纳入其中，可以认为生成式人工智能属于广义的深度合成技术。

深度合成技术主要包括以下几种。

第一，篇章生成、文本风格转换、问答对话等生成或者编辑文本内容的技术。

第二，文本转语音、语音转换、语音属性编辑等生成或者编辑语音内容的技术。

第三，音乐生成、场景声编辑等生成或者编辑非语音内容的技术。

第四，人脸生成、人脸替换、人物属性编辑、人脸操控、姿态操控等生成或者编辑图像、视频内容中生物特征的技术。

第五，图像生成、图像增强、图像修复等生成或者编辑图像、视频内容中非生物特征的技术。

第六，三维重建、数字仿真等生成或者编辑数字人物、虚拟场景的技术。

在责任主体上，《深度合成管理规定》将深度合成技术使用生命周期中不同阶段的参与者划分为深度合成服务提供者、深度合成服务技术支持者和深度合成服务使用者。这三类不同主体将根据自身对信息服务所做工作的最终结果承担各自的主体责任，责任自担的原则将规制对象具体细化到每个主体的行为上，有助于各个主体在了解自身责任的情况下提升自身的技术能力。

2. 监管原则

第一，两级多部门协调监管，行政监管与行业自律共同发挥作用。《深度合成管理规定》监管体系延续了《算法推荐管理规定》的类似制度。在监管主体上，《深度合成管理规定》仍是由国家网信部门统筹相关监管和治理工作，但细分领域只有电信部门和公安部门负责，缺少了市场监督部门，这是由深度合成技术应用场景所决定的。此外，央地分级的责任划分在《深度合成管理规定》继续延续。第二，促进深度合成技术向上向善的制度导向。《深度合成管理规定》要求深度合成技术的使用和发展要符合法律法规、社会公德和伦理道德。此外，深度合成技术还应当从政治、舆论和价值三个角度把握正确的方向，最终实现向上向善的目标。深度合成技术作为内容生产效率的倍增器，对互联网信息环境将产生巨大影响，这一技术通过制度引导进入良性发展轨道具有必要性。

3. 内容治理和信息安全合规义务

《深度合成管理规定》设立了内容治理和信息安全两个方面的深度合成服务提供者主体义务。第一，在内容治理方面，首先对深度合成服务提供者的虚假新闻制作、复制、发布、传播做出了禁止性规定,并细化规定深度合成新闻转载需要以稿源为标准。其次,深度合成服务提供者需要对内容源头进行管理,需要审核输入内容和输出内容,建立违法和不良内容标准记录流程和处理流程。最后,对于发现利用深度合成服务提供者制作、复制、发布、传播虚假新闻的,应当通过建立辟谣机制予以事后弥补。这体现了事前预防和事后弥补在虚假新闻应对方面的立法策略。

第二,在信息安全方面,《深度合成管理规定》对服务提供者提出了多项信息安全主体责任,包括覆盖生命周期的制度建设责任和安全技术保障责任,具体有"用户注册、算法机制机理审核、科技伦理审查、信息发布审核、数据安全、个人信息保护、反电信网络诈骗、应急处置"等方面。此外,服务提供者还承担通过规则和公约形式约束其自身、技术支持者和使用者的义务,需要以显著的方式提醒技术支持者和使用者的主体安全义务。在身份验证上,实名制作为确定义务主体的重要方式,服务提供者也应当采用多种措施验证使用者的身份以落实实名制。在安全义务方面,互联网应用商店等应用程序分发平台作为应用安全的关键防线,也被赋予相应的安全管理责任。为及时解决深度合成产生的用户意见和大众意见,服务提供者需要设立相应的投诉渠道和举报渠道。一般合规义务主体处于服务提供者和应用商店之外,服务使用者作为内容的直接决定人也需要遵守对虚假信息的禁止性规定,这对虚假信息生产和传播链条上的相关主体均实现了规制。在前文关于内容治理的规定中,未包括服务技术支持者,这是因为技术支持者一般不能直接决定内容,也不能管控内容发布,也就不需要对其施加互联网信息服务平台一样的内容义务。

4. 数据和技术合规义务

数据和技术合规义务包含数据训练、模型设计和结果标识的全生命周期治理义务。第一,在数据保护方面,《深度合成管理规定》对两类主体和多种数据类型提出分类别的安全要求,规定要求服务提供者和技术支持者均要负责保障训练数据的安全。此外,个人信息保护需要遵守相关规定,其中的生物识别信息处理将获取单独同意作为合法性基础。第二,在模型设计管理方面，规定首先要求服务提供者和技术支持者对一般模型承担技术管理和定期审核、评估与验证的义务。其次，对于两类特别敏感模型服务提供者和技术支持者需要依法开展安全评估，可以选择自行评估或委托第三方专业机构评估的方式。这两类分别是生成或编辑生物识别信息的模型和"可能涉及国家安全、国家形象、国家利益和社会公共利益的特殊物体、场景等非生物识别信息的"模型，这表现了对保护敏感个人信息和国家、社会利益的同等重视。第三，在内容呈现方面，服务提供者作为直接将生成内容展示给用户的主体，承担了内容标识的主体义务。具体来说，对于一般内容，服务提供者仅需对生成内容加以不影响用户的标识并依法保存日志即可。但对于可能导致公众混淆和误认的内容，则需要有显著标识。为了让使用者能够在技术上对内容进行显著标识，服务提供者还需要为使用者提供显著标识。此外，为了防止恶意的去标识行为，对深度合成标识的删除、篡改、隐匿均被禁止。

可能导致公众混淆和误认的内容服务包括以下几种。

第一，智能对话、智能写作等模拟自然人进行文本的生成或者编辑服务。

第二，合成人声、仿声等语音生成或者显著改变个人身份特征的编辑服务。

第三，人脸生成、人脸替换、人脸操控、姿态操控等人物图像、视频生成或者显著改变个人身份特征的编辑服务。

第四，沉浸式拟真场景等生成或者编辑服务。

第五，其他具有生成或者显著改变信息内容功能的服务。

5. 监管措施

备案和安全评估结合的监管配合义务。第一，具有舆论属性或者社会动员能力的服务提供者和技术支持者需要承担备案义务并将编号和链接公示。此外，具备这一能力的服务提供者进行产品、应用和功能等内容更新的需要承担安全评估的义务。第二，服务提供者和技术支持者需要承担监管的技术和数据等方面的配合义务，并需要接受因信息安全问题而提出的整改要求和实施的处罚措施。

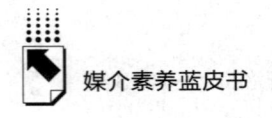

（三）制度启示

结合立法背景可以看出，出台《深度合成管理规定》的主要目的是在互联网信息服务环境中能够做到"辨伪求真"，并对已有内容加工改造后意图欺骗、伤害受众的行为进行打击。在打击不法行为的同时，为深度合成技术良性发展创造环境。为此，该规定设立了内容治理和安全治理两个方面的一般主体义务，实施了对输入数据、模型安全、输出结果全链路共同作用的治理措施，并建立了对深度合成内容进行标识和显著标识的创新举措。此外，对具有舆论属性或者社会动员能力的服务提供者和技术支持者已开展备案工作，对提升算法透明度具有很强的实践意义。"眼见为实，耳听为虚""有图有真相"曾是传统的信息真伪辨别方式，但在深度合成时代已不完全适用。可以合理推测，如果放任深度合成技术发展，将解构互联网空间传统的信任机制，造成网民之间的信任混乱，并对依赖互联网的现代社会造成严重伤害。《深度合成管理规定》是应对信任机制解构的一个重要举措，特别是对深度合成内容进行标识的措施。随着人工智能的继续发展，可以模仿人类认知中具备一定意识水平的人工智能实体，如智能机器人、智能宠物等出现。《深度合成管理规定》也是对人与智能实体共存社会的一次重要尝试。

四　《生成式人工智能服务管理暂行办法》

（一）立法背景及目标

2023年7月10日，国家网信办、国家发展改革委、教育部、科技部、工信部、公安部和国家广电总局发布《暂行办法》，并于2023年8月15日施行。

在立法背景方面，第一，《暂行办法》落实中央的人工智能治理决策部署，正如习近平总书记在中共中央政治局会议中提出的"要重视通用人工智能发展，营造创新生态，重视防范风险"①。为此，《暂行办法》依据"坚持发展和安全并重、促进创新和依法治理相结合的原则"对生成式人工智能进行治理。

第二，《暂行办法》是为满足引导生成式人工智能良性发展的现实需求。以 ChatGPT 应用为起始点，通用人工智能或者生成式人工智能在产业应用和日常生活中具备了高水平、大规模应用的能力。一方面，生成式人工智能已经开始并具备进一步提高人类生产力的能力，可以在各个方面提高工作的效率，将人类从大量重复性工作中解放出来。另一方面，生成式人工智能可能被作为大量制造和传播虚假信息的工具。同时，由于人工智能需要大量数据训练的特性，生成式人工智能的应用存在侵犯个人信息权益、知识产权、数据安全和影响社会公平等隐患。《暂行办法》从产业促进和隐患治理两个方面推动生成式人工智能正向发展。

第三，《暂行办法》是为在生成式人工智能领域落实法律法规对国家、社会和个人利益的保护要求。《暂行办法》将《中华人民共和国网络安全法》、《中华人民共和国数据安全法》、《中华人民共和国个人信息保护法》和《中华人民共和国科学技术进步法》作为上位法，这是为生成式人工智能可能涉及网络安全、数据安全、个人信息保护和科技发展等四个领域问题明确了立法依据。同时，这四部上位法与前两点提到的生成式人工智能具体应用问题与治理需求相呼应。

（二）制度要旨

1. 规制范围

第一，《暂行办法》规制范围限制在技术服务的范畴。根据第二条的规定，《暂行办法》的规制对象是"提供生成文本、图片、音频、视频等内容的服务"。对于利用生成式人工智能技术传播内容的行为，如"新闻出版、

---

① 《中共中央政治局召开会议 分析研究当前经济形势和经济工作 中共中央总书记习近平主持会议》，中国政府网，2024 年 9 月 26 日，https：//www.gov.cn/yaowen/liebiao/202409/content_ 6976686. htm。

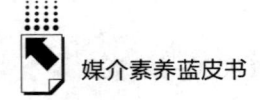

影视制作、文艺创作等",则不受《暂行办法》管辖。这与《深度合成管理规定》以营造清朗网络空间为目的,以对网络信息"辨伪存真"为手段的传播治理模式形成对比。例如,《深度合成管理规定》将利用深度合成技术进行互联网信息服务作为规制对象,而《暂行办法》仅形成了不同阶段的治理协同效应。在责任主体方面,也与《深度合成管理规定》的多义务主体不同,《暂行办法》主要由生成式人工智能服务提供者承担主体责任。但从广义上讲,生成式人工智能技术可以被深度合成技术包含,如果生成式人工智能服务提供者有被《深度合成管理规定》覆盖的行为,也应受到该规定的规制。

第二,《暂行办法》将所规制技术服务的对象范围限定在境内公众。《暂行办法》仅对向中国境内不特定公众提供生成式人工智能技术服务的主体及其提供行为进行管辖。而一般的技术研发和技术应用则不在《暂行办法》的规制范围内,这是促进科技创新、技术进步和非面向公众产业应用发展的重要举措,为生成式人工智能技术划清了底线,指明了正确的发展方向。此外,对"境内公众"提供服务的规制范围赋予了《暂行办法》域外效力,即境外生成式人工智能服务提供者只要进行了为中国境内公众提供服务的行为,也会受到管辖。对于域外机构的违法生成式人工智能服务提供行为,国家网信部门被赋予了采取技术方式予以处置的权力。

2. 监管原则

第一,《暂行办法》旨在落实"坚持发展和安全并重、促进创新和依法治理相结合"的原则。第三条首先表明了对生成式人工智能这一技术发展的支持态度,同时提出了方向性的治理方法,即包容审慎和分类分级监管。这避免了因为监管而"一刀切"地限制行业发展,同时为行业发展指明了方向。第二,《暂行办法》基于法律法规、社会公德与伦理道德实施治理措施,要求要坚持社会主义核心价值观,严格禁止违反法律法规的行为。在算法的全生命周期中需要防止出现歧视问题。在商业竞争中,《暂行办法》要求尊重合法商业道德和利益,避免不正当竞争行为。在技术开发和提供服务的同时，需要符合法律对个人权益保护的要求，包括名誉权、隐私权和个人信息权益等。在算法治理措施上，《暂行办法》提出了提升透明度、内容准确性和可靠性的要求，这是在《深度合成管理规定》"辨伪存真"要求上的升级。第三，多部门各司其职的监管模式。《暂行办法》采用了与《深度合成管理规定》和《算法推荐管理规定》完全不同的监管体系，非穷尽式列举了国家网信办、国家发展改革委、教育部等八个部门应各自负责各自领域的生成式人工智能监管工作，并需要创新监管规则和制定分类分级指引。

3. 技术发展与治理规范

与《深度合成管理规定》和《算法推荐管理规定》主要以规定主体义务的立法模式不同，为了促进生成式人工智能良性发展，《暂行办法》在第二章以技术发展鼓励性规定和义务性规定相结合的方式呈现。首先，《暂行办法》第五条从应用角度提出了对生成内容、应用场景的要求，最后希望构建良性的应用生态体系。为此，该办法还支持行业相关组织、企业和科研机构等主体，在技术、数据、应用和风险等方面加强协作。其次，第六条鼓励从算法、框架、芯片及软件等基础技术角度加强创新、国际交流和国际规则话语权。此外，在技术设施建设、算力利用、公共数据开放、平台建设和供应链安全性方面，《暂行办法》也提出了要求。

生成式人工智能服务提供者作为责任主体主要对训练过程中的数据处理承担责任。相关责任包括保障数据和模型的合法性、保护知识产权和个人信息权益、提高训练数据质量等。服务提供者也应当遵守《中华人民共和国网络安全法》《中华人民共和国数据安全法》《中华人民共和国个人信息保护法》的相关内容。此外，《暂行办法》还对支持者的数据标注活动提出了制定规则、提升质量和培训人员的主体责任。

4. 安全和权益保障义务

第一，《暂行办法》将服务提供者认定为网络信息内容生产者，从而需要承担网络信息安全义务，这是与《网络信息内容生态治理规定》的制度衔接。这表明《暂行办法》不仅将服务提供者认定为简单的技术平台，而且认为其实际参与了网络信息的生产过程，从而需要承担更多的合

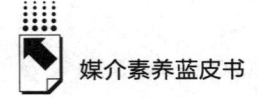

规义务。服务提供者发现内容违法，需要承担相应的补救和整改义务；发现使用者从事违法活动，需要承担管理、记录和报告义务。对于与服务使用者之间的权利义务关系，《暂行办法》并未直接明确，而是认为应当通过协议进行约束。这一权利义务关系的立法模式是将服务提供者放在了主要义务承担者的位置上，而服务使用者的义务是在提供者义务范围内约定的结果。

第二，《暂行办法》将服务提供者认定为个人信息处理者，如果涉及处理个人信息则需要承担相应义务，这是《中华人民共和国个人信息保护法》在生成式人工智能领域的实践性规定。具体来说，生成式人工智能难以避免会输入个人信息，如包含人脸的图片和包含个人信息的提问等。为此，服务提供者需要在个人信息安全保护、数据收集最小化、数据存储合法性、数据共享合法性和个人信息请求权等方面履行义务。

第三，《暂行办法》为保障用户的服务使用和内容受众的权益，为服务提供者设立了相应的服务义务。首先，服务提供者需要帮助公众认知其服务的适用人群、场合、用途，并能够帮助使用者加强对该技术的正确认识和使用方式的了解。对于未成年人这个特殊使用者群体，服务提供者需要设立防沉迷机制。其次，为了应对将生成式人工智能应用于虚假信息的场景，服务提供者需要根据《深度合成管理规定》对内容进行标识。再次，生成式人工智能已经开始融入工作和生活，为保障其服务的稳定性，服务提供者被要求保障服务质量的安全、稳定和可持续。最后，对于服务所出现的问题，提供者有义务为公众提供投诉渠道，并及时反馈相关投诉。

5. 监管措施

第一，分类分级的安全评估和备案制度。《暂行办法》延续了《算法推荐管理规定》对"具有舆论属性或者社会动员能力"算法的备案要求，并另外提出安全评估的要求，这是对《暂行办法》分类分级治理生成式人工智能技术的落实。第二，服务提供者的监管配合义务。服务提供者需要配合监管部门进行技术理解，并提供相关技术支持。监管部门则需要对相关内容承担保密义务。这是算法商业秘密、知识产权和算法披露制度之间的平衡。

第三，处罚制度。首先，使用者被《暂行办法》赋予了举报服务提供者相关违法违规行为的权利；其次，服务提供者若发生相关违法违规行为，需要承担相应的行政或刑事责任。

（三）制度启示

《暂行办法》是在ChatGPT广泛使用和生成式人工智能在中国开始大规模发展的时间段上以较快的速度推出的，这适合快速变化的人工智能技术，体现了敏捷治理的原则。此外，《暂行办法》体现了包容审慎和分类分级的立法价值。《暂行办法》从鼓励技术发展和划清底线两个方面进行立法，没有采用过于严格的监管措施，而是在确定基本安全底线的基础上通过分级分类的方式给生成式人工智能技术的发展留足了空间，这是对《中华人民共和国科学技术进步法》这一上位法的落实。这一立法方式在新技术快速变化的今天实现了鼓励技术进步和保障安全的平衡，为建设科技强国提供了法律支持，值得此后的人工智能等先进技术立法以此为鉴。此外，《暂行办法》在分级分类上，目前仅划定了"具有舆论属性或者社会动员能力"的算法这一类，要想做到对生成式人工智能的精细化治理，还需要在后续的相关立法中进一步科学划分其具体细分类别和级别。同样，涉及技术进步的相关条款，如关于数据生态建设的公共数据开放在《暂行办法》中尚无具体细节落地，还需要更进一步的进行制度建设予以实施。

结　语

目前的中国人工智能立法，已经经历了以立法意见为主的顶层设计阶段和以部门规章为主的敏捷治理阶段，人工智能治理的基本原则、伦理要求和具体治理工具已经逐渐清晰。第一，中央和国家部委层级的意见确立了互联网信息服务算法、人工智能伦理和人工智能产业发展方向的治理原则和伦理要求，已明确了算法需要建立在保护公平、公正、和谐、安全和避免偏见、歧视、隐私和信息泄露的基础上，要在科技发展和风险防范并重的前提下进行治理。第二,《算法推荐管理规定》《深度合成管理规定》《暂行办法》三部部门规章是为了应对当前发展较快、治理面临最直接挑战的互联网信息服务算法、深度合成算法和生成式人工智能等三个技术类型出台的具体治理措施,已实施了算法备案、算法分类分级、内容标识、训练数据治理、输出内容干预和多部门联合监管等具体治理措施,可以成为此后相关算法或科技治理领域可借鉴的治理工具。十四届全国人大常委会提出立法规划,对"推进科技创新和人工智能健康发展"的相关法律适时安排审议,人工智能的法律需要与前述的人工智能治理基本原则、伦理要求和具体治理工具相衔接,并可以将其中的内容上升到法律层级予以实施。同时,当前三部部门规章在算法备案和分级分类治理等措施具体实施方面所取得的经验,也可以用于改进未来立法中的治理工具。

中国的人工智能治理经验可以作为中国参与国际治理的中国方案。第一,中国治理是立足中国现实的实践,将为世界提供宝贵的治理经验。中国作为人工智能技术发展最迅速、使用最广泛的国家之一,拥有巨大的人工智能技术应用场景和市场,同时必然面临较多的治理问题。如何在这样的市场中推动人工智能产业继续发展,同时减少对国家、社会和个人的负面影响,是一个巨大的难题。解决这一难题的经验将为其他国家类似问题的解决提供参考,并提高中国在人工智能国际治理规则上的话语权,这也响应了《暂行办法》对积极进行国际交流和参与国际规则制定的要求。第二,人工智能需要全球共治。人工智能应用中所面临的问题往往是全球所有国家共同面临的问题,如利用深度合成技术生成伪造内容用于非法目的,算法缺乏透明度和可解释性导致的公平、歧视和责任承担问题。此外,人工智能技术服务很容易实现全球提供,而不再限制在某个区域,利用人工智能技术实施跨境违法行为难以由单个国家进行规制,如利用深度合成技术的跨境诈骗。因此,相关的治理问题需要全球合作才能更好地解决,走在前面的中国方案和中国经验将对国际合作做出重要贡献。

数字包容与可持续发展篇

B.4
特殊学校视障青少年数字素养现状与需求调研报告

蔡 聪*

摘　要： 本报告以44所盲校、特殊学校的12岁及以上的视障青少年为调查对象,通过问卷调查法了解其数字媒介接触、使用与技能情况,对数字素养与自身职业多元发展的认知与态度,以及其数字素养提升需求三个方面的状况,此次调查共回收有效问卷574份。本报告发现特殊学校视障青少年上网率（82.2%）低于全国未成年人平均水平。未上网的主要原因包括没有网络,保护残余视力,没有上网的设备,知道视障者可以上网,但不会那些技术和家长不让上网。视障青少年对新兴的辅助器具及技术了解程度低,在学校课程方面存在较大需求；对多元就业状况了解程度不高,对自我可以从事相关职业的信心很低。同时,他们十分缺乏与无障碍和残障权益相关的法律知识。除了基础的上网技能学习需要,视障青少年亦希望获得针对音频后期、编程等方面的专门技能的课程。基于此,本报告建议特殊学校增加计算机/信

---

* 蔡聪,中国社会科学院大学传播系博士生,研究方向为传播与社会发展、残障研究等。

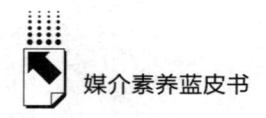

息课程的数量并丰富课程的内容，关注新兴辅助器具的动态，重视视障青少年同伴支持的作用，加强权益保障法律教育，提供成功的就业案例，并鼓励社会力量参与视障青少年的数字素养提升，以支持其独立生活和职业发展。

关键词： 视障青少年　特殊学校　数字素养　无障碍

一　调研背景及意义

随着信息技术的飞速发展，我国数字基础设施建设不断加强。根据第51次《中国互联网络发展状况统计报告》，截至2022年12月，我国网民规模达10.67亿人，互联网普及率达75.6%。① 截至2021年底，未成年网民规模为1.91亿人，互联网普及率已达96.8%。

由于人们的社会地位、经济水平、受教育程度和自身状况等存在较大差异，随着数字基础设施的发展，"数字不平等"问题出现了。为解决这一问题并促进数字平等，数字包容的政策进入公众视野，其目标是采取各种措施让低收入者、失业人群、残障人士、老年人等信息弱势群体了解、使用信息和通信技术。②

为了促进边缘群体的数字平等，我国政府颁布了多部政策法规。一方面，针对信息无障碍规范化建设，为残障人群无障碍获取信息夯实基础。2020年，《工业和信息化部关于印发〈互联网应用适老化及无障碍改造专项行动方案〉的通知》发布，决定自2021年1月起，在全国范围内组织开展为期一年的互联网应用适老化及无障碍改造专项行动。③ 2023年9月1日正

---

① 《第51次〈中国互联网络发展状况统计报告〉》，中国互联网络信息中心网站，2022年2月25日，https://www.cnnic.net.cn/n4/2023/0303/c88-10751.html。
② 曾粤亮：《城市数字包容项目要素及公共图书馆参与策略分析——以美国数字包容领导奖项目为例》，《图书馆建设》2018年第8期，第67~74页。
③ 《工业和信息化部关于印发〈互联网应用适老化及无障碍改造专项行动方案〉的通知》，中国政府网，2020年12月24日，http://www.gov.cn/zhengce/zhengceku/2020-12/26/content_5574472.htm。

式实施的《中华人民共和国无障碍环境建设法》第三章"无障碍信息交流"以专章的形式从多个方面对信息无障碍环境建设做出规定。① 另一方面，提升全民数字素养的行动和促进残障人群发展的专项政策中强调提升残障人群数字素养的重要性。2021年底，中共中央网络安全和信息化委员会办公室发布《提升全民数字素养与技能行动纲要》，关注对全民数字素养与技能的培育和引导，以适应数字经济发展需要，以实现"初步建成全民终身数字学习体系，老年人、残疾人等特殊群体的数字技能稳步提升，数字鸿沟加快弥合"。②

在此背景下，本报告以我国特殊学校视障青少年为调查对象，调查其数字素养状况及提升需求。本报告的价值在于：一是可以通过其数字素养状况，了解目前我国特殊教育中残障学生数字素养教育的不足；二是通过对其提升需求的了解，有针对性地提出特殊学校数字素养教育课程改进以促进其多元就业的建议，衍生出由视障青少年参与的课程设计与推动行动；三是希望各利益相关方注意到视障青少年的能力与需要，发展具有包容性的数字素养教育，在信息无障碍环境建设过程中尊重并确保残障人群的参与。

二 调研设计与实施

（一）调查方案

1. 研究问题及目的

2006年12月13日，经联合国大会正式通过的《残疾人权利公约》（以下简称《公约》）明确提出残障的人权模式（human rights model of disability）。"人权模式首先关注的是人类的内在尊严，之后才在必要时考虑人的医学特

---

① 《中华人民共和国无障碍环境建设法》，中国政府网，2023年6月29日，https://www.gov.cn/yaowen/liebiao/202306/content_6888910.htm。
② 《提升全民数字素养与技能行动纲要》，中央网信办网站，2021年11月5日，https://www.cac.gov.cn/2021-11/05/c_1637708867754305.htm。

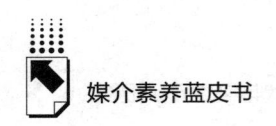

征。个人是所有关于本人的决策的中心,更重要的是,人权模式认为'残障问题'不是个人有问题,而是社会有问题。"① 残障的人权模式在根本上肯定了残障人群与他人同等的尊严和权利。其中,就业权是实现其他人权的根本所在,并构成人尊严不可分割的和固有的一部分。就业通常为个人及其家庭提供生计,在能够自由选择和接受工作的情况下,它有助于个人发展和获得所在社区的承认。然而在很多国家,残障人群的劳动参与率很低,并且即使就业,更可能从事低收入工作,处于较低的职业水平。②

随着信息成为当代社会重要的生产资料,数字技能的提升也日益有助于提高收入水平。联合国可持续发展目标(SDGs)的目标4要求,"确保包容和公平的优质教育,让全民终身享有学习机会",子目标4.4则提出,"到2030年,拥有就业、体面的工作和创业所需要的技术和职业技能等的青年和成年人大幅增加"。《可持续发展目标各项指标机构间专家组的报告》拟定的全球指标框架,则对子目标4.4提出了"按技能类型分的掌握信息与通信技术(ICT)的青年/成人所占比重"的评估指标。这一举措凸显了数字素养在当今社会对每个成员的就业与发展的重要性与意义。

本报告从人权的角度关注视障青少年的数字素养,将其与视障青少年在数字时代何以能够平等参与并充分融入社会、实践其各项权利、获得多元就业与发展结合起来考虑。基于此,本次调查的研究问题有三个。

第一,特殊学校视障青少年的数字媒介接触、使用与技能情况是怎样的?

第二,特殊学校视障青少年对数字素养与自身职业多元发展的认知与态度为何?

第三,特殊学校视障青少年在数字素养提升方面有什么需求?

本报告在上述三个方面调研结果的基础上,提出特殊学校视障青少年数字素养培养的调整与优化方案,为他们的数字素养提升、未来的多元就业问

---

① Theresia Degener, *Routledge handbook of disability law and human rights* (Rouledge, 2016).
② 联合国人权事务高级专员办事处:《关于残疾人工作和就业问题的专题研究报告》,2013。

题提出更具有针对性、建设性的建议。

2. 调研对象和样本

截至 2022 年底，全国共有特殊教育学校 2314 所①，据视障儿童家长对各学校招生简章的梳理及电话咨询，其中约 9% 的特殊学校招收过或正在招收视障学生。② 专门的盲校一般位于直辖市和省会级城市，如北京市盲人学校、广州市盲人学校等，其他地方多以"盲（聋）哑学校"或者"××特殊学校"冠名，如昆明市盲哑学校、泰安市特殊教育中心等，在校内开设视障班。本次调查针对内地 43 个城市 44 所招录视力障碍学生的学校以及特殊学校盲生部，正在就读初中、高中及中专，年龄在 12~18 岁的视障青少年，共回收有效问卷 574 份。

3. 调研方法

本调研采取问卷调查法，先由调研团队中的视障研究者基于个人数字媒介使用经验与既有未成年人数字素养调研拟定访谈提纲，再通过团队成员对视障学生、家长和特殊学校信息课老师的焦点组访谈与特殊学校信息课老师的个案访谈进一步搜集信息后设计出符合视障青少年日常生活实际的问卷初稿，最后实地前往特殊学校进行两组视障青少年问卷测试，一组为初中三年级学生，共 7 人，一组为中专一年级学生，共 10 人，对问卷再次进行调整，形成调研问卷定稿。

对于部分视障青少年，自主填写问卷需要使用到屏幕朗读软件，经测试，目前主流的在线专业问卷软件无法提供屏幕阅读功能，难以支持其自主完成，最终选择灵犀平台制作在线问卷进行数据搜集。经多方联系沟通，取得相关学校同意后，由老师或学生向符合条件的视障青少年发放在线问卷，通过个人填写或他人代填的方式自愿参与调研。

4. 调研时间及范围

问卷发放日期为 2023 年 11 月 1 日，回收日期为 11 月 30 日，问卷发放

---

① 《2022 年全国教育事业发展统计公报》，教育部网站，2023 年 7 月 5 日，http://www.moe.gov.cn/jyb_sjzl/sjzl_fztjgb/202307/t20230705_1067278.html。

② 《重磅丨国内视障教育资源信息汇总（含部分学校 2021 年招生信息）》，"小面包乐园"微信公众号，2021 年 6 月 7 日，https://mp.weixin.qq.com/s/LvwOCf8qHYHgkpM2DlRS3w。

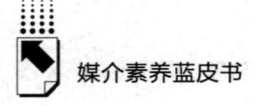

的对象为内地在特殊学校就读初中、高中和中专的视障青少年,问卷发放地区包括北京、天津、重庆、上海四个直辖市和陕西西安、宝鸡,甘肃兰州,青海西宁,宁夏银川,西藏拉萨,四川成都,云南昆明,福建福州与莆田,广东广州与深圳,广西南宁,海南海口,黑龙江哈尔滨,吉林四平,辽宁沈阳,浙江杭州,江苏南京、南通,安徽合肥、芜湖,内蒙古呼和浩特,山东泰安、淄博、青岛、胶州、烟台,山西太原,湖北武汉,湖南长沙,河北张家口,河南郑州23个省份的44所盲校、特殊学校,共计回收问卷593份,经过数据清洗后得到有效样本574份。其中,有461份为视障青少年自己填写,占80.3%,余下的则由他人代填(见表1)。本问卷的填写方式为通过互联网发放,填写时长平均为25~30分钟,由此反映出本次调查的视障青少年大多数可能拥有自己的电脑或智能手机,或者至少可以在较长的时间内接触并使用这些设备。

表1 问卷填写方式统计

单位:份,%

方式	份数	占比
自己填写	461	80.3
调查员代填	6	1.0
家人代填	80	13.9
老师代填	7	1.2
同学、朋友代填	19	3.3
其他	1	0.2

(二)问卷设计

本报告问卷设计根据研究问题分为五个部分,包括个人基础信息、视障情况、上网情况、技能掌握情况、对上网的看法,基于视障青少年的反馈,问卷尽量采取口语化和日常生活中的表达,避免使用术语。

基于联合国《残疾人权利公约》第三条一般原则第 2 款尊重差异和第 8 款尊重残疾儿童逐渐发展的能力和保持其身份特性的权利，本调研将视障青少年的视障情况单独列为一部分，并在《残疾人残疾分类和分级》国家标准（2011）的基础上，在在校这一具体情境下进行了更为细致的延伸，了解填答者的残余视力、视障经验、读写技能，辅具使用情况，更为立体地呈现视障青少年的多样性。

基于视障青少年发展与就业、数字素养的关系，关注其就业期待也应成为了解其数字素养状况与需求的重要组成部分。1955 年以来，盲人按摩作为一种准保留岗位，逐渐成为我国政策引导下视障者就业的主要渠道，[①] 也影响到特殊学校视障教育的课程设置与教育期待。为促进残疾人就业、提升残疾人就业发展水平，2022 年 4 月，国务院办公厅印发《促进残疾人就业三年行动方案（2022—2024 年）》，对加快推进残疾人就业、实现"十四五"时期残疾人较为充分、较高质量的就业目标做出部署，提出实施盲人按摩就业促进行动要求的同时，提出要多渠道开发盲人就业新形态。[②] 因此，在这一部分中纳入了视障青少年对除按摩以外多元就业情况的了解与期待程度。

问卷通过上网情况和技能掌握情况两部分充分地了解视障青少年日常生活中的数字媒介的接触与使用状况。问卷充分地考虑了视障青少年日常数字化生活中常用的基础技能、通用设备和辅助器具，条目均来自其生活实践。

问卷通过上网的看法部分了解视障青少年对数字素养的认知、态度与依赖程度，同时从社会/人权模式的视角纳入了其对信息无障碍相关理念与法规的了解和认同程度，以及了解视障青少年对数字技术和媒介内容与大众残障观念的关系的看法。

[①] 李学会：《盲人按摩业发展报告（2022）》，载郑功成主编《残疾人事业蓝皮书：中国残疾人事业研究报告（2023）》，社会科学文献出版社，2023。

[②] 《国务院办公厅关于印发促进残疾人就业三年行动方案（2022—2024 年）的通知》，中国政府网，2022 年 4 月 8 日，https://www.gov.cn/zhengce/content/2022-04/08/content_5684090.htm。

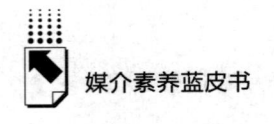

此外，问卷还留了开放题项，询问视障青少年对数字素养提升技能方面的需要，作为通过前述内容分析其需求情况的补充参考。

三 数据分析

（一）基础信息

1. 性别及家庭结构

参加本次调研的视障青少年中，男性355人，占61.8%，女性219人，占38.2%，男性填答者多于女性（见表2）。

表2 填答者性别分布

单位：人，%

性别	数量	占比
男	355	61.8
女	219	38.2
总计	574	100.0

根据教育部公布的2020年特殊教育学校学生数据，视力障碍学生总数为9408人，其中女生3519人，[①] 占比为37.4%。本次调研问卷的填答者性别分布与之较为接近。

2. 年龄

本次调研主要针对12~18岁视障青少年，其分布情况为12~14岁有73人，占12.7%；15~17岁有316人，占55.1%；18岁及以上为168人，占29.3%。因特殊学校存在视障学生上学晚和中途失明转校生、中途失明成年人来校中专就读等现象，因此有一定比例的年龄超18岁的学生。此外，为

[①] 《特殊教育基本情况》，教育部网站，2021年8月27日，http://www.moe.gov.cn/jyb_sjzl/moe_560/2020/quanguo/202108/t20210831_556466.html。

便于视障者填答，避免遭遇拉选时间条的障碍，本题为填空，有17名填答者的填答内容无法换算，因此将之视为缺失（见表3）。

表3 填答者年龄情况

单位：人，%

		数量	占比
有效	12~14岁	73	12.7
	15~17岁	316	55.1
	18岁及以上	168	29.3
缺失	系统	17	3.0

3. 学习阶段

本次受访的视障青少年，其中就读初中的有165人，占28.7%；就读高中的有140人，占24.4%；就读中专的最多，有269人，占46.9%（见表4）。

表4 填答者学习阶段状况

单位：人，%

学习阶段	数量	占比
初中	165	28.7
高中	140	24.4
中专	269	46.9
总计	574	100.0

4. 城乡分布

因盲校的资源不足，视障青少年无法做到均能就近入学。因此，本问卷以其就读的学校和家庭居住位置的相对情况为选项，询问了填答者的城乡分布以及上学的距离。家就在本市市区的为152人，占26.5%；家在本市周边乡村的有76人，占13.2%；家在其他城市以及其他城市周边乡村的分别有

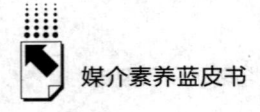

219人和127人,占比分别为38.2%和22.1%,加起来超过了六成(见表5)。而填答者关于是否住校的结果也说明了这一情况,仅有110人表示走读,每天晚上都回家,占19.2%,余下均为住校(见表6)。

表5 填答者家庭城乡分布情况

单位:人,%

项 目	数量	占比
我家就在本市市区	152	26.5
我家在本市周边乡村	76	13.2
我家在其他城市	219	38.2
我家在其他城市周边乡村	127	22.1
总 计	574	100.0

表6 填答者住校情况

单位:人,%

项 目	数量	占比
我走读,每天晚上都回家	110	19.2
我住校,每周末回家	113	19.7
我住校,每两周、每月或者节假日、寒暑假才回家	351	61.1
总 计	574	100.0

5.家庭经济状况

考虑到视障青少年可能不了解家庭具体收支情况,因此本次调研中关于家庭经济条件的内容采取了较为模糊的说法,填答者根据自我感受进行选择。填答者感知的家庭经济状况集中于贫困、温饱和小康。其中,温饱状况最多,为169人,占29.4%;其次是小康,为119人,占20.7%;随后是贫困,为116人,占20.2%(见表7)。此外,有133人表示不清楚家中的经济状况或者不想说,占23.2%。

表7 填答者家庭经济状况

单位：人，%

项目	数量	占比
贫困	116	20.2
温饱	169	29.4
小康	119	20.7
中产	32	5.6
富裕	5	0.9
不知道	76	13.2
不想说	57	9.9

（二）视力残疾人基本状况

1. 持证状况与等级

根据《中华人民共和国残疾人证管理办法》第二条规定，中华人民共和国残疾人证（以下简称"残疾人证"）是认定残疾人及其残疾类别、残疾等级的合法凭证，是残疾人依法享有国家和地方政府优惠政策的重要依据。残疾评定标准为中华人民共和国国家标准《残疾人残疾分类和分级》（GB/T26341—2010）（以下简称《残疾标准》）。

《残疾标准》是目前我国界定残疾人残疾分类分级的重要基础标准，是我国制定实施残疾人社会保障政策的重要依据。根据其规定，视力障碍共分为四级，其中一级、二级为盲，属于重度残障，三级、四级为低视力，属于轻度残障。

本次调研的574名视障青少年中，539人有残疾人证，占93.9%。其中，一级盲304人，占53.0%；二级盲131人，占22.8%；三级、四级低视力较少，均为52人，各占9.1%。而未办理残疾人证的视障青少年并不多，为35人，占6.1%（见表8）。

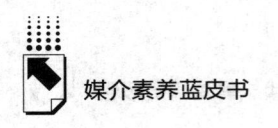

表8 填答者残疾人证办理情况及残疾等级分布

单位：人，%

残疾人证及等级	数量	占比
有残疾人证	539	93.9
一级	304	53.0
二级	131	22.8
三级	52	9.1
四级	52	9.1
未办理	35	6.1
合计	574	100.0

2. 视力状况

因为存在未办理残疾人证或者残疾人证等级与视力状况不一定完全对应的情况，本次调研根据盲校、特殊学校中视障青少年描述的视力状况，专设此题，以详细了解填答者的视力障碍程度。其中，全盲青少年最多，有142人，占24.7%；有一定的视力，只能用放大设备看普通汉字的青少年有139人，占24.2%；只有一些光感，能分辨白天、黑夜和模糊的影子的青少年有110人，占19.2%；有一定的视力，可以不用任何辅具直接看汉字的青少年有94人，占16.4%；有微弱视力，但看不了普通汉字的青少年有89人，占15.5%（见表9）。

表9 填答者视力状况

单位：人，%

视力状况	数量	占比
全盲,什么都看不见	142	24.7
只有一些光感,能分辨白天、黑夜和模糊的影子	110	19.2
有微弱视力,但看不了普通汉字	89	15.5
有一定的视力,只能用放大设备看普通汉字	139	24.2
有一定的视力,可以不用任何辅具直接看汉字	94	16.4
总计	574	100.0

（三）基础读写方式

由于视力状况的复杂性，特殊学校视力障碍者的基础读写方式颇为多样。本次调研的填答者中，盲文读写是主流。其中，盲文摸读的填答者有264人，占46.0%，扎盲文的填答者更多，为323人，占56.3%；阅读大字版本和普通大小汉字版本的填答者分别为123人、71人，各自占21.4%、12.4%，而能写汉字的填答者则为174人，占30.3%（见表10、表11）。采取其他读写方式的视障青少年数量并不多。

表10 填答者日常学习最主要的阅读方式

单位：人，%

最主要的阅读方式	数量	占比
盲文摸读	264	46.0
阅读大字版本	123	21.4
他人（如家人、同学、老师、志愿者）朗读	23	4.0
普通大小汉字版本	71	12.4
听读屏软件朗读电子版	82	14.3
用眼睛看盲文	11	1.9
总　计	574	100.0

表11 填答者日常学习最主要的书写与记录方式

单位：人，%

最主要的书写与记录方式	数量	占比
扎盲文	323	56.3
口述,请他人代写	16	2.8
写汉字	174	30.3
键盘打字	28	4.9
录音	4	0.7
使用语音转文字功能	29	5.1

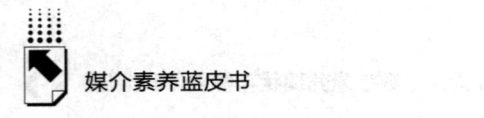

（四）辅助器具使用状况

视障青少年对辅助器具的了解程度极大地影响其生活质量。本次问卷调查了填答者对视障辅助器具的了解程度，同时了解其在生活中具体使用情况。

问卷共列举了 10 种不同类型的视障辅助器具，分别为盲杖，光学放大镜、望远镜、低视力眼镜等放大设备，电子助视器（便携式、台式等），盲文打字机，盲文点显器，小型盲文刻录机、盲文打印机，盲人听书机，读屏软件，语音报时表，语音家电（如微波炉、电磁炉等）。考虑到报告篇幅，具体数据情况在此不做详述。

在以上 10 种视障辅助器具中，盲杖与读屏软件是填答者见过和使用过人数最多的辅助器具，其次是光学放大镜。但从最近半年使用的频率来看，除了读屏软件，其余辅助器具填答者填写"从没使用过"的占大多数。而填答者学习操作此类器具最为主要的方法就是靠自己摸索，其次则为向其他视障同伴请教。

（五）对多元就业的了解程度与自我期待

为了解当下视障青少年对多元就业的了解程度和自我期待，本次调查结合《中国视力障碍者就业发展报告（2022）》梳理的视障者多元就业职业种类以及北京市丰台区声波残障社会服务中心发布的《视力残疾人互联网多元就业需求与政策研究报告》（2021）中视障者依托互联网开展的就业种类，列举了 14 种视障者目前已经在从事的除按摩以外的职业，包括速录师、有声书主播、音频后期制作师、云客服、程序员、网络写手/作家、带货/才艺主播、网络电商店主、视频/音频博主、心理咨询师、人工智能培育师、无障碍测试工程师、培训师、咖啡师，询问填答者对它们的了解情况，以及对未来从事相关职业的信心与期待。

在填答的 574 名视障青少年中，对于大多数目前有视障者正在从事的除按摩以外的职业，他们的了解程度并不高，大多限于"听说过，但不了解"的状况。其中，他们专门了解过的职业依次是有声书主播，有 102 人；网络写手/作家，有 95 人；心理咨询师，有 82 人；音频后期制作师，有 76 人；视频/音频博主，有 72 人；带货才艺主播，有 64 人；程序员，有 56 人；专门了解过余下职业的人数均在 40 人以下（见表 12）。而在专门了解过这些职业情况的视障者中，他们对于能否从事这一职业的期待与信心，选择最多的主要是不确定。

表 12 填答者视障多元职业了解情况

单位：人

职　种	没听说过	听说过，但不了解	专门了解过
速录师	349	201	24
有声书主播	96	376	102
音频后期制作师	154	344	76
云客服	212	323	39
程序员	158	360	56
网络写手/作家	135	344	95
带货/才艺主播	134	376	64
网络电商店主	187	352	35
视频/音频博主	119	383	72
心理咨询师	116	376	82
人工智能培育师	331	229	14
无障碍测试工程师	257	281	36
培训师	287	266	21
咖啡师	292	252	30

（六）互联网接触与使用情况

1. 电子设备接触与使用

本次调研根据视障青少年的日常接触情况，共列举了 15 种电子设备，包括大众较为常用的通用计算设备，如台式电脑、笔记本电脑、平板电脑、智能手机，还包括新兴的智能设备，如智能手表、智能手环、智能音箱、智能学习设备和智能家居设备，以及视障者在焦点小组中提及使用频率较高的传统电子设备，如音乐播放设备、收音机、电视机、蓝牙音箱。此外，还加入了新兴的智能助盲设备，如智能导盲设备、智能助视设备，以通过填答者对此类电子设备的了解程度、使用频率以及设备归属了解填答者的数字设备使用情况。

（1）通用计算设备

1）台式电脑

本次填答的视障青少年中，见过或使用过台式电脑的人超过六成（见表13）。

表13 台式电脑了解情况

单位：人，%

	数量	占比
没听说过	59	10.3
听说过，知道它的用途，但没见过	142	24.7
见过或使用过	373	65.0
总　计	574	100.0

在373名见过或使用过台式电脑的填答者中，每天都使用的有45人，占12.1%；每周用几次的有113人，占30.3%；每月用几次的有124人，占33.2%；从未用过的有91人，占24.4%。

在台式电脑的归属方面，373名见过或使用过台式电脑的视障青少年表示，归属学校特定课程的最多，有147人，占比为39.4%；其次为学校提供给学生随意使用的，有64人，占17.2%；自己拥有台式电脑的有47人，占12.6%。此外，还有22人拥有台式电脑，但被家人保管，占5.9%；有46人的家人拥有台式电脑，他可以借用，占12.3%。

2）笔记本电脑

在笔记本电脑的了解与使用方面，几乎五成的填答者见过或使用过笔记本电脑（见表14）。

表 14　笔记本电脑了解情况

单位：人，%

	数量	占比
没听说过	34	5.9
听说过,知道它的用途,但没见过	255	44.4
见过或使用过	285	49.7
总　计	574	100.0

在 285 名见过或使用过笔记本电脑的填答者中，有近半数的填答者在最近半年内未使用过该设备，共 135 人，占比为 47.4%；每天使用笔记本电脑的填答者只有 35 人，占 12.3%；每周和每月用几次的填答者分别为 32 人和 83 人，各自的占比为 11.2%和 29.1%。

在 285 名见过或使用过笔记本电脑的填答者中，自己拥有笔记本电脑的有 90 人，占比为 31.6%；家人拥有笔记本电脑的有 88 人，占 30.9%；同学、朋友拥有笔记本电脑的有 37 人，占 13.0%，余下情况的人数均十分少。

3）平板电脑

在平板电脑（如 iPad）方面，见过或者使用过的填答者不到一半（见表 15）。

表 15　平板电脑了解情况

单位：人，%

	数量	占比
没听说过	56	9.8
听说过,知道它的用途,但没见过	265	46.2
见过或使用过	253	44.1

在 253 名见过或使用过平板电脑的填答者中，最近半年没有使用过平板电脑的有 105 人，占比为 41.5%；每天使用的为 49 人，占 19.4%；每周和每月使用几次的分别为 37 人和 62 人，各自占 14.6%和 24.5%。

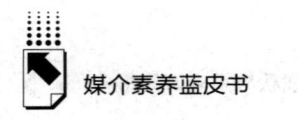

在253名见过或使用过平板电脑的填答者中，完全拥有该设备的有98人，占比为38.7%；家人拥有平板电脑的有53人，占20.9%。另外，还有24人拥有平板电脑但使用时需征得家人同意，占9.5%。

4）智能手机

574名填答问卷的视障青少年对智能手机的了解程度非常高，见过或者使用过智能手机的超过八成（见表16）。

表16 智能手机了解情况

单位：人，%

	数量	占比
没听说过	25	4.4
听说过,知道它的用途,但没见过	64	11.1
见过或使用过	485	84.5
总　　计	574	100.0

而在485名见过或者使用过智能手机的填答者当中，最近半年内每天使用智能手机的比重超过七成，有363人，占74.8%；每周用几次的有92人，占19.0%；每月用几次和从未用过的分别只有22人和8人，各自占4.5%和1.6%。由此可见，视障青少年使用智能手机的频率非常高。在这485名填答者中，有421人表示他们完全拥有该设备，占86.8%。此外，还有34人表示"它是我的，但由家人代为保管，想要使用时需征得家人同意"，占7.0%，二者加起来超过九成。

（2）智能设备

1）儿童手表、智能手表

在对儿童手表、智能手表的了解与使用方面，超过半数的填答者仅限于听说过此类设备，有319人，占55.6%；见过或使用过的有194人，占33.8%；有61人表示没听说过，占10.6%。

而在194名见过或使用过儿童手表、智能手表的填答者中，超过六成在最近半年内没有用过它们，人数有120人，占61.9%；每天都使用的有32

人，占 16.5%；每周和每月用几次的分别为 17 人和 25 人，各自占 8.8% 和 12.9%。

2）智能手环、运动手环

在所有填答者中，有 107 名表示见过或使用过智能手环、运动手环，占 18.6%；超过六成的填答者表示听说过，知道它的用途，但没见过，有 366 人，占 63.8%；没听说过的有 101 人，占 17.6%。

而在 107 名见过或使用过智能手环、运动手环的填答者中，几乎半数在最近半年内没有使用过此类设备，共有 53 人，占 49.5%；每天都使用的仅有 27 人，占 25.2%，占所有 574 名填答者的 4.7%，人数十分少。而在这些填答者中，有超半数表示该设备是属于自己的，有 56 人，占所有 574 名填答者的 9.8%。

3）智能音箱

在填答的视障青少年中，过半数见过或使用过智能音箱，共 301 人，占 52.4%；听说过，知道它的用途，但没见过的有 225 人，占 39.2%；没听说过的人数不多，有 48 人，占 8.4%。

不过，在 301 名见过或使用过的视障青少年中，最近半年每天都使用智能音箱的人数并不多，有 60 人，占 19.9%。每月用几次的有 109 人，占 36.2%；每周用几次的有 49 人，占 16.3%；从没用过的有 83 人，占 27.6%。其中，有 170 人表示智能音箱是完全属于自己的，占 56.5%，占所有 574 名填答者的 29.6%。

4）智能学习设备

在所有填答者中，见过或者使用过智能学习设备的视障青少年不到两成，有 91 人，占 15.9%；大多数人只是听说过，知道它的用途，但没见过，有 327 人，占 57.0%；有 156 人没听说过该设备，占 27.2%。在最近半年内使用过智能学习设备的也不多，包括每月、每周用几次和每天都使用的共 56 人，占所有 574 名填答者的 9.8%。其中，有 49 人表示该设备属于自己。

5）智能家居设备

在智能家居设备（如可以通过音箱和应用控制的空调、微波炉、电视

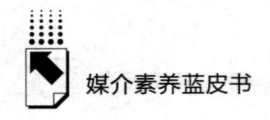

等）方面，听说过，知道它的用途，但没见过的填答者最多，有367人，占63.9%；没听说过的有127人，占22.1%；见过或者使用过的有80人，占13.9%。在80名见过或用过智能家居设备的填答者中，最近半年内有使用过的人数为58人，它们归属是家人的有36人。

（3）传统电子设备

1）音乐播放设备

在所有填答者当中，有206名见过或者使用过音乐播放设备，如随身听、MP3、MP4等，占35.9%；有301人听说过，知道它的用途，但没见过此类设备，占52.4%；有67人表示没听说过此类设备，占11.7%。不过，在最近半年内，使用该设备的人数，包括每天都使用和每周、每月用几次的共104人，占见过或使用过的50.5%，有144人表示该设备是属于自己的，占见过或使用过的69.9%。

2）收音机

在所有填答的视障青少年中，见过或使用过收音机的视障青少年有252人，占43.9%；听说过，知道它的用途，但没见过收音机的有277人，占48.3%；没听说过收音机的有45人，占7.8%。然而在最近半年内，每天都使用收音机的仅有20人，人数十分少，而大多数收音机属于视障者自身，有164人。

3）电视机

在填答的视障青少年中，电视机的普及率非常高，表示见过或使用过的填答者有421人，占73.3%；听说过，知道它的用途，但没见过的有117人，占20.4%；表示没听说过电视机的有36人，占6.3%。

在421名见过或使用过电视机的填答者中，最近半年每天都使用电视机的仅为35人，占8.3%；每周用几次的有64人，占15.2%；每月用几次的有153人，占36.3%；从来没用过的有169人，占40.1%。其中有超过半数表示电视机是家人的，即有222人。

4）蓝牙音箱

研究团队在进行焦点组测试时，视障青少年特别提出蓝牙音箱在其生活中的普及情况，因此正式调研时增加了这一选项。问卷结果显示，有超过半数的填答者见过或使用过蓝牙音箱，共316人，占55.1%；听说过，知道它的用途，但没见过的有210人，占36.6%；没听说过的有48人，占8.4%。

在316名见过或使用过蓝牙音箱的视障青少年中，最近半年内每天都使用这一设备的有36人，占11.4%；每周用几次的有78人，占24.7%；每月用几次的有101人，占32.0%；从没用过的有101人，占32.0%。

而在蓝牙音箱的归属方面，有189名填答者表示它是完全属于自己的，占316名见过或使用过蓝牙音箱的视障青少年的59.8%；从朋友、同学那里见过或者使用过的有45人，占14.2%。

（4）智能助盲设备

1）智能导盲设备

本次调研中，研究团队选取了市场上较为热门的智能助盲设备进行询问，包括智能导盲设备，如导盲眼镜、导盲帽等，智能助视设备，如翠鸟助视器等，以了解智能助盲设备在视障青少年中的知晓度和普及程度。

在智能导盲设备，如导盲眼镜、导盲帽等方面，见过或者使用过的填答者十分少（见表17）。

表17　智能导盲设备了解情况

单位：人，%

	数量	占比
没听说过	237	41.3
听说过,知道它的用途,但没见过	310	54.0
见过或使用过	27	4.7
总　计	574	100.0

2）智能助视设备

在智能助视设备方面，仅有27人表示见过或者使用过此类设备，占4.7%（见表18）。

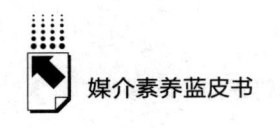

表18　智能助视设备了解情况

单位：人，%

	数量	占比
没听说过	300	52.3
听说过，知道它的用途，但没有见过	247	43.0
见过或使用过	27	4.7
总　　计	574	100.0

（5）小结

在电子设备了解程度方面，在15种电子设备中，填答者最为熟悉的是智能手机，其次是电视机、台式电脑、蓝牙音箱、笔记本电脑、平板电脑和收音机等较为普及的电子设备。不太熟悉的是诸如智能手表、智能手环、智能家居设备等新兴的智能设备，最不熟悉的是新兴的智能助盲设备，包括智能导盲设备和智能助视设备。

在日常生活的使用过程中，智能手机在视障青少年中普及率最高，台式电脑、笔记本电脑、平板电脑等次之，其余设备的使用频率并不高。而在设备归属方面，除了如电视机这样的家用电器外，在见过或使用过该设备的填答者中，属于个人的设备大多超过了半数。

2. 互联网接触

在上网情况方面，最近半年内上过网的填答者有472人，占全部填答者的82.2%。在未上过网的102人中，原因主要集中在没有网络，保护残余视力，没有上网的装备，知道视障者可以上网，但不会那些技能和家长不让上网五个方面（见表19）。

在472名最近半年内上过网的填答者中，每天上网的时长分布较为均匀（见表20）。

在472名最近半年内上过网的填答者中，超过半数表示其上网的时长很自由，完全由自己决定；家长限制视障青少年上网的人数在其受到的限制中最多（见表21）。

表19　最近半年内上网情况及无法上网的原因

单位：人，%

	原因	数量	占比
未上过网	没有网络	20	3.5
	没有上网的装备	19	3.3
	保护残余视力	20	3.5
	没听说视障者还能上网	4	0.7
	知道视障者可以上网，但不会那些技能	18	3.1
	学校不许上网	4	0.7
	家长不让上网	16	2.8
	其他	1	0.2
	合计	102	17.8
上过网	上过网	472	82.2
总　计		574	100.0

表20　每天上网的时长情况

单位：人，%

	数量	占比
半小时以内	100	21.2
半小时到1小时之间	91	19.3
1~2小时	109	23.1
2~5小时	83	17.6
5小时以上	89	18.9

表21　上网时长受限制的情况

单位：人，%

	数量	占比
我上网的时长很自由，完全由自己决定	261	55.3
我上网的时长会受到家长的限制	92	19.5
我上网的时长会受到老师的限制	38	8.1
我上网的时长会受到家长和老师的限制	47	10.0
我上网的时长受到流量和费用的限制	16	3.4
其他	18	3.8

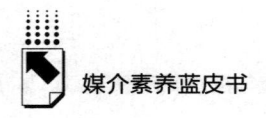

3. 互联网使用

为了解视障青少年日常互联网使用状况，研究团队在询问视障者意见的基础上，共列举了18项其日常上网的行为，其中娱乐资讯类，包括看各类新闻、热点时事、关心的话题，打游戏，听音频（如有声小说、广播、歌曲、播客节目等），听各种电子书，刷视频、追剧；社交类，包括社交（与家人、同学、朋友、网友等人联系），社群参与（参与盲人社群、论坛、聊天室等活动），网络表达（加入各种话题、社区、兴趣部落等参与讨论，表达观点，发表评论），网络学习（查询资料、下载资料、做作业、上网课等）；自媒体运营类，包括直播（音频、视频直播等），运营自媒体（文字、音频、视频内容创作发布、与网友互动）；助力日常生活类，包括网络购物、叫外卖、订酒店，出行导航（查询线路、地图导航等），网络约车，远程求助，电子资料扫描、查询、制作、转换；专业生产类，包括写作、投稿，编程（见表22）。

表22 填答者每天上网做的事情的情况

单位：人

	从不	每周1~3次	每周4~6次	每天都会
看各类新闻、热点时事、关心的话题	88	251	47	86
打游戏	186	149	64	73
听音频（如有声小说、广播、歌曲、播客节目等）	50	151	81	190
听各种电子书	110	176	63	123
刷视频、追剧	100	152	70	150
社交（与家人、同学、朋友、网友等人联系）	26	163	85	198
社群参与（参与盲人社群、论坛、聊天室等活动）	236	158	29	49
网络表达（加入各种话题、社区、兴趣部落等参与讨论，表达观点，发表评论）	283	133	20	36
网络学习（查询资料、下载资料、做作业、上网课等）	48	202	95	127

续表

	从不	每周1~3次	每周4~6次	每天都会
直播（音频、视频直播等）	338	93	13	28
运营自媒体（文字、音频、视频内容创作发布、与网友互动）	319	108	16	29
网络购物、叫外卖、订酒店	180	245	27	20
出行导航（查询线路、地图导航等）	232	182	27	31
网络约车	294	142	21	15
远程求助	352	90	12	18
电子资料扫描、查询、制作、转换	278	141	22	31
写作、投稿	333	107	15	17
编程	396	49	11	16

从每天上网都会做的事情的频率来看，本次调研的视障青少年在日常上网时做的事情排名前五的依次是社交（与家人、同学、朋友、网友等人联系），有198人；听音频（如有声小说、广播、歌曲、播客节目等），有190人；刷视频、追剧，有150人；网络学习（查询资料、下载资料、做作业、上网课等），有127人；听各种电子书，有123人。其余每天都会做的事情未超过100人。

而从从不做的事情的频率来看，本次调研的视障青少年上网较不感兴趣的事情排名前五的依次是编程，有396人，远程求助，有352人，直播（音频、视频直播等），有338人，写作、投稿，有333人，运营自媒体（文字、音频、视频内容创作发布、与网友互动），有319人。

由此也可以发现，调研的视障青少年在互联网上主要做与社交、娱乐和学习相关的事情，很少利用互联网做与专业内容生产相关的事情。

（七）技能学习

1. 学校技能课程设置

本次填答的视障青少年中，有118人表示未在学校上过计算机/信息课程，占20.6%；上过计算机/信息课程的视障青少年有456人，占79.4%。在对学校开的计算机/信息课程的有用程度的评价方面差距不大，有三成左右填答者认为比较有用（见表23）。

表23 计算机/信息课程学习及评价情况

单位：人，%

	评价	数量	整体占比	占上过课程人数的占比
未上过		118	20.6	—
有上过	没有用	35	6.1	7.7
	有一点用	113	19.7	24.8
	一般	105	18.3	23.0
	比较有用	139	24.2	30.5
	非常有用	64	11.1	14.0
	合计	456	79.4	100.0

根据前期调研得到的结果，本次调研共列举了九类特殊学校计算机/信息课程内容。从参与者填答的情况来看，目前在特殊学校，计算机/信息课程主要教授的内容集中在基本的电脑操作，包括使用键盘打字、使用键盘操作电脑的技巧、读屏软件的操作技巧（见表24）。

表24 特殊学校计算机/信息课程内容及频率

课程内容	频率	课程内容	频率
老师让我们随便玩	109	音频制作	102
使用键盘打字	329	文档排版、制作的技巧	154
使用键盘操作电脑的技巧	303	电脑基础知识	163
读屏软件的操作技巧	261	做直播的技巧	22
信息检索与查询	186		

2. 技能学习需求

为了解填答问卷的视障青少年在计算机/信息课程方面的学习需要，问卷中设置了开放题项"你最希望通过学校的计算机/信息课程学什么内容"，通过对填答者提交的文字内容进行简单的词频分析，共得到音频后期、编程、操作电脑、打字、办公软件、视频制作、查阅资料、键盘快捷键、基础电脑知识、系统安装、手机、常用软件、下载软件、排版、直播、聊天社交、人工智能、写作、PPT、PHP 等学习需求。其中音频后期、操作电脑和打字等需求较高。根据填答者提到的关键词频率高低与占比，本报告制作了词云图以展现其需求程度（见图 1）。值得注意的是，有不少填答者表示不知道或者不需要，其如此表述的具体语境为何，在未来还需进一步深入研究。

图 1 计算机/信息课学习需求词云

3. 数字技能

为了解视障青少年目前的数字技能掌握情况，本问卷设置了 20 个题项，结合基本的电脑、手机操作与视障者的操作特性和视障青少年日常生活中的数字技术使用场景，采取李克特五级量表的形式，请填答者自我报告相关描述与其自身情况的符合程度，得出其数字技能掌握的情况。其中，对第 3 题、第 12 题、第 16 题进行反向计分，赋予非常不符合到非常符合 1~5 的分值，使用分值乘以该项的频率相加后除以填答者人数的方式，计算出每一个题项的平均分（见表 25）。

在本次调研的视障青少年中，单项数字技能方面高于3分，即较为熟练的排名依次是上网课（3.77分）、利用引擎如百度等进行搜索（3.76分）、键盘打字（3.74分）、独立申请社交媒体账号（3.68分）、语音转文字输入（3.58分）、开启屏幕辅助功能（3.54分）、在有需要的时候扫码（3.41分）、拍照识别（3.36分）、网络购物（3.36分）、寻找和转换电子书（3.24分）、远程求助（3.21分）、核实互联网信息（3.14分）、解决验证码（3.09分）；低于3分的单项技能依次为地图定位与导航（2.96分）、收发电子邮件（2.91分）、解决读屏失灵的故障（2.82分）、用手机进行直播（2.51分）、办公软件操作（2.25分）、设置并使用盲文点显器（2.14分）、简单编程（1.92分）。

表25 填答者数字技能熟练情况

单位：人，分

事项	完全不符合	不符合	一般	符合	非常符合	平均分
1. 我可以自己开启手机、电脑、平板等设备的视觉辅助功能，比如读屏软件、屏幕放大	48	67	172	99	188	3.54
2. 我能解决电脑、手机、平板等电子设备读屏失灵的故障	102	148	157	86	81	2.82
3. 我不会使用电脑键盘打字	250	116	89	47	72	3.74
4. 我能熟练地使用语音转文字、听写功能进行汉字输入	60	68	137	97	212	3.58
5. 我在遇到图形验证码时有解决它的方法	103	108	133	93	137	3.09
6. 我能够通过互联网远程向他人求助	79	95	163	100	137	3.21
7. 我能熟练使用百度或其他搜索工具搜索找到我需要的信息	44	52	135	107	236	3.76

续表

事　项	完全不符合	不符合	一般	符合	非常符合	平均分
8. 我知道怎样核实互联网上的信息的真假	72	106	173	118	105	3.14
9. 我能利用互联网和数字设备找到、转换、阅读各种电子书	69	105	156	110	134	3.24
10. 我能独立收发电子邮件	118	128	134	76	118	2.91
11. 我能够熟练地使用办公软件进行文档排版、表格、幻灯片制作	215	150	108	52	49	2.25
12. 我不会独立申请社交媒体账号，比如QQ、微信、公众号、小红书等	227	126	98	54	69	3.68
13. 我会熟练使用智能手机上的拍照、图片识别应用，比如物品信息、文字、颜色	66	103	137	93	175	3.36
14. 我能在需要的情况下自己操作完成扫码	72	85	144	83	190	3.41
15. 我会用手机做音频或视频直播	181	140	109	65	79	2.51
16. 我不能独立完成上网课时需要的各种操作	212	163	102	48	49	3.77
17. 我能熟练地通过互联网选择、购买我需要的商品与服务	76	91	130	105	172	3.36
18. 我会设置并熟练使用盲文点显器	248	139	97	37	53	2.14
19. 我会简单的编程	311	105	89	33	36	1.92
20. 我会使用地图、导航、定位功能等协助我独立出行	123	103	140	90	118	2.96

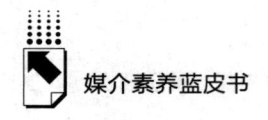

从整体角度来看,本报告将每个个体填答者的每个题项的选择乘以其分值后相加再除以总题数20,得到每名填答者的个人数字技能得分。本报告将其得分划为四个等级,得分在1~2分为差,2~3分为中,3~4分为良,4~5分为优。经统计,各有接近四成的填答者的数字技能评级处于良与中的区间(见表26)。

表26 填答者数字技能评级情况

单位:人,%

数字技能评级	数量	占比
差(1~2分)	49	8.5
中(2~3分)	227	39.5
良(3~4分)	221	38.5
优(4~5分)	77	13.4

在性别差异方面,对男性和女性组间的数字技能得分进行独立样本t检验。数字技能得分在不同性别上存在显著差异,与女性(M=56.62,SD=16.25)相比,男性(M=63.76,SD=15.29)有更高的数字技能得分,$t=4.350$,$p<0.001$。男性的数字技能得分高于女性(见表27)。

表27 填答者数字技能性别差异检验组情况

	性别	n	均值	标准差	标准误差平均值
数字技能	男性	355	63.8451	15.43571	0.81924
	女性	219	60.0274	15.91345	1.07533

独立样本t检验		莱文方差等同性检验		平均值等同性t检验			
		F	显著性	t	自由度	显著性	
						单侧p	双侧p
数字技能	假定等方差	0.018	0.894	2.845	572	0.002	0.005
	不假定等方差			2.824	450.949	0.002	0.005

（八）对互联网、数字设备作用的态度

为了解视障青少年对互联网作用的态度及看法，本次调研根据前期与视障者和视障青少年的讨论，列举了 8 个陈述，使用李克特五级量表的方式，来测量填答者对互联网作用的态度的积极程度（见表 28）。

表 28　填答者对互联网作用的态度情况

单位：人

陈述	非常不同意	不同意	不确定	同意	非常同意
1. 电子设备和网络使用容易让人沉迷	52	104	189	178	51
2. 上网能拓展眼界，提升视障者的综合素质	14	26	140	252	142
3. 互联网上充满了假新闻、谣言、错误信息	50	138	232	122	32
4. 将来的工作是做按摩，视障者不用花太多力气和时间学习计算机使用的知识	183	165	166	42	18
5. 只要熟练掌握电脑办公和上网的各项技能，视障者就能实现除按摩、钢琴调律以外的就业	67	88	245	137	37
6. 有了导航、地图、约车等各种功能，视障者完全可以独立出行	36	84	220	172	62
7. 视障者应该尽可能地避免自己看不见的情况在互联网上暴露	80	127	226	96	45
8. 互联网给视障者提供了机会向更多人展示我们的生活	25	27	147	275	100

通过对其评价进行 1~5 分的赋值，对第 1 题、第 3 题、第 4 题和第 7 题进行反向计分，同前述加权计算平均数，得到每名填答者的评价得分，

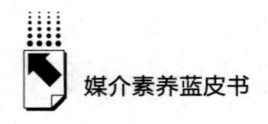

将得分在1~2分的定义为对互联网作用持消极态度,将2~3分的定义为持负面态度,将3~4分定义为持正面态度,而将4~5分定义为持积极态度。由此可以看到,本次填答的视障青少年有超过70%对互联网在其生活中的作用持正面及以上的态度(见表29)。

表29 填答者对互联网作用的态度评级情况

单位:人,%

	数量	占比
消 极	2	0.3
负 面	162	28.2
正 面	383	66.7
积 极	27	4.7

(九)无障碍意识

信息无障碍是残障者接入互联网、获取信息及使用数字设施、设备的基础,其相关知识与态度也是残障者数字素养中不可或缺的组成部分。本次调研从视障青少年对与残障有关的无障碍法律法规的了解程度和对信息无障碍的态度两个层面了解其信息无障碍意识。

在无障碍法律法规的了解程度方面,本次调研选取了《中华人民共和国残疾人保障法》(2008年修订)、联合国《残疾人权利公约》(2008年对中国生效)、《无障碍环境建设条例》(2012年生效)和《关于为盲人、视力障碍者或其他印刷品阅读障碍者获得已出版作品提供便利的马拉喀什条约》(2022年对中国生效)四个法律、条约与条例,请填答者报告其对此类法律文本的知晓程度。经过加权计算其平均分,将分数分为陌生与熟悉两个区间,结果发现97.0%的填答者对此类法律文本处于陌生的状态,即没听说过或者听说过,对其内容并不了解(见表30)。

表30 填答者对无障碍法律文本的了解情况

单位：人，%

	数量	占比
陌 生	557	97.0
熟 悉	17	3.0
总 计	574	100.0

在信息无障碍的态度方面，本次调研根据视障青少年生活实践中的表述，列举了6个陈述，采用李克特五级量表的方式，请填答者自我报告其对陈述的同意程度，以显示其对信息无障碍意识的认同程度（见表31）。

表31 填答者对信息无障碍意识的认同情况

单位：人

陈述	非常不同意	不同意	不确定	同意	非常同意
1. 视障者使用电子设备和上网就是一件比看得见的人要困难的事	77	126	187	146	38
2. 如果一个硬件和软件不能让看不见的人很容易使用，它就是有缺陷的产品，政府应当要求其强制整改	61	132	232	99	50
3. 企业并没有义务确保它的产品必须被视障者使用	54	102	239	149	30
4. 盲人是盲人的计算机课程、信息课程最合适的老师	42	100	273	116	43
5. 向身边的人宣传、倡导盲人怎么用手机、电脑没有什么用	151	188	156	53	26
6. 所有的软件硬件设计都应该有视障者的参与	28	69	255	154	68

通过与前述方法相同的加权计算平均值，对第1题、第3题、第5题进行反向计分，最终得出填答者对信息无障碍意识的认同程度得分，将1~2分定义为拒绝，将2~3分定义为质疑，将3~4分定义为肯定，将4~

5分定义为认同,得到所有填答者得分的区间分布情况,由此可以发现,66.7%的填答者对无障碍意识的认同程度处于肯定区间,加上持认同态度的4.7%填答者,总体上有超过七成的填答者对无障碍意识持正面积极的态度(见表32)。

表32 填答者对信息无障碍意识的认同情况

单位:人,%

	数量	占比
拒 绝	2	0.3
质 疑	162	28.2
肯 定	383	66.7
认 同	27	4.7

四 结论及建议

(一)主要结论

本次调研的视障青少年中,61.8%为男性,38.2%为女性;12.7%处于12~14岁,55.1%处于15~17岁,29.3%处于18岁及以上(其中3.0%填写方式不对导致数据缺失,因而不明);28.7%处于初中阶段,24.4%处于高中阶段,46.9%处于中专阶段,其中19.2%的视障青少年属于走读,每天晚上都回家,余下80.8%均为住校,每周末、每两周、每月或者节假日、寒暑假才回家。填答者中,有26.5%的家就在与学校相同的城市,13.2%的家在学校所在城市周边乡村,38.2%来自学校所在城市以外的其他城市,而22.1%的家在学校所在城市以外的其他城市周边乡村。视障青少年自我感知的家庭经济状况集中于贫困、温饱和小康,其中温饱状况最多,占29.4%,其次是小康,占20.7%,随后是贫困,占20.2%。此外,23.2%的填答者表示不清楚家中的经济状况或者不想说。

在视力障碍基本情况方面，绝大多数填答者（93.9%）办理了残疾人证。其中一级盲最多，占 53.0%；二级盲次之，占 22.8%，三级、四级低视力较少，各占 9.1%；未办理残疾人证的视障青少年并不多，占 6.1%。从其自我报告的情况来看，全盲，什么都看不见的青少年最多，占 24.7%；接下来依次为有一定的视力，只能用放大设备看普通汉字的青少年，占 24.2%；只有一些光感，能分辨白天、黑夜和模糊的影子，占 19.2%；有一定的视力，可以不用任何辅具直接看汉字，占 16.4%；有微弱视力，但看不了普通汉字，占 15.5%。

从基础读写方式来看，盲文摸读是主流。其中，46.0% 的填答者盲文摸阅，56.3% 的填答者扎盲文。而能阅读大字版本和普通大小汉字版本的有 33.8%，而能写汉字的填答者则有 30.3%。还有少量视障青少年采取其他的读写方式。

在本次调研列举的 10 种视障辅助器具中，盲杖与读屏软件是填答者见过和使用过人数最多的辅助器具，其次是光学放大镜。但从最近半年使用的频率来看，除了读屏软件，填答者填写"从没使用过"的占大多数，由此可见视障青少年日常使用的辅助器具并不多，对其知识也十分匮乏。

考虑到数字素养与就业的关系，本报告列举了 14 种视障者目前已经在从事的除按摩以外的职业。填答者对其了解程度并不高，大多限于"听说过，但不了解"的程度。其中，不到 20% 的人对如有声书主播、网络写手/作家、心理咨询师等职业有过详细了解，且他们对于自己未来能否从事相关职业的期待与信心都比较低。

在电子设备了解程度方面，在 15 种电子设备中，填答者最为熟悉的是智能手机，其次是电视机、台式电脑、蓝牙音箱、笔记本电脑、平板电脑和收音机等较为普及的电子设备。不太熟悉的是诸如智能手表、智能手环、智能家居设备等新兴的智能设备，最不熟悉的是新兴的智能助盲设备，包括智能导盲设备和智能助视设备。

在日常生活的使用过程中，智能手机在视障青少年中普及率最高，台式电脑、笔记本电脑、平板电脑等次之，其余设备的使用频率并不高。而在设

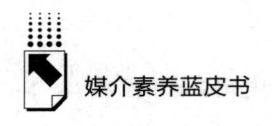

备归属方面，除了如电视机这样的家用电器外，在见过或使用过该设备的填答者中，属于个人的设备大多超过了半数。

在上网情况方面，82.2%的填答者在最近半年内上过网，未上过网的占17.8%，低于《第5次全国未成年人互联网使用情况调查报告》显示的小学以上的未成年人超99%的互联网普及率。视障青少年未上网的原因主要集中在没有网络、保护残余视力、没有上网的装备、知道视障者可以上网但不会那些技能和家长不让上网五个方面。对于最近半年内上过网的填答者，其每天上网的时长分布较为均匀。其中，23.1%的视障青少年每天平均上网时长在1~2小时，21.2%的填答者上网时长在半小时以内；半小时至1小时的占19.3%；5小时以上的占18.9%；2~5小时的占17.6%。

在上网时长受限制方面，在最近半年内上过网的填答者中，有55.3%表示上网的时长很自由，完全由自己决定；19.5%表示会受到家长的限制，受到老师的限制或老师和家长的限制的视障青少年均不到10%。

本次调研的视障青少年在互联网上主要做与社交、娱乐和学习相关的事情，如社交（与家人、同学、朋友、网友等人联系）、听音频（如有声小说、广播、歌曲、播客节目等）、刷视频、追剧、听各种电子书以及网络学习（查询资料、下载资料、做作业、上网课等）；很少利用互联网做与专业内容生产相关的事情，如编程、直播（音频、视频直播等）、写作、投稿和运营自媒体（文字、音频、视频内容创作发布、与网友互动）等。

在学校技能课程设置方面，20.6%的填答者表示未在学校上过计算机/信息课程，计算机/信息课程主要教授的内容集中在基本的电脑操作，包括使用键盘打字、使用键盘操作电脑的技巧、读屏软件的操作技巧。

在对学校开设的计算机/信息课程的有用程度的评价方面，认为没有用的人并不多，占7.7%。

在对学校计算机/信息课程的需求方面，通过对填答者提交的文字内容进行简单的词频分析，共得到音频后期、编程、操作电脑、打字、办公软件、视频制作、查阅资料、键盘快捷键、基础电脑知识、系统安装、手机、常用软件、下载软件、排版、直播、聊天社交、人工智能、写作、PPT、

PHP等学习需求，也可由此发现被调查的视障青少年对数字技术学习需求的多样性。其中，音频后期、操作电脑和打字等需求较高，从最基本的打字到面向职业发展的音频制作，反映出填答者内部需求的差异性较大。

在数字技能方面，综合而言，各有接近40%的填答者的数字技能评级处于良与中的区间。而单项数字技能方面还不太熟练的主要为地图定位与导航、收发电子邮件、解决读屏失灵的故障、用手机进行直播、办公软件操作、设置并使用盲文点显器、简单编程。值得注意的是，数字技能得分在不同性别上存在显著差异，男性明显高于女性。

在互联网的作用、无障碍认知与态度方面，本次填答的视障青少年有超过70%对互联网在其生活中的作用持正面及以上的态度，而对无障碍意识持肯定、认同态度的填答者也超过七成。然而，在对与无障碍和残障人权益相关的国内、国际法律文本的了解方面，97.0%的填答者对其处于陌生的状态，即没听说过或者听说过，对其内容并不了解。

（二）建议

基于本次调研结果，本报告提出如下建议。

第一，特殊学校需增加计算机/信息课程的数量并丰富课程的内容，一方面结合当下前沿数字技术，如人工智能等的发展；另一方面结合与视障青少年职业技能发展相关的实用技术，如音频后期、编程、直播等；需注意到数字技术对其独立生活技艺发展的影响，将诸如地图定位、导航等技术引入培养其独立出行能力的课程中，以回应视障青少年的关切与期望，使课程在满足其日常生活需求的基础上，为其未来职业发展提供支持。

第二，特殊学校应多关注诸如除盲杖、光学放大镜等传统辅助器具以外的更多新兴辅助器具的动态，将相关信息与知识及时地传递给视障青少年，并多配备如盲文点显器、智能辅具、智能数字设施等方面的设备，在拓展其视野的同时，使视障青少年的能力发展紧跟当下时代与技术的革新。

第三，特殊学校应当重视视障青少年同伴支持的作用，除校本课程之外，创造条件，鼓励有能力的视障青少年发挥其才智，引领视障同辈提升数

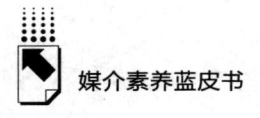

字素养，并关注视障女性的特别需要，为她们提供更多支持，并减少观念意识中的歧视。

第四，特殊学校需注意加大对视力障碍青少年关于自身权益保障的国内、国际条约、法律、条例等的宣传，不仅要针对其开展普法教育，还要增强视障青少年的自我权利意识。

第五，特殊学校还可以加强正面引导，为视障青少年提供成功的视障多元就业案例信息，鼓励视障青少年探索相关信息，并将计算机/信息课程与其实践多元就业所需的基础技能和专业技能相结合，在信息、信心和能力三个方面为视障青少年提供所需的支持。

第六，学校以外的诸多社会力量亦可开展有视障青少年参与的项目，弥补当下特殊学校在视障青少年数字素养提升方面的不足，与有经验的视障多元就业者、数字技能优秀的视障青少年一起开设相关课程，如音频后期、编程、直播等，并提供相关实践、实习机会，为视障青少年激发自身信心、发挥自身潜能提供有利条件与支持。

B.5 数字适老？老年人媒介使用及数字素养状况调研报告

宋红岩*

摘　要： 当前，老龄化社会与数字社会交汇叠加，数智媒介及技术的迭代发展对老年人的数字融入、数字适应和数字素养提出了挑战，因此，本报告将探讨数智时代老年人的媒介生活经验、数字适老与数字素养状况。本报告采用问卷调查与面对面访谈的方法进行研究，研究结果发现，在媒介使用方面，相较于电视、电脑，手机对老年人的黏性更强，94.8%的老年人拥有手机，但不同媒介使用的目的具有趋同性。在数字适应方面，53.3%的老年人认为自己接触过的数字智能设备适合（包括"有些适合"和"全部适合"）老年人，74.7%的老年人表示数字智能设备改善了老年人的生活。同时，63.4%的老年人认为数字智能设备需要（包括"全部需要"和"部分需要"）设置"老人模式"。在数字素养状况方面，包括数字媒介接触与使用素养、数字理解与辨别能力、媒介与数字安全、数字参与和传播能力、媒介与数字适老能力五个维度，其中，媒介与数字适老能力得分最高，媒介与数字安全得分最低。基于上述研究，本报告提出优化老年人的数字媒介应用多场景应用、深化老年人数字适老化改造、完善多元联动的数字素养社会支持体系、加强代际数字素养与技能反哺互哺工作、加强老年人数字素养跟踪评估与提供工作的建议。

关键词：　老年人　数字素养　数字适老

---

* 宋红岩，浙江传媒学院教授，硕士生导师，中国广播电视社会组织联合会媒介素养学术研究基地秘书长、浙江省媒介素养教育研究会副会长兼秘书长、浙江传媒学院媒介素养研究所副所长，研究方向为媒介素养、数字素养、媒介传播与教育等。

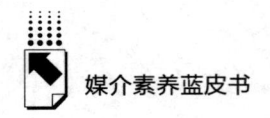

随着中国老龄社会的到来，中国老年人所占人口的比重越来越高，2021年5月11日，中国第七次全国人口普查显示，中国60周岁及以上人口为26402万人，占18.70%，其中，65岁及以上人口为19064万人，占13.50%。① 同时，数智媒介技术的广泛应用让老年人数字化生存问题越来越凸显，中国互联网络信息中心在2024年3月发布的第53次《中国互联网络发展状况统计报告》显示，截至2023年12月，我国非网民规模为3.17亿人，从年龄来看，60岁及以上的老年人是非网民的主要群体，我国60岁及以上的非网民群体占非网民总体的比重为39.8%。②

一般老年人也可称为老龄群体、银发族等，其划分依据有年代年龄、生理年龄、心理年龄、社会年龄等。通常意义上讲，老年人是按年代年龄（出生年龄）来划分的，即以个体离开母体后在地球上生存的时间来划分。按照《中华人民共和国老年人权益保障法》第2条规定，60周岁以上的人确定为老年人，即凡年满60周岁的中华人民共和国公民都被认定为老年人。国际上对于老年人的定义并不统一，世界卫生组织（WHO）将"65岁以上的人"称为老年人，有些发达国家则认为70岁是分界点。老年群体也存在着年龄段差异，如西方国家把45~64岁称为初老期，把65~89岁称为老年期，把90岁及以上称为老寿期。发展中国家规定，男子55岁，女子50岁为老年期。我国根据实际情况规定，45~59岁为初老期，60~79岁为老年期，80岁及以上为长寿期。③ 有学者认为55岁以上的年长者统称为银发族，还有学者将50~64岁的年长者称为轻度老龄、灰发族或前银发族，将65岁及以上的年长者称为深度老龄或银发族。按照国际标准，我国一般把60~69岁的年长者称为低龄老年人，把70~79岁的年长者称为中龄老年人，把80岁及以上的年长者称为高龄老年人。综上所述，本报告拟将老年人设定为

---

① 《第七次全国人口普查主要数据情况》，国家统计局网站，2021年5月11日，https://www.stats.gov.cn/sj/xwfbh/fbhwd/202302/t20230203_1901080.html。

② "The 53rd Statistical Report on China's Internet Development," https://www.cnnic.com.cn/IDR/ReportDownloads/202405/P020240509518443205347.pdf。

③ 《老龄化与健康》，世界卫生组织网站，2024年10月1日，https://www.who.int/zh/news-room/fact-sheets/detail/ageing-and-health。

60周岁以上，其中，60~69岁为轻度老龄，70~79岁为中度老龄，80岁及以上为深度老龄。

一 研究设计与研究假设

（一）研究方案与设计

本报告依据老年人目前所处的媒介生态，提出老年人媒介使用与数字素养研究框架（见图1）。一是当前老年人的媒介接触与使用的日常经验如何，他们的表现形式、影响因素有哪些；二是老年人的数字适老化情况怎样，是否存在数字困难，数字社会支持有哪些；三是老年人的数字素养能力框架构成和状况如何。本报告针对这些问题，提出了具有针对性、建设性的建议。

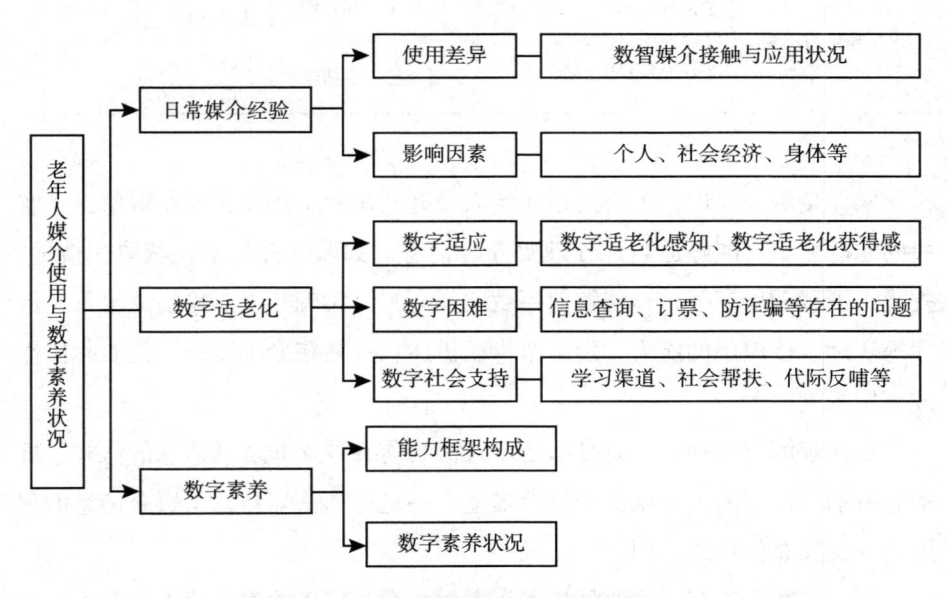

```
                          ┌─ 使用差异 ──── 数智媒介接触与应用状况
              ┌─ 日常媒介经验 ┤
              │           └─ 影响因素 ──── 个人、社会经济、身体等
老年人媒介     │
使用与数字  ───┤           ┌─ 数字适应 ──── 数字适老化感知、数字适老化获得感
素养状况      ├─ 数字适老化 ┼─ 数字困难 ──── 信息查询、订票、防诈骗等存在的问题
              │           └─ 数字社会支持 ── 学习渠道、社会帮扶、代际反哺等
              │           ┌─ 能力框架构成
              └─ 数字素养 ─┤
                          └─ 数字素养状况
```

图1 老年人媒介使用与数字素养研究框架

参照联合国教科文组织在2013年提出的媒介与信息素养定义和在2018年提出的数字素养定义，本报告将老年人的媒介素养定义为，通过数字技术

111

安全适当地获得、管理、理解、整合、沟通、评价和创造信息的能力，以及有利于适应社会发展和安老康老的能力。同时，本报告采用半结构化访谈法、参与式观察法等研究方法，结合联合国教科文组织的2013年《全球媒介与信息素养评估框架：国家状况与能力》、2018年《全球数字素养框架》，以老年人社会适应理论、康乐理论、积极老龄学理论、终身学习理论中的内容为参考，经过反复归纳与提取，初步形成老年人媒介素养评价框架，主要包括以下5个领域（见表1）。

表1 老年人媒介素养评价框架结构

主要指标	二级指标及要素	主要指标	二级指标及要素
媒介接触与使用	①获取维度 ②实际操作或应用维度	媒介与数字安全	①公共安全意识与能力 ②个人数据及隐私保护
媒介理解与辨别	①伦理认知 ②媒介信息的理解 ③媒介信息的辨别	媒介参与和传播	①社交沟通与协作 ②传播与创造
		媒介与数字适老	①适老态度 ②适老意愿

媒介接触与使用，主要是指老年人具有利用数字媒介工具获取信息、解决问题的意识，能够适当地处理媒介与信息，如软硬件接触、获取、搜索、查找、下载和保存等，并能够使用数字媒介工具实现社交、购物、出行、医疗等实际生活应用的能力。用两个指标描述：一是获取维度；二是实际操作或应用维度。

媒介理解与辨别，主要是指老年人对当前各种媒介及其信息的认知、理解、辨别与批判能力。用三个指标描述：一是伦理认知；二是媒介信息的理解；三是媒介信息的辨别。

媒介与数字安全，主要是指老年人对媒介与信息的安全意识、个人隐私保护、公共安全、设备保护、健康和福利保护等。用两个指标描述：一是公共安全意识与能力；二是个人数据及隐私保护。

媒介参与和传播，主要是指老年人利用各种媒介进行社交联络、沟通与协作，信息内容的创造、传播与分享的能力。用两个指标描述：一是社交沟通与协作；二是传播与创造。

媒介与数字适老，主要是指老年人的数字适应与数字社会融入等情况，以达到老年人媒介与信息身心健康、参与和保障等方面的积极老龄化（康老）。用两个指标描述：一是适老态度；二是适老意愿。

（二）老年人媒介素养影响因素梳理及其设计

本报告依据相关文献，通过半结构化访谈与调研，提出老年人媒介素养影响因素（见表2）。

表2 老年人媒介素养影响因素

影响因素		主要考察维度内容
客观因素	人口学因素	性别、年龄、文化程度
	经济条件	退休前的职业、收入等，月消费，居住地
	社会支持	社会学习培训资源、家庭支持等
	身体状况	视力、听力、手部灵活性、头脑反应力、睡眠、身体
媒介因素	媒介使用类型	传统媒介、新媒体与智能媒体
	传统媒体（书、收音机、电视）	拥有情况、使用时长、使用意愿、使用目的、使用内容等
	新媒体（电脑）	
	智能媒体（手机）	
	数字适老	数字适应、数字困难、数字社会支持等

（三）调研对象与过程

本次调研采取抽样方法，并通过三轮专家论证，编制《银龄媒介使用与数字素养状况调查问卷》，由浙江传媒学院媒介素养研究所在全校招募176名研究生与大学生调研员，对他们进行专项调研方法培训。

本次调研选择杭州笕桥街道作为调查地点，笕桥街道位于上城区北部，辖区总面积约19.7平方公里，总人口达到20.3万人，其中常住人口7.1万人，外来人口13.2万人。笕桥街道下辖20个社区，其中3个纯商品房社区，

3个老居民小区社区（大学职工住宅区、飞机场家属住宅），8个混合型社区（回迁安置+商品房等），6个撤村建居社区，住宅社区多样化。这次调查在笕桥街道每类社区中选取2个社区，共8个社区，在选取的每个社区中选择3~4个小区，共16个小区。同时，街道老年人既有本地居民，也有外来人员。本次调研采用总体人口年龄段比例抽样方法，在最大限度上使得样本在笕桥街道老年人总体数量上具有代表性。

本次调查时间为2023年5~8月。调查采用纸笔方式，调查完成后，利用问卷星软件录入数据形成数据库，调研样本2193份，有效问卷2133份，其中使用智能手机的样本为1507个，占有效问卷的70.7%。

1. 老年人人口特征

从性别构成来看，女性老年人为1349人，占比为63.2%，男性为784人，占比为36.8%。老年人的平均年龄为69.75（SD=7.47）周岁，从整体上看，处于轻度老龄化向中度老龄化过渡阶段。对于老年人的受教育程度，如图2所示，以小学和初中为主，占比分别为29.7%、27.4%，同时，没有受过任何教育的老年人占比比较高，为13.6%。从整体上看，受教育程度在初中及以下的老年人是主体，占比为72.9%；受教育程度在中等（高中、中专、技校）的老年人占比为17.4%；受教育程度在大学及以上（大专以上）的老年人占比为9%①。对于婚姻状况，87.6%的老年人是已婚、12.2%的老年人是离异或丧偶、0.2%的老年人是未婚。

2. 老年人社会经济背景

从户口类型，住宅情况，退休前职业、收入及花费情况等方面考察老年人的社会经济情况。其中，对于户口类型，结果显示，75.5%的老年人是杭州户口，在24.5%的外地户口中，14.3%的老年人有杭州暂住证，10.2%的老年人无杭州暂住证。对于房产权情况，如图3所示，老年人房产以商品房、回迁房和安置房为主，占比分别为33.5%、25.4%、13.2%。住宅面积平均值为105.4（SD=43.3）平方米。

---

① 有少量老年人未选填此问题。

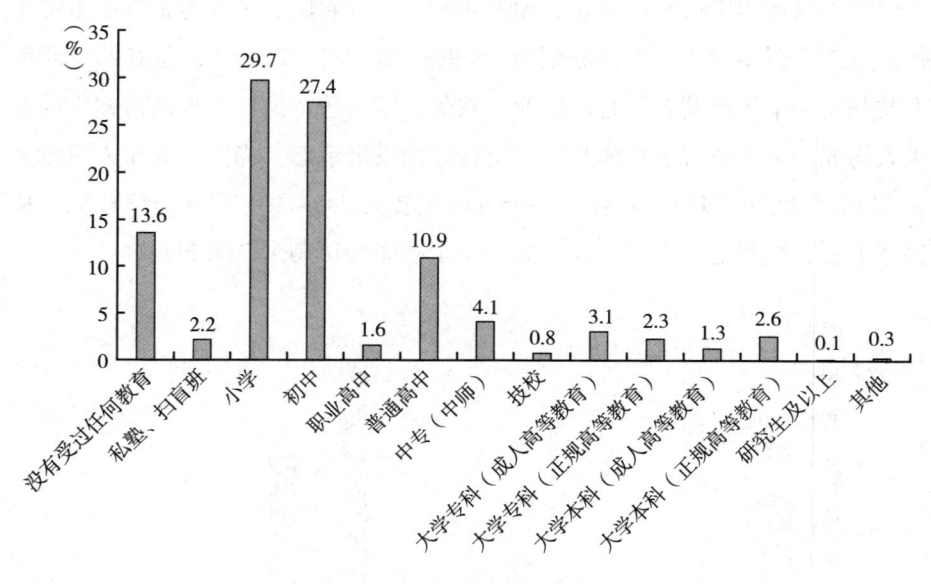

图 2　老年人的受教育程度

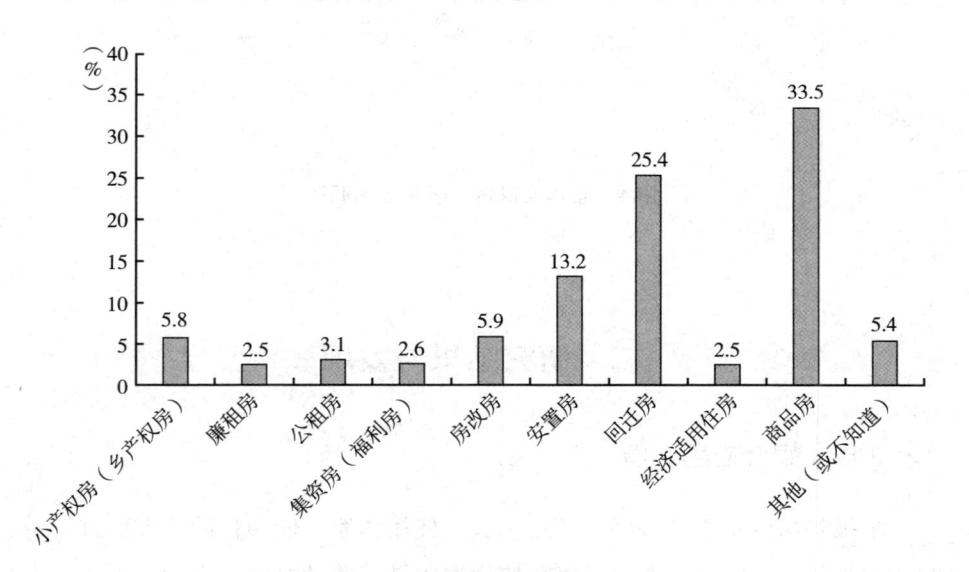

图 3　老年人的房产权类型

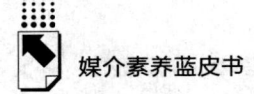

对于退休前所从事的职业,如图4所示,以农民、工人与企事业单位工作人员三个群体为主,占比分别为30.9%、20.8%、22.9%,还有部分老年人被归类于个体经营者、自由职业、教师、军人等,这说明该调研样本的老年人构成多元,体现了杭州笕桥街道特定的发展形态。当前,老年人退休金为3186.4(SD=2422.4)元,每个月的花费为2474.9(SD=2653)元,从整体上看,杭州老年人每月收支处于盈余状态,可剩余711.5元。

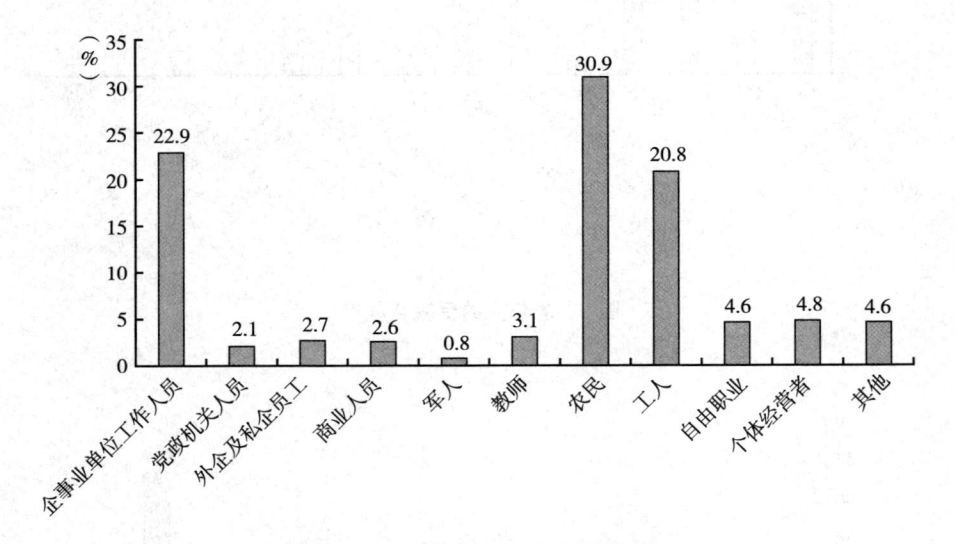

图4 老年人退休前所从事的职业

二 研究结果与发现

(一)媒介应用环境

本报告从数字媒介接触、使用时长、使用内容、使用目的等方面进行系统考察。如表3所示,老年人媒介使用占比最高的是电视,为71.1%,其次是智能手机,为65.8%。普通手机(老年机)、报纸/期刊、书籍、收音机(广播)、台式电脑,使用占比分别为19.4%、18.1%、12.5%、11.0%、

10.2%。此外，平板电脑、智能音箱（如天猫精灵等）、扫地机器人、智能手环（手表）、远程监控等数字智能媒介使用占比都在5%以下，虽然这些新兴智能数字设备比较小众，但小部分老年人已经开始使用。

表3 老年人媒介使用情况（N=2133）

单位：个，%

类别	数量	占比
书籍	266	12.5
报纸/期刊	387	18.1
收音机（广播）	234	11.0
电视	1517	71.1
台式电脑	218	10.2
平板电脑	88	4.1
普通手机（老年机）	414	19.4
智能手机	1403	65.8
蓝牙耳机	37	1.7
智能手环（手表）	35	1.6
智能音箱（如天猫精灵等）	78	3.7
扫地机器人	57	2.7
远程监控	31	1.5
其他	21	1.0

在媒介使用时长方面，如表4所示，其中，智能手机每天平均使用时长最长，为126.8分钟；电视每天平均使用时长排名第二，为90.7分钟，而书籍或报纸、电脑、收音机（广播）每天平均使用时长在10~15分钟。

表4 老年人各媒介每天平均使用时长

单位：分钟

类别	N	时长	标准差	最小值	最大值
书籍或报纸	2131	14.9	28.6	0	300
收音机（广播）	2130	10.6	32.2	0	600
电视	2126	90.7	80.6	0	600
电脑	2128	12.8	35.3	0	480
智能手机	1430	126.8	98.4	0	780

注：N=作答问卷数量。

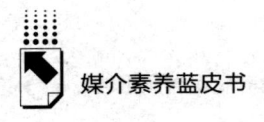

1. 电视

第一,电视拥有情况。在2131名①老年人中,有102名老年人说"家里无电视",占4.8%;仅有无线电视的老年人有436名,占20.5%;仅有有线电视的老年人有1313名,占62.6%;既有有线电视又有无线电视的老年人有279名,占13.1%。可见,随着有线信号的普及,从家里电视的功能上看,有线电视居多,并且有些家庭同时拥有无线电视和有线电视。其中,如表5所示,在仅有无线电视和仅有有线电视的老年人家庭中,从数量上看,仅有有线电视的老年人相应的台数比仅有无线电视的老年人多;从占比上看,有1台电视的老年人占主体,都超过了50%,但仅有无线电视的占比稍多些,两者的占比分别为59.6%、55.9%;有2台、3台或者5台仅有有线电视的老年人比仅有无线电视的占比要多。

表5 仅有无线电视或仅有有线电视的老年人数量及占比

单位:人,%

台数	仅有无线电视		仅有有线电视	
	数量	占比	数量	占比
1台	260	59.6	734	55.9
2台	121	27.8	377	28.7
3台	48	11.0	181	13.8
4台	7	1.6	19	1.4
5台	0	0	2	0.2
合计	436	100	1313	100

第二,电视使用时长。如表6所示,家里有电视的老年人,无论是"仅有无线电视""仅有有线电视",还是"无线和有线电机兼有",他们的电视每天平均使用时长为94.0~98.1分钟。从整体上看,在各种电视拥有情况下,老年人电视每天平均使用时长差别不大。

---

① 在2133份有效问卷中,此项作答问卷为2131份。

第三，电视使用意愿。对有电视的老年人来说，从整体上看，其均值为4.0（SD=1.0），基本达到"有些愿意"的程度。如表7所示，在老年人平时喜欢看电视的意愿中，"完全愿意"的占比最高，为39.1%，并随着李克特量表逐级增加，比重相应提高，说明老年人对电视的使用意愿很强。

表6 老年人电视每天平均使用时长

单位：分钟

	N	时长	标准差	最小值	最大值
有电视	2024	95.3	79.9	0	600
仅有无线电视	436	98.1	82.3	0	599
仅有有线电视	1308	94.1	77.4	0	600
无线和有线电机兼有	279	97.0	87.5	0	600

表7 老年人平时喜欢看电视的意愿

单位：人，%

	数量	占比
完全不愿意	87	4.1
有些不愿意	130	6.1
无所谓	391	18.3
有些愿意	692	32.4
完全愿意	833	39.1
总计	2133	100.0

第四，电视使用目的。如表8所示，老年人平时使用电视的目的排名前三的分别是"消磨打发时间""娱乐休闲""获取新闻信息或知识"，占比分别为60.2%、49.9%、25.5%。

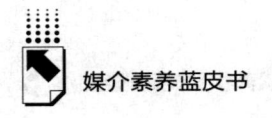

表 8　老年人平时使用电视的目的（$N=2133$）

单位：个，%

目的	数量	占比
消磨打发时间	1285	60.2
娱乐休闲	1065	49.9
健康养生	194	9.1
获取新闻信息或知识	543	25.5
学习新的生活技能	98	4.6
培养兴趣爱好	70	3.3
增加社交联络	53	2.5
开阔眼界，跟上社会发展	186	8.7
得到社会认可与尊重	6	0.3
显示自我价值	14	0.7
实现快乐幸福	143	6.7
其他	23	1.1

2. 电脑

第一，电脑（包括台式电脑、笔记本电脑、平板电脑）的拥有情况。如表 9 所示，43.2% 的老年人家里没有电脑；在家里有电脑的老年人中，以 1 台为主，占 32.5%，接近 1/3。

表 9　老年人家里拥有的电脑台数（$N=2127$）

台数（台）	数量（人）	占比（%）
0	919	43.2
1	691	32.5
2	359	16.9
3	126	5.9
4	18	0.8
5	7	0.3
6	5	0.2
7	2	0.1
总计	2127	100

注：在 2133 份有效问卷中，此项作答问卷为 2127 份。

第二,电脑使用时长。如表 10 所示,"无电脑但会电脑"的老年人,每天平均使用时长为 12.7 分钟;"有电脑且会电脑"的老年人,每天平均使用时长为 52.3 分钟,约是"无电脑但会电脑"的老年人每天平均使用时长的 4 倍。

第三,电脑使用意愿。如表 11 所示,在受访老年人中,选择"无所谓"的占比最高,为 27.3%,明确选择"有些愿意""完全愿意"的合计为 36.5%,超过 1/3,说明老年人使用电脑的意愿不强。

表 10 老年人有无电脑的每天平均使用时长差别

单位:分钟

	N	时长	标准差	最小值	最大值
无电脑但会电脑	26	12.7	29.6	0	120
有电脑且会电脑	470	52.3	55.3	0	480
会电脑	496	50.3	54.9	0	480

表 11 老年人喜欢使用电脑的程度

单位:人,%

	数量	占比
完全不愿意	210	25.1
有些不愿意	93	11.1
无所谓	229	27.3
有些愿意	181	21.6
完全愿意	125	14.9
总 计	838	100

第四,电脑使用的目的。如表 12 所示,老年人电脑使用的目的最主要是"娱乐休闲"和"消磨打发时间",占比为 10% 左右。其次是"获取新闻信息或知识",占比为 6.9%。但从整体上看,老年人电脑使用的目的趋于多元。

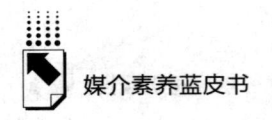

表 12　老年人电脑使用的目的（$N=2133$）

单位：人，%

目的	数量	占比
消磨打发时间	202	9.5
娱乐休闲	218	10.2
健康养生	66	3.1
获取新闻信息或知识	147	6.9
学习新的生活技能	68	3.2
培养兴趣爱好	31	1.5
增加社交联络	33	1.5
开阔眼界,跟上社会发展	62	2.9
得到社会认可与尊重	4	0.2
显示自我价值	12	0.6
实现快乐幸福	34	1.6
其他	35	1.6

3. 手机

第一，手机拥有情况。如表 13 所示，老年人有智能手机的最多，占 70.7%，老年机占比接近 1/4，而不使用手机的老年人占 5.2%，说明当前智能手机在老年人中的普及度还比较高。

表 13　老年人手机拥有情况（$N=2133$）

单位：人，%

	数量	占比
不使用	111	5.2
老年机	515	24.1
智能手机	1507	70.7
总　计	2133	100

第二，手机使用时长。如表 14 所示，老年人智能手机每天平均使用时长为 126.8 分钟。

表 14　老年人智能手机每天平均使用时长

单位：分钟

	N	时长	标准差	最小值	最大值
智能手机	1430	126.8	98.4	0	780

注：存在缺失样本，此选项有效样本数 1430。

第三，智能手机使用意愿。如表 15 所示。"完全愿意"的占比最高，为 34.2%，整体来看，"无所谓"和不愿意（包括"完全不愿意"和"有些不愿意"）的老年人占比大约各为 20%，愿意（包括"有些愿意"和"完全愿意"）的老年人占比为 61.5%，可见，老年人对智能手机的使用意愿比较强。

表 15　老年人平时喜欢使用智能手机的意愿

单位：人，%

	数量	占比
完全不愿意	195	10.2
有些不愿意	192	10.0
无所谓	351	18.3
有些愿意	524	27.3
完全愿意	656	34.2
总　　计	1918	100.0

注：在 2133 份有效问卷中，此项作答问卷为 1918 份。

第四，智能手机社交软件的使用意愿。本报告进一步对拥有智能手机的老年人使用社交软件的意愿进行了考察。如表 16 所示，"有些愿意"的占比最高，为 36.0%，"完全愿意"的占比排名第二，为 31.7%，合计 67.7%，可见，老年人使用智能手机社交软件的意愿比较强。

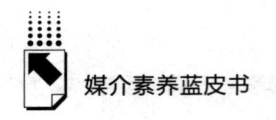

表16 老年人使用智能手机社交软件的意愿

单位：人，%

	数量	占比
完全不愿意	80	5.4
有些不愿意	118	8.0
无所谓	276	18.8
有些愿意	530	36.0
完全愿意	467	31.7
总　计	1471	100

注：在拥有智能手机的1507人中，选填此项的为1471人。

第五，智能手机的使用目的。如表17所示，老年人智能手机的使用目的最主要的是"消磨打发时间"和"娱乐休闲"，占比都超过了50%，其次是"获取新闻信息或知识""增加社交联络"，占比都在30%左右，随后是"健康养生""开阔眼界，跟上社会发展""学习新的生活技能"，占比都在10%左右。从整体上看，老年人智能手机的使用目的主要是以自我安养为主，其次是了解与联系外界。

表17 老年人智能手机的使用目的（$N=1507$）

单位：人，%

目的	数量	占比
消磨打发时间	839	55.7
娱乐休闲	826	54.8
健康养生	172	11.4
获取新闻信息或知识	462	30.7
学习新的生活技能	137	9.1
培养兴趣爱好	87	5.8
增加社交联络	396	26.3
开阔眼界，跟上社会发展	168	11.1
得到社会认可与尊重	9	0.6
显示自我价值	22	1.5
实现快乐幸福	120	8
其他	43	2.9

第六，智能手机的使用内容/功能。如表 18 所示，老年人智能手机使用内容/功能按占比大小排序是"打电话"（74.9%）、"收发短消息"（46.5%）、"看视频"（34.4%）和"看新闻"（27.6%），说明老年人主要使用智能手机的传统电话联系和类传统电视收看功能。同时，"上网社交""看时间""看天气预报""购物"四种应用都超 10%，说明智能手机的日常生活实用功能和移动社交购物功能在老年人中有一定的市场。

表 18　老年人智能手机使用内容/功能（$N=1507$）

单位：人，%

内容/功能	数量	占比
打电话	1129	74.9
收发短消息	701	46.5
看时间	216	14.3
看新闻	416	27.6
看天气预报	201	13.3
上网社交	236	15.7
购物	172	11.4
看视频	518	34.4
听音频（如听歌）	76	5.0
拍照片	149	9.9
拍视频	48	3.2
玩游戏	36	2.4
其他	18	1.2

进一步对老年人智能手机社交软件使用内容进行了考察，如表 19 所示。其中，微信使用率最高，占比为 88.0%，微博、QQ、小红书、全民 K 歌占一小部分，在 6% 左右，同时，有智能手机但不使用任何社交软件的老年人占比为 6.5%。

再进一步分析微信的使用情况，如表 20 所示，在有智能手机的老年人中，有 5.3% 的老年人不使用微信，在使用微信的老年人中，微信好友数大多在"50 个及以下"与"51~100 个"，占比分别为 40.1% 和 28.1%，合计 68.2%。

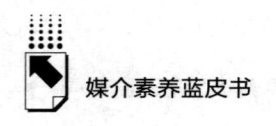

表 19　老年人智能手机社交软件使用内容（$N=1507$）

单位：人，%

	数量	占比
不使用	98	6.5
微博	106	7.0
QQ	91	6.0
微信	1326	88.0
陌陌	3	0.2
秘密	3	0.2
小红书	96	6.4
糖豆	17	1.1
全民 K 歌	84	5.6
喜马拉雅	47	3.1
其他	159	10.6

表 20　有智能手机的老年人使用微信及微信好友情况

单位：人，%

	数量	占比	占比
不使用微信	79	5.3	
50 个及以下	561	37.9	40.1
51~100 个	393	26.6	28.1
101~150 个	169	11.4	12.1
151~200 个	86	5.8	6.1
201~250 个	67	4.5	4.8
250 个以上	124	8.4	8.9
总　计	1479	100	100

注：在拥有智能手机的 1507 人中，选填此项的为 1479 人。

如表 21 所示，有智能手机的老年人微信使用的内容或功能排前三位的为"语音聊天""视频聊天""文字聊天"，占比分别为 79.8%、63.3% 和 58.4%，说明老年人主要使用微信的即时通信功能，尤其是语音。排第四位的是"逛朋友圈、点赞"，占比为 39.8%，排第五位是"抢发红包或转账"，占比为 26.8%。此外，"购物扣款""关注微信公众号"这两个功能也有一定应用，占比都超过 10%。

表21 有智能手机的老年人微信使用的内容或功能（$N=1400$）

单位：人，%

内容/功能	数量	占比
文字聊天	818	58.4
语音聊天	1117	79.8
视频聊天	886	63.3
逛朋友圈、点赞	557	39.8
关注微信公众号	218	15.6
抢发红包或转账	375	26.8
购物扣款	240	17.1
其他	28	2.0

进一步观察老年人视频内容消费情况发现，在使用智能手机的老年人中，有29.3%的老年人不使用视频类App。如表22所示，在使用智能手机的老年人使用各类视频App中，最多的是"生活美食类"，如美团、抖音等，占比为60.1%，其次是"新闻类"和"影视类"，占比接近20%。

表22 有智能手机的老年人使用各类视频App的情况（$N=1507$）

单位：人，%

类型	数量	占比
新闻类	287	19.0
影视类	288	19.1
直播类	61	4.0
社交类	198	13.1
摄影美图类	22	1.5
健身休闲类	37	2.5
歌唱语言类	62	4.1
生活美食类	906	60.1
健康养生类	31	2.1
理财类	16	1.1

进一步对老年人抖音的使用内容/功能进行考察，不使用抖音的老年人占39.9%。如表23所示，在使用抖音的老年人中，52.3%的老年人会"看别人的视频"，33.0%的老年人会"点赞、评论、转发"。

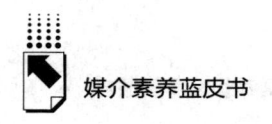

表23　有智能手机的老年人使用抖音的情况（$N=1507$）

单位：人，%

内容/功能	数量	占比
看别人的视频	788	52.3
点赞、评论、转发	498	33.0
给主播打赏	17	1.1
自己发图文	54	3.6
自己发短视频	174	11.5
自己直播	13	0.9
挂小黄车卖货	5	0.3

进一步细分考察老年人购物支付方式，如表24所示。有智能手机的老年人在购物时，最喜欢用微信支付，占比为62.7%，其次是支付宝，占比为53.9%，现金排第三位，占比为52.0%，说明老年人中比较流行电子支付。从整体上看，老年人处于移动支付和现金支付兼顾的状况。

表24　有智能手机的老年人购物支付方式（$N=1507$）

单位：人，%

支付方式	数量	占比
现金	784	52.0
刷银行卡（信用卡）	84	5.6
支票、电汇	5	0.3
微信	945	62.7
支付宝	813	53.9
云闪付	36	2.4
刷脸	87	5.8
其他	13	0.9

进一步细分考察老年人收看新闻的渠道，如表25所示，占比最高的是电视，为60.7%，排第二位的是微信，占比为35.5%，随后分别是报纸、

听别人说，抖音、快手等短视频客户端，占比都超过20%，说明老年人收看新闻的渠道仍然以传统电视为主，处于向社交头部平台兼容的阶段。对于有智能手机的老年人的新闻客户端使用，主要考察了传统媒介的融媒体客户端、权威学习客户端以及网络平台客户端，从整体上看，今日头条客户端占比最高，为9.4%。

表25 有智能手机的老年人收看新闻的渠道（$N=1507$）

单位：人，%

渠道	数量	占比
听别人说	320	21.2
报纸	351	23.3
广播	94	6.2
电视	915	60.7
微信	535	35.5
微博	31	2.1
抖音、快手等短视频客户端	307	20.4
央视新闻客户端	99	6.6
《人民日报》客户端	68	4.5
今日头条客户端	141	9.4
学习强国客户端	57	3.8
腾讯新闻客户端	51	3.4
新浪新闻客户端	17	1.1
网易新闻客户端	14	0.9
其他	48	3.2

考察老年人对不同媒介上的新闻/信息的可信度，如表26所示，电视的占比最高，为49.7%，但没有超过50%，排第二位的是报纸，占比为25.1%，而其他媒介形态的占比都没有超过10%，说明老年人对传统媒体上的新闻/信息的信任度更高些，对网络新媒体平台或应用的信任度比较低。

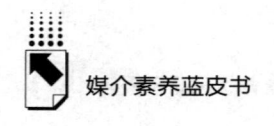

表 26　老年人对不同媒介上的新闻/信息的可信度

单位：人，%

	数量	占比
听别人说	67	4.4
报纸	378	25.1
广播	30	2.0
电视	749	49.7
络上的社交应用，如微信	71	4.7
网络新闻客户端	104	6.9
网络搜索引擎	28	1.9
其他	80	5.3
总　　计	1507	100

（二）数字适老化与数字包容

2021年11月，中央网络安全和信息化委员会印发《提升全民数字素养与技能行动纲要》，提出老年人的数字适老化问题。数字适老化主要是指老年人能够平等、方便地使用数字技术、信息、平台等应用和服务，并恰当地利用数字技术等解决老年人的生活、健康及养老问题，包括数字生活方式、沟通联系、休闲娱乐、公共服务等方面。其主要包括两个方面的含义：第一是消除数字鸿沟，实现老年人能运用数字技术平等、方便、安全地获取、交互、使用数字技术产品和服务；第二是数字赋权，通过数字技术赋能，解决老年人的生活、健康及养老等问题。因此，本报告将从老年人的数字适应、数字困难以及数字帮扶三个层面进行深入考察。

1. 数字适应

对于"自己接触过的数字智能设备是否适合老年人"的感知，如表27所示，老年人认为"有些适合"的占比最高，为48.1%。从整体上看，不适合（包括"全都不适合""有些不适合"）、"没变化"、适合（包括"有些适合""全都适合"）的占比分别为30.4%、16.3%、53.3%。

对于"老年人对数字智能设备便利程度的认知",如表28所示,老年人认为"很方便"的占比最高,为45.0%。从整体上看,认为方便(包括"很方便""十分方便")的老年人占比为64.7%,认为不方便(包括"十分不方便""很不方便")的老年人占比仅为6.2%。

表27 自己接触过的数字智能设备是否适合老年人(N=2133)

单位:人,%

	数量	占比
全都不适合	105	4.9
有些不适合	544	25.5
没变化	347	16.3
有些适合	1026	48.1
全都适合	111	5.2
总 计	2133	100

表28 老年人对数字智能设备便利程度的认知(N=2133)

单位:人,%

	数量	占比
十分不方便	52	2.4
很不方便	81	3.8
一 般	621	29.1
很方便	959	45.0
十分方便	420	19.7
总 计	2133	100

对于"数字智能设备是否改善了老年人的生活"的感知,如表29所示,老年人认为"有些改善"的占比最高,为59.6%,恶化(包括"有些恶化""极大恶化")、"没变化"、改善(包括"有些改善""极大改善")的占比分别为6.0%、19.4%、74.7%。

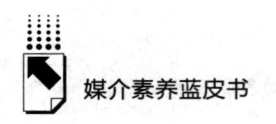

表29　数字智能设备是否改善了老年人的生活（$N=2133$）

单位：人，%

	数量	占比
极大恶化	31	1.5
有些恶化	95	4.5
没变化	413	19.4
有些改善	1272	59.6
极大改善	322	15.1
总　计	2133	100

对于"智能电视、智能手机等数字智能设备给自己带来的便利"的感知，如表30所示，占比排名由高到低依次是"对外联络"（65.2%）、"信息获取"（43.5%）、"看新闻"（32.3%）、"休闲娱乐"（27.0%）、"结交朋友"（11.6%）和"消费支付"（11.3%），其他选项都没有超过10%。从整体上看，老年人使用数字智能设备的最大好处是对外联络，其次是了解外界，再次是休闲社交。

表30　智能电视、智能手机等数字智能设备给自己带来的便利（$N=2133$）

单位：人，%

便利	数量	占比
对外联络	1390	65.2
信息获取	927	43.5
看新闻	688	32.3
休闲娱乐	576	27.0
结交朋友	248	11.6
居家生活	83	3.9
交通出行	108	5.1
消费支付	242	11.3
线上购物	166	7.8
医疗保健	88	4.1
教育培训	14	0.7
政务服务	12	0.6
参与社会事务	17	0.8
排解孤独	96	4.5
自我展现	9	0.4
其他	114	5.3

对于"使用数字智能设备后的好处"的感知，如表31所示，按占比分类为四个梯队：第一梯队是占比超过50%的"消磨打发时间"（60.5%）和"娱乐休闲"（50.5%）；第二梯队是"获取新闻信息或知识""增加社交联络"，占比在20%~30%；第三梯队是"开阔眼界，跟上社会发展""健康养生"，占比在10%以上；第四梯队是占比较低的"学习新的生活技能""实现快乐幸福""培养兴趣爱好"等，占比均在10%以下。

表31 使用数字智能设备后的好处（$N=2133$）

单位：人，%

好处	数量	占比
消磨打发时间	1290	60.5
娱乐休闲	1078	50.5
健康养生	236	11.1
获取新闻信息或知识	622	29.2
学习新的生活技能	192	9.0
培养兴趣爱好	107	5.0
增加社交联络	436	20.4
开阔眼界,跟上社会发展	264	12.4
得到社会认可与尊重	12	0.6
显示自我价值	24	1.1
实现快乐幸福	133	6.2
其他	129	6.0

2. 数字困难

本报告具体探讨了老年人在数字智能设备使用中存在的问题，尤其是老年人比较关注的信息查询、旅游出行以及对网络安全的反应等。

对于"使用数字智能设备中遇到的问题"，如表32所示，老年人认为"操作太难，学不会"的占比最高，为28.6%；"字太小或界面看不清"排第二位，占比为25.4%；随后是"功能/应用不知怎么用"和"弹屏、广告太多等问题"，占比分别为19.6%、19.5%。从整体上看，老年人使用数字

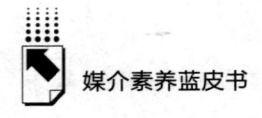

智能设备时面对的问题多元复杂,其中,比较突出的是年龄大,视力、记忆力减弱所产生的不适。

本报告又进一步考察了"数字智能设备是否需要'老人模式'",如表33所示,"部分需要"占比最高,为44.6%。从整体上看,需要(包括"全部需要"和"部分需要")、"无所谓"、不需要(包括"完全不需要"和"部分不需要")的占比分别为63.4%、27.1%、9.3%。

表32 使用数字智能设备中遇到的问题（$N=2133$）

单位：人，%

问题	数量	占比
手机存储空间太小	361	16.9
使用话费太高	284	13.3
网络/信号不稳定或没有	291	13.6
字太小或界面看不清	541	25.4
功能/应用不知怎么用	418	19.6
信息太多,难以分辨	339	15.9
弹屏、广告太多等问题	415	19.5
支付、信息安全问题	209	9.8
健忘,记不住	334	15.7
操作太难,学不会	609	28.6
不会下载软件(App)	182	8.5
不知道怎么与别人交流	43	2.0
其他	182	8.5

表33 数字智能设备是否需要"老人模式"

单位：人，%

	数量	占比
完全不需要	97	4.5
部分不需要	103	4.8
无所谓	579	27.1
部分需要	952	44.6
全都需要	402	18.8
总计	2133	100

对于"在网上查信息时,遇到的问题",如表34所示,遇到较多的问题是"不知道怎么查"和"不知道到哪里查",占比都超过了30%。同时,"不能判断信息的真假""找不到需要的信息"占比都在15%左右。这说明在网络信息查询方面,老年人的搜索途径和方法存在明显的困难。

表34 在网上查信息时,遇到的问题($N=1507$)

单位:人,%

问题	数量	占比
不知道到哪里查	474	31.5
不知道怎么查	526	34.9
找不到需要的信息	225	14.9
结果太多无法阅读	153	10.2
不能判断信息的真假	239	15.9
其他	287	19.0

进一步考察"老年人查不到想要的信息时的反应"时,如表35所示,将近一半的老年人会"主动找人帮忙",但也有近1/3的老年人会选择"放弃不查了",只有21.4%的老年人会"靠自己多查查",说明老年人在信息查询上需要一定的社会支持。

表35 老年人查不到想要的信息时的反应

单位:人,%

	数量	占比
放弃不查了	438	30.2
靠自己多查查	310	21.4
主动找人帮忙	700	48.3
总 计	1448	100

对"老年人看病或养生的渠道"进行考察时,如表36所示,65.7%的老年人会"直接去医院看医生",38.7%的老年人会"问自己的家人或朋友"。在利用媒介方面,从整体上看,占比都不高,其中,占比排前三

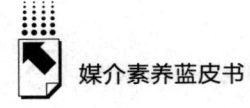

位的是"收看相关电视节目"（14.8%）、"到网络上查或搜索"（9.3%）和"找相关书籍看"（7.4%）。这说明，老年人在生病时，会主动就医，同时，会寻求社会强关系的意见。而相对于媒介资源，老年人则更相信传统媒体。

表36 老年人看病或养生的渠道（N=2133）

单位：人，%

渠道	数量	占比
直接去医院看医生	1401	65.7
问自己的家人或朋友	826	38.7
找相关书籍看	158	7.4
收听相关广播节目	82	3.8
收看相关电视节目	316	14.8
到网络上查或搜索	199	9.3
到网络专业网站看	51	2.4
看抖音、快手等直播节目	87	4.1
其他	133	6.2

对于"老年人旅游出行时买票方式"的考察，如表37所示，老年人"找人帮忙网上订票"的占比最高，为54.7%，还有17.0%的老年人选择"直接到火车站等地去买"，"自己网上订票"的老年人仅为14.4%，说明老年人网络旅游支付也需要一定的社会支持。

表37 老年人旅游出行时买票方式

单位：人，%

	数量	占比
直接到火车站等地去买	362	17.0
找人帮忙网上订票	1167	54.7
自己网上订票	307	14.4
其他	297	13.9
总计	2133	100

对于"是否收到电话推销或诈骗"的考察,如表38所示,没有包括"完全没有"和"几乎没有"收到电话推销或诈骗的占比为25.5%,其余74.5%的受访老年人都收到过推销或诈骗电话。

进一步考察"有智能手机的老年人在遇到电话推销或诈骗时的反应",如表39所示,82.9%的老年人会"直接拒绝或挂掉","问一问,了解一下"或"仅仅听一听"的占15.2%,"会购买或听从他们安排"的占0.5%,占比很小,选择"会核实或报警"的占比最少,为0.3%。从整体上看,老年人主动维权的意识和能力有待加强。

表38 有智能手机的老年人收到电话推销或诈骗的情况

单位:人,%

	数量	占比
完全没有	184	12.4
几乎没有	195	13.1
偶 尔	707	47.5
经 常	336	22.6
非常频繁	66	4.4
总 计	1488	100

表39 有智能手机的老年人在遇到电话推销或诈骗时的反应情况

单位:人,%

	数量	占比
直接拒绝或挂掉	1218	82.9
仅仅听一听	194	13.2
问一问,了解一下	29	2.0
会购买或听从他们安排	8	0.5
会核实或报警	4	0.3
不确定	17	1.2
总 计	1470	100

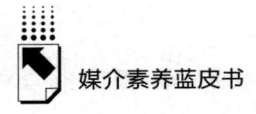

对于"当无法使用数字智能设备时的感受"的考察，如表40所示，排前三位的是"没感觉""自己落伍了""无助"，占比分别为46.1%、24.9%、11.8%。

表40 当无法使用数字智能设备时的感受（$N=2133$）

单位：人，%

感受	数量	占比
感觉很自在	120	5.6
没感觉	984	46.1
自己没有用了	158	7.4
自己落伍了	531	24.9
没有面子(尊严)	38	1.8
无 助	251	11.8
孤 独	138	6.5
其 他	115	5.4

3. 数字帮扶

本报告对老年人主动尝试数字智能设备及应用的意愿、实际行动以及外界的社会支持情况进行了探析。

对于"老年人是否愿意尝试新的数字智能应用"，如表41所示，老年人愿意尝试（包括"有些愿意"和"完全愿意"）、"无所谓"、不愿意尝试（包括"完全不愿意"和"有些不愿意"）占比分别为43.8%、23.4%、32.8%。从整体上看，当前老年人愿意尝试新的数字智能应用的意愿并不是很强。

表41 老年人是否愿意尝试新的数字智能应用

单位：人，%

	数量	占比
完全不愿意	315	14.8
有些不愿意	384	18.0
无所谓	500	23.4
有些愿意	625	29.3
完全愿意	309	14.5
总 计	2133	100

对于"老年人是否参加过上网培训或活动,以及参加过什么内容的上网培训或活动"的情况,如表42所示,高达86.0%的老年人没有参加过上网培训或活动,在参加过培训或活动的人中,人数最多是手机或电脑操作,仅占5.5%。

表42 老年人参加上网培训/活动情况（N=1507）

单位：人，%

	数量	占比
没有参加过	1296	86.0
手机或电脑操作	83	5.5
办公软件的使用	22	1.5
拍照片或视频	57	3.8
如何上网	34	2.3
下载安装软件App	14	0.9
浏览搜索信息	12	0.8
网络社交应用	8	0.5
线上购物	24	1.6
网络支付理财	11	0.7
网络医疗健康	11	0.7
网络安全	8	0.5
政府服务	6	0.4
线上创业	0	0
其他	12	0.8

如表43所示,"有智能手机的老年人社交软件学习渠道"中,大多数老年人通过子女学会了使用社交软件,占比为66.3%,排第二位的是"自学",占比为46.4%,排第三位和第四位的是"朋友同事""亲戚",占比分别为16.9%和10.1%。从整体上看,老年人学习智能手机社交软件主要还是通过社会强关系。老年大学、社区或村组织的活动、公益组织的培训、教育培训机构有点作用,但远远满足不了老年人的需求,同时,图书馆或书店、电信运营商、政府部门组织的活动、高校组织的活动、公共传媒或企业等教育资源或教育力量还比较薄弱。

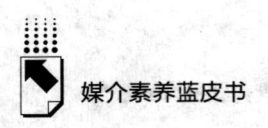

表 43 有智能手机的老年人社交软件学习渠道（$N=1507$）

单位：人，%

渠道	数量	占比
自学	700	46.4
子女	999	66.3
亲戚	152	10.1
朋友同事	255	16.9
老年大学	48	3.2
教育培训机构	15	1.0
高校组织的活动	7	0.5
公益组织的培训	20	1.3
图书馆或书店	11	0.7
电信运营商	11	0.7
公共传媒或企业	12	0.8
社区或村组织的活动	37	2.5
政府部门组织的活动	11	0.7
其他	26	1.7

对于"老年人在使用数字智能设备时是否需要帮助"的情况，如表44所示，"完全不需要"帮助的只有7.7%，也就是九成以上的老年人需要帮助。"偶尔需要"和"有时需要"的占比为56.9%，"大多时需要"和"总是需要"的占比为35.3%。

表 44 老年人在使用数字智能设备时是否需要帮助

单位：人，%

	数量	占比
完全不需要	165	7.7
偶尔需要	483	22.6
有时需要	732	34.3
大多时需要	460	21.6
总是需要	293	13.7

对于"在数字智能设备使用上是否得到子女的帮助",如表45所示,"帮助较多"和"帮助非常大"的占比为57.0%,"没有帮助""帮助较少"的占比为16.4%,介于两者之间的占比为26.6%。这说明在数字智能设备使用上,家庭亲子帮助起到了很大的促进作用。

表45 在数字智能设备使用上是否得到子女的帮助

	数量	占比
没有帮助	108	5.1
帮助较少	242	11.3
一 般	567	26.6
帮助较多	965	45.2
帮助非常大	251	11.8
总 计	2133	100.0

(三)老年人的数字素养状况研究

1. 数字媒介接触与使用素养

从整体上看,数字媒介接触与使用素养量表的均值为2.46(SD=0.60);在因子分析中,产生两个公因子,根据实际意义,分别将两个公因子命名为提升性应用和基础性应用。如表46所示,从均值来看,"我知道如何开关手机"最高,为4.31(SD=1.15),处于高水平。其他题项的均值都小于3,"我会把电脑或手机连上Wi-Fi""我会给手机或电脑设置密码"处于中水平,而其他题项都处于低水平。从整体上看,提升性应用的均值为2.07(SD=1.41),处于低水平;基础技术性应用的均值为3.35(SD=1.47),处于中水平。

表46 老年人数字媒介接触与使用素养的因子分析

	提升性应用	基础性应用	均值	程度评价
1. 我知道如何开关手机		0.785	4.31	高
2. 我会把电脑或手机连上 Wi-Fi		0.716	2.95	中
3. 我会给手机或电脑设置密码		0.697	2.80	中

续表

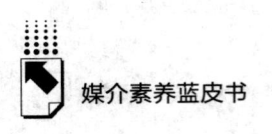

	提升性应用	基础性应用	均值	程度评价
4. 我会用手机查看自己的社保或退休金	0.699		2.44	低
5. 我会使用手机软件打车	0.839		2.00	低
6. 我会使用手机网上挂号预约医生	0.856		2.01	低
7. 我会使用手机银行进行转账	0.762		2.28	低
8. 我会在网上下单网购	0.755		2.29	低
9. 我会在网上或手机上填报表格或数据	0.855		1.86	低
10. 我会使用剪映等软件制作图片或短视频	0.798		1.63	低

注：1. 整体问卷的 α 系数为 0.930，说明问卷的整体效度很理想；2. KMO 取样适切性量数为 0.936，近似卡方为 17413.571，显著性 p 小于 0.001，总方差贡献率为 72.05%；3. 各题项均值处于 1~2.6 为"低"，处于 2.6~3.6 为"中"，处于 3.6~5 为"高"。

2. 数字理解与辨别能力

数字素养的数字理解与辨别能力量表的均值为 3.00（SD=0.39）。在因子分析中，产生两个公因子，根据实际意义，分别将两个公因子命名为分析与辨别、认知与理解。如表 47 所示，从均值来看，"网民应遵守相关法律法规和伦理道德"最高，为 4.13（SD=1.04），达到高水平。"我理解当前流行的网络用词的含义，如内卷"的均值最低，为 1.94（SD=1.17），处于低水平。其他题项都处于中等水平。从整体上看，分析与辨别的均值为 2.74，处于中水平；认知与理解的均值为 3.77，达到高水平。

表 47 老年人数字理解与辨别能力的因子分析

	分析与辨别	认知与理解	均值	程度评价
1. 网民应遵守相关法律法规和伦理道德		0.858	4.13	高
2. 网络会增加犯罪、性与暴力等社会问题		0.812	3.41	中
3. 我理解当前流行的网络用词的含义，如内卷	0.646		1.94	低

续表

	分析与辨别	认知与理解	均值	程度评价
4. 我可以区分不同软件的功能,如微信、抖音	0.767		2.92	中
5. 我能分辨出网上看到的内容是新闻还是广告	0.831		3.05	中
6. 在看网络直播时,我会思考主播的话是否真实	0.844		2.66	中
7. 在网上看到一个社会热点事件时,我会看看不同观点的报道或信息,来判断事情的真假	0.859		2.83	中
8. 我会区分出网络中的不良信息	0.813		3.06	中

注:1. 整体问卷的 α 系数为 0.873,说明问卷的整体效度很理想;2. KMO 取样适切性量数为 0.869,近似卡方为 9101.688,显著性 p 小于 0.001,总方差贡献率为 69.36%;3. 各题项均值处于 1~2.6 为"低",处于 2.6~3.6 为"中",处于 3.6~5 为"高"。

3. 媒介与数字安全

数字素养的媒介与数字安全量表的均值为 1.78（SD=0.06）。在因子分析中,产生两个公因子,根据实际意义,分别将两个公因子命名为不安全行为和安全能力。如表 48 所示,从均值来看,在不安全行为中,1~7 反向赋值,各题项都处于低水平,说明老年人的安全能力不足。

表 48 老年人媒介与数字安全的因子分析

	不安全行为	安全能力	均值	程度评价
1. 在收到银行高息存款短信或电话时,我会去办	0.697		1.56	低
2. 在网上看到健康养生的方法时,我会在现实中尝试	0.713		2.12	低
3. 当遇到扫二维码送小礼物时,我会扫二维码	0.743		1.51	低
4. 当孙辈或家人让自己帮忙"刷脸"玩游戏时,我会刷	0.718		1.75	低

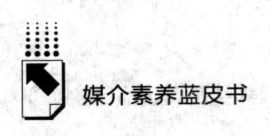

续表

	不安全行为	安全能力	均值	程度评价
5. 陌生人主动添加自己的微信时,我会通过	0.729		1.46	低
6. 遇到网上跳出来的广告弹窗时,我会点开看看	0.753		1.60	低
7. 当在网上看到养生等信息时,我会告诉或转发别人	0.682		1.94	低
8. 对于不同的网络平台账号,我会设置不同的密码		0.692	1.75	低
9. 现实中遇到不公问题时,我会打12345等电话投诉		0.820	1.96	低
10. 我手机上下载了国家反诈App		0.756	2.14	低

注:1. 整体问卷的 α 系数为 0.849,说明问卷的整体效度很理想;2. KMO 取样适切性量数为 0.876,近似卡方为 7954.071,显著性 p 小于 0.001,总方差贡献率为 57.67%;3. 各题项均值处于 1~2.6 为"低",处于 2.6~3.6 为"中",处于 3.6~5 为"高"。

4. 数字参与和传播能力

数字素养的数字参与和传播能力量表的均值为 2.46(SD=0.27)。在因子分析中,产生两个公因子,根据实际意义,分别将两个公因子命名为联系性参与和表达性传播。如表 49 所示,从均值来看,"我会使用微信、QQ 等软件与别人聊天"的均值最高,处于中水平,"我会网络直播,并与粉丝互动"的均值最低,处于低水平。从整体上看,联系性参与因子的均值为 2.78(SD=1.52),联系性参与因子及其各题项都处于中水平,表达性传播因子的均值为 1.97(SD=1.25),表达性传播因子及其各题项都处于低水平。

表 49 老年人数字参与和传播能力的因子分析

	联系性参与	表达性传播	均值	程度评价
1. 我会使用微信、QQ 等软件与别人聊天	0.879		3.27	中
2. 我会用微信、抖音等软件分享自己的生活(如朋友圈)	0.876		2.84	中

续表

	联系性参与	表达性传播	均值	程度评价
3. 我会将网络上看到的内容讲给别人听或分享给别人	0.858		2.88	中
4. 我会将自己喜欢的网络应用App推荐给亲朋好友	0.754		2.39	中
5. 我在网络上点赞、评论、转发过信息	0.796		2.70	中
6. 我会使用手机拍照片或视频,分享给亲友或发在网上	0.769		2.61	中
7. 对网上有争议性的话题/事件,我会提出自己的看法		0.652	2.15	低
8. 我在网上参加过线上投票		0.706	2.06	低
9. 我会网络直播,并与粉丝互动		0.864	1.45	低
10. 我会用社区微信公众号或小程序,了解社区/村委会的服务信息		0.615	2.2	低

注:1. 整体问卷的 α 系数为 0.929,说明问卷的整体效度很理想;2. KMO 取样适切性量数为 0.938,近似卡方为 15275.303,显著性 p 小于 0.001,总方差贡献率为 72.53%;3. 各题项均值处于 1~2.6 为"低",处于 2.6~3.6 为"中",处于 3.6~5 为"高"。

5. 媒介与数字适老能力

数字素养的媒介与数字适老能力量表的均值为 3.75(SD=0.17)。在因子分析中,产生两个公因子,根据实际意义,分别将两个公因子命名为适老态度和适老意愿。如表 50 所示,从均值来看,适老态度四个题项的均值都大于 4,处于高水平,数字适老意愿四个题项的均值都大于 3,但除了"我愿意了解国家对老年人手机等数字应用的政策"处于高水平外,其他题项都处于中水平。从整体上看,数字适老态度因子的均值为 4.15(SD=1.02),处于高水平;数字适老意愿因子的均值为 3.43(SD=1.32),处于中水平。

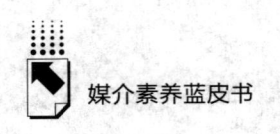

表 50　老年人媒介与数字适老能力的因子分析

	适老态度	适老意愿	均值	程度评价
1. 我支持国家老年人数字适老与技术无障碍方面的政策	0.872		4.15	高
2. 我支持国家开展老年人数字适老与技术无障碍的改造提升工作	0.915		4.2	高
3. 我支持社区、老年大学等组织的手机使用方面的培训	0.905		4.16	高
4. 我支持社会组织/手机商等组织的老年人数字适老的科普活动	0.842		4.08	高
5. 我愿意了解国家对老年人手机等数字应用的政策		0.733	3.66	高
6. 若有老年人专用的手机或软件，我愿意关注并使用		0.805	3.57	中
7. 我愿意向家人或朋友学习智能手机和应用软件的使用方法		0.849	3.56	中
8. 有好的网络应用，如短视频 App，我愿意推荐给别人		0.838	3.14	中
9. 我愿意参加手机应用方面的培训或活动		0.811	3.24	中

注：1. 整体问卷的 α 系数为 0.913，说明问卷的整体效度很理想；2. KMO 取样适切性量数为 0.891，近似卡方为 15924.846，显著性 p 小于 0.001，总方差贡献率为 78.2%；3. 各题项均值处于 1~2.6 为"低"，处于 2.6~3.6 为"中"，处于 3.6~5 为"高"。

三　研究结果与讨论

（一）老年人的媒介接触与使用状况

1. 电视

在媒介类型上，使用电视的老年人的人数占比最大，其中，仅有无线电视的为 20.5%。但在使用时长上，智能手机的黏性更强。其中，老年人电视每天平均使用时长为 95.3 分钟，老年人智能手机每天平均使用时长为 126.8

分钟。老年人看电视的意愿（包括"有些愿意"和"完全愿意"）比较高，为71.5%。在使用电视的目的上，老年人以"消磨打发时间"为主。

2. 电脑

对于电脑的拥有情况，43.2%的老年人家里没有电脑；在有电脑的老年人中，家里以有1台电脑为主的占比为32.5%。对于电脑的使用时长，家里"有电脑且会电脑"的老年人约是"无电脑但会电脑"的老年人每天平均使用时长的4倍。对于使用意愿，从总体上看，老年人使用电脑的意愿不强，"无所谓"占比最高，为27.3%。对于使用的目的，老年人"以娱乐休闲""消磨打发时间"为主。

3. 手机

对于手机的拥有情况，94.8%的老年人拥有手机，其中，70.7%是智能手机。对于使用时长，老年人智能手机每天平均使用时长为126.8分钟。对于使用意愿，无手机的老年人中"完全不愿意"的占比最高（46.3%），有意愿的占比为3.7%；老年机的使用意愿占比为11.4%，用智能手机的老年人的使用意愿（包括"有些愿意"和"完全愿意"）为61.5%，存在很大的差距。在使用智能手机的社交软件中，智能手机社交软件的老年人使用意愿（包括"有些愿意"和"完全愿意"）为67.7%。对于智能手机的使用目的，以"消磨打发时间""娱乐休闲"为主，其次是"获取新闻信息或知识""增加社交联络"。对于智能手机的使用内容/功能，主要是"打电话"（74.9%）、"收发短消息"（46.5%）、"看视频"（34.4%）和"看新闻"（27.6%），说明老年人使用智能手机以现实联络功能和移动休闲功能为主。在各类视频App中，排名前三的是"生活美食类"（60%）、"影视类"（19.1%）、"新闻类"（19.0%），对于抖音的使用内容/功能，尽管39.9%的老年人不使用，但有52.3%的老年人会看别人的视频。

（二）老年人数字适老与数字包容状况

1. 数字适应

在受访者中，53.3%的老年人认为自己接触过的数字智能设备适合（包

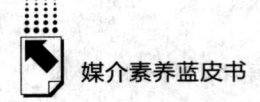

括"有些适合"和"全部适合")老年人,64.7%的老年人认为数字智能设备给自己带来便利(包括"很方便"和"十分方便"),74.7%的老年人表示数字智能设备改善了老年人的生活。对于带来的具体便利,排前三位的是"对外联络""信息获取""看新闻"。对于使用数字智能设备后的好处,排前三位的是"消磨打发时间""娱乐休闲""获取新闻信息或知识"。同时,对于收看新闻的渠道,排前三位的是电视(60.7%)、微信(35.5%)、报纸(23.3%)。从整体上看,老年人接收新闻仍以传统电视为主体,同时,人际传播、传统媒介传播和移动传播多元并存,但信息可信度不高。

2. 数字困难

对于使用数字智能设备中遇到的问题,占比排前三位的是"操作太难,学不会""字太小或界面看不清""功能/应用不知怎么用",主要原因是没有智能设备、操作太麻烦和年龄大了。63.4%的老年人认为数字智能设备需要(包括"全部需要"和"部分需要")设置"老人模式"。当老年人在网上查信息时,存在着"不知道到哪里查"(31.5%)和"不知道怎么查"(34.9%)的问题,当查不到想要的信息时,有30.2%的老年人会"放弃不查了",48.3%的老年人会"主动找人帮忙",只有21.4%的老年人会"靠自己多查查"。当老年人要了解看病或养生时,大多数老年人会选择"直接去医院看医生"(65.7%)和"问自己的家人或朋友"(38.7%),在各种媒介中,占比较高的是"收看相关电视节目""到网络上查或搜索"。对于旅游出行时买票方式,更多的老年人会"找人帮忙网上订票"(54.7%),而选择"自己网上订票"的占14.4%。对于电话推销或诈骗,27%的老年人表示经常和频繁收到电话推销或诈骗,而当遇到电话推销或诈骗时,仅有0.3%的老年人"会核实或报警",大部分老年人会"直接拒绝或挂掉"(82.9%)。当无法使用数字智能设备时,尽管46.1%的老年人选择"没感觉",但还是有24.9%的老年人感觉"自己落伍了"和11.8%的老年人感觉"无助"。

3. 数字帮扶

研究发现,43.8%的老年人愿意(包括"有些愿意"和"完全愿意")

尝试新的数字智能应用，86.0%的老年人没有参加过上网培训/活动，对于已有的培训，内容以"手机或电脑操作""拍照片或视频""如何上网"为主。对于有智能手机的老年人社交软件学习渠道，有66.3%的老年人认为他们得到子女的帮助，46.4%则会自学，可见，手机使用中家庭教育很重要。

（三）老年人的数字素养状况

老年人的数字素养主要包括数字媒介接触与使用素养、数字理解与辨别能力、媒介与数字安全、数字参与和传播能力、媒介与数字适老能力五个维度。从整体上看，五个能力由高到低排序为媒介与数字适老能力、数字理解与辨别能力、数字参与和传播能力、数字媒介接触与使用素养、媒介与数字安全，其中，媒介与数字适老能力处于高水平，数字理解与辨别能力处于中水平，数字参与和传播能力、数字媒介接触与使用素养、媒介与数字安全处于低水平。

四 老年人媒介使用及数字素养提升对策与路径

（一）优化老年人的数字媒介应用多场景应用

从调研结果看，当前杭州老年人处于以传统大众媒介应用为主，以移动化、智能化手机应用为辅的状态，同时，少量的报纸、收音机、智能音箱（如天猫精灵等）、扫地机器人、远程监控等新旧媒介/应用多元杂糅。因此，适应当前老年人媒介应用实际情况，尤其是老年人电视高黏性、高使用的特点，提供适老化电视内容节目和优惠项目，扩大老年人通过电视、手机获取信息知识、娱乐休闲等内容供给。而对于智能手机娱乐化、休闲化以及消磨化应用的特点，扩大老年人适老化手机内容供给；对于老年人视频、新闻等内容消费高意愿的特点，以及社交功能的高需求，扩大适合老年人的影视类、社交类、生活类短视频的供给。此外，电信、移动等运营商或手机品

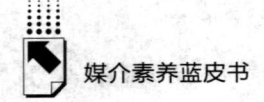

牌商应建立老年人数字媒介体验馆,加强友好型、适老型数字智能设备应用,增设智慧家居、智慧养老、智慧生活等数字设备及应用,组织老年人到图书馆、科普馆、电信等运营商及相关设备、应用生产场所参观体验,让老年人接触与了解最新的数字媒介/设施/应用,增强老年人对数智设备及应用的自主学习能力,进而提高他们数字社会融入与数字社会适应的能力。

(二)深化老年人数字适老化改造

面对当前老年人数字适老的不平衡不充分,且存在一定的数字困难局面,需要构筑老年人数字适老及数字素养的分层分类提升工程。一是针对操作应用等基础性改造,解决老年人数字困难的"关键小事",加强手机软硬件,如按键、界面、字体、功能以及内容的适老化改造及优化工作,让老年人使用操作便捷,加强老年人日常数智媒介生活的适老化工作,进一步细化数字应用端的社交通信、新闻资讯、看病就医、交通出行、生活购物、点餐消费、休闲娱乐、生活缴费等智能化操作的适老化服务,让老年人也能享受"数字红利",契合老年人视力下降、记忆力下降、肢体不灵活、反应变弱、文化水平不高等特点,优化数智媒体、设备及应用软件的"长辈模式""关怀模式",推行全键盘操作、一键式应用、语音播报、方言识别等适老、助老、乐老的特色应用。二是增加老年人信息搜索、网上看病、出行购票等实际软件应用的培训,让老年人享受智能媒体的"数字红利",让老年人摆脱"数字遗民"或"数字贫民"的困境,增强他们的数智媒介获得感。三是切实增强老年人网络信息辨别力、网络诈骗识别力以及网络安全能力的引导与建设,增强老年人数字素养的安全感。四是增加老年人手机短视频创作、手机摄影、手机剪辑、手机社交礼仪等专题课程,提升老年人通过手机开阔眼界、积极了解外界的能力,以及培养老年人运用手机记录自己的生活、创作短视频的能力,享受生活、提升生活的幸福感。

(三)完善多元联动的数字素养社会支持体系

老年人数字素养提升是一项系统工程,针对社会资源和社会支持的力量不足的问题，需要政府、社会组织、企业、社区、高校以及老年人等多元力量的共同介入，建立政府—社会—社区—家庭多元共建联动的数字素养提升共同体，共同提供教育支持和资源，共同营造良好的学习和交流环境，共同促进老年人数字素养与技能的提升。一是引入社会力量，参照国外做法，引入图书馆、电信等运营商、大型新媒体平台以及数智媒介生产商，参与老年人手机等数智媒介的开发设计、推进软硬件以及服务内容的适老化应用，建立老年人适老化产品或服务体验馆，举办老年人数智应用专场体验与培训等。二是加强科协等政府部门、高校、社会公益组织、老年大学等对老年人跨越数字鸿沟数字素养提升的教育工作，借助行政力量或师资力量，开展丰富多样的课程或培训内容、主题活动；由老年大学、社会公益组织以及高校师生等力量开展老年人跨越数字鸿沟的新技能、新应用培训，如支付宝、微信、剪映等应用的使用培训，制作相关科普手册，提高老年人手机使用的操作技能。三是社区层面，以居住属地的街道或社区为单位，发挥"最后一公里"数字素养教育示范引导作用，通过服务点单、科普直通车、面对面科普等形式，直接面向老年人，充分利用社区中心、老年活动中心等场所开展工作坊和讲座，定期组织线下培训课程，邀请专业教师和志愿者进行教学，吸引老年人参与学习，根据他们的偏好和兴趣开展相关的教育和培训活动如手机社交软件应用及技巧、影视作品欣赏、文化艺术展览、历史文化讲座等。社区可以设立数字素养与技能学习角，提供免费或低价的适老化电脑和网络设备供老年人学习使用，组织志愿者团队定期开展数字技能培训班，教授基础的电脑操作、互联网使用方法和常用应用程序使用技巧。此外，还可以提供个性化的学习支持，包括针对老年人视力、听力特点的辅助设备和技术支持，如大字显示器、语音助手等；为鳏寡孤独残等特定老年人提供专门的学习辅导员或志愿者，根据个体需求提供定制化的学习计划和指导。

（四）加强代际数字素养与技能反哺互哺工作

调研结果显示，对老年人数字适老和数字素养提升帮助最大的是自己的子女，相较于陌生人，老年人更容易相信并采用来自亲人的媒介知识，这是共同提高老年人和青年人数字素养的最佳途径。因此，要发挥家庭在数字素养提升中的作用，既要营造发挥老年人同辈同伴作用，争学促学的数字素养提升氛围，也要探索与建立"三代反哺互哺"家庭数字素养教育模式，增加子代及跨代数字素养反哺互哺的机制与内容。应加强以家庭为主体的代际数字素养与技能提升工作，鼓励并帮助家庭成员对老年人进行代际反哺。同时，鼓励社区、公司、学校等加强青年人"数字反哺"的意识和能力，鼓励和帮助青年人进行代际数字反哺。此外，设计促进代际数字素养共建共享合作项目，让老年人与年轻人共同参与数字适老化技术应用和数字素养提升的社会服务项目，老年群体能够积极参与合作项目，分享自己的媒介经验和数字素养知识，与年轻人共同创造价值。譬如，组建代代团队、共同开发老年人友好型数智应用程序、开展数字素养与技能义工服务活动，让老年人与年轻人共同学习和贡献社会。

（五）加强老年人数字素养跟踪评估与提升工作

当前，中国进入老龄社会与数字社会叠加窗口期，老年人数字适老与数字素养提升将是一个长期社会问题，面对老年人的多元，数字素养与技能的需要也复杂多样，要想实现老年人数字素养与技能提升的"最后一公里"，尤其是发挥基层街道、社区、村庄的作用，将数字素养与技能教育资料下沉，做到精准施策、精细帮扶、精心赋能，不仅要走进社区、走进老年群体、走进老人家庭对老年人开展数字与信息安全普法、数智媒介基本应用培训、前沿应用解读、数字素养传播与创新科普等工作，还要从人口可持续发展和包容性社会建设的高度，加强老年人数字素养相关问题持续的研究，考察新技术、新应用对老年人社会适应与包容性发展的影响，评估老年人数字素养能力。

这意味着提升银龄群体数字素养已经刻不容缓，需要政府部门、社区、教育机构齐心协力，帮助老年群体跨越数字鸿沟，加快数字适老化进程，切实提升老年人数字素养与技能水平，让他们更好地融入数字社会。

B.6 乡村青少年隐私和个人信息保护意识调研报告

王圣策 胡芸*

摘　要： 近年来中国不断加大公民隐私和个人信息的保护力度。自《中华人民共和国民法典》颁布实施以来，国家对未成年人的隐私和个人信息保护也出台了相关的法律法规。青少年自身是否具有隐私和个人信息保护意识呢？城乡在互联网接入环境、互联网使用、网络素养教育等方面有所差异，因此本报告聚焦乡村青少年群体。受条件所限，研究者采用非概率抽样的方式，对乡村青少年隐私和个人信息保护意识进行调研。抽样范围覆盖浙江典型的乡村学校，通过对乡村青少年的网络行为、隐私和个人信息保护意识进行分析，发现乡村青少年触网深度有限。他们存在网络社交需求，具备一定的网络安全意识，但对隐私和个人信息保护理论及相关法律法规的认知不足，而且受到学校和家长的影响。建议加强乡村学校的普法教育，加强青少年的网络素养教育以及隐私和个人信息保护意识。

关键词： 乡村青少年　隐私和个人信息　保护意识

---

* 王圣策，浙江传媒学院马克思主义学院讲师，浙江省媒介素养教育研究会副秘书长，研究方向为思政教育、媒介素养教育；胡芸，博士，浙江传媒学院马克思主义学院讲师，研究方向为应用心理学、儿童教育。

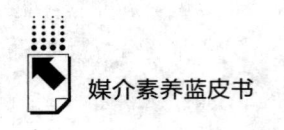

一　研究背景和主要研究问题

（一）研究背景

近年来，随着互联网技术的快速发展以及网络应用程序（App）的普遍使用，我国加大了对公民隐私和个人信息的保护力度。在法律上，自2021年1月1日起实施的《中华人民共和国民法典》在第四编人格权中专设隐私和个人信息保护一章，将隐私和个人信息保护做了概念区分。

当今，未成年人已成为数字媒介的活跃参与者，他们通过社交媒体保持日常联系，积极体验科技教育新产品，并热衷于体验新技术、网络游戏或手机小程序。2023年中国互联网络信息中心（CNNIC）发布的第52次《中国互联网络发展状况统计报告》显示，目前我国网民规模达10.79亿人，互联网普及率达76.4%。截至2022年12月，6~19岁网民规模占网民整体的18.7%，其中10岁以下占4.4%，10~19岁占14.3%。未成年人是身心发育尚未成熟的特殊群体，具有特殊的生理和心理特征。他们在使用数字媒介时，存在潜在的信息泄露风险，而且随着网络技术的发展，这种风险将会进一步加剧。

2021年11月1日实施的《中华人民共和国个人信息保护法》进一步明确了个人信息的合理利用及处理规则。其中，确定了"敏感个人信息"的概念，并特别将不满十四周岁未成年人的个人信息确定为敏感个人信息予以严格保护。在未成年人的隐私和个人信息保护方面，2021年6月1日实施的《中华人民共和国未成年人保护法》、《中华人民共和国预防未成年人犯罪法》以及2023年9月20日审议通过的《未成年人网络保护条例》等法律法规对未成年人的隐私和个人信息保护等方面做了具体规定。

指导性的法律法规已然出台，但是在具体应用过程中，青少年是否明了个人信息保护的方式，并具有保护个人信息的自我意识和法律意识呢？结论不得而知。实际上，我国的成年网民也并非都具有这样的认知和意识，更别提未成年人了。

但是未成年人首次接触网络的年龄不断提前，未成年网民规模逐年扩大。如果不对未成年人的网络使用进行规范和约束，如果不增强未成年人的隐私和个人信息保护意识，则难以制止针对未成年人的各类侵害事件。而且，隐私和个人信息的泄露可能导致青少年成为网络欺诈、网络欺凌、网上性引诱等的侵害目标。

（二）主要研究问题

在我国，乡村与城市依然处在二元社会结构之下。城市化进程使城乡经济差异、文化差异、生活差异、医疗差异比以往缩小很多。例如，在信息差异方面，互联网信号覆盖全国，乡村地区的信息生活发生很大变化。《中国互联网发展状况报告》和《2021年全国未成年人互联网使用情况研究报告》表明：2021年，乡村未成年人互联网普及率达到97.3%，其中乡村小学生互联网普及率为94.3%，初中生为99.5%，城乡学生互联网普及率基本持平。《2019年政府工作报告》明确提出发展"互联网+教育"，促进优质资源共享。随着在线教育的发展，部分乡村地区中小学配备的视频会议室、直播录像室、多媒体教室等硬件设施不断完善，名校名师课堂下乡、家长课堂等形式逐渐普及，为乡村教育发展提供了新的解决方案。

但是城乡之间的差距依然存在。网络的普及和使用确实缩小了城乡信息差距和教育差距。但是，人的差距、文化的差距依然是客观存在的。而且，由于城乡居民的文化教育程度和媒介素养存在差别，面对互联网上的海量信息，城乡居民之间的数字鸿沟是无法忽视的。加之近年来，不少乡村由老年人和青少年留守，作为网络使用优势者的青壮年常年在外，那么谁来指导这些初涉网络的乡村青少年呢？

乡村青少年，在互联网接入环境、互联网使用、网络素养、网络安全与防护等方面会是什么样的状况呢？乡村青少年的隐私和个人信息保护意识是什么状态呢？

浙江是中国城乡发展较为均衡的省份之一。2022年，浙江城乡收入倍差为1.90，在全国各省份中最小。因此，从实操性和同质性的角度出发，研究者选择了浙江乡村青少年作为研究对象。

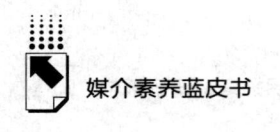

二 研究方法

2023年9月在中国广播电视社会组织联合会媒介素养学术研究基地的支持下，研究者采用问卷调查的方式对浙江杭州、温州、丽水、湖州四地的乡村中小学生进行调查。此次调查的目的在于了解青少年对互联网的认知和使用状况，从中分析青少年隐私和个人信息保护状况。

1. 抽样方式

本次调查从实操的角度出发，采用方便抽样的方式，选择了浙江杭州、温州、丽水、湖州四地的5所小学和5所初中作为样本，样本范围覆盖浙江典型的乡村学校。由于高中生的学业压力较大，闲暇时间较少，而且他们的思维和行动非常接近成年人，有更强的独立意识，所以经过研究者慎重考虑，暂时将其排除在调查之外。

根据《中华人民共和国未成年人保护法》对未成年人的界定（未满18周岁的公民），并考虑到小学一、二、三年级学生接触网络的年限，以及对网络名词理解的年龄限制，本次调查抽取了小学四、五、六年级和初中七、八、九年级，共有616名小学生和544名初中生参加了本次问卷调查。因为调查得到学校支持，并以班级为单位进行，故此次调查问卷回收率较高，最终筛选出603份小学生问卷和530份初中生问卷作为样本，用于统计分析。

2. 数据收集

前期，研究者邀请杭州某小区的部分小学生、初中生针对调查问卷内容进行访谈，并据此对调查问卷进行修改。在10所中小学中开展问卷调查时，为避免个别小学生对网络名词不了解，调查员在问卷填写过程中做了必要的解释。除问卷之外，每班还随机选取3名学生进行简短的结构式访谈。

3. 样本特征

在603份小学生问卷和530份初中生问卷中，中小学的样本特征如表1所示。

表1　中小学样本特征

单位：人，%

		小学样本特征		
		Q1 性别		
	性别	样本量	占比	累计占比
有效	女	278	46.1	46.1
	男	325	53.9	100.0
	总计	603	100.0	—
		Q2 年级		
	年级	样本量	占比	累计占比
有效	四年级	202	33.5	33.5
	五年级	192	31.8	65.3
	六年级	209	34.7	100.0
	总计	603	100.0	—
		Q3 年龄		
	年龄	样本量	占比	累计占比
有效	9岁	51	8.5	8.5
	10岁	208	34.5	43.0
	11岁	202	33.5	76.5
	12岁	111	18.4	94.9
	13岁	31	5.1	100.0
	总计	603	100.0	—
		中学样本特征		
		Q1 性别		
	性别	样本量	占比	累计占比
有效	女	257	48.5	48.5
	男	273	51.5	100.0
	总计	530	100.0	—
		Q2 年级		
	年级	样本量	占比	累计占比
有效	七年级	185	34.9	34.9
	八年级	178	33.6	68.5
	九年级	167	31.5	100.0
	总计	530	100.0	—

续表

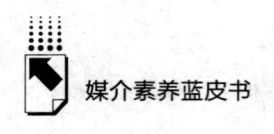

	Q3 年龄			
	年龄	样本量	占比	累计占比
有效	12 岁	71	13.4	13.4
	13 岁	167	31.5	44.9
	14 岁	167	31.5	76.4
	15 岁	101	19.1	95.5
	16 岁	24	4.5	100.0
	总计	530	100.0	—

就性别而言，小学样本男性有325人，占比为53.9%，女性有278人，占比为46.1%；中学样本男性有273人，占比为51.5%，女性有257人，占比为48.5%。

从年龄分布情况来看，除了最小的9岁中童和最大的16岁少年人数较少以外，其他年龄段样本分布较为均衡。

4. 问卷设计

问卷主要从中小学生的网络使用状况和对隐私和个人信息保护的认知、行为、理论三个方面进行设计，对受访者互联网的认知情况、使用状况，遇到隐私和个人信息问题时的处理办法等进行回答。根据中小学生的心理发展状况和网络使用能力，分别针对小学生和初中生设计了调查问卷。

青少年在校期间学习任务较重，从便捷性的角度考虑，问卷以选择题为主，设置了3种题型，包括单项选择题、多项选择题及李克特五级量表。

三　主要研究结论

（一）乡村青少年的网络使用现状

1. 乡村青少年触网深度有限

在全国范围内，青少年数字设备的使用已较为普及，但调查结果显示：浙江乡村青少年使用网络的频次不高。有50%以上的中小学生认为"有需要的情况下才使用互联网"。能"随意使用网络"的小学生只占19.9%，初中生则占 37.5%。在上网频率方面，选择"一周一次（周末使用）"的中小学生占比最高，小学生占比为 40.7%，初中生占比为 37.9%。在上网时长方面，每次上网 10（含）~30 分钟的小学生占比为 26.0%，每次上网 30（含）~60 分钟的小学生占比为 18.6%（见图 1）。每次上网 10（含）~30 分钟的初中生占比为 23.6%，每次上网 30（含）~60 分钟的初中生占比为 34.3%（见图 2）。从图 1 和图 2 可以看出，不上网的青少年人数较少，上网时间为 10（含）~60 分钟的人数众多，还有不少同学对自己的上网时间没有概念。据笔者猜测，这些孩子的上网时长应超过 1 个小时。

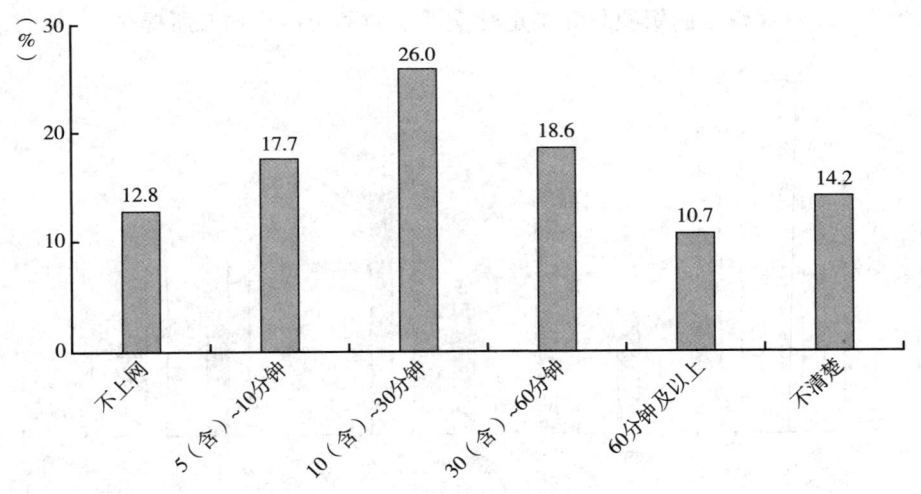

图 1　乡村小学生上网时长

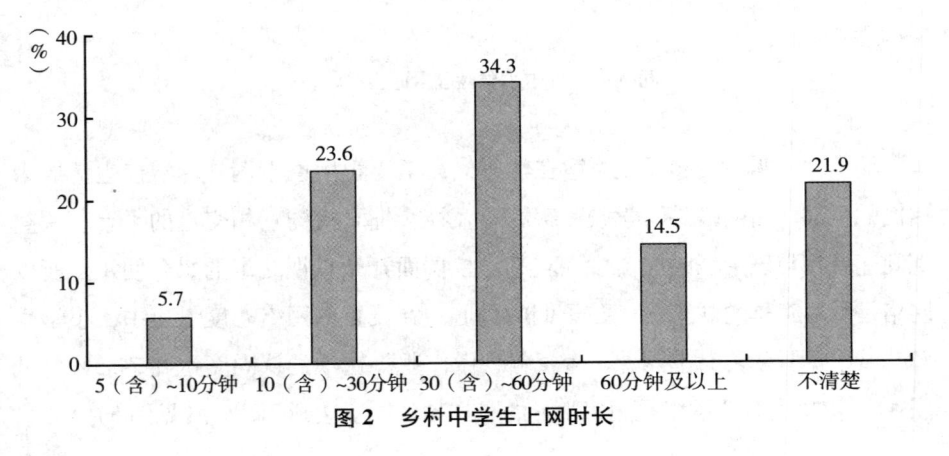

不上网 12.8 ｜ 5（含）~10分钟 17.7 ｜ 10（含）~30分钟 26.0 ｜ 30（含）~60分钟 18.6 ｜ 60分钟及以上 10.7 ｜ 不清楚 14.2

图 2　乡村中学生上网时长

5（含）~10分钟 5.7 ｜ 10（含）~30分钟 23.6 ｜ 30（含）~60分钟 34.3 ｜ 60分钟及以上 14.5 ｜ 不清楚 21.9

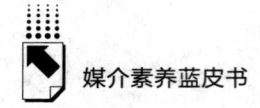

乡村青少年上网的时候都在做些什么呢？综合来看，"查找学习资料""看短视频""与亲戚朋友或同学聊天""玩游戏"占据前4位。在小学生中，选择"查找学习资料"的排名第一，占比为18.4%；选择"看短视频"的占比为17.2%；选择"与亲戚朋友或同学聊天"的占比为16.8%；选择"玩游戏"的占比为14.1%。在初中生中，选择"看短视频"的排名第一，占比为18.7%；选择"与亲戚朋友或同学聊天"的占比为18.1%；选择"查找学习资料"的占比为15.8%，选择"玩游戏"的占比为13.5%（见图3）。这也从侧面反映出，进入青春期的中学生其网络使用的主动性高于小学生，自我娱乐的短视频和满足社交需求的聊天占比均有所提升。

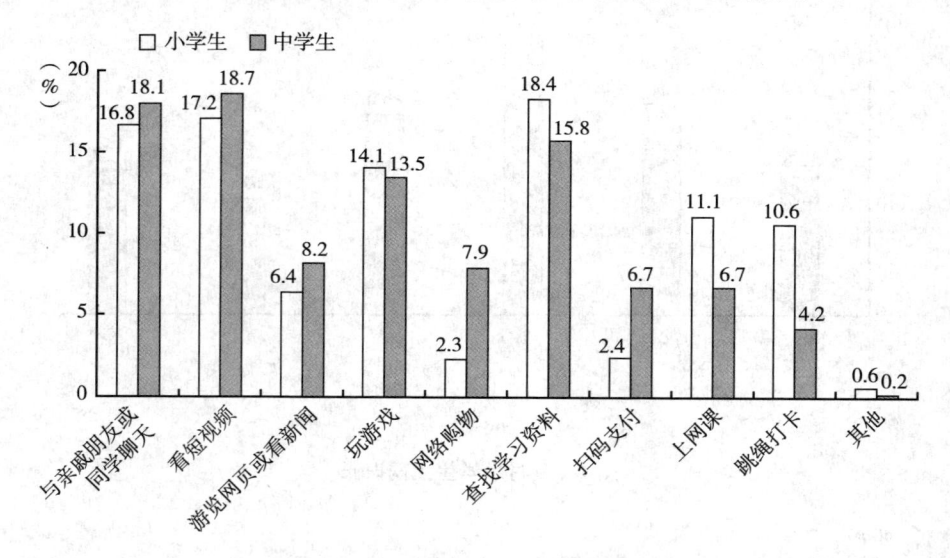

图3 乡村中小学生上网主要做什么

不少家庭偏远的孩子是寄宿在学校，甚至小学生也不例外。学校生活成为他们的全部。而网络是与学校、家庭以及社会辅导机构互相交流的平台。调查期间笔者在与班主任的交流中，获悉学校层面开始重视儿童的媒介使用。所以网络是学习工具的观念深入孩子们的内心。在设置的网络态度量表中，小学生对"我上网只学习，上网课、查资料、做作业"选项的认同度达到74.5%（见图4）；初中生对"网络是用来学习的"选项认同度达到71.9%（见图5）。

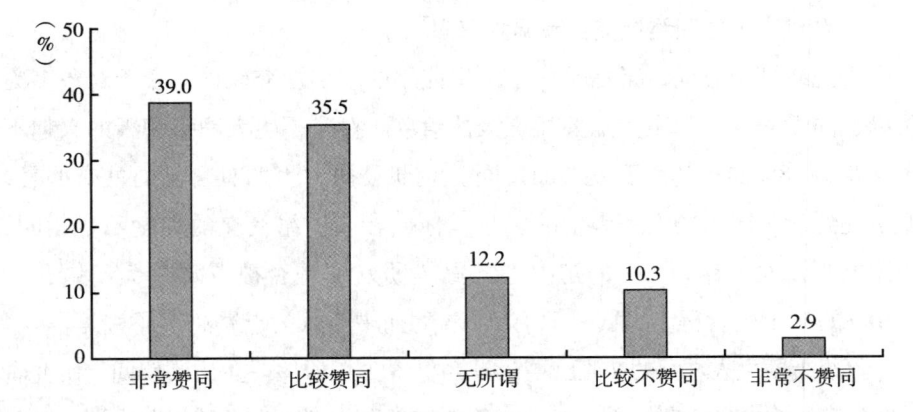

图 4　小学生对"我上网只学习，上网课、查资料、做作业"选项认同度

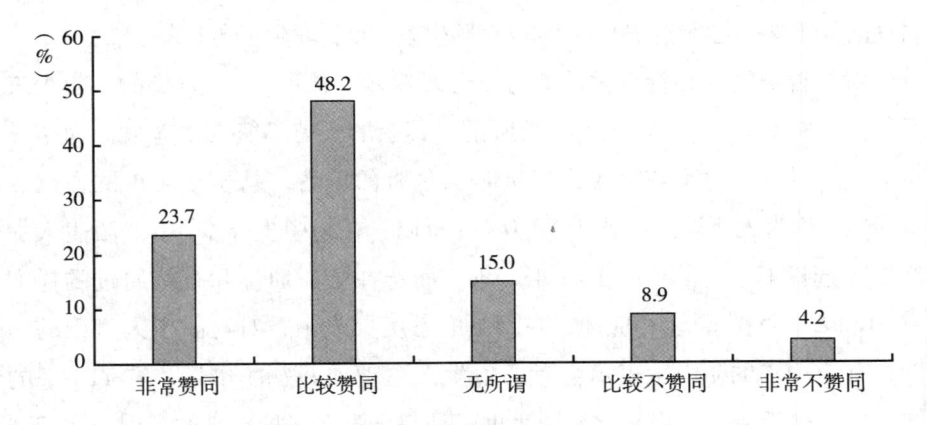

图 5　初中生对"网络是用来学习的"选项认同度

但是，由于调查中其他因素的作用，例如班主任监督调查问卷的填写，小学阶段的孩子不明白什么是调查问卷、当作考试试卷填写正确答案等原因，不排除本次的调查结果出现偏差。但同时，在"网络最吸引自己的作用就是娱乐"一项上，有45.6%的小学生表示赞同，有11.1%的小学生表示无所谓；有45.8%的中学生表示赞同，有20.0%的中学生表示无所谓。由此可见，在认知方面由于学校和社会教育，乡村青少年在理性上认同网络是学习工具。但是，在个人感情上抵挡来自网络的诱惑还是有一定难度的。

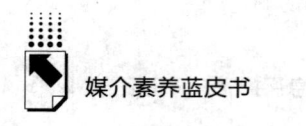

2. 乡村青少年网络社交自我暴露有限

在网络社交方面，微信是中小学生使用的主要社交软件，聊天对象多为父母、同学等。小学生更加关注班级群信息。对与陌生人网络聊天的兴趣不大，有71.8%的小学生不发布朋友圈。大部分初中生拥有自己的社交账号，但是受到学习压力较大等因素的影响，他们参与网络社交的程度不尽相同，个体差异较大，有71.5%的初中生觉得"朋友圈是否被点赞"无所谓，有18.0%的初中生觉得不需要，只有9.5%的初中生认为点赞越多越好。

网络上陌生人之间的交流已蔓延至乡村青少年群体。在访谈期间，研究者了解到有乡村青少年在快手、抖音或其他软件上收到陌生人的好友申请，并要求提供自己的各种照片。也有个别女性学生提到在公交站等公共场所碰到成年男性向其索要社交网络账号。面对这些陌生人，乡村青少年会怎么做？

对是否赞同"在社交软件上与陌生人聊天"选项，有7.0%的小学生表示赞同，有6.5%的小学生表示无所谓，其余的则持不赞同的态度。而中学生对"在社交软件上与陌生人聊天是很平常的事情"持赞成态度的占比为21.3%，认为无所谓的占比为22.0%。所以，在初中生样本中，"陌生人加好友"选择不通过的样本只有48.8%，而选择验证通过和直接通过的样本有51.2%（见图6）。相应地，在网络的态度量表中，对与陌生人聊天的态度，有46.1%的初中生表示会考虑陌生人主动加好友的申请，有11.7%的初中生觉得无所谓。当然，初中生也不是完全没有保护自己的意识，在问到"如何与陌生人聊天时"，除了有4个同学选择"如实告知个人信息"外，有66.4%的同学选择"虚构个人信息"，还有29.8%的同学选择"透露部分个人真实信息"。

与交友行为相联系的，还有青少年的肖像和基本信息。对"把名字和照片发给聊过几次天的人"选项，有5.1%的小学生表示赞同，有4.9%的小学生认为无所谓。如果把网上的联系延伸到现实中，会怎么样呢？对"同市的网友约见面"选项，只有9个初中生样本表示赞同，占比为1.7%，有5.7%的中学生（30人）表示无所谓，其余的都表示不赞同。虽然人数并不多，但是青少年作为未成年人去见陌生人，还是十分让人担忧的。

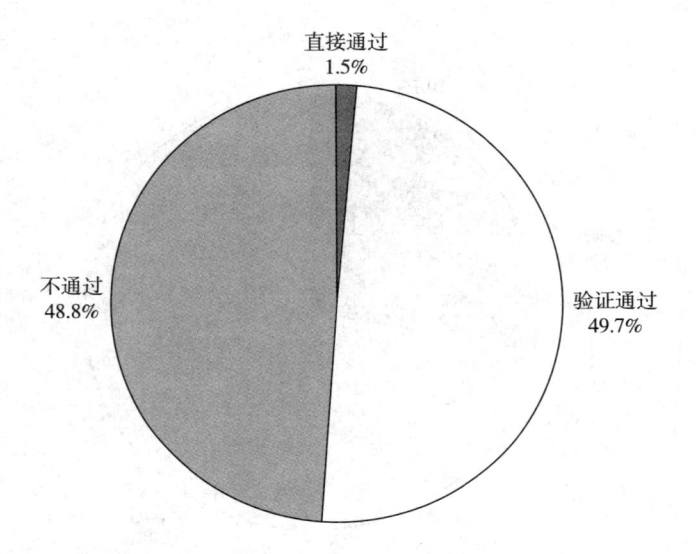

```
          直接通过
           1.5%


不通过                    验证通过
48.8%                    49.7%
```

图 6　对待"陌生人加好友"初中生的处理方式

（二）乡村青少年的隐私和个人信息保护意识

1. 对隐私和个人信息保护相关的法律不了解，自我保护意识薄弱

网络不是法外之地。层出不穷的网络侵权案件让人胆战心惊，如何辨别网络信息、保护隐私和个人信息，对未成年人使用网络的能力提出了挑战。

乡村青少年对隐私和个人信息保护相关法律了解的主要渠道有学校普法（38.2%）、社会新闻（36.0%）以及家庭教育（21.6%）。有72.2%的小学生表示听说过我国关于隐私和个人信息保护的相关法律（见图7）。有61.5%的初中生对我国关于隐私和个人信息保护的相关法律了解一点（见图8）。在访谈中，被访学生多数听说过《中华人民共和国未成年人保护法》，但对其中涉及的具体内容表示不了解，只知道这是保护未成年人的一部法律。

那么，乡村青少年对生活中存在的隐私问题是如何处理的呢？如图9和图10所示，少部分同学表示没有听说过，超过40%的同学表示曾听老师讲过，有印象，甚至有部分同学表示与老师讨论过这个问题。由此可以看出，

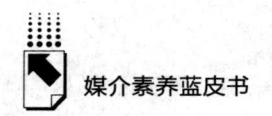

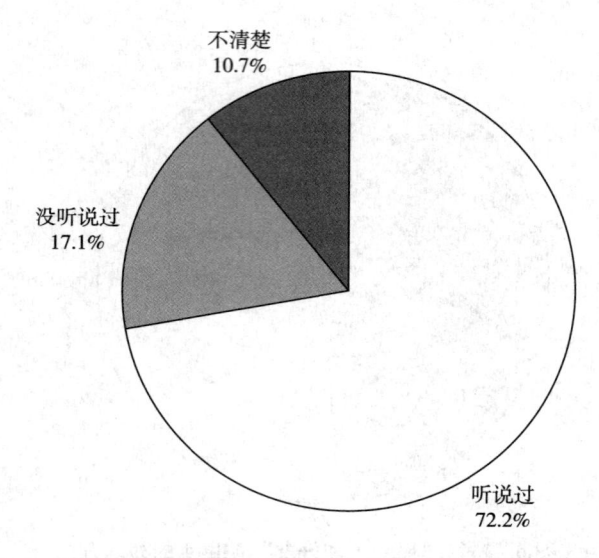

图7 小学生对我国隐私和个人信息保护相关法律的了解情况

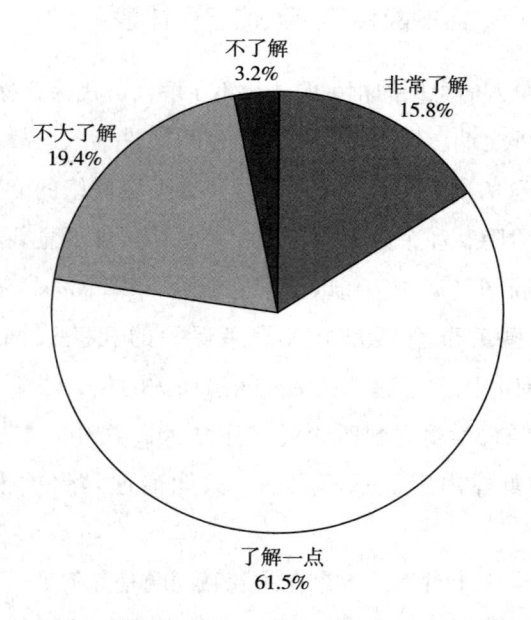

图8 初中生对我国隐私和个人信息保护相关法律的了解情况

乡村青少年在日常生活中会遇到隐私问题，有不少家长和教师在教导青少年的过程中，有意或无意地提及有关隐私和个人信息保护的内容。

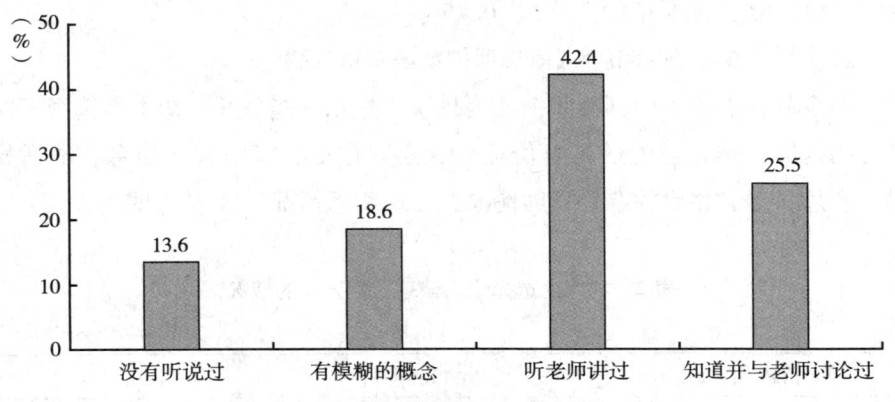

图 9　小学生面对隐私问题时通常的处理方法

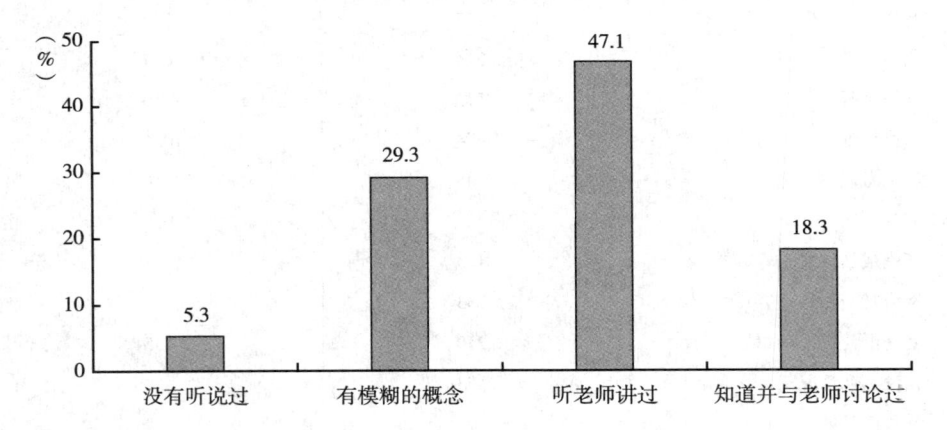

没有听说过 13.6
有模糊的概念 18.6
听老师讲过 42.4
知道并与老师讨论过 25.5

图 10　初中生面对隐私问题时通常的处理方法

没有听说过 5.3
有模糊的概念 29.3
听老师讲过 47.1
知道并与老师讨论过 18.3

研究者尝试使用当年的热点问题测试中小学生对我国隐私和个人信息保护相关法律的了解情况。例如，调查问卷中"如果身为广州地铁女子 AI 裸照事件受害人，你会怎么处理"，有 48.5% 的初中生选择直接报警，有 31.9% 的初中生则呼吁政府立法禁止 AI 侵犯。当隐私或个人信息被网络曝光时，有 51.9% 的小学生选择报警；36.7% 的初中生选择通过网络维权，有 36.2% 的初中生选择报警。由此可以看出，乡村青少年会通过报警和求助相关机构维护自己的权益。而中学生由于智力和思维的发展,对"是否会更多关注隐私问题和隐私侵犯的新闻与动态",持赞同的初中生样本占比达55.9%,认为无所谓的占比达16.7%。

2. 乡村青少年隐私和个人信息保护意识有待加强

在乡村青少年眼中,哪些个人信息属于隐私不能公开?初中生选择不能公开的内容,排名前五的是身份证号、家庭住址、家庭成员信息、电话号码、照片,排名靠后的有受资助情况、在校奖惩情况、性别(见表2)。

表2 初中生选择个人信息不能公开的情况

单位:人,%

哪种信息不能公开	个案数	占比
姓名	317	6.8
性别	173	3.7
出生日期	314	6.7
身份证号	513	11.0
家庭住址	494	10.6
电话号码	448	9.6
照片	423	9.0
家庭成员信息	483	10.3
网络社交账号	233	5.0
受资助情况	210	4.5
在校奖惩情况	193	4.1
学籍信息	391	8.4
心理健康情况	250	5.3
身体健康情况	236	5.0
总计	4678	100.0

在网上注册用户时,常会用到个人信息。在网络上遇到个人信息填写的时候,表示会直接填写的初中生占比为31.3%,对此表示无所谓的占比为15.8%;而小学生选择直接填写的占比为13.8%,对此表示无所谓的占比为8.4%。如果上网时遇到感兴趣的内容需要注册,直接注册并进一步查看更

多内容的初中生占比达 18.2%，对此表示无所谓的占比达 18.0%；直接注册的小学生占比为 13.7%，对此表示无所谓的占比为 12.9%。

在调查中笔者发现，触网的深度与青少年注册账号的意愿呈正相关。每天高频次上网的小学生，注册 App 的比例远高于其他低频次的小学生。在下载 App 方面，在每次上网时间超过 10 分钟的小学生样本中，下载 App 的人数显著增多；在每次上网时间超过 30 分钟的小学生样本中，下载 App 后，进一步注册账号的人数明显增多。在网络游戏方面，通过手机或平板电脑玩网络游戏的中小学生各占 40%以上。玩网络游戏存在充值行为的小学生占比为 7.9%，初中生占比为 17.3%。

注册 App 账号时，青少年不可避免地要填写一部分个人信息，这就存在隐私和个人信息泄露的风险。青少年是如何处理这个问题的呢？调查显示，注册 App 账号时，有 47.0%的小学生认为填写的个人信息会泄露，有 65.3%的初中生认为填写的个人信息会泄露。小学生填写的个人信息"完整且真实"的占比最高，初中生填写的个人信息"不完整但真实"的占比最高。在安装 App 时，有 77.8%小学生表示会仔细阅读 App 的隐私保护条款，并理解其中存在的隐私泄露风险，而初中生的占比仅为 59.1%。安装 App 时，初中生中选择"不同意 App 隐私保护条款，而放弃安装的"选项占比最小。由此可见，小学生或许是由于年龄较小，还没有自觉地使用虚假信息，而初中生由于社会经验的积累，安装 App 时更大胆一些，也会自觉提供真假结合的信息。

3. 乡村青少年的网络安全技能教育有待加强

乡村青少年触网时间相对较短，对网络还没有形成稳定的个人态度，对网络的信任度会受到很多因素影响。小学生群体年龄较小，手机和网络使用受限较多，对父母更加信任。表示赞同"父母同意的网站我才访问"的小学生占比为 82.6%，有 7.0%的小学生对此表示无所谓。在"跳出的网页有我感兴趣的，我会点开"一题中，初中生表示赞同的占比为 23.1%，对此表示无所谓的占比为 4.0%；而小学生对此持赞同态度的占比为 25.5%，有 12.8%的小学生对此表示无所谓。有 8.9%的初中生觉得网络环境很安全，

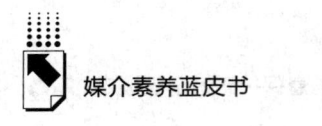

有5.3%的初中生觉得无所谓。

有85.6%的小学生认为不需要掌握网络安全技能，有7.6%的小学生对此表示无所谓。而认为必须具备网络安全意识的初中生占比为88.5%，对此认为无所谓的初中生占比为5.7%。关于网络诈骗的案例，有9.5%的小学生觉得离自己很遥远，有3.8%的小学生对此表示无所谓。而认为自己不太可能遇到此类事件的初中生占比为2.3%，有4.4%的初中生对此表示无所谓。

（三）乡村青少年有一定的媒介素养

网络世界真假难辨。对海量信息的检索与辨别既属于意识和观念的范畴，同样是一种网络技能。网络已成为大多数人获取信息的第一渠道，就是青少年也不例外。认为网络是自己获取新闻唯一来源的初中生占比达46.4%，对此表示无所谓的占比为9.8%。认为网络是自己获取新闻的主要来源的小学生占比达到63.9%，持无所谓态度的小学生占比为11.1%。

而对网络上的信息，乡村青少年的信任度如何呢？对于"我有时猜想，网上的信息和视频会不会有假？"选项，有74.9%的小学生表示非常赞同和比较赞同；而对于"我认为网上的很多信息和视频都是假的"选项，有43.9%的初中生表示非常赞同和比较赞同。对于"网络世界里谁也不知道我是谁，所以我说什么都可以"选项，有88.7%的小学生和89.0%的初中生表示不赞同。由此可知，乡村青少年已不再盲目相信网络上的信息，他们会主动辨别信息的真假，并有自己的主见。

在媒介素养教育中，家长和老师是乡村青少年最好的教育者。完全杜绝网络世界的影响是不切实际的，但他们对网络世界的理解和认识会受到父母的解读和态度的影响。乡村青少年看到什么，与怎么理解之间，有一个很大的缓冲地带。这个缓冲地带不但包括学校学习，也包括与同伴交流，与父母交流。这种交流对他们对网络世界的理解和认识影响较大。在此次调查中，与父母经常谈论网上内容的初中生占比达38.5%，持无所谓态度的初中生占比为22.8%。与父母经常谈论网上内容的小学生占比达38.8%，持无所谓态度的小学生占比达 21.4%。可见，部分孩子在接触媒介时得到了父母的帮助和引导，可是还有大量的孩子没有这样的经历或者条件。当他们在网络上遇到令自己感到困惑的内容时，如何解决就不得而知了。此外，孩子还会和同龄人讨论网上内容。和同龄人谈论网上内容的小学生占比为 29.8%，认为无所谓的小学生占比为 20.5%。

在具体的技能学习中，"学校或者父母多少教了我一些安全使用网络的技能"，对此持赞同态度的初中生占比达 85.4%，表示无所谓的初中生占比为 8.9%。学校要求接受的媒介素养教育，自己不完成由父母完成的达 9.7%，对此持无所谓的占比达 13.9%，其他同学则认为应该由自己完成。

研究人员认为，乡村青少年网络使用监管力度普遍较小。由此推断，乡村青少年的网络使用很可能存在触网较深、使用无序的问题。然而调查结果显示，绝大部分乡村青少年认同网络是学习工具的观点，这一点大大出乎研究者的预料。究其原因，应是学校教育和老师的引导起了很大作用。网络充斥生活的方方面面，也成为教育的有力辅助工具。在这个过程中，教师对学生的网络素养教育影响很大。

但是，数据同时显示了乡村儿童触网的时长和内容确实有限。义务教育阶段乡村青少年在校期间由老师监督学习，回家有作业需要完成。初中生有晚自习，使用网络的时间确实很少，其网络涉入程度也有限。

乡村青少年网络中的自我暴露以亲朋为主。初中生自我暴露的意愿强过小学生，其中就有对陌生人的好奇。但是，初中生对隐私和个人信息保护十分重视，在和陌生人聊天或注册账号时，部分同学会选择使用虚假信息，以保护自己。

乡村青少年对隐私和个人信息保护相关理论认知有限，有模糊的概念，具体细节则不清楚，这也符合现实情况。国家颁布的各项法令，成年人尚且一知半解或漠不关心，更何况是这些未成年人。面对隐私和个人信息泄露的风险，青少年只能用他们有限的经验去解决。而在这些经验中，有很大一部分来自老师和家长对他们的教导。而对网络安全技能，青少年尚处于部分

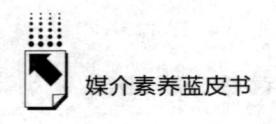

知晓状态，还未形成自觉行为。

乡村青少年的网络使用状况与网络隐私和个人信息保护状况符合青少年身心发展的特点：有模糊的意识，但是缺少详细的了解，也没有掌握相应的技能。由于缺少城市样本，所以无法对乡村青少年和城市青少年进行对比分析。

四 主要建议

每一个有隐私和个人信息保护意识，懂得使用法律，具有媒介素养的成年人都是从懵懂的青少年成长起来的。青少年开始有朦胧的隐私和个人信息保护意识，至于具体怎么做，就需要在今后的生活中不断学习。据此，本报告提出以下几点建议。

（一）利用好学校教育这个平台，推进学校普法教育

在访谈中，多数被访学生听说过《中华人民共和国未成年人保护法》，但对其中涉及的具体内容不了解，只知道这是一部保护未成年人的法律。目前的普法教育一般由宣传、司法部门组织实施，面向青少年的普法教育，主要以讲座等形式开展。学生对法律知识的了解是不全面的。建议国家教育部门出台相关政策，在中小学单独开设法律普及课程，让学生多了解法律知识。青少年只有知法懂法，才会用法律保护自己，才会增强自我保护意识。通过以案释法、普法教育，引导青少年加强隐私和个人信息保护意识，从源头管控青少年隐私和个人信息泄露的风险。

（二）依托学校教育平台，加强网络素养教育

青少年要用好网络，并保护好隐私和个人信息，要不断提高网络素养，增强信息辨识能力。我国要加强网络强国建设，培育中国好网民。

国家、社会、学校和家庭应当加强未成年人网络素养教育，培养和提高未成年人的网络素养，增强未成年人科学、文明、安全、合理使用网络的意

识和能力，保障未成年人在网络空间的合法权益。中央网信办等部门联合印发的《2022年提升全民数字素养与技能工作要点》提出要筑牢数字安全保护屏障，增强网络安全、数据安全防护意识和能力，加强个人信息和隐私保护。《未成年人网络保护条例》指出，教育行政部门应当将网络素养教育纳入学校素质教育内容，并会同国家网信部门制定未成年人网络素养测评指标。

B.7 乡村女性数字能力建设调研报告

——以"数字木兰"民宿管家培训计划为例

卜卫 蔡珂 曹昂*

摘 要： 本报告以12个省（区、市）参加"数字木兰"民宿管家培训的乡村女性为主要研究对象，通过定量研究、定性研究及田野调查，从社会性别视角探讨乡村女性职业发展中的数字素养现状及需求，并讨论培训如何赋能乡村女性数字能力建设，在此基础上提出数字素养提升的对策建议和行动方案。研究发现，"数字木兰"民宿管家培训计划项目点的乡村女性（民宿管家）主要来自中西部地区，多数人曾外出打工或从事体力劳动，有17%曾为家庭主妇。超过80%的人从2018年开始从事民宿工作，几乎所有民宿管家参加过"数字木兰"民宿管家培训。研究表明，多数民宿管家能够熟练使用手机，有40%的女性管家拥有短视频账号，但只有30%~40%的人能熟练使用与职业相关的数字工具。培训需求主要集中在整合营销传播、手机摄影、直播等技能上。大多数女性管家认为自己处于性别相对平等的环境，但有37%的受访者表示工作的同时需要承担家务。性别态度量表显示，乡村女性（民宿管家）有一定的女性独立意识，但在家庭和社区角色方面的性别意识须提高。因此，本报告提出以下提升乡村女性数字素养的建议和行动方案：职业相关的数字素养培训内容应包括手机设备和电脑基础知识、整合营销传播、摄影摄像、直播、网络安全知识、利用数字技术提高文化和写作水平，并提升

---

* 卜卫，中国社会科学院大学特聘教授，研究方向为传播与社会发展；蔡珂，北京外国语大学国际新闻与传播学院博士后，中国社会科学院大学与澳大利亚麦考瑞大学联合培养博士，研究方向为国际传播、传播与社会发展；曹昂，中国农业大学人文与发展学院媒体传播系讲师，研究方向为健康传播、乡村传播、传播与社会发展。

其媒介素养。本报告特别强调，要从社会性别视角提升数字素养，建议将"夜话"转型为参与式社会性别培训课程，开设包容性数字素养课堂，并采用参与式教学方法，以妇女为中心，纳入妇女权益保护等性别平等议题，并鼓励乡村女性参与社会交流。

关键词： 乡村女性　民宿管家　数字素养　数字能力

本报告以12个省（区、市）[①]参加"数字木兰"民宿管家培训的乡村女性为主要研究对象，通过定量研究、定性研究及田野调查，从社会性别视角探讨乡村女性职业发展中的数字素养现状及需求，并讨论培训如何赋能乡村女性数字能力建设，在此基础上提出数字素养提升的对策建议和行动方案。

一　研究背景与研究目的

自2018年以来，蚂蚁集团积极发挥自身数字技术和平台优势，联合中国妇女发展基金会，围绕女性基础保障、就业支持这两个核心议题，发起了"加油木兰""AI豆计划""智惠巾帼"等公益项目，通过提升乡村女性的数字素养促进其全面发展和在地的可持续发展。截至2023年底，这一系列项目已为460万人次困难女性送出了免费公益保险；支持陕西清涧、甘肃积石山等欠发达县域建立了17个数字就业中心，为超15000名女性带去了人工智能训练师等新职业技能培训，并在此基础上，尝试发展数字素养项目，通过提升乡村脆弱群体的数字素养，促进这一群体的技术赋权并使其在当地可持续发展中发挥重要作用。

[①] 12个省（区、市）分别为甘肃、贵州、河南、湖北、湖南、江西、内蒙古、青海、陕西、四川、浙江、重庆。

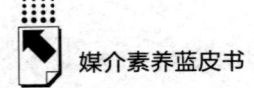

为此，课题组与联合国教科文组织（北京代表处）、蚂蚁公益基金会合作，在包容性发展的框架内，开展乡村女性提升数字素养的合作研究。聚焦乡村女性通过民宿工作创就业议题，通过定量研究和定性访谈，探讨乡村女性在融入当地发展中的数字素养现状和需求，以及以数字素养为主要的培训赋能促进乡村女性发展；根据乡村女性数字素养调研结果设计适合乡村女性的数字素养及性别意识培训课程（包括线上和线下工作坊等）；通过开发设计更多课程或工作坊使之惠及更多乡村女性。

就研究背景和研究内容而言，需要澄清两个基本问题。

第一，为什么聚焦乡村女性（民宿管家）？

乡村文旅是乡村振兴战略下的一个重要组成部分，并获得了国家政策的支持。已有研究表明，乡村民宿是中国民宿的主要组成部分，而民宿管家成为乡村女性新型创就业的重要渠道。[①] 调查显示，女性经营者占比高于男性，基本符合旅游业性别比例分布特征。民宿主人/管家性别分布：男42.11%、女55.26%、无人化管理（线上沟通）2.63%。与2021年同期相比，女性经营者比例增长9.27个百分点，反映出民宿在乡村经济发展中正成为女性创业就业的空间，且民宿经营正朝着常态化的方向发展。

调查还显示，2021年民宿年人均用工成本上较上年同期显著提升，特别是年收入达7万元以上的从业人员占比相较上年同期提升10.77个百分点。

第二，为什么聚焦数字化赋能？

研究表明，2022年中国民宿业发展的重要趋势是数字化赋能。[②] 伴随全球数字经济的稳步发展，数字乡村建设取得良好开局。中国民宿业正加速拥抱数字化，利用新媒体进行宣传（数字化营销）、OTA平台进行销售（数字化销售），并通过微信交流提升复购率和口碑（数字化客服），从而增加信

---

① 过聚荣、熊颖主编《民宿蓝皮书：中国民宿发展报告（2022）》，社会科学文献出版社，2023。
② 过聚荣、熊颖主编《民宿蓝皮书：中国民宿发展报告（2022）》，社会科学文献出版社，2023。

息服务、提升游客黏性和客均收益。不仅如此，"用文化 IP 吸引游客，提升民宿品牌价值"也成为趋势。在文旅融合的背景下，民宿经营者面临新的挑战，相关研究提出民宿建筑庭院的设计规划、在地文化挖掘与活化、无微不至的管家服务、多种经营的"民宿+"、拥抱新媒体运营等 5 个方面是民宿构建和开发自身文化 IP 并取得市场青睐的关键。① 此外，乡村创业青年利用数字素养提升推动乡村振兴，通过新技术改造乡村，如"朋友圈造村"、智慧管理系统等，吸引城市人群并获得回报。② 数字技术在乡村发展中的应用可能是未来乡村发展的重要方向。

同时，对困境女性的数字技能培训具有重要意义。数字技术的应用并不一定带来性别平等，性别鸿沟和数字素养鸿沟可能会叠加强化结构上的不平等。③《2030 年可持续发展议程》目标 5 和《中国妇女发展纲要（2021—2030 年）》强调通过信息技术增强妇女权能，提升媒介素养，从而促进性别平等和社会公正。④

蚂蚁集团联合蚂蚁公益基金会的"数字木兰"项目一直努力在技术支持妇女发展方面进行创新。2022 年，蚂蚁公益基金会与中国乡村发展基金会开始探索面向乡村女性的民宿管家培训项目。基于过往实践，2023 年文化和旅游部市场管理司、浙江蚂蚁公益基金会、中国乡村发展基金会联合发起"数字木兰"民宿管家培训计划，由中国乡村发展基金会联合实施。项目面向以乡村女性为主的民宿服务从业者开展免费培训，通过一系列数字赋能策略，提升"木兰管家"的政策素养能力、基础服务能力、特色服务能力以及数字素养能力，为乡村文旅行业培养一批更具竞争力的民宿管家，助

---

① 过聚荣、熊颖主编《民宿蓝皮书：中国民宿发展报告（2022）》，社会科学文献出版社，2023。
② 王子艳、曹昂：《乡村旅游发展与返乡青年数字素养》，《中国广播电视学刊》2022 年第 8 期；曹昂、王子艳：《利用新媒体促进乡村旅游调研报告》，载姚争、卜卫主编《媒介素养蓝皮书：媒介与信息素养研究报告（2021~2022）》，社会科学文献出版社，2022。
③ 卜卫、蔡珂：《数字素养、性别与可持续发展——从"性别与发展"理论视角探讨数字环境下如何促进性别平等的发展》，《妇女研究论丛》2023 年第 3 期。
④ 《〈中国妇女发展纲要（2021—2030 年）〉全文》，国务院妇女儿童工作委员会网站，2021年 9 月 27 日，https://www.nwccw.gov.cn/2021/09/27/99327539.html。

力乡村女性抓住乡村旅游发展带来的就业机会并增收，同时面向行业形成一套针对乡村民宿管家数字素养与技能培育的示范模式，推动乡村民宿产业的可持续、高质量发展。截至2023年底，已在甘肃、四川、贵州等14个省份累计培训近4000名乡村民宿管家。① 我们注意到，除了民宿服务和管理的常规培训以外，各地还因地制宜地开发了适合当地的数字素养培训模块和女性课堂。为此，我们有机会与蚂蚁公益基金会、各地的培训老师以及1000多名乡村女性受益者一起自下而上地探索关于数字素养能力建设的议题。

二 基本概念和研究设计

（一）基本概念

1. 乡村民宿管家

在乡村民宿行业创业就业并以此维持生计的女性/男性，或在城镇民宿行业创业就业的乡村女性/男性。

第一，无论从事何种工作，或是经营者、管理者、创始人，或是民宿的普通员工如前台、厨师、保洁等，在本研究中统称为"管家"。

第二，其所属的民宿无论是否自营（雇用他人）还是被雇用，在本研究中也都称其为"管家"。

目前，民宿的房产所有属性方面比较复杂。调研发现，当前以个人自有或自建住房为主，占全部民宿的3/5。即便是村集体所有的共有房产也是通过个体承包的方式进行经营。在地方政府招商引资的带动下，旅游公司已进入乡村民宿市场。对空心村进行改造以及对历史保护建筑进行活化利用以实现民宿建筑空间的获得，进而对民宿经营提供支持和反哺文化遗产保护，这成为文旅融合发展的重要实践。②

---

① 蚂蚁公益基金会：《蚂蚁公益基金会五周年报告2019—2023》，2024。
② 《2021年中国民宿发展形势分析与趋势》，载聚荣、熊颖主编《民宿蓝皮书：中国民宿发展报告（2022）》，社会科学文献出版社，2023。

总之，我们对乡村民宿管家的定义相当宽泛，无论从事何种工作，无论其所在民宿（农家乐）的所有属性，只要是在乡村民宿创业就业的女性/男性，或在城市民宿创业就业的乡村女性/男性，我们都称之为"民宿管家"。

2. 社会性别视角

习近平主席在2015年全球妇女峰会上指出，"我们刚刚通过2015年后发展议程，性别视角已纳入新发展议程各个领域"。① 因此，要从社会视角审视中国的发展议程，特别是妇女发展的议程。"发展离不开妇女，发展要惠及包括妇女在内的全体人民。"②

社会性别是基于可见的性别差异之上的社会关系的构成要素，是表示权力关系的一种基本方式。与生物意义上的男女差异不同，社会性别一词用来指社会文化形成的对男女差异的理解，以及在社会文化中形成的属于女性或男性群体特征的行为方式。尽管很难明确地进行区分，但其概念上区分有破除生物决定论的重要价值。作为一种社会建构，社会性别是可以被改变的。③

社会性别视角是基于社会性别概念的"观察和分析性别对人们机会、社会角色和互动的影响方式。这种观察方式使人们能够进行性别分析，并随后将性别观点纳入任何拟议的计划、政策或组织的主流"。④ 社会性别概念的本质是要发现何种女性对男性的依附性或非主体性或性别歧视被视为当然合理，并向这种歧视女性的论述提出质疑和挑战。⑤ 社会性别视角使我们对

---

① 《习近平在全球妇女峰会上的讲话（全文）》，新华网，2015年9月28日，http://www.xinhuanet.com/politics/2015-09/28/c_128272780.htm。
② 《习近平在全球妇女峰会上的讲话（全文）》，新华网，2015年9月28日，http://www.xinhuanet.com/politics/2015-09/28/c_128272780.htm。
③ 谭兢常、信春鹰主编《英汉妇女与法律词汇释义》，中国对外翻译出版公司、联合国教育科学及文化组织出版，1995，转引自卜卫《女性主义媒介研究："理论旅行"与地方知识生产》，《新闻与传播研究》2021年第9期。
④ UN Women Training Centre, "Gender Equality Glossary", https://trainingcentre.unwomen.org/mod/glossary/view.php?id=36&mode=letter&hook=G&sortkey=&sortorder=&fullsearch=0&page=-1。
⑤ 卜卫：《社会性别视角中的传播新技术与女性》，《妇女研究论丛》2002年第2期。

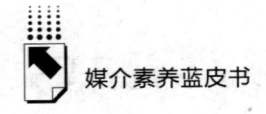

不同性别群体的不平等的处境或地位、资源分配和权力关系保持敏感，并采取相应措施或行动保障性别平等。

（二）研究设计

在对蚂蚁公益基金会"数字木兰"民宿管家培训计划项目的考察和对部分乡村女性管家访谈的基础上，本报告提出了5个相关联的研究问题。

一是乡村女性民宿管家的社会经济情况，也就是数字素养提升的起点是什么。

二是乡村女性管家的数字素养现状如何。

三是乡村女性管家关于提升数字素养有何需求。

四是"数字木兰"培训如何赋能数字能力建设？

五是在此基础上提出满足需求的提升数字素养的对策建议和行动方案。

根据上述研究问题，本报告采用经验研究方法。由于乡村女性民宿管家大都身处欠发达地区，为能更广泛地获得乡村女性民宿管家的数据，本报告利用"数字木兰"集中培训的机会（每次20人左右），采用调查问卷和焦点组访谈的方法对民宿工作及职业发展情况、乡村女性（民宿管家）社会经济状况、乡村女性（民宿管家）数字素养现状、乡村女性（民宿管家）数字素养培训需求、乡村女性（民宿管家）社会性别意识进行研究。

1. 定量研究设计

（1）定量问卷设计及样本说明

研究人员走访了3个"数字木兰"民宿管家培训计划项目点[①]，并访问乡村女性（民宿管家）及培训老师。根据前期访谈结果，问卷包括以下几方面内容。一是乡村女性（民宿管家）社会经济状况，二是民宿工作及民宿培训情况，三是乡村女性（民宿管家）数字素养现状，四是数字素养培训需求，五是社会性别意识量表。

---

① 三次访谈项目点为2023年8月10~11日甘肃省定西市唐藩云舍项目点，2023年10月29~30日四川雅安云上听水民宿项目点，2023年11月3日陕西省蓝田县借山下杨寨民宿项目点。

研究人员试图让本次研究数据代表 2023 年所有参加培训的乡村女性，特别是地处欠发达和偏远地区的乡村女性。但是，由于招聘渠道和招聘方法的问题，民宿经营者/民宿创始人可能最先参与；无法确保完全是贫困群体；亦有男性参加。这可能与原先公益培训招收条件有所偏差。这种偏差造成了样本的偏差。因此，样本不能推断总体，即所有参加"数字木兰"民宿管家培训的女性，它代表的是社会条件较好的一批乡村女性，主要表现在受过初等甚至高等教育。虽然不能推断总体，但从分地区调研结果来看，大致可以得出乡村女性（民宿管家）的数字素养现状和需求。

（2）调查问卷回收情况

此问卷在经过兰州进阶班（30 人）和渭源培训班（20 人）的线下测试的基础上，最终形成了线上问卷。

本报告以"数字木兰"民宿管家培训为依托，综合采用线上问卷和线下问卷相结合的方式对参加民宿管家培训的人员进行调查。调查结果如表 1 所示。研究人员自 2023 年 8 月开始项目点考察和调研。调研采用个人访谈和焦点组访谈的方法，获取 703 份有效问卷（见表 1），形成 40 多万字的定性数据。

表 1　调查回收有效问卷的情况

单位：人

问卷形式	课题组成员在场情况	地点	人数	总人数
完全线下纸质问卷	课题组成员在场	兰州	15	138
		渭源	55	
		陕西	50	
		莫干山	18	
完全线上问卷	课题组成员在场	重庆	21	113
		内蒙古	19	
		湖北	22	
		莫干山	30	
		青海尖扎	21	

续表

问卷形式	课题组成员在场情况	地点	人数	总人数
完全线上问卷	课题组成员不在场	四川	70	452
		湖北	51	
		重庆	25	
		甘肃	28	
		广东	2	
		贵州	22	
		河南	81	
		湖南	35	
		江苏	1	
		江西	22	
		内蒙古	2	
		陕西	99	
		浙江	14	

2. 定性研究设计

（1）"数字木兰"民宿管家培训计划项目点访谈

研究人员自2023年8月开始对项目点进行考察和调研。调研采用个人访谈和焦点组访谈相结合的方法。其中，两地调研详情如下。

甘肃东乡项目点个人访谈：2023年8月10~11日，在甘肃省定西市唐蕃云舍，研究人员访问了2位女性民宿管家（她们分别为25岁和33岁，均从事民宿管家工作2年）。

四川雅安项目点焦点组访谈：2023年10月29~30日，在四川雅安云上听水民宿，研究人员访问了9位参加培训的学员，年龄为22~50岁，民宿名称包括熊猫爱睡觉亲子民宿、揽山民宿、云上听水及星辉酒店等。

（2）"女性夜话"观摩及访谈

"数字木兰"公益培训时间一般为3~4天。有一天晚上姐妹们会聚在一起讨论自己的生活和职业发展。有的培训班将其称为"女性夜话"，有的培训班将其称为"女性成长主题讨论"等。本报告将其统称为"夜话"。"夜话"的时间、地点和人数情况如表2所示。这部分数据用于探讨与女性职业发展、个人和家庭生活相关的议题。

表2 "夜话"的时间、地点和人数

单位：人

编号	时间	地点	人数
1	2023年11月29日	甘肃兰州洲际酒店	30
2	2023年11月30日	127期甘肃兰州西坡渭源民宿	20
3	2023年12月7日	130期陕西蓝田县借山下杨寨民宿	27
4	2023年12月15日	148期重庆目涯巫山民宿	21
5	2023年12月19日	155期内蒙古乌兰察布市物生其地民宿	21
6	2023年12月25日	146期湖北随州三生有杏民宿	22
7	2024年1月6日	151期浙江杭州莫干山民宿	31
8	2024年1月13日	140期青海尖扎民宿	21

由此，研究人员获得了703份有效问卷，以及40多万字的定性访谈数据。

三 调研主要结果

调查结果显示，在参与调查的乡村民宿管家中女性有645人，占比为92%；男性有58人，占比为8%（N=703）。在以下频数统计中只使用女性数据（N≤645），在性别比较的统计中将使用包括女性和男性在内的全部数据（N≤703）。

（一）乡村女性（民宿管家）的社会经济状况

1. 年龄

乡村女性（民宿管家）大都是"70后"和"80后"，合计占比为66%（N=645，其中有3人未作答），具体信息如表3所示。

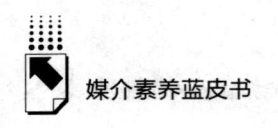

表3　乡村女性（民宿管家）年龄情况

单位：人，%

出生年份	年龄	数量	占比
1950~1969	54~73岁	36	5.6
1970~1979	44~53岁	177	27.4
1980~1989	34~43岁	242	37.5
1990~1999	24~33岁	146	22.6
2000~2005	23岁及以下	41	6.4
未作答	—	3	0.5

可以看出，"00后"只占6%，包括替父母参加培训的青少年。"50后"和"60后"合计占6%。24~33岁的年轻人占23%。

2. 户籍地

统计结果显示，乡村户籍地的女性民宿管家占大多数（人数为379），其占比为59%，其次为乡镇（人数为138），占比为21%，再次为城市（人数为126），占比为20%。其中，乡镇和乡村合计占比为80%（N=645，其中有2人未作答）。

3. 工作所在地

根据国家统计局公布的区域划分标准，本报告将乡村女性（民宿管家）的工作所在地分为东部地区（广东、江苏和浙江）、中部地区（河南、湖南、湖北、江西）和西部地区（甘肃、贵州、内蒙古、青海、四川、陕西、重庆）。①

4. 文化程度（所学专业）

统计表明，有31.8%的乡村女性（民宿管家）的文化程度在初中毕业

---

① 按照国家统计局公布的区域划分标准，东部地区包括北京、天津、河北、上海、江苏、浙江、福建、山东、广东和海南10省（市），中部地区包括山西、安徽、江西、河南、湖北和湖南6省，西部地区包括内蒙古、广西、重庆、四川、贵州、云南、西藏、陕西、甘肃、青海、宁夏和新疆12省（区、市），东北地区包括辽宁、吉林和黑龙江3省。

及以下。高中未毕业、高中毕业及职业高中/中专等在30.9%。乡村女性（民宿管家）学历为大专的占比为23.6%，学历为大学本科及以上的占比为13.8%。详细信息如表4所示。

表4 乡村女性（民宿管家）文化程度（N=645）

单位：人，%

学历	数量	占比	所学专业
小学二年级及以下	19	2.95	
小学三年级以上	25	3.88	
初中未毕业	42	6.51	
初中毕业	119	18.45	
高中未毕业	37	5.74	
高中毕业	113	17.52	
职业高中/中专	49	7.60	计算机、酒店管理、旅游、农业、财务、护理、会计、机电、教育等
大专	152	23.57	电子商务、广播影视/节目制作、计算机、酒店管理、旅游、会计、市场营销、休闲农业、物流管理
大学本科	86	13.33	播音主持、工商管理、行政管理、计算机网络技术、环境设计、旅游管理、酒店管理、经济学、市场营销、视觉传达设计、新闻学、音乐表演与传播
研究生及以上	3	0.47	教育

注：因四舍五入存在误差。

研究人员将文化程度与户籍地做交叉分析，发现在户籍地为乡村的379人中，只有30.9%的人具有大专及以上学历，超过40.0%的人具有初中及以下学历。在户籍地为城市的乡村女性（民宿管家）中，有54.0%的人具有大专及以上学历，只有12.7%的人具有初中毕业及以下学历。总之，户籍地为乡村的女性管家学历更低些。

文化程度与工作地的交叉分析结果表明，东部地区大专及以上学历的乡村女性（民宿管家）占比为50%，初中毕业及以下的学历乡村女性（民宿

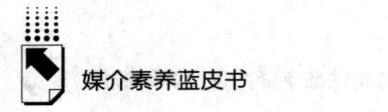

管家）仅占13%。而在中西部地区，大专及以上学历的乡村女性（民宿管家）占比为36%，初中毕业及以下的学历占比为33%。总之，中西部地区的乡村女性（民宿管家）学历更低些。

文化程度与性别变量的交叉分析结果表明，大专及以上学历的乡村女性（民宿管家）占比为37.4%，初中毕业及以下学历的乡村女性（民宿管家）占比为31.8%。而大专及以上学历的乡村男性（民宿管家）占比为62.1%，初中毕业及以下学历的乡村男性（民宿管家）占比仅为9.0%。总之，女性管家的学历比男性更低。

5. 民族

统计结果表明，在乡村女性（民宿管家）中，汉族有561人，占比为87.0%；少数民族有82人，占比为12.7%（N=645，其中有2人未作答）。少数民族包括藏族、土家族、苗族、回族、侗族、蒙古族、布依族、东乡族、仡佬族、壮族、白族、保安族、彝族和裕固族。

6. 是否外出打工

统计结果表明，离开户籍所在地外出打工的受访者有242人，占比为37.5%；在户籍所在地就业的有229人，占比为35.5%；还有110人未在外就业，占比为17.1%（N=645，其中有64填写了其他）。

7. 外出或就地工作种类

统计结果表明，尽管大多数受访者户籍地在乡村或城镇，但较少务农，多从事餐饮、销售等行业，还有15.0%的受访者为个体经营，具体信息如表5所示。

表5 受访者务工的主要种类（N=645，多选题）

单位：%

主要种类	频数	占比
务农（包括新疆摘棉花等）	18	2.79
餐饮类	134	20.78
宾馆服务	87	13.49

续表

主要种类	频数	占比
工厂做工	55	8.53
销售行业	97	15.04
建筑设计	8	1.24
个体经营	97	15.04
媒体	15	2.33
美容美发	14	2.17
家政	6	0.93
其他	114	17.67

注：其他如平面设计、办公室文员、财务、村干部、企事业单位、党建、动画插画、互联网运营、教育培训、旅行社、政法部门、空乘、自由职业。

8. 家庭人口

统计结果表明，家庭人口在 2 人及以下的受访者有 24 人，占比为 3.7%；家庭人口为 3~4 人的受访者有 385 人，占比为 59.7%；家庭人口在 5 人及以上的受访者有 236 人，占比为 36.6%（N=645）。

9. 个人平均月收入

统计结果表明，乡村女性（民宿管家）平均月收入在 3000 元及以下的占比为 39%，其中平均月收入在 1500 元及以下的乡村女性（民宿管家）占比为 11%。平均月收入在 3000~5000（含）元的受访者占比为 33%。平均月收入为 5000~10000 元的乡村女性（民宿管家）占比为 17%。平均月收入在 1 万元以上的乡村女性（民宿管家）占比为 11%。调查发现，高收入者大都是民宿老板。

10. 家庭经济条件

"家庭经济条件"在这里是一个定性指标，主要考察乡村女性（民宿管家）对自己家庭经济条件的认知情况。统计结果表明，超过半数以上的乡村女性（民宿管家）感觉自家的经济条件属于"温饱"或"小康"，占比为 77%。详细信息如表 6 所示。

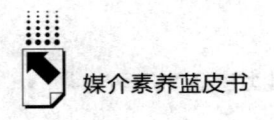

表6 受访者的家庭经济条件（N=645）

单位：人，%

经济条件	频数	占比
贫困	49	7.60
温饱	294	45.58
小康	198	30.70
中产	41	6.36
富裕	11	1.71
不知道	13	2.02
不想说	38	5.89
未作答	1	0.16

（二）民宿管家的职业发展情况①

1. 选择民宿工作的原因

统计结果表明，有42.0%的受访者选择民宿工作的原因是"兴趣爱好/情怀/热爱乡村"，有38.1%的受访者选择"为了就近照顾家庭/孩子/老人"，有28.5%的受访者选择"挑战自己"，有25.9%的受访者选择"提高收入"。研究人员将受访者选择民宿工作的原因分为两类，一类是家庭原因，如"为了就近照顾家庭/孩子/老人""有其他家庭成员从事民宿（农家乐）工作""结婚"等，另一类是个人发展原因（见表7）。

表7 受访者选择民宿工作的原因（N=645，多选题）

单位：人，%

选择民宿工作的原因	频数	占比
兴趣爱好/情怀/热爱乡村	271	42.0
为了就近照顾家庭/孩子/老人	246	38.1
挑战自己	184	28.5
提高收入	167	25.9
有其他家庭成员从事民宿（农家乐）工作	148	22.9

---

① 在课题组收回的问卷中，存在被调查者单项未作答情况，此部分仅对作答问卷进行整理与分析。N=作答问卷数量。

续表

选择民宿工作的原因	频数	占比
学以致用	130	20.2
想要出来工作	100	15.5
有过/熟悉相关从业经历	78	12.1
遇到招聘机会/找工作	58	9.0
结婚	38	5.9
其他(如公司委派、发展前景好、离家近、生态环保、实现梦想、自主创业、在家暂时没有别的工作等)	21	3.3

2. 目前是否在民宿工作

统计结果表明，在获得的605份作答问卷中，在民宿工作的受访者有503人，占比为83.1%；另有19人曾从事过民宿工作，占比为3.1%；目前没有从事民宿工作但未来准备从事的受访者有83人，占比为13.7%（N=605）。

3. 开始从事民宿（农家乐）工作的年份

统计结果表明，在获得的554份作答问卷中，79.3%以上的受访者在2018年及以后开始从事民宿（农家乐）工作。其中，2023年开始从事民宿（农家乐）工作的受访者占比为28.7%（N=554）（见图1）。

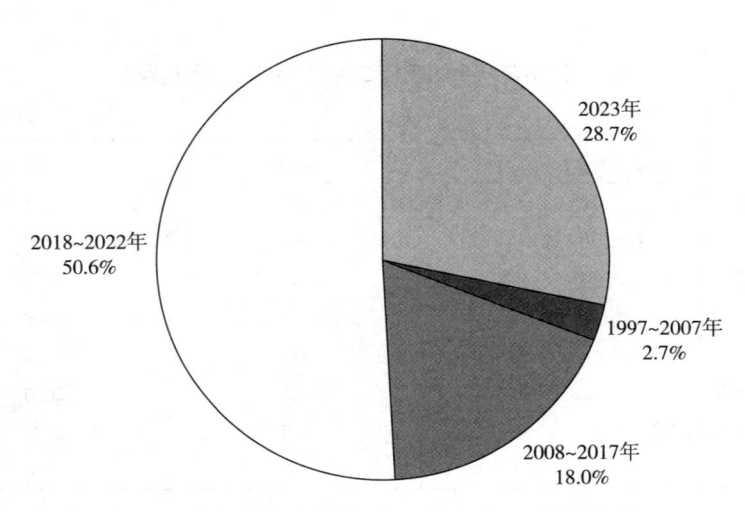

图1 受访者开始从事民宿（农家乐）工作的年份

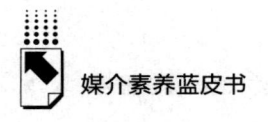

4. 民宿所有属性

统计结果表明，个体经营或家庭经营在70%以上。具体信息如表8所示。

表8　民宿所有属性（N=563）

单位：人，%

民宿属性	频数	占比
个人创业经营(包括本村人和外来人)	134	23.80
老板个人创业经营(包括本村人和外来人)	166	29.50
家庭经营	100	17.76
村集体经营	48	8.53
外包商业公司经营	64	11.37
其他如政府单位、文旅公司、公司股份制、国企、合伙经营等	51	9.06

注：因四舍五入存在误差。

5. 民宿工种

调查结果表明，大多数人不止从事一个工种（见表9）。有355个女性经营者或管理者，占比为63.5%（N=559）；而44个男性经营者或管理者占男性总数（58人）的75%。

表9　受访者从事的民宿工种（N=559，多选题）

单位：人，%

民宿工种	频数	占比
管理者/经营者	355	63.5
客房服务(整床、打扫、布草)	191	34.2
餐饮服务(炒菜、洗碗、摆盘、上菜)	147	26.3
前台	217	38.8
采购	114	20.4
招揽顾客	112	20.0
线上服务和沟通	147	26.3
其他	9	1.6

6. 从事民宿工作后的收入情况

统计结果表明，有46%的受访者表示从事民宿工作后收入增加了，有14%受访者表示从事民宿工作后收入降低了，还有14%的受访者表示从事民宿工作前后收入基本持平（N=559）。

7. 是否喜欢民宿工作

统计结果表明，超过90%的受访者表示喜欢民宿工作（N=559）（见图2）。

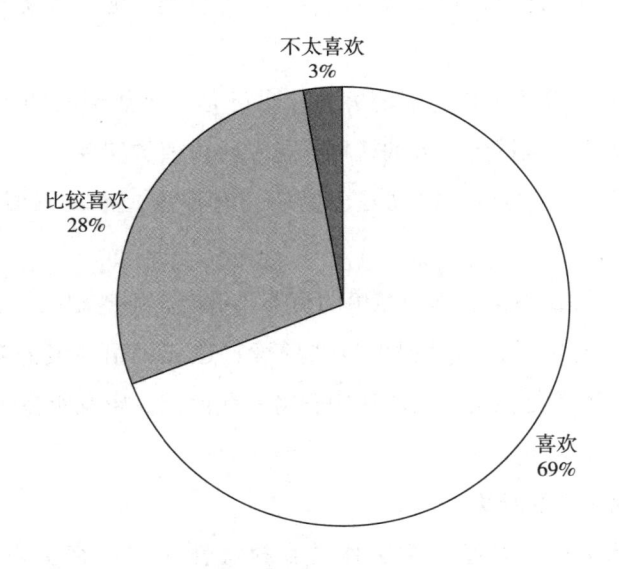

图2　是否喜欢民宿工作

为什么喜欢民宿工作，乡村女性（民宿管家）给出的回答如下：
- 可以提高家庭收入，同时照顾好家里，从而提升家庭的生活水平。
- 爱玩、爱吃、很开心。
- 工作环境优美、舒适，工作氛围好。
- 从装修到设计自己均参与其中，有情怀。
- 热爱自由。

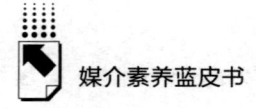

- 创造美好生活。
- 帮助乡村振兴。
- 可以和人打交道。
- 可以提升沟通能力。
- 能学习很多知识，同时提升自己的人生价值。
- 可以学到很多知识，认识不同的人，可以挑战自己。
- 当在没有其他更合适的就业机会时，有一份工作有收入且可以宣传自己的乡村生活，还可以给来自各地客人学习各类各地一些新知识，人文习俗等。
- 比较喜欢接待来自各地的客人，自己是一个热情友善的人，喜欢跟不同的客人交流，也得到别人的认可，是一种价值的实现。
- 乡村生活节奏慢，空气好，更加的有温度，也比较锻炼各方面的能力。
- 我喜欢待在山里，远离城市的喧嚣，清净，不吵闹。
- 喜欢乡村生活，同时想把自然环境打造成民宿与爱好者一起分享。既可以让自己生活更轻松，也能从中获得一些商机，毕竟所在区域还未有类似的民宿。

8. 对民宿工作的看法

统计结果表明，从事民宿工作的乡村女性对"民宿工作可以接触外人，增长见识""有了民宿工作，我渴望重新开始学习"的认同度高，表示"非常同意"的受访者占比均高达54%。其次是"民宿工作让我有自己的收入"（表示"非常同意"的受访者占比为49%）。除此之外，还有"民宿工作帮助提升自我"（表示"非常同意"的受访者占比为47%），"民宿工作有技术含量"（表示"非常同意"的受访者占比为47%）和"民宿工作让我开始注意个人形象"（表示"非常同意"的受访者占比为42%）。详细数据如表10所示。

表10 对民宿工作的看法（N=559）

单位：%

您同意下列看法吗？	不同意	不太同意	比较同意	非常同意
民宿工作可以照顾家庭/老人/孩子	10	16	48	26
民宿工作有技术含量	1	6	46	47
喜欢民宿工作可以接触外人,增长见识	1	2	43	54
民宿工作让我有自己的收入	1	3	47	49
从事民宿工作让我说话有底气	5	13	49	33
民宿工作比其他工作轻松	24	39	26	11
民宿工作可以成为农产品销售的渠道	2	8	53	37
民宿工作帮助提升自我	1	3	49	47
民宿工作让我开始注意个人形象	2	6	50	42
民宿工作使我得到家人的尊重	4	14	49	33
民宿工作让我在村里有地位	10	27	43	20
有了民宿工作,我渴望重新开始学习	1	2	43	54

定性研究发现，大多数女性从事民宿工作与家庭有关，或冲破家庭束缚，或照顾家庭。甘肃项目点个案1的情况：本地建档立卡贫困户，26岁，从事民宿管家工作两年，之前在家里带娃，没有打工经历，义务教育没有完成。"因为我结婚比较早，所以没有打工经历，10岁跟着父母去新疆采过棉花，然后在那边上学，刚上初二就停学了。""结婚之前没有拿过手机，我妈妈也想给我买手机，但是她说缓一缓，说万一你结婚了，跑掉了怎么办？"个案2的情况："90后"，受教育程度较低，已婚，现在有3个孩子。还未参加过民宿管家培训，但在村集体民宿工作两年多。提出要走出家庭到村集体的民宿工作，"因为小时候去过外面，所以就想着出来工作。家里人不让去，但是我很坚持，婆婆和公公就再没说话"。集体民宿在村子里建起来后，民宿管家和村庄都发生了变化，最直接的是民宿管家自身的变化。个案2在访谈中说："收获很大，你接触的都是高层次的人，潜移默化中我觉得我都变了""以前在家里面待着，不爱化妆，也不爱自己，但现在变了。

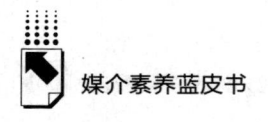

因为挣了钱，在家里的地位也变了……"更重要的是，村子的环境发生了变化，"我们刚上班的时候，村里的女性都没上过班，但从去年开始，有在村里面打扫卫生的，有在那边厂子上班的，慢慢地家人思想就改变了，也愿意放你们出去工作了"。

四川焦点组访谈发现，大多数女性因为维系家庭或照顾家庭在民宿就业，甚至就在家里的民宿就业。四川个案1说："其实高中毕业的时候，是想出去上班的，想去外面看看，但是后面结婚，有了宝宝之后，觉得出去也不是很现实，就待在家里了。"个案2说："我应该从事这个行业十几年了，从2011年我嫁到这里开始，他们家就是开农家乐的。"个案3说："没有出去打过工，初中毕业后就是在家务农，然后结婚。""因为我们文化水平有限，去外面打工，工资也不高，而且照顾不了老的，也照顾不了小的，我们这里的风景区也开发了，还不如在家。"因照顾家庭而在民宿就业的女性满足于"一家人终于在一起了"。"小朋友和经济大家都可以兼顾"；"我们一家人都在一起。如果不做这个的话，你出去工作的就是老人小孩都在家，家里没有年轻人"。当然，不仅是兼顾家庭，从事民宿工作的女性也有机会走出家庭向社会发展。讨论民宿工作带来的变化，大都与接触外人有关：

"比如说像以前我们的爸爸，他在礼仪或者是仪表方面没有那么注重，现在接待客人的时候，他会收拾一下自己，整理一下衣服，厨房的厨师服。不能穿的太脏。然后一些食品安全那些他会做的比较规范，比以前好得多。"

"在专业知识方面会更多一点，以前的话是什么都不懂，现在自己想改造一下民宿，因为学习了还是要提升，硬件软件都要提高"。"说话做事都要讲一点文明了。……这个服务要跟客人交流，他就要控制自己的情绪，就要说话文明一点。然后做事什么的要讲究一点，像卫生这样的各方面他都要讲究一下。"

（三）乡村女性（民宿管家）的数字素养现状[①]

1. 参加数字技术培训的情况

统计结果表明，有62%的人（N=399）参加过数字技术相关的培训（如使用手机、电脑、制作短视频等）。没参加过的受访者占比为38%（N=245）。

统计结果还表明，有85%的人参加过蚂蚁公益基金会组织的"数字木兰"相关培训。其次是当地政府组织的培训，占比为45%。（见表11）

表11　参加过何种培训机构的培训（N=399，多选题）

培训组织者	频数	占比（%）
当地政府	181	45
蚂蚁公益基金会"数字木兰"	338	85
其他商业机构	56	14
自己买课	19	5

2. 数字素养现状

本报告列出了在前期调研中发现的运营民宿需要掌握的数字技术。统计表明，40%的人能够非常熟练地使用"手机微信及朋友圈"。除此以外，受访者"非常熟练"使用的技术有手机支付（36%）、保护客人隐私（31%）、手机拍照（24%），其余均不足20%。具体信息如表12所示。

表12　受访者数字技能的掌握情况（N=645）

单位：%

主要内容	基本不会	会一点	比较熟练	非常熟练
手机微信及朋友圈	1	14	45	40
手机支付	0	17	47	36
手机拍照	1	32	43	24
保护客人隐私	7	29	33	31

[①] 此部分仅对作答问卷进行整理与分析。N=作答问卷数量。

续表

主要内容	基本不会	会一点	比较熟练	非常熟练
手机隐私设置	9	43	30	18
手机用户账户和密码管理	12	40	31	17
线上与顾客沟通	12	43	33	12
保存和管理信息和数据	16	45	27	12
能识别信息真假	11	48	30	11
互联网使用	16	44	30	10
电脑使用	16	42	33	9
网络礼仪	19	46	26	9
手机拍摄短视频和剪辑	14	50	28	8
网络安全防欺诈	29	48	16	7
民宿产品和服务开发	31	45	20	4
信息和数据搜集	30	50	16	4
民宿打卡点设计	37	44	15	4
利用网上信息开发或重新组成新的信息	40	40	16	4
版权知识	51	34	11	4
OTA 平台的管理和运营	48	34	15	3
微信社群运营	36	44	17	3
网络销售	41	44	13	2
直播	64	28	6	2
网络暴力处理	60	31	6	2
写推文或文案	41	43	13	2

3. 智能手机在生活中的应用场景

统计表明,在生活中,手机使用较多的场景是购物消费（76%）、聊天社交（75%）、学习文化知识（67%）和休闲娱乐（67%）（见表13）。

表 13　智能手机在生活中的运用情况（N=645,多选题）

单位:%

手机在生活中运用	频数	占比
购物消费	488	76
聊天社交	483	75
学习文化知识	435	67
休闲娱乐	431	67
了解新闻	383	59

续表

手机在生活中运用	频数	占比
了解民宿管理/工作技巧	370	57
获取实用信息(政策、规定等)	315	49
生活需要(做饭、家务)	301	47
无聊打发时间	189	29
健康管理	169	26
了解育儿知识	166	26
其他如制作短视频、卖货等	19	3

4. 手机在工作中的应用场景

统计表明，在工作中使用较多的是场景与顾客沟通（81%）、发朋友圈（宣传民宿/卖特产）（76%）、帮顾客拍照（62%）、短视频推广民宿（58%）（见表14）。

表14 手机在工作中的使用场景（N=645，多选题）

单位：%

手机在工作中的使用场景	频数	
与顾客沟通	522	81
帮顾客拍照	403	62
短视频推广民宿	375	58
小红书推广民宿	187	29
处理携程/美团/飞猪订单	275	43
发朋友圈(宣传民宿/卖特产)	492	76
尚未从事民宿工作(不符合)	58	9
其他如直播、看报表房态、打电话等	20	3

5. 抖音等短视频账号拥有情况

统计表明，40%（256人）的民宿管家拥有个人或其所在民宿的抖音号等短视频账号，没有账号的为53%（342人），尚未从事民宿工作的为7%（44人）（N=645）。表15是部分短视频账号的粉丝数。

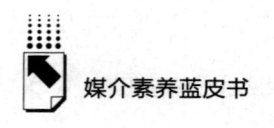

表 15　部分短视频账号粉丝数

单位：人

地区	账号名	粉丝数
河南	苏瑜的院子	122000
陕西	树姐素心山谷里	62000
湖北	袁夫稻田	54000
陕西	不舍宿集	52000
河南	南阳五朵山旅游度假区	52000
青海	才让拉毛	42000
内蒙古	准格尔黄河大峡谷	18000
湖南	资兴市朴树里秋天的童话	18000
四川	曾家山晓山青民宿	16000
湖北	咸宁碧桂园凤凰温泉酒店	13000
青海	噶达庄园	11000
甘肃	冶力关诚信农家乐民宿	9792
甘肃	五福临门民宿	7643
浙江	海山生活石屋度假	6351
四川	望远山白云农庄	5805
重庆	重庆民宿乡根乡舍	5309
浙江	岭源小筑桦姐	4823
湖南	凤凰临江民宿	4067
内蒙古	壹蒙壹牧火山民宿	3705
内蒙古	兴昌渔村	3472
江西	瑞金道花香农庄美食	3112
贵州	三岔河国际露营基地	2990
重庆	既白民宿	2002
江西	庐山西海山拾玖名宿	1915
贵州	兴义市云享朴墅客栈	1729

定性访谈发现，尽管很多乡村女性（民宿管家）不了解"数字素养"这个词，但大都尝试过利用数字技术进行民宿宣传和民宿管理，对此不是一片"空白"。四川项目点调研发现，乡村女性（民宿管家）主要运用美团、携程、小红书、艺龙等进行民宿宣传，但屡次碰壁。"最初在网上做宣传时，想选择和携程合作，携程需要挂特牌因为我们房间（民宿）没什么特

色,很普通,未通过携程评级,不收。"

运用小红书相关的技术进行传播和管理并不容易。"我们家好多客户都是通过小红书引流过来的,有的客人他来了,因为喜欢拍照,拍了好多照片发小红书,于是吸引了更多的客人。""我们弄了一个号,我老公注册的,有时候发一点照片,发点视频。小红书没怎么运营,我觉得我拍照片不行,小红书真的很考验人拍照。"

怎么知道小红书的?"听他们(客人)说用小红书的时候,我就想什么是小红书,然后我就去问我的女儿。"客人或家里年轻人就会教她们怎么操作。"但是我们小红书的粉丝不多,平台说粉丝不光是要流量好,那就只能这样了"。

乡村女性(民宿管家)也会通过参加培训提升自己的数字技术水平,培训应该是"用的上,用处很大的"。"现在还不会(推销民宿),现在还只能剪辑短视频和拍摄,然后营销和运营它要在下一期,这期还没有开始。""现在正在学做抖音,对,现在学的"。

怎么去学习?"看到群里面的招募信息,当时我就报了名,是很正规的培训。不是像有些培训,去了之后,一个老师拿着PPT按照上面的给你讲一下,他讲的那种也是大家都懂的"。培训"拍照片教你怎么拍照片还是怎么做抖音,这些我觉得他那种培训有点走过场,为了完成任务。第一天云的时候四五十个人,第二天就二十几个。"

"自己有个账号叫'熊猫爱睡觉'。""但是我不怎么发,我都是客人帮我发,我当时想的是我一定要去学习,我要提升我的拍照技术,但你去了之后你发现好多'熊猫爱睡觉'。我有35个粉丝,粉丝量比较少。小红书运行很麻烦的,要不停的拍照不停的发,它就像抖音一样的,不是说你发了就有人关注你。"

"我觉得抖音不适合。我们这里很多人都不喜欢拍抖音。因为现在抖音做得很好了,你要去和那些人比拍照的清晰度,你拍不出来效果的。"

"现在用相机的成本太高了,我也没有相机,我老公说我给你买,我说我不买,那个太复杂了……""但是现在你发现你的能力只能支撑你妾待好

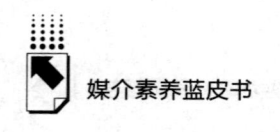

客户，接待好客人，服务好客人，再多办些课余活动，你就觉得有点心有余而力不足，所以就没弄。"

"我学抖音还被人割过韭菜"。

可以看出，尽管女性民宿管家积极地去学习，但还没有获得针对性的培训。因此大都有失败感。

（四）乡村女性（民宿管家）的数字素养培训需求

在从事民宿工作的过程中，民宿管家们发现了她们对数字素养的需求。甘肃个案1明确表示自己有学习的热情，"我可以，能学的都愿意去学"。她已经通过看抖音短视频学化妆，并开通抖音账号。她提出的需求如下：直播、写作文案（记录生活）、视频剪辑、围绕民宿发展做传播；电脑打字（客人入住登记）、网络搜索应用（如刷抖音学做咖啡）、口头表达等。个案2也已经开通抖音账号，有700多名粉丝。从她从事民宿管家开始，家里的杏子和杏干都没有到集市上卖过，"全是朋友圈卖掉的"。现在正在学习用微信介绍家乡特产。

研究人员从定性访谈中归纳乡村女性（民宿管家）数字素养提升方面的需求。

（1）农产品要推广，"但是我们不知道该如何推广"

（2）学习拍照、拍摄、剪辑、配音和加特效

（3）学习写推文或文案

"抖音、小红书上的推文我是写不来的，是我们的女儿写好了让我们发。""没接触之前想得都很困难，但是就像这次培训一样，我没去之前想过自己学不会。但是我们去了都觉得还是挺简单，没什么难的。"

（4）学习相关文化

"推文的话，因为我们文化水平有限，有时想不出来那么多词，我们写不来。我们民宿才开业的时候，专门找了一个写推文的，帮我们推广了一段时间，我们的生意开始慢慢变好了。"

"现在你已经入了这行，你就想把它做好。""不是说什么样文化，就是

说你要提升你的民宿,你就要提升你自己""要提高自己的文化水平,增长见识,然后再再看你有什么特色,在你的产品中体现出来。"没有特色就只能模仿。

(5) 学习拼音等键盘操作

(6) 与客人沟通的方式,包括线下和线上

(7) 直播和账号运营(如百度、微博、小红书、视频号、抖音等)

(8) 与乡村建设团队合作,制作推广视频或方案。

(9) 自媒体

统计结果表明,民宿管家非常需要的培训内容依次为"民宿特色发掘"(占比为71%),"如何围绕民宿做宣传(传播)"(占比为71%),"民宿个性化设计"(占比为70%),"线上线下与顾客沟通"(占比为69%),抖音等平台账号运营(如百度、微博、小红书、视频号、抖音、快手等)(占比为69%),"文案/推文写作"(占比为68%)等(见表16)。

表16 受访者认为做好民宿工作需要的培训项目(N=645)

单位:%

培训项目	不了解	不需要	不太需要	比较需要	非常需要
民宿特色发掘	3	1	2	23	71
如何围绕民宿做宣传(传播)	4	1	2	22	71
民宿个性化设计	3	2	2	23	70
线上线下与顾客沟通	2	2	4	23	69
文案/推文写作	4	3	2	23	68
抖音等平台账号运营(如百度、微博、小红书、视频号、抖音、快手等)	4	3	1	23	69
民宿营销知识	4	2	1	26	67
地方文化(村庄历史和价值)发掘	3	2	2	24	69
如何开发周边产品	5	2	2	24	67
了解线上学习平台	2	2	3	26	67
口头表达	2	2	4	25	67
手机拍摄短视频	3	3	3	25	66
视频账号运营	4	3	2	25	66
应对顾客差评	3	3	3	25	66

续表

培训项目	不了解	不需要	不太需要	比较需要	非常需要
民宿产品开发（如导游、游览设计、文创、娱乐项目等）	6	1	2	25	66
设计民宿打卡地	5	1	3	27	64
手机拍照与修图	3	3	4	26	64
如何与媒体打交道	5	3	3	24	64
如何打造个人IP或民宿文化IP	8	2	2	25	63
自媒体经营（电子或纸质手册等）	6	2	3	26	63
朋友圈技巧	4	3	4	27	62
微信社群运营	7	2	2	28	61
线上客户分析	6	2	3	29	60
网络安全知识（如购物安全、性别暴力、网络欺诈）	5	3	5	27	60
网络搜索应用（如刷抖音学做咖啡）	3	3	5	28	61
直播	4	4	6	27	59
旅游新闻课程	5	3	4	31	57
电脑使用基础知识（如使用键盘、文件存储、客人登记等）	5	6	9	27	53
互联网基础知识（如开关机、账号设置、搜索、储存功能）	5	6	11	27	51
手机使用基础知识（如电话、社交、支付功能等）	2	10	13	26	49

（五）乡村女性（民宿管家）的社会性别意识

本研究强调社会性别视角。本节为社会性别意识的定量统计和关于"夜话"的定性研究。

1. 定量统计

定量统计结果表明，大多数乡村女性（民宿管家）认为自己处于一个性别相对平等的环境，如超过60%的乡村女性（民宿管家）在出来工作或上学时没有受到阻拦，其在家庭中有一定地位。但也有少部分人遇到"双重负担"等困境，如37%（比较符合和非常符合）的女性在工作的同时，也要承担所有家务（见表17）。

表17 您的情况是否符合下列情况（N=645）

单位：%

题目	不符合	不太符合	比较符合	非常符合
为照顾家庭我进入民宿行业工作	22	19	40	19
家人（曾经）对民宿/宾馆行业排斥，认为这是不正经的工作	64	23	9	4
因为是女孩，小时候上学受到限制	63	21	10	6
我外出参加培训受到过家人阻拦	70	19	7	4
工作的同时，我要承担所有家务	37	26	23	14
在家庭里我说话不顶用	58	29	10	3
我自己赚的钱需要上交	72	20	5	3
参加培训之前我没有独自离开过我的家乡	66	18	9	7
我（已经）有照顾自己的能力	5	5	32	58
我知道自己想要什么	5	5	36	54
在民宿工作之前，我没有出去工作或打工	60	18	14	8
家人认为做家务是我应该做的事情	47	30	15	8
家里人曾说我年龄大了，安排我结婚	65	20	10	5
我特别喜欢看书学习	8	22	47	23
我未来要自己出来创业	12	20	40	28
我想要经营或管理一家民宿	11	15	39	35

统计结果表明，有33%的乡村女性（民宿管家）认为"过去比较重男轻女"，超过80%的乡村女性（民宿管家）认为现在已经实现男女平等了（见表18）。

表18 对性别平等环境的估计（N=642）

单位：%

对性别平等环境的估计	不同意	不太同意	不确定	比较同意	非常同意
我们这里过去比较重男轻女	39	20	8	23	10
我们这里现在已经实现男女平等了	3	6	6	31	54

研究人员根据乡村女性（民宿管家）的实际生活情况，设计了一个关于性别的态度量表。正向题目选择"非常同意"的受访者占比情况："即便

是没有受过良好教育的女性，也应该学习提升自己"（78%），"女性应该有自己的理想和生活"（74%），"丈夫应该承担一半的家务"（57%），"女性应该争取参与社区管理工作"（37%）。也就是说，个人提升得到最广泛的认同，但对夫妻共同承担家务，特别是妇女参与社区管理的认同度有所下降。从反向题目来看，对"女性应该更好地平衡家庭和工作"选项表示"不同意"的受访者占比较小（12%），选择"比较同意"和"非常同意"的受访者占比较高，合计达67%；对"女人最重要的是把孩子和家庭照顾好"选项表示"不同意"的受访者占比为32%，表示"比较同意"和"非常同意"的受访者占比合计达28%。这说明乡村女性（民宿管家）有一定的女性独立意识，但在家庭和社区角色方面的性别意识有待提高。详细数据如表19所示。

表19 下列观点您同意吗（N=561）

单位：%

题目	不同意	不太同意	不确定	比较同意	非常同意
女性应该更好地平衡家庭和工作	13	16	4	40	27
一个女孩和别人接触多了就不干净了	82	12	2	3	1
女性应该有自己的理想和生活	2	1	1	23	74
女人最重要的是把孩子和家庭照顾好	32	37	3	18	10
丈夫应该承担一半的家务	3	4	2	34	57
女性在家照顾孩子做家务，如果没有能赚钱的工作就没有价值	54	21	2	12	11
女人有自己的存款就是有外心了，必须全部上交丈夫或者婆婆	84	11	1	2	1
民宿服务其实就是家务劳动，不能算一个工作	77	17	1	4	2
姑娘大了不能在外面转，要回归家庭或结婚	74	17	1	5	3
女性应该争取参与社区管理工作	9	7	9	38	37
女性有了宝宝之后再想出去见世面不现实，要安于自己的生活	72	19	2	4	3
即使是没有受过良好教育的女性，也应该不断学习提升自己	2	1	1	18	78

在问卷最后部分，研究人员录入了乡村女性（民宿管家）所有自由填答的内容，并进行了如下归纳。第一，关于女性独立意识。"女生应该更加认可自己，追求自己的理想，取悦自己""希望自己成为一个独立的人，希望所有女性经济独立、思想独立""努力工作，改变自己""女性需要独立自强""女性的未来要自己去争取""做自己，不要被任何评价束缚""不要被道德绑架""女性要不断提高自己，活成自己喜欢的样子！"

第二，关于女性独立的条件。"女性当自强。女人应该活出自我，要想有尊严，就要有自己的工作""经济地位决定家庭地位""女性只有经济独立，才能实现人格独立""好好学习，努力赚钱""很多女性在家庭中的地位越来越高，主要原因是经济独立""希望多多学习，鼓励女性发展事业，实现经济独立""女性最好有自己的工作、兴趣爱好、生活方式，在自己生活得好的同时，力所能及承担一些社会责任，多找机会参与社会活动"。

第三，关于如何认识男女平等。"这个社会对女性的偏见还是比较大的""在女性意识逐渐觉醒的今天，受到的不公正对待并未减少，平权历来是一个艰难的过程，妇女能顶半边天，希望不是口号""我们这儿重男轻女的风俗在慢慢改变""现如今男女平等是社会的价值取向"。

第四，关于渴望继续学习。"希望以后有更多培训的机会""很喜欢第143期的培训，让我坚定了信心，希望以后还能参加这样的培训""我希望女性有越来越多的学习机会""'数字木兰'让我学会很多，我做了民宿管家，我想不断充实和提升自己，争取做一个对自己、对家庭、对社会有用的人""应该多举办这样的培训，让更多的家庭主妇走出家门，开阔眼界，学习更多有用的知识，同时让从事民宿工作的管家们学习更多有用的知识，从而可以将其更好地运用到以后的工作中，同时提高自己的收入，让更多女性同胞们实现自我超越"。

2. 关于"夜话"的定性研究

"数字木兰"民宿管家培训计划项目的目标人群是乡村女性。乡村女性，特别是位于偏远地区的乡村女性，很少有聚在一起讨论问题的机会。"数字木兰"3~6天的培训给乡村女性创造了相互交流的机会。所以在培训

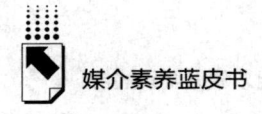

项目推进的同时，不少项目点老师自发组织了"女性夜话"或"女性成长夜话"等交流活动。"夜话"在各个项目点有不同的流程。通常是每个人讲述自己的故事，或请成功女性分享自己的经验。大家从不同的生活体验中找到自己的前进方向，虽有悲伤，但总体来说是"找到自己"的励志夜话。

民宿管家"夜话"老师对民宿管家们的情况是最为了解的，这些老师能够共情这些民宿管家，并为管家们的变化感到自豪。民宿管家"夜话"老师1（甘肃）："女性管家都特别累，她们早上起来要给家里人做早饭，然后到这儿上班，中午下班之后，她们还要赶回去给孩子做午饭，中午其实我们给她们午休的时间，但她们休息不了，做完饭还要赶回来上班，晚上下班后要回去给家里人做晚饭。""男性只要把工作干好就可以，女性又要操持家务，又要工作，还要调节家庭氛围。女人承担的东西确实很多。""这就是为什么女性谈个"夜话"，她就谈很多东西出来，因为大家的痛点几乎是一致的。特别是甘肃这种情况可能更加普遍，当然现在好一些，有一部分人的思想在逐渐发生改变。"

（1）"夜话"设置的目的

"夜话"通常是倾诉问题，需求解决办法，帮助学员"找到自我"。在介绍"夜话"设置的初衷时，老师1说："我们做这个是因为觉得很多女性生活在村里，在培训的时候，因为大家同吃同住，晚上其实也没什么事可做，我们会在晚上安排一次夜谈。""我觉得晚上对夜谈效果还是蛮好的，和大家聊一聊生活中遇到的一些困难，然后探讨一下该怎样去解决。"

女性面临很多共通的问题，通过"夜话"的方式可以帮助她们明确自己的状态。老师1提出："很多女性也不知道自己想要什么，她是没有自我意识的，生活的主要目标是照顾孩子、照顾老公、照顾婆家，自己到底要过什么样的生活是完全没想过的。所以，我们在谈论这些问题的时候，其实她们也不知道自己到底想要什么，自己到底是谁，有些人完全没有这个概念。"

"所以每次我们聊到最后的时候，大家就会特别有感触……，所以我每次聊完后，会看大家的精神状态，会有一个明显的变化。""我听到过很多聊完之后拉着我说的话，比如，老师我听你说完之后，我这次回去，我一定要花钱给自己买一套化妆品,我一定要给自己化个妆。""聊完之后她们说老师我太谢谢你了,太谢谢培训了。她说没有这个培训,我可能一辈子都走不出这个村子。因为没出过门,她出来前万般抗拒,害怕也好,担心也罢,因为没有跟大家一起生活过,各种不适应。来了以后才发现真好,外面的世界真好。"

(2)"夜话"的作用

除了倾诉女性面临的问题,"夜话"的环节也给学员们提供了一个反思的机会,使她们可以重新看待这份工作及培训给他们带来的变化。

首先是社会地位的变化。"夜话"学员1(浙江):"我觉得做了民宿这一块以后,在村里的地位提升了。村'两委'我进了,因为我是全村的希望。我不光要让自己的地位提升,更要让我们平均年龄70岁的阿姨们一起提升。"

这位"夜话"学员来自一个渔村,在他们村子传统观念里女性的地位较低。"在这里要讲讲我们渔村的历史。我们渔村'重男轻女'的思想其实是非常根深蒂固的。在我村'男人至上',因为男性全部出海打鱼,其实是冒着生命危险在挣钱。女性的话都是家庭妇女,从来没有上过班,在我们那个村没有做民宿之前,我们村所有的女性都没有上过班。一个女性如果不出门赚钱的话,她的地位也就高不了。"

其次是经济收入的变化。伴随村子的转型,女性在乡村经济发展中起到了重要作用。"10年前我们村才开始走旅游发展这一条道路。这时候我们女性抬头了。""70岁的阿姨能干嘛?烧饭。能烧饭、搞卫生是不是接待客人杠杠的了。村口小卖部,我们的'金融文化中心',再也不是谈论的八卦信息了,谈论的是今天你家有几个客人,我们五一预订量多少,你能不能介绍一些客人给我,我今天的客人不够,我的客人多了,你有没有空房,我匀一点给你。谈论的话题突然高大上了,对。我们行业带给农村阿姨一个真的不一样的,翻天覆地的改变。我刚从事民宿这个时候,我觉得我以前自己一直把自己当成全村的希望。"

除此之外,村庄整体的变化也使她产生了成就感与满足感。她不仅关注

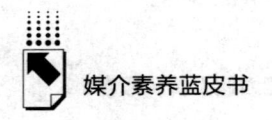

自身的学习和发展,还希望通过自己的进步带动和教育其他女性,实现更广泛的社会影响。"我刚接触这个行业的时候,根本不知道民宿是什么,我其实也只是说突然之间机缘巧合去做了这个事情以后,发现自己非常适合这个事情,我感觉这个岗位就是为我特地设置的。""然后客户突然之间来了!第二年啪啪啪啪周围十几家民宿开起来了。"

所以案例1觉得很开心,她看到这样一个变化,"民宿带给我的不仅是金钱上的快乐,还有带动其他妇女发展的快乐"。"更有成就感的一点是所有的学习机会我都要去参加,只要知道我可以去参加的,我都不错过,因为我希望我能够以120分的态度去学习……我希望我出来学习以后,回去教给我们村里阿姨们,让她们慢慢进步,这就是我每一次出来参加培训的目的。"

四 主要研究结论

(一)乡村女性民宿管家的社会经济状况

定性研究发现,"数字木兰"民宿管家培训计划项目点部分乡村女性(民宿管家)的社会经济地位低于城市女性,主要表现在贫困、缺少机会获得有酬工作或体面工作(有薪酬和各种保险及相应福利)机会、婚姻不能完全自主、受教育程度有限、在村里和家庭里受到传统观念束缚,如男主外女主内,以及女性要依附于家庭和男性权威。定量研究发现,66%的受访者是中年妇女,80%的受访者户籍所在地是城镇和乡村。超过90%的受访者工作地在我国中西部地区。32%的受访者文化程度在初中毕业及以下,高中未毕业、高中毕业、职业高中/中专等的受访者占比为31%,大专学历的受访者占比为24%,大学本科及以上的受访者占比为14%。汉族受访者占比为87%,少数民族受访者占比为13%。38%的受访者表示曾外出打工,在户籍地就业的占比为36%。统计结果表明,乡村女性(民宿管家)平均月收入在3000元及以下的占比为39%,其中在1500元及以下的占比为11%。平均月收入在 3000~5000（含）元的受访者占比为 33%。5000~10000 元收入为 17%，1 万元以上为 11%。调查发现，高收入者大都是民宿老板。统计结果还表明，超过 77% 的乡村女性（民宿管家）感觉自家的经济条件属于"温饱"或"小康"。

数据分析发现，参与"数字木兰"民宿管家培训的学员，其社会经济状况的内部差异很大，如平均月收入在 1500 元以下和平均月收入在 1 万元及以上的受访者各占 11%。就文化程度而言，小学二年级及以下的受访者占比为 3%，小学三年级到小学毕业的受访者占比为 4%，初中未毕业的受访者占比 7%。应该说明，这些问卷是在调查员在场的情况下由调查员帮助填写的。填写线上问卷的很少有文化程度较低的学员。因此，研究结果可能存在文化程度偏高、月收入偏高的偏差。田野调查中发现不识字的中年女性。

（二）民宿工作及培训的作用

定量研究发现，超过 80% 的人自 2018 年开始从事民宿工作，几乎所有民宿管家都参加过"数字木兰"民宿管家培训。有 42% 的受访者表示出于"兴趣爱好"选择进入民宿行业；其次是为照顾家庭，占比为 38%。除此之外，还有"挑战自己"（占比为 29%）、"提高收入"（占比为 26%）等。定性研究发现，民宿工作和"数字木兰"民宿管家培训计划帮助乡村女性走出家庭。她们不仅获得了一份稳定的工作，还开始接触社会，获得了提升自己的机会。定量研究的结论也印证了这一点，超过 90% 的乡村女性（民宿管家）表示"喜欢"和"比较喜欢"自己的工作。从事民宿工作的乡村女性，对"民宿工作可以接触外人长见识"，"有了民宿工作我开始渴望学习"的认同度较高，表示"非常同意"的受访者占比均高达 54%。其次是"有自己的收入"（49%）。以下依次是："帮助提升自我"（47%），"民宿工作有技术含量"（47%），和"让我开始注意个人形象"（42%）。参加培训的民宿管家们表达了增加培训机会的强烈愿望。其培训赋能主要表现在提高收入开始摆脱依附地位，接触外人和新鲜事物，接触社会并有可能参与社会，不断提升自己。

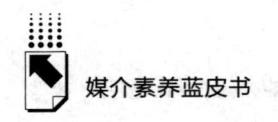

（三）与职业相关的数字素养现状

定量研究结果表明，在家庭生活和工作场景中，多数民宿管家能熟练使用手机。家庭生活中使用最多的比例是购物消费（76%），聊天社交（75%），以下依次是学习文化知识（67%），休闲娱乐67%，了解新闻59%；了解民宿管理技巧57%等；其他不足50%。工作场景中使用最多的是与顾客沟通（81%），发朋友圈（宣传民宿或卖特产）（76%），帮助顾客拍照（62%），短视频推广民宿（58%）。43%的用以处理携程/美团/飞猪订单，小红书推广民宿的为29%等。除了能够熟练使用手机，40%的女性管家拥有个人或其所在民宿的短视频账号。

就与职业相关的数字素养能力而言，定量研究表明：超过40%的人能够"非常熟练"使用"手机微信及朋友圈"，"非常熟练"的使用的技术以下依次是：手机支付（36%），保护客人隐私（31%），手机拍照（24%）。其他均不足20%。"其他"主要包括：手机隐私设置、手机用户账户和密码管理、线上与顾客沟通、保存和管理信息和数据、能识别信息真假、互联网使用、电脑使用、网络礼仪、手机拍摄短视频和剪辑、网络安全防欺诈、民宿产品和服务开发、信息和数据搜集、民宿打卡点设计、利用网上信息开发或重新组成新的信息、版权知识、OTA平台的管理和运营、微信社群运营、网络销售、直播、网络暴力处理、撰写推文或文案。

（四）数字素养培训需求

定量研究表明，"非常需要"的培训内容依次为"民宿特色发掘"（71%）；围绕民宿做宣传（71%）；民宿个性化设计（70%）；线上线下沟通（69%）；文案/推文写作、抖音等平台账号运营（百度、微博、小红书、视频号、抖音、快手等）（68%）；民宿营销知识、地方文化（村庄历史和价值）发掘、如何开发周边、了解线上学习平台、口头表达等均为67%；"非常需要"60%以上的还包括：手机拍摄短视频；视频账号运营；应对顾客差评；民宿产品开发（如导游、游览设计、文创、娱乐项目等）；设计民宿打卡地；手机拍照并修图；如何与媒体打交道；如何打造个人IP或民宿文化IP；自媒体经营（电子或纸质手册等）；微信社群运营；线上客户分析；网络安全知识（购物安全、性别暴力、网络欺诈）；网络搜索应用等；直播"非常需要"的为58%；其他如旅游新闻课程、电脑使用基础知识（键盘；文件存储；客人登记等）、互联网基础知识（如开关机、账号设置、搜索、储存功能）等均在50%左右。可以说，所有与民宿运营和推广的知识和技能都"非常需要"。

我们注意到，"非常需要"的如"民宿打卡点设计""OTA平台的管理和运营""微信社群运营""网络销售""直播""撰写推文或文案"等，其"非常熟练"的比例非常低，均在2%~4%。

定性访谈中，民宿管家们从自身发展情况出发，说明有如下需求：学习拼音以能进行键盘操作；学习写推文和文案；视频剪辑；直播和账号运营；线上线下与客人沟通；围绕民宿发展做传播；电脑打字（客人入住登记）；网络搜索应用（如刷抖音学做咖啡）；口头表达；朋友圈卖农产品；农产品推广；做自媒体；与乡村建设做新媒体的团队合作制作村推以及学习相关文化知识，比如发掘当地民宿特色等。

（五）关于民宿工作与女性成长

定量研究表明，大多数女性管家处于一个相对性别平等的环境，如超过60%的管家们在出来工作或上学没有受到阻拦，在家庭中有一定地位。但也有少部分人遇到"双重负担"等困境，如37%（比较符合和非常符合）的女性在"工作的同时，也要承担所有家务"。统计还表明，33%的管家们认为过去"比较重男轻女"，超过80%的管家们认为现在已经男女平等了。管家认为："在女性意识逐渐觉醒的今天，受到的不公正对待并未减少，平权之路历来是一个艰难过程"。但是，"我们这儿重男轻女的风俗慢慢在改变"，"现如今男女平等是社会的取向"。

关于性别的态度量表测量表明，正向题目"非常同意"率依次为："通过学习不断提升自己"（78%），"女性应该有自己的理想和生活"（74%）、

"丈夫应该承担一半的家务"（57%），"女性应该争取参与社区管理"（37%）。也就是说，个人提升得到最广泛的认同，但对夫妻共同承担家务，特别是妇女参与管理的"非常同意"率就降低了。从反向题目看，关于"平衡"家庭和工作的"不同意"率很低（12%），"比较同意"和"非常同意"的比例较高，达到67%；"女人最重要的是把孩子和家庭照顾好"的"不同意"率夜比较低（32%），"比较同意"和"非常同意"的比例达到28%。这说明乡村女性民宿管家们有一定的女性独立的意识，但在家庭和社区角色方面的性别意识有待提高。

定性研究如个人访谈和"夜话"小组讨论中可发现，女性面临着双重负担、限制女性发展空间等共同困境。"数字木兰"民宿管家培训计划创造了一个讨论性别问题和相互激励的空间，形成了乡村女性共同推动性别平等的新的联结。

五 对策建议

根据以上结论，本报告提出提升乡村女性（民宿管家）数字素养的建议与相应的行动方案。首先应该指出，培训者应根据学员的实际需求和学习条件选择相应的模块进行教学。

（一）关于数字素养提升的内容

2024年中华人民共和国人力资源和社会保障部和中华人民共和国文化和旅游部制定并颁布了《民宿管家国家职业标准》（职业编码：4—14—06—02）①，至此乡村民宿管家成为一个正式的职业。在其职业标准中，出现了不少关于数字素养的内容，如接待服务知识；市场营销知识基本上是整合营销传播内容，包括客户信息收集与运用、实体店营销渠道与应用、网络

---

① 《国家职业标准：民宿管家》（2024年版），2024年2月9日，https://www.mohrss.gov.cn/xxgk2020/fdzdgknr/rcrs_4225/jnrc/202402/W0202402276000845 12277.pdf。

营销渠道与应用等相关知识，也包括个人信息与网络信息安全相关知识。五级工/初级工的工作要求包括营销服务，需要"能推介民宿产品""能推介当地特色产品与民俗文化"，四级工的营销服务工作要求会制作营销素材，如图片、影像等相关资料，并能收集和处理网络平台信息。三级工/高级工以上的营销服务工作要求更偏重能使用自媒体，以及提升整合营销传播的能力等。上述有关数字素养项目在调研中都被乡村女性（民宿管家）提到过，根据民宿管家职业标准和实地调研的定量数据和定性访谈，本报告提出如下适合乡村女性（民宿管家）的数字素养内容框架。

1. 熟练使用手机设备和掌握互联网基础知识

一是与手机和电脑等硬件设备相关的知识。手机的基础功能：了解并学会使用常用的手机软件，如社交、支付和拍摄软件等；电脑使用基础知识（开关机；键盘和打字；账号设置；文件存储；客人登记等）等。

二是与信息和数据相关的知识。主要是手机和互联网搜索应用知识。如基于电脑介绍百度、ChatGPT，基于手机介绍百度、微信、其他各类软件上的搜索框。

2. 整合营销传播——"围绕民宿发展做传播"

整合营销传播，不仅包括传播介质或一个组织的传播各要素的整合，还应包括在地乡村庄发展及其与"关系利益人"的关系整合。科罗拉多大学整合营销传播研究生项目主任汤姆·邓肯说："整合营销传播指企业或品牌通过发展与协调战略传播活动，使自己借助各种媒介或其他接触方式与员工、顾客、投资者、普通公众等关系利益人建立建设性的关系，从而建立和加强他们之间的互利关系的过程。"

（1）OTA 平台运营与管理

具体内容包括认识各类 OTA 平台（如携程、小红书、美团等），学习注册 OTA 平台，线上展现民宿特色。

（2）个性化设计

"结合自己民宿和当地的情况，民宿管家如何开发产品和主题活动。"民宿产品主要包括导览、文创、娱乐、主题活动等，也包括开发

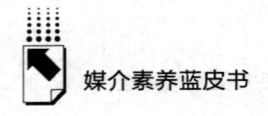

周边产品。

已有研究指出乡村民宿的经营困局①，乡村民宿经营最容易犯的错误就是简单地向城镇地区的酒店、宾馆看齐，重视硬件设施、淡化软件服务，在追求标准化的同时，忽视了乡村旅游中最为珍贵的"人情味"。而这正是乡村民宿与城镇酒店、宾馆的不同之处。游客在入住民宿的同时，期待的是参与和体验当地居民的日常生活与农业生产。乡村民宿的独特价值正是为游客近距离体验本地特色的农业生产、自然生态、农村烟火气息提供了一个真实环境。乡村民宿像一家能够深度沉浸式体验的"三农"博物馆，游客可以在与民宿主人的互动交流中，倾听乡村生活的种种趣事，在此基础上深刻感受乡土文化中的淳朴、真挚、善良、美好，进而形成情感共鸣。②

（3）打造民宿文化IP或管家个人IP，并结合民宿特点设计民宿打卡地

（4）利用新媒体进行沟通

如微信社群运营，主要包括认识微信基本功能，一对一聊天技巧，朋友圈文案写作、图片展示和营销技巧；线上线下沟通，应对顾客差评；进行线上客户分析。

（5）民宿主题活动设计

已有研究表明，乡村旅游可以根据旅游资源的差异分为3种基本类型：农业生产参与型、生态环境利用型、文化民俗体验型。③

基于"三农三生"的各种旅游体验活动④包括：农业生产，即田间播种、田间管理、蔬果大棚、谷物加工、现代农机、现代养殖、农副生产、丰收采摘等；农村生态，即植物辨识、野外采集、野生生物、森林康养、山地

---

① 尤劲：《乡村振兴战略下破解乡村旅游与乡村民宿经营困局》，载过聚荣、熊颖主编《民宿蓝皮书：中国民宿发展报告（2022）》，社会科学文献出版社，2023。
② 尤劲：《乡村振兴战略下破解乡村旅游与乡村民宿经营困局》，载过聚荣、熊颖主编《民宿蓝皮书：中国民宿发展报告（2022）》，社会科学文献出版社，2023。
③ 尤劲：《乡村振兴战略下破解乡村旅游与乡村民宿经营困局》，载过聚荣、熊颖主编《民宿蓝皮书：中国民宿发展报告（2022）》，社会科学文献出版社，2023。
④ 尤劲：《乡村振兴战略下破解乡村旅游与乡村民宿经营困局》，载过聚荣、熊颖主编《民宿蓝皮书：中国民宿发展报告（2022）》，社会科学文献出版社，2023。

运动、溪涧戏水等；农民生活，即特色建筑、非遗传承、故事传说、乡村美食、传统文化、节庆风俗等；可以根据当地特色选择并设计主题活动。

（6）结合当地的乡村振兴发展思路，学习如何推广农产品

（7）结合当地的乡村振兴发展思路，学习如何发掘地方文化（如非遗）

已有研究说明，在文化民宿体验中，中国民宿与非遗融合发展成为一种创新模式。① 近年来，民宿凭借其个性化、体验性强等显著优势成为旅游业发展的热点。非遗是地区的文化精髓，民宿与非遗融合让旅游者更深入地感知地域文化，既能推动民宿建设，又能传播非遗文化。我国民宿与非遗融合的类型包括整合利用型、活化传承型、参与体验型、艺术衍生型、创意驱动型。

（8）与当地乡村建设团队特别是做新媒体的团队合作

发掘地方文化（如村庄历史和文化价值），形成在地乡村旅游的合力。

3. 掌握摄影、摄像、直播技能

（1）手机摄影技能

主要包括：摄影基础、手机相机功能介绍（苹果和安卓系统）、拍摄参数设置、构图、光线布置、拍摄角度、拍摄距离等。介绍手机修图软件和修图知识，可以设置如何发掘网红打卡地的内容，在网红打卡地拍摄并形成样本供游客借鉴。

（2）手机视频拍摄技巧

主要包括写作脚本、拍摄构图、拍摄姿势、运镜方式、支架和稳定器的使用，以及后期剪辑。

（3）直播平台运营技巧

包括抖音直播和电商带货。

4. 了解网络安全知识

（1）个人网络安全知识

主要包括上网安全、网络购物安全、常见网络诈骗（网络电信诈骗、

---

① 马勇、曾晓庆：《中国民宿与非遗融合发展创新模式》，载过聚荣、熊颖主编《民宿蓝皮书：中国民宿发展报告（2022）》，社会科学文献出版社，2023。

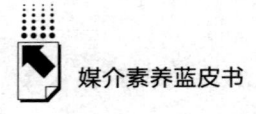

聊天交友诈骗、游戏和中奖类诈骗）、网络陷阱（网络赌博、网络色情网站、不正规网络贷款、人脸识别、虚假二维码、家庭摄像头入侵等）。

（2）民宿信息安全知识

主要是如何保护客人信息安全的知识。

5. 利用数字技术提高文化水平和写作水平

学会搜索并使用相关的线上学习平台；进行口头表达能力的培训；学习相关旅游文化知识；学习写作或建立扫盲课堂；培训写作文案（包括新闻）和推文等。

6. 提升媒介素养

学习旅游新闻、旅游广告等课程；学习如何与大众媒介打交道，以及利用大众媒介进行传播和宣传；学习自媒体经营，如微信公众号、视频号、小红书等，也包括所有电子或纸质媒体（如介绍民宿的小册子等）和传统媒体（如墙绘）等。

（二）从社会性别视角入手提升数字素养

《2030可持续发展议程》的目标5是"实现性别平等，赋权所有妇女与女童"，其中，提到要充分利用信息通信这种能增强能力的技术，促进妇女赋权。性别平等的数字技术应用及其素养教育就是要赋权妇女，并消除一切阻碍赋权的障碍。数字素养培训不仅是培训一些技能提高收入，还应具有改善妇女生存发展环境的作用。这应该成为数字素养培训的目标。

建议将"夜话"转型为参与式社会性别培训课程。建议结合当地女性的家庭生活、工作场所、社区环境等情况设计课程，授课对象应为女性。开展包容性的数字素养教育。数字素养教育不仅要传播具体的数字技术知识和信息，更重要的是要联系参与者的生产生活经验，通过数字素养教育提升她们改变生活的能力。建议将妇女权益保护等性别平等议题纳入数字素养课程。建议采用参与式方法授课，并鼓励乡村女性参与社会交流。

B.8
乡村民宿从业者数字素养调研报告

曹 昂*

摘　要： 本报告调研组选取四川省崇州市白头镇五星村作为调研地点，采用实地观察和深度访谈的方法开展调研，旨在了解乡村民宿从业者数字素养现状和困境，并提出相关对策建议。调研结果显示，一方面，乡村民宿从业者具备一定的数字素养，主要表现为信息搜索能力较强，通过代际方式运营OTA平台，注重新媒体宣传和口碑传播，通过维护人际关系来影响网络评价；另一方面，村集体和政府部门也在文旅宣传上支持了乡村民宿的发展。然而，乡村民宿从业者也面临一些问题，包括缺乏传播技术应用能力、OTA平台经营不稳定、营销传播两极化、对旅游传播重要性的认识不足等。本报告认为，应该健全"民宿产业生态"，鼓励多样化的民宿发展形式，提供满足不同技能水平从业者需求的数字素养培训和服务，同时在培训中着重发掘民宿的特色，帮助乡村民宿从业者做好受众定位，选择合适的媒介传播渠道来开展营销活动。

关键词： 数字素养　民宿　乡村旅游

一　研究背景

近年来，乡村旅游发展势头猛烈，成为乡村振兴的有力抓手。2023年10月，携程发布的《中秋国庆旅游总结报告》显示，以都市游（City Walk）、乡村游（Countryside Tourism）、文旅融合（Integration of Culture and Tourism）

---

* 曹昂，中国农业大学人文与发展学院媒体传播系讲师，研究方向为健康传播、乡村传播、传播与社会发展。

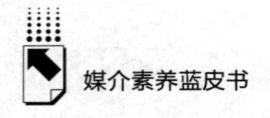

为代表的"3C"旅游发展较快。在乡村旅游中,"90后"成为增长最快的消费群体,占比达到了30%。与传统的商务酒店相比,温泉酒店、度假民宿、乡村民宿正成为越来越多人的选择。①

而农民在乡村旅游中处于何种位置,他们经营的民宿如何获得良好的收益是乡村文旅可持续发展的关注点。在乡村文旅的发展过程中,数字文旅、智慧文旅、5G等也成为关键词,提高农民的数字技术应用能力是党和国家的工作重点。2019年,中共中央办公厅、国务院办公厅下发的《数字乡村发展战略纲要》指出把"农民现代信息技能的提高"作为数字乡村建设的重要内容。② 2021年11月,中央网信办发布的《提升全民数字素养与技能行动纲要》专门提出"提升农民数字技能",提高农民对数字化"新农具"的使用能力。③《数字乡村发展行动计划(2022—2025年)》进一步提出"着力提升农民数字素养与技能"。④ 面对现实需要,学界对乡村民宿从业者数字素养现状的考察和分析却相对较少。

本报告调研组选取四川省崇州市白头镇五星村作为调研地点,以乡村民宿从业者的数字素养能力为研究对象,尝试回答如下问题。乡村旅游中,民宿从业者的数字素养现状是什么样的?他们如何使用各类媒介来做宣传?在宣传的过程中,遇到了何种困难?针对上述问题,有什么解决对策?

二 研究方法

调研组主要采用实地观察和深度访谈法对四川省崇州市白头镇五星村进

---

① 《携程:"十一"旅游数质并重旅游订单增长近2倍》,中国证券网,2023年10月6日,https://news.cnstock.com/news,bwkx-202310-5130939.htm。
② 《中共中央办公厅 国务院办公厅印发〈数字乡村发展战略纲要〉》,中国政府网,2019年5月16日,https://www.gov.cn/zhengce/2019-05/16/content_5392269.htm。
③ 《提升全民数字素养与技能行动纲要》,中国网信网,2021年11月5日,http://www.cac.gov.cn/2021-11/05/c_163770 8867754305.htm。
④ 《中央网信办等十部门印发〈数字乡村发展行动计划(2022—2025年)〉》,中国政府网,2022年1月26日,https://www.gov.cn/xinwen/2022-01/26/content_5670637.htm。

行两次调研。

在两次调研过程中，研究者共单独访谈32人，做了4组小组访谈（18人）。首先，单独访谈的群体包括政府工作人员（4人）、村委工作人员（4人）和民宿从业者（24人）三种类型，除1例电话访谈以外，31例访谈均在各自的工作场所开展，包括政府机关办公室、村委会办公室和民宿经营场所，每次访谈时间在30~150分钟。其次，小组访谈的群体包括政府工作人员（5人，90分钟）、农村老年人（4人，60分钟）、种菜工人（4人，30分钟）和民宿服务员（5人，30分钟）。除对政府工作人员的访谈是预约采访以外，其他的小组访谈均在偶遇的情况下展开。所有的访谈均有录音和逐字逐句的转录稿。

在被访者中，24位民宿从业者是主要的调研对象，这部分样本的人口统计学情况如下。在性别上，男女各占一半，均为12人。在年龄上，年龄最小的从业者为23岁，年龄最大的从业者为74岁，大部分被访者年龄在40~60岁。在受教育程度上，本村的民宿从业者大部分为初中和高中毕业，而外来经营者和雇员大多有本科学历。在地域上，本村从业者占62.5%（15人），外来从业者（这里指的是非本村村民）占37.5%（9人）。在收入上，民宿雇员的工资约为3000元，民宿年经营收入在20万元以上时被认为效益良好，也有部分民宿经营不善，收益在10万元及以下。

三　样本村介绍

五星村位于四川成都崇州市白头镇，下辖16个村民小组，共878户3066人。2013年，五星村是成都市的相对贫困村，2022年，全村集体经济收入为527万元，人均可支配收入达到42310元。随着乡村旅游的不断发展，五星村在2020年获批国家4A级旅游景区，先后被评为"中国美丽休闲乡村""全国乡村旅游重点村""四川省乡村振兴示范村"。2022年五星村的产业统计显示，在139家注册备案的产业个体中有97家正在经营，其中民宿59家、餐饮27家、茶馆7家、超市3家、培训1家。2022年全村接

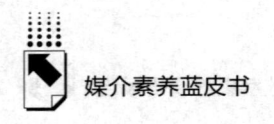

待游客280余万人次，旅游综合收入超过8000万元。

五星村的发展首先得益于政策的扶持。2013年，五星村通过高标准、科学的规划建设，进行了"整村推进式"的环境改造。五星村整合上级配套建设资金、集体建设用地抵押贷款、村民自筹经费共计3.1亿元，落实了三项重要的重建计划：一是实施了全域土地整理，统规统建农村新居1100余套，建成了3个集中居住组团，村民集中居住率达96%；二是建设高标准农田2000亩；三是依托自然环境打造桤木河生态湿地公园。

五星村的农文旅发展其次得益于人才引领作用。第一，前任村委王书记带领村民建设农村新居。第二，2015年现任五星村党支部书记高志伟返乡创业，开办餐厅、民宿和火锅店，起到了良好的带动效果。高书记利用商界经验，主抓产业发展，吸引投资和更多的能人、年轻人返乡创业。[①] 第三，2016年由"新村民"刘永峰返乡建设的五星春天酒店扶植了许多村民经营自家的民宿。同时，依托崇州市农村党员教育学院（以下简称"党校"），五星村获得了越来越多的客源。第四，2020年，由白头镇五星村集体经济组织、村民和社会企业共同出资成立的农业旅游融合发展公司——成都星耀农业旅游发展有限公司开发了"阿牛农场"和小火车项目，打开了亲子旅游市场，客流量急剧增长，五星村的民宿就像雨后春笋一样冒出来了。

五星村的民宿先后经历了四次升级。由返乡投资者创办的五星春天酒店和由国有企业投资的闲来民宿最早接待了在党校培训的学员，同时会把接待不下的学员或游客安排到邻近的民居住宿，这一过程带动周边的村民开始做起了住宿生意，普遍以"农家乐"命名。这个时期的民宿基本只是对房间进行简单布置、收拾干净，目的是尽快接待客人入住，承接酒店外溢的生意。第一批农家乐出现后，随着村里不断建设旅游场景，知名度越来越高，出现了更多的民宿。这些民宿的主人看重五星村旅游产业发展前景，投资自家院落，按照自己的喜好装修布置，在风格上较为质朴。民宿的第

---

① 《五星村，走上共同富裕的大道》，环球人物网，2023年1月11日，https：//www.globalpeople.com.cn/index.php?m=wap&c=index&a=show&catid=44&id=66699。

三次升级改造，主要表现在硬件上，为了满足游客特别是年轻人的需求，很多民宿主人进行了高价投资，装修风格偏向新中式、日式、北欧风等，在布置上更加简约和素雅，实木餐椅、智能马桶、大屏投影成为乡村民宿的新宠。现如今，五星村的民宿正在经历第四次升级，主要表现在民宿的服务和功能上，越来越多的产业个体做起了"民宿+"的探索，除了传统的品茶和麻将之外，还配套了研学、农产品、教育、咖啡、烧烤、聚会、露营等新业态。

四 民宿产业数字素养现状

调研发现在乡村旅游中存在两种数字素养，一种是民宿从业者个人的数字素养，另一种是村集体数字素养。两者相辅相成，共同促进了乡村文旅数字化运营和管理水平的提高。

（一）民宿从业者个人的数字素养

1. 信息搜索能力较强

在问到怎样开始做民宿的时候，很多村民提及他们会在网上收集资料，主要的工具是手机，渠道是百度、公众号、抖音、小红书等。民宿从业者搜索的内容主要与装修风格有关，也有很多人会在网上购买家居产品。这些平台可以快速地为人们提供基本介绍、图片、装修流程等信息，因此很多人在装修民宿的时候并没有购买专业的设计服务，而是自己来打造。

> 没有什么特别的装修风格，就按照自己的感觉装修的，在装修的过程中会上网搜一些风格，我在微信关注了一个公众号：私家庭院。我会参考上面的风格，再结合自己的喜好，这些桌椅都是我在网上买的。（WDG，男，48岁，民宿主人）
>
> 装修之前还是要看一下（上网搜索信息），我就是从百度上看，然后也在美团上看一下。还有，我以前抖音里加了一些设计师，他们会不

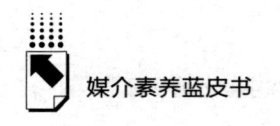

断地发一些图片，我也会看。(ZLM，女，47岁，民宿主人)

除信息搜索能力以外，率先参与民宿经营的村民还有一个共性，很多民宿从业者有过在建筑建材行业打工的经历。也有部分民宿从业者提到了购买网络服务，如抖音上有人可以帮忙给民宿起名字，也有人购买了商业管理的网课。

2. OTA平台的代际协作运营

在乡村旅游中，民宿产业数字化发展的第一步就是通过OTA平台来拓展客源。被访者反映他们使用较多的是携程和美团。携程的优势在于平台大客源广，美团的优势在于深入开发本地社区。

大部分村民经营的民宿的OTA运营是全家人一起完成的。2019年开办民宿的MY大爷说："刚开始弄民宿，一些下载、拼音的操作我都不会，就是儿子帮我搞。"一方面，家里的年轻人主要负责网上的工作，包括前期上传照片、文字和各类支持材料，这些工作大多需要用电脑来完成；由于媒介技术能力较强，年轻人也负责平台接单工作。另一方面，家里的长辈往往是民宿的实际管理者，他们会负责民宿的接待、服务和卫生工作，有些人还会在手机上进行维护订单的简单操作。

我不会网上给客人登记，只能把客人的身份证拍照传给孩子，让他们弄。孩子会给我传过来网上预订信息的截图，我就看这些客人该住哪间房，要住几天。如果哪里有需要，他们也会给我传密码（验证码）。(YYY，男，73岁，民宿主人)

3. 注重新媒体宣传与口碑传播

被访者中，除了通过OTA平台拓展客源，大部分民宿的经营目标是做"回头客"生意。所谓的"回头客"大多指的是成都、崇州或周边的游客，他们依靠地理位置优势，周末常常开展近郊游，也会把体验较好的住宿和餐厅介绍给朋友，形成口碑传递效果。这部分客人不仅是家庭、亲子旅行,还有很大一批是老年组团出行。城市老年人退休后不仅有较多的闲暇时间,也有经济能力,他们组成了各种各样的夕阳团,如骑行团、摄影团等,游访祖国的大好河山。这一部分群体因为数字技术能力不强,更倾向于线下预订住宿和餐厅,也更重视人际交往和关系维系,更忠于自己的既有产品选择。所以一些民宿经营者也热衷于维护熟客的生意,主要方式是加微信和留电话。为了维护熟客的生意,很多民宿会采取发朋友圈或发抖音的方式进行宣传。

> 我会在朋友圈发一些民宿的视频,其实就是维护一些老客户。我发的内容也就是我的民宿,有时候客户到我这边来,他们喜欢唱歌,还可以烧烤,玩得比较开心,我就拍一些视频,发一下朋友圈。(ZLM,女,47岁,民宿主人)
>
> 也会拍点抖音宣传一下,都是我们自己弄的,我小儿子会弄这种自媒体,我也偶尔拍一下。但最主要的是品质,我们希望维护回头客,宁愿一个人来一万次,也不愿意一万个人来一次。(LLL,男,中年,民宿主人)

从成都退休到五星村开民宿的 XB 特别注重与客户的微信联系,她分享了很多社群维护的经验。首先,作为民宿主人要提高服务质量,或者表现出较强的个人风格,让客人不仅喜欢民宿的风格,也喜欢上民宿主人。其次,要注重人际沟通技巧,微笑、热情、鼓励、积极回应等都会获得客人的肯定,使客人有更加亲密的情感体验。最后,社群维护不是向客人输出民宿的内容,而是互通信息,如民宿可以从客人那里获取"美照",作为自己的宣传素材。

> "客人走的时候,我都会向客人提出第一加我的微信,第二把他们拍的美照发给我。"(XB,女,60岁,民宿主人)

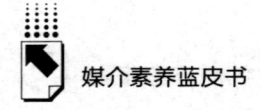

在访谈中，很多民宿主人说自己在拍照上没有什么技术，在修图上也只会用简单的滤镜，因此，与客户共享宣传素材，也是一种经济实惠的口碑传播方式。

访谈数据显示，一些艺术性、风格性较强的民宿使用新媒体进行传播更加积极，很多产业个体提到会与网红合作，借助网红的人气让游客"种草"和"打卡"。这些民宿本身对于网红来说也具有吸引力，网红愿意奔赴这些有特色的场景，追求"出片"，增加流量。曾经与网红合作过的一家民宿认为，与网红合作宣传费用不高，效果也还不错。

> 我们之前请了一些网红帮我们宣传。就是请他们来体验，也不会专门给很多钱，只是让他们去我们酒店住一晚就可以了，加上请吃顿饭，也要两三千。有时也不花钱，就请他们玩一圈体验一下，让他们帮忙"种草"。在淡季的时候，他们来一次推广一下确实能吸引客人来。（YB，男，23岁，民宿餐厅主管）

XXX的民宿在景区的核心位置，庭院里设有引人注目的旋转木马和秋千，她表示非常欢迎网红来自己的民宿拍照宣传。

> 我们家从成都来的客人很多，那些有十万粉丝的网红都喜欢来。夏天的时候，我们打开灯光，很多人在后面开直播。在我们这儿，泡杯茶就可以进来拍，我们也不催，就是你喜欢你就去拍，我们还希望你多拍一点，因为你也给我们推广、打广告，发朋友圈。虽然我们没有跟网红合作，但是他们在这里直播也是一种推广。（XXX，女，中年，民宿老板）

4. 网络评价：人际关系的延伸

对于网络评价的维护，民宿从业者的分歧较为明显。民宿从业者大多秉持顺其自然的态度，很少刻意维护。这些人主要是五星村本地村民，他们的民宿利用自家房产改建，投资较少，心态上认为"有生意就做，没生意也没什么损失"，如果一年能有二三十万元的收入，甚至不愿意做网上的生意。有些经营情况较差的民宿，因为没赚到钱，更不愿意扩大民宿的经营范围。也有一部分民宿在携程、大众点评和美团上的曝光率较高，这些民宿主要由外地创业者经营，有较大的成本压力，在维护评价方面也更加积极。

大部分的被访者认为，客人给出好评的前提条件是民宿的服务令人满意，所以很多民宿重视民宿品质的提升和人际关系的维护，而不是刻意去向客人"要好评"。如果客人对旅行留下良好的印象，自然会不吝评价。提高点评率的关键不是向广泛的受众提出要求，而是把握部分"投缘"的客人。

> 我如果遇到真的比较好的客人，他也觉得我们这里很棒，表示一定会再来。我就会请他帮我们写个好评，下次来送他点什么，但是这只是针对某一部分客人，他人也很好，他觉得我们也很好，就可以给我们一个好评。(YB, 男, 23 岁, 民宿餐厅主管)

> 我觉得就是线下有些客户吧，他觉得好，他就给你点评。我不会主动要求他，就是我没有这个习惯。他是在消费之后，感觉确实不错，然后他愿意怎么说就怎么说，我也不会刻意去说你点个好评，没有必要，就是顾客亲身的感受。(ZLM, 女, 47 岁, 民宿主人)

> 有时候跟客人熟悉了以后，对客人说给我们一个好评，客人就说，你不说我们也要给一个好评。我们上周住的客人，住了一星期，然后他说我好想给你们写一篇长长的好评，他说你们这里做得太好了，到你们这里来住，真有家的感觉。有时候他们出去，我们会帮他们洗衣晾晒，他们就觉得你真的太好了，很不一样。(FX, 女, 59 岁, 民宿主人)

被访者中还有一个特别的案例，经营者对于消除差评有较强的顾虑，做包栋民宿生意的 LF 曾在五星村开过三家民宿，她认为，对于那种想通过"差评"来索取返利的客人，可以不再做其生意。

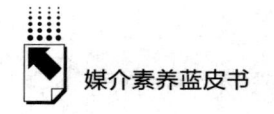

（二）村集体数字素养

1. 微信群与"五统一分"

对于分散的村民和产业，村集体主要通过微信群与之沟通。在五星村，主要的微信群有三种。第一种是村民群，如包括所有村民在内的"五星大家庭群"和各个村民小组管理群，凡是村里的大小事宜都会通过微信群进行通知。第二种是产业群，群里有300多人，主要负责整合产业资源。第三种是党员群和志愿者群，在遇到特殊情况的时候，能够发动群众参与公共活动。例如，在"菜花节"的旅游旺季，村民会被组织起来维持车辆和人员的秩序。

其中，产业群在促进村里民宿发展方面发挥了重要的作用。"五统一分"是五星村构建的旅游抱团发展模式，指的是统一资源收储、统一规划设计、统一招商引资、统一共享客源、统一管理服务、分户经营。① 在五星村乡村旅游的早期发展阶段，村里的民宿较少，村里最早引进了五星春天酒店和闲来民宿。五星春天酒店有百余间房间，三四十名员工，承接党校的学员。如果酒店无法承载大量的学员，就会安排客人到村民家里住宿。于是有了第一批民宿，可以"共享客源"。随着产业个体的增加，产业群也承担了更多的经验分享工作，村委余书记说："如果我在外面学习了好的经验，我会把照片发到产业群里，村民也会看到别人是怎么做的。"通过群里的信息分享，统一管理和服务，五星村实现内部资源的有效调配，汇聚了发展力量。当旅游业红火起来之后，产业群也成了协调矛盾的平台。

"群里面经常有人发牢骚。比方说夏天的时候，人家有一些聚会，唱歌或打麻将的声音有些吵。一些群众就会投诉，反映到市长信箱。我们只能叫产业个体不要扰民，最迟9点收摊，不要搞那么晚。"（DZR，女，中年，村委委员）。

---

① 《小康圆梦 | 从贫困村到乡村旅游重点村成都崇州市五星村的"幸福密码"在这里》，央广网，2021年10月25日，http://sc.cnr.cn/scpd/rdzt/xczxkcz/xczxkcz5/20211025/t20211025_525642535.shtml。

2. 传统媒体塑造"名气"

在乡村旅游发展过程中，传统媒体特别是电视的传播影响力依然强大。很多中年、老年村民还会选择将电视作为主要信息接收渠道和娱乐渠道。这一年龄段的被访者，一提到宣传的概念，首先想到的就是电视节目，"我们（民宿）刚开业的时候，肯定要付费请电视台把我们这边拍下来，搞宣传"（YYY，男，73岁，民宿主人）。

在五星村，基本上人人都知道电视台来采访过。"今年鲁健他们来拍《山水间的家》，是中央电视一台的节目，这次来的不是撒贝宁，是鲁健。今年3月份在'菜花节'的时候，咱们还上了新闻联播，央视的采访对咱们的宣传力度肯定要大一些。"在央视拍摄之后，电视节目成了五星村最重要的宣传广告，在高速路口前的大屏幕上循环播放。村里的一些民宿也在自己的院子外立起了"央视《山水间的家》取景地"的招牌，吸引游客的目光。在五星村经营民宿的LCG说，央视的专题报道，让整个村子都感到很光荣。"我们整个村说实话，这两年发展还是不错的，你看中央台都来了，知名度更高了，所以我们还是很有信心的。"

相对于电视媒体，各类纸质媒体其实有更多采访报道。由于五星村已经积累了较高的声誉，传统媒体常常主动联系采访，村里基本上不需要组织宣传力量。传统媒体的报道主要来源于崇州市委宣传部、融媒体中心、文化和旅游局宣传部，报纸有《成都日报》和《四川日报》。新开业的PS民宿装修风格较为新颖，也有人选择在这家民宿取景拍婚纱照，该民宿从业者认为政府的宣传对民宿的发展有较强的促进作用。

> 我们的政府有些专门的新闻部门、宣传平台，他们都会过来宣传。如果说你做得很有特色的话，他们会过来看，来参观你，也会给我们提建议。这边经常有来参观学习的。他们（政府部门）不定时有一些大型活动，会顺带把整个五星村的产业都宣传到。（LLL，男，中年，民宿主人）

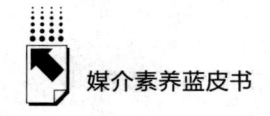

3. 积极探索新媒体宣传路径

2022年，五星村的村集体收入达527万元，其中现代农业、乡村旅游、研学培训、物业管理收入占比分别为10%、45%、30%、15%。在村级集体经济发展壮大的同时，宣传推广的投入越来越少。之前村里运营的"大美五星"公众号已经停更，与天府国际慢城运营的"慢城之星"合并。村集体宣传减少，并不意味着宣传不重要，而是部分宣传工作由民宿和县市级、省级媒体承接，村里只保留村报折页这一传统宣发渠道。

对文旅部门的调查显示，政府层面会积极参与新媒体宣传，如与头部的文旅网红合作，组织他们体验旅游项目、撰写游记和宣传文案、拍摄图片和画册等。这种合作方式正在成为新的发展方向，传播效果也较为显著。

五 民宿从业者数字素养提升的困境

（一）部分民宿从业者媒介技术能力不足

在五星村，智能手机已经广泛普及，人们可以利用手机和网络满足生活中的大部分需求，只有便利店里的现金交易还保留了一点数字时代之前的痕迹。在被访的民宿从业者中，除了外来投资者或"新村民"的媒介技术能力较强之外，大部分村民认为自己的手机和互联网使用能力不足。在景区核心位置的蜜蜂主题民宿雇用了一位30多岁的年轻女性作为"民宿管家"，她非常喜欢自己的工作，觉得不仅自由而且能学到新的知识，她认为自己的媒介技术能力需要进一步提升。

> 我觉得我拍摄得不太好，所以我拍得少。我知道有很多管理民宿的人会自己发，虽然他不一定有公众号，但他会自己发朋友圈。我是用工作手机发一些拍摄的内容，我没有用自己的手机发。（CW，女，34岁，民宿管家）

也有很多民宿主人反映，自己年龄较大，眼睛看不清楚，学习新知识也较为困难，因此很多媒介技术上的问题无法解决，需要年轻人的配合才能持续经营。调研发现，五星村很多民宿并没有清晰的地图定位，创办民宿 2 年多的 WF 刚 50 岁，她说自己不会操作手机地图小程序，在上传民宿定位信息的时候遇到过麻烦："定位需要在百度地图上申请，要上传营业执照、身份证、电话等，还得各种审核，在平台上操作很麻烦的，我们一开始的时候上传也不成功。"她虽然认为自己在学习新技术上有困难，但还是希望通过了解更多的宣传技巧，提高经营水平，获得更多的收入。

（二）OTA 平台经营不稳定

对于以携程为代表的 OTA 平台，民宿从业者常常是"又爱又恨"，一方面，OTA 平台可以增加民宿对远距离客人的曝光量，扩展客源；另一方面，平台的政策更倾向于维护游客的利益，体量较小的民宿可能会受到明显的收益损失，在维护 OTA 平台方面变得消极。在五星村开民宿两年的 ZLM 介绍，相较于线上，她更愿意做线下的生意。

> 我在网上销售还不如实体销售。因为网上的客人订了之后，有一个 12 点钟之前免费取消的政策，如果客人临时不来了，我要全额退定金给他，但房间我又已经给他留好了，这个损失很大的，这种情况已经有好几次了。而且一旦损失，就不是几百块钱的问题，在我家住过的客人，他一般就在我这里吃、打麻将，还有其他的消费就一起了，折算下来我的损失就是几千元。所以很多时候我在线下卖，线上虽然也在卖，但我会把房价稍微提得高一点，如果喜欢你就定，不喜欢就算了。除了这个，平台还会抽成，如果我房间定价 400 元，平台大概拿走 20%，只会给我 320 元，80 元就被平台抽走了。（ZLM，女，47 岁，民宿主人）

除了客人取消预订带来的损失，更多人反映携程会通过平台政策干预经营，在制度上具有强制性。首先，如果商户上线平台，其经营收入要与平台

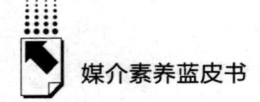

分成，平台一般会抽取价格的10%~20%。其次，民宿按照节假日、淡旺季会采取浮动价格，商户在上传资料时需要预先设定最高价格，平台不允许随意涨价。但是，平台发起的促销活动却强制商户参与，比如，客人因为拥有平台的VIP可以享受打折优惠。事实上，平台活动让出的利润是由商户承担的。如果商户不想参与活动，必须提前关闭平台。也有被访者反映，在关闭平台的时候，在操作上是有难度的，很多人不知道在哪里操作。

> 平台做活动很突然，比如下午五六点之后，本来4500元的房价突然降到3000多元，平台也不通知你。客人肯定打电话，质问为什么找我（民宿主人）直接预订比平台还要贵，是不是你在乱喊价格。关闭平台的话，有的时候我们都搞不懂，因为平台上的东西太多了，找不到在哪里关闭，他（平台客服）就不告诉你在哪里，只说你看那个操作一步步来。但有的时候即使你关了，他还会给你打开，这种很不友好。不要说我们了，这边（五星村民宿）70%都是老年人在管理，他们对这些东西肯定不了解，都不知道在哪里关。我们基本上大的节假日，会提前把平台关掉，不接的，因为这样太影响我们口碑了。（LF，女，35岁，民宿主人）

平台的打折促销，在淡季的时候对商户影响不大，但是在旺季的时候，会影响商户的利润。此外，也有民宿主人反映，日常繁忙的工作使他们难以持续维护运营平台。调研结果显示，很多民宿不会持续运营OTA平台，他们常常会策略性地"断网"，在生意好的时候退出平台，这在一定程度上增加了网络营销的随意性和不稳定性。

（三）营销传播两极化

调研发现，五星村的民宿在宣传上表现出两极分化的态势。一方面，租房做民宿的投资者在宣传上较为主动，不仅包括外来投资者，还有经营、投资规模较大的本村居民。这些民宿从业者大多采取了多种多样的营销手段。

LF虽然是本村居民，但是她新开的民宿是与朋友合伙创办的，投资了几百万元，想要3年回本，她认为未来网络传播是发展方向，因为自己技术有限，于是找了专业的团队去运营。

> 跟我一起做的姐妹是大学毕业生，在文案这块，她组织语言要比我好一点，我就让她去做小红书。我们现在找了一个从广东回来的小团队，他们以前就在广东那边专门做轰趴馆，我让他们做线上运营这一块，他们有线上的销售员，会买一些商务课程，也会简单告诉我一下。专业的事情还是要交给他们去做，我现在只是慢慢学习。（LF，女35岁，民宿主人）

另一方面，一部分将自家改造成民宿的本村经营者在宣传上没有采取什么措施，主要靠政府和传统媒体的传播来吸引更多的客人到村里旅游。他们认为自己的生意不好主要是因为村里的"客流量太少了"或者"经济不景气"。村委干部分析："我们一些村民的想法是，'管他的，反正我没出房租钱，也没有人工费用，今天没卖出去房间没什么'。别人（外来投资者）不一样，别人招了工人，房租每年要给，每天都有成本，得想办法宣传。"因此，村里在开展工作的时候，将更多的重点放在促进产业提档升级上，寄希望于带动民宿产业整体迈上一个台阶。

（四）对旅游传播重要性的认识不足

调研发现，不少村民对旅游传播的认识较为片面，或者存在误区，主要表现在很多人将旅游传播等同于媒体宣传，也就是说，宣传是媒体的事，宣传的功能是增加景区的客流量。

> "我们在网上宣传没有五星村宣传的力度大，湿地公园是4A级公园，用不着我们去宣传了。媒体有专门的旅游宣传，让记者来宣传，流量比我们大。"（JX，女，45岁，民宿主人）

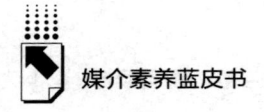

在这一逻辑之下，人们往往会认为只要媒体宣传带来了客流量，自己的生意就会变好。但事实是，很多民宿在旺季确实能够依靠客流量来获得收入，但是淡季就会遭遇冷门，甚至慢慢流失客源。

还有一些错误的观点也很具有代表性。以民宿产业为例，首先，有些人认为民宿没有技术含量，只是单纯地接待人们住宿，自己的工作也只是"做卫生"。这些人对于民宿的经营管理、升级改造没有太多的兴趣，而是依靠留守老年人来维持经营。其次，在经营上，很多民宿没有把自己当作旅游的主体，认为自己是景区的服务部门，承接住宿和娱乐，这些观点与"民宿即景点""民宿即IP"的倡导是相悖的。最后，也有一些民宿从业者比较低调，他们秉持着"酒香不怕巷子深"的理念，努力提升民宿的硬件水平，不热衷于网络宣传："我们认为，把民宿放到网上、开直播，可能就'做偏了'。"这些从业者年龄较大，偏爱线下口碑经营，由于民宿品质较高，确实能获得较多老客户，在经营上稳扎稳打、压力不大，因此在运用自媒体进行宣传方面没有什么动力。

（五）网络宣传中的负面问题

在经营民宿的过程中，可能会遇见网络差评，一些被访者表示，与其说是民宿的问题，不如说更多是受到客人主观感受和评分习惯的影响。体量较小的民宿很少去维护网络上的评价，外来投资者创办的网红店铺则会组织专门的力量去维护网络评价。

> 我们遇到差评的情况，有的是因为旺季的时候人太多，他预定不上给我们打个差评。包括来停车，有些不是我们的客人却占用了我们的停车场，我们麻烦他让一下去别处停车，他们也会给差评。差评是可以消除的，要跟客人联系，在他评论下面回复，进行解释。如果他真的是恶意差评的话，比如他不是我们的客人，没来消费过，又给我们差评了，我们会跟平台，比如美团的客服联系，让他删掉评论。美团也是同意的，只要你交上一些证明材料，证明确实是恶意差评就行。（YB，男，

23岁，民宿餐厅主管）

除了应对差评问题，还有被访者提到上网之后，民宿的信息可能会被泄露，有很大的风险遇到网络诈骗。

> 比如美团、大众点评吧，有时候骚扰你，真的不想理他（平台工作人员）。比如他管某一个片区，单量可能产生得少，他就会不停地给你打电话，要你把封面改一下，把什么调一下，这种我就遇到过。有些可能涉及诈骗了，你搞不清楚到底是平台电话还是谁的电话，我们这里有人就被骗了，转走了4万块钱。那天我接到一个电话，说是美团服务部的，需要维护资金方面的问题，让我给他验证，我一下就反应过来了，太吓人了。（LLL，男，中年，民宿主人）

六　对策建议

调研结果显示，在数字文旅发展如火如荼的背景之下，网红旅游乡村里的民宿从业者具备一定的数字素养，表现为使用手机和网络能够满足生活中的大部分需求，且在经营上也有很多触网的探索，不少民宿积累了网络营销经验，能够分析自己的受众群体，选择合适的传播渠道，获得了良好的效果。但是调研也发现，中老年人是乡村民宿的主要从业者，他们在使用新媒体上有很多困难，且精力有限，缺乏信心，需要年轻人的配合，以及村集体和政府层面的支持。

（一）从"一户一品"到"民宿产业生态"

近年来，民宿产业的发展在极力倡导"一户一品"的发展方向，但是也存在一定的误区。不是所有的民宿都要往艺术、场景方面发展，要考虑到民宿从业者本身具有多样性，有外来投资者、本村年轻人，更多的是村里的

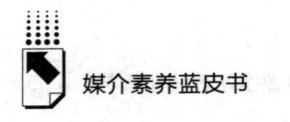

中老年人，一味求新求变，并不适合大家的经营理念和发展需求。因此，本报告提出健全"民宿产业生态"的理念。首先，鼓励多样化的民宿发展形式，给不同价位、不同层次的民宿都留以发展空间，协助其制定个性化的发展规划，提供满足不同技能水平从业者需求的培训和服务，从而满足不同受众群体的文旅出行需求。其次，完善农村社区的配套设施和产业，这在五星村的表现就是解决游客的停车问题、打造特色农产品、增加旅游场景建设。最后，加强社区参与和文化建设，调研结果显示，很多年长的民宿从业者认为年轻人可以帮助自己处理数字技术问题，很多年轻的民宿从业者也希望加强和村民之间的合作，因此社区参与和文化建设可以增进新老村民之间的了解，加强民宿从业者的联系，维护和促进社区的团结。

（二）数字素养培训应围绕打造民宿特色开展

被访者中很多人提到参加过各种类型的数字技术培训，但是也有很多人反映这些培训浮于表面，在实际操作中不会运用。现实中，民宿从业者也有各种方式来解决数字技术问题，如让家里的年轻人帮忙运营，找专业的摄影师和网红拍摄，雇用职业经理人和商业公司运营网络平台等。因此，数字素养培训重点不在于教会人们摄影、摄像和发朋友圈，而是鼓励民宿从业者提升品质、明确受众定位、发掘自身特色，通过新媒体技术展示自己的风格，发掘合适的传播渠道，提高特定受众的到达率。调研发现，很多民宿并不是通过全媒体渠道进行宣传，而是基于个体的特征和受众分析来开展营销活动。例如，一家200元价位的民宿在携程上评分为4.9且无差评，一家包栋民宿在小红书的宣传获得了成功等。因此，数字素养培训应该多讲授具体宣传案例，启发民宿从业者相互交流和进行个性化的探索。

（三）政府在数字文旅上的投入不能盲目跟风

五星村虽然是远近闻名的网红旅游村，但是也存在一些发展问题，例如，村里区域发展不均衡，旺季游客停车困难，旅游产品同质化，村集体产业不够强大等。在经费有限的情况下，村集体的投入要有侧重，要优先发展的有三个方面：一是硬件设施，如修路、通电、通水等；二是景区的场景建设；三是大众媒体的宣传，包括与传统媒体对接，扩大在社交媒体中的传播力量。对于文旅部门来说，在数字文旅的发展上要起到支持性而不是主导性作用，例如，有些地方投入开发OTA平台，但是内容必须由市场主体来做，第三方公司无论是在运营还是收益上都更符合市场规律。政府可以做得更多的是开发市场管理平台、投诉平台、协调平台、办公平台，监测人流量，运营智能停车场，运营智能垃圾处理项目，保障后勤服务等。在宣传方面，一方面要发挥好传统媒体的影响力，另一方面可以与成熟的传媒公司和内容创作公司合作，探索融媒体发展的新路径。

B.9
利用传播技术扩展乡村性别友好空间
——L乡村妇女发展基金会性别项目的调研报告

王子艳*

摘　要： 乡村妇女是乡村振兴中的关键角色，然而，她们在追求自我发展和参与乡村建设的过程中，仍然面临一系列的制约和挑战。在这一进程中，妇女组织如何进一步支持乡村妇女发展使其成为真正的能动主体是本报告研究的核心问题。G省L乡村妇女发展基金会从2013年开始探索在乡村开展妇女儿童支持项目的实践。本报告通过参与式观察和深度访谈对G省L乡村妇女发展基金会进行案例考察，分析和总结了其近十年来相关项目的经验。研究发现妇女组织在实践中形成了以线上妇女社群建设为基础，利用包括数字技术在内的传播技术进行知识与内容生产，进行面向乡村妇女儿童和城市公众的传播倡导，助力多元化的妇女赋能目标实现，帮助乡村女性营造性别友好空间的项目模式经验。为了更好地协助乡村妇女发展，扩展乡村性别友好空间，本报告建议优化线上线下联动，开展基于需求的数字媒介素养培训，让乡村妇女成为知识和内容生产的主体，通过强化资源与情感联通创新城乡互动。

关键词： 妇女组织　乡村女性　传播技术　妇女权益

作为农业生产和农村建设的主力军，农村妇女是推进和实现中国乡村振兴的重要力量。2018年全国妇联在《关于开展"乡村振兴巾帼行动"的实

---

* 王子艳，博士，西南政法大学媒介素养科普基地研究员，西南政法大学新闻传播学院讲师，研究方向为传播与社会发展、性别研究、文化研究等。

施意见》中指出要加强思想引领，动员农村妇女积极投身乡村振兴战略，实施"农村妇女素质提升计划"，提高农村妇女参与乡村振兴的素质与能力。2023年中央一号文件再次聚焦农村妇女权益，提出"保障妇女在农村经济组织中的合法权益"，并要求"依法严厉打击侵害农村妇女儿童权利的违法犯罪行为"，为维护农村妇女权益提供了进一步的制度保障。现阶段，进一步支持乡村妇女发展，使其真正成为乡村振兴的能动主体，是全面推进与深化乡村振兴战略、创建性别平等的乡村文明的内在要求。

本报告希望能够通过对L乡村妇女发展基金会进行案例考察，梳理其近十年来相关项目的经验，分析基层妇女组织是如何创造性地利用包括数字技术在内的各种传播技术和手段搭建及增强乡村妇女社群和网络，提升乡村妇女发展潜力，为乡村妇女儿童扩展性别友好空间，促进乡村妇女发展的。本报告希望通过总结与分析相关在地经验，为乡村振兴背景下进一步促进性别平等和乡村女性赋权提供实践经验分享。

一　研究方法

本报告主要采用参与式观察和深度访谈法作为主要的一手数据采集方法。研究者于2023年5~7月先后两次赴G市、S省QS县走访调研，并对L乡村妇女发展基金会妇女小微创业项目与成长学堂项目线下工作坊进行了为期9天的线下参与式观察。2023年6~7月，研究者对L乡村妇女发展基金会的性别教育项目进行了线上参与式观察。2023年5~9月，研究者通过"线上+线下"模式对L乡村妇女发展基金会秘书长、副秘书长、项目总监等4位核心人员进行了深度访谈。每段访谈时间在60~120分钟。在征得被访者同意的情况下，研究者对所有访谈进行了录音，并对录音进行了转录与整理。本报告在调研过程中还对L乡村妇女发展基金会生产的各类媒介文本进行了收集。收集的文本资料主要来源为L乡村妇女发展基金会出版发行的图书，包括宣传图册、项目图册等；L乡村妇女发展基金会官方网站、官方公众号、主要微信社群等。本报告主要采用的分析方法为质性内容分析。

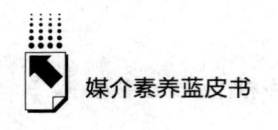

二 L乡村妇女发展基金会性别项目介绍

（一）G省L乡村妇女发展基金会简介

G省L乡村妇女发展基金会（以下简称"L基金会"）成立于2013年，是全国首家专注于乡村妇女发展的非公募基金会，也是G省5A级基金会。其定位是一家帮助乡村妇女儿童发展的民间公益慈善机构。L基金会的主要愿景为让"乡村妇女儿童共享自主、平等、美好生活"，其使命为"共创妇女儿童友好乡村"，其价值观为"透明、平等、实效"。其运作模式主要包括团队建设、筹募资金、项目推广、社群维护、宣传推广与示范基地建设六大类。

L基金会的项目设计主要基于"变革理论"。在此过程中，L基金发现乡村社会存在资源稀缺、劳力外流、环境污染等问题。同时，L基金会发现生活在乡村中的妇女面临想成长但学习机会少、想改善但发展资源少、责任重但参与空间小、贡献大但价值被忽视这四重困境。乡村社会是一个有机的整体，包含多元主体。L基金会发现，乡村儿童缺少适当的身心关爱，受侵害案件频发，缺少作为未来乡村创建者的学习和训练。而乡村老人缺少适当的身心照料，养老问题严峻。可以说，L基金会的项目策划与运营是在回应其所看到的乡村发展困境。因此，L基金会认为公益服务不应该仅局限于妇女，老人与儿童也应被纳入考虑。

基于对中国乡村社会与乡村妇女的深入理解，L基金会的工作中非常有特色和创新性的一点是重新定义了更加多元、涵盖更广的"妇女儿童友好乡村"概念。具体包括以下五个方面。一是性别友好，指权利、评价、资源、机会等方面的性别平等。二是生命友好，爱惜生命，尊重身心边界，重视身心安全与健康，在具体实践中主要对应反家暴、反性骚扰与儿童性教育等领域。三是人际友好，倡导人与人之间包容、尊重、友爱、互助与团结。四是生态友好，在发展过程中提倡绿色、环保、节能，人与自然和谐统一，体现在实践中主要是发展生态农业、废物利用、垃圾处理等。五是生计友好，人人都可获得体面生存和体面工作所需的基本物质。

理论与实践是相互促进的，在重新定义"妇女儿童友好乡村"概念的基础上，L基金会所确立的长远目标为"促进妇女地位提升、乡村性别平等"与"促进妇儿友好乡村的营造"。落实到具体实践中，由三个核心目标与两个辅助目标共同构成。三个核心目标是乡村妇女工学社群的规模持续扩大、凝聚力持续扩展，乡村妇女骨干及自组织的数量持续增长、能力持续提升，乡村妇女对乡村儿童等群体的影响力持续提升。而三个核心目标的实现需要以L基金会自身的可持续发展以及其合作伙伴的持续增长为辅助前提。L基金会自身的可持续发展包括团队、筹款、持续回应社群/社区需求等，而其合作伙伴的持续增长则包括对外传播、外部参与、知识生产与传播等。① 而所有目标的实现是相互联系的。

（二）L基金会性别项目背景

L基金会秘书长Z女士将十年来基金会的项目开展的脉络进行了概括：通过线上与线下相结合的模式开展，呈现金字塔结构。金字塔的底层是L基金会最广泛的全国性线上乡村妇女社群。在其之上，是妇女骨干与团队的培育支持计划。在其之上则是基层妇女组织的培育。而金字塔的顶尖则是由L基金会协助链接城乡力量和资源，帮助乡村妇女组织充分发挥能动性，开展相应的工作，创建妇女儿童友好乡村。

1. 线上乡村妇女社群建设

全国性线上乡村妇女社群是金字塔的基础。L基金会乡村妇女社群主要由对学习、成长有兴趣的乡村妇女构成。对于L基金会而言，建设乡村妇女社群具有三重意义。首先，乡村妇女社群被认为是乡村妇女彼此陪伴与支持的平台；其次，乡村妇女社群是乡村妇女骨干种子发芽的土壤；最后，乡村妇女社群是联结各地乡村妇女的桥梁。社群网络目前共有9382人，来自

---

① L基金会的分享。

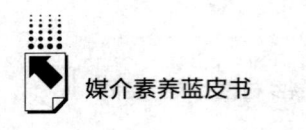

全国各地400多个村庄。

L基金会的线上乡村妇女社群建设有以下几个特点。从媒介使用上来看，主要依托线上平台如小程序、微信公众号、千聊直播间、微信群、抖音等来进行日常组织与维护。其中，微信群是线上乡村妇女社群最主要的表现形式。其议题服务于目标的实现，主要聚焦于乡村性别平等、乡村妇女成长、乡村儿童教育、生态农业等。线上乡村妇女社群是一个相对松散的组织模式，并不需要投入专门的人力进行精细管理，而是以协助的方式，帮助成员进行自我组织和管理。其成员以兴趣为导向，也能够自发保持一定程度的活跃度。例如，L基金会线上乡村妇女社群中，部分乡村妇女自发于2016组织的古诗词社群至今都保持着比较高的活跃度。L基金会日常会在这些以活动或者议题组建的微信群中投放信息或者资源。比如，组织线上课程学习、议题讨论、兴趣活动，资助开展微公益活动。"姐妹间"的技术分享是处境相似的个体之间的交流，更加契合乡村妇女群体的需求。利用线上平台，L基金会邀请经验丰富的乡村妇女分享诸如生态农业技能等与生计相关的经验与知识。L基金会在社群中已经开发了身心健康、好家长、新女性、儿童性教育、反家暴、生态农业等议题的线上课程。

支持广泛的乡村妇女社群网络建设不仅可以通过不同的社交媒介平台即时回应乡村妇女交流、交友和成长的需求，也可以初步培养乡村妇女的性别平等及社区公益意识与行动意愿，打造自信、活跃、爱学、互助、热心性别平等、关注乡村发展的社群文化。更重要的是，可以从中挖掘和培育乡村妇女骨干种子。

2. 乡村妇女骨干与团队培育

乡村妇女骨干培养是L基金会人才培养中非常重要的一环。乡村妇女骨干是在其长期维持的、具有广泛基础的社群中不断挖掘、培育而来的。当然，也不排斥其他有一定学习能力、组织能力的乡村妇女。在社群中挖掘出合适的人选后，L基金会会提供一系列相应的训练。主要包括线下的初阶集中培训，提供乡村社区之间的走访学习、小额资助服务及实践学习，以及线上交流、讨论与学习。

利用传播技术扩展乡村性别友好空间

L基金会认为培养乡村妇女骨干有两个方面的重要意义：首先，乡村振兴需要在地力量组织起来共同推动；其次，骨干带头是在地力量组织起来的关键前提。所有这些培训与资助，都是为了进一步增强性别平等及社区公益的意识与行动意愿，培养在乡村社区开展公益活动的能力，协助孵化、发展乡村妇女小组。以个体为主的骨干培养再上一个层次，则是以乡村妇女骨干为核心的在地乡村妇女团队建设。从骨干到团队，是一个从个体到集体发展的过程。正如L基金会秘书长所言："如果说当地找不出来这样的妇女团队和妇女骨干的话，其实我们能做的事情也不多。因为我们不是直接去做服务的，我们是希望培养当地的力量去做这件事情，我们希望培养妇女去做。"

无论是对妇女骨干还是对乡村妇女团队所提供的支持都是非常个性化的，通过个体的不断成长来适应当地社区的需求与情况。妇女团队建设对于在乡村营造性别友好空间、促进乡村妇女持续发展具有非常重要的意义。可以说，具备团队能力和团队关系是组织持续行动、持续扩展影响力的基础条件。同时，乡村妇女小组在发展的各个环节必然会面临资源、知识、组织等各个方面和环节的挑战，需要得到持续性的外部支持。

成长学堂便是L基金会针对乡村妇女团队需求所开发的一个相对精细的公益服务项目。成长学堂寻找以乡村妇女为主体或有意愿推动乡村妇女发展的在地力量成为伙伴，通过培育以乡村妇女为主体的村民自组织，联动多方力量与村民共同挖掘并整合乡村社区内外资源，创建活跃的社区经济、健康的生态环境，让村民在自己的乡村安居乐业。L基金会会在妇女社群网络中发掘由乡村妇女组建、组成、管理，并扎根乡村社群的妇女草根组织作为妇女团队建设的伙伴。这些乡村妇女草根组织通常有2名以上核心成员，并在当地有一定的社群基础。L基金会为这些妇女草根组织提供包括线下集中培训、乡村妇女组织相互走访与交流、团队建设活动和服务学习活动的资助，并提供日常督导和陪伴，还协助其链接资源（见图1）。截至2021年，L基金会累计为上万名乡村妇女提供服务，累计支持乡村妇女自组织153个，通过资金支持、线下培训、工具包等方式累计支持了181个村庄的乡村妇女，在38个乡村建立了成长学堂社区中心。

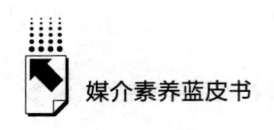

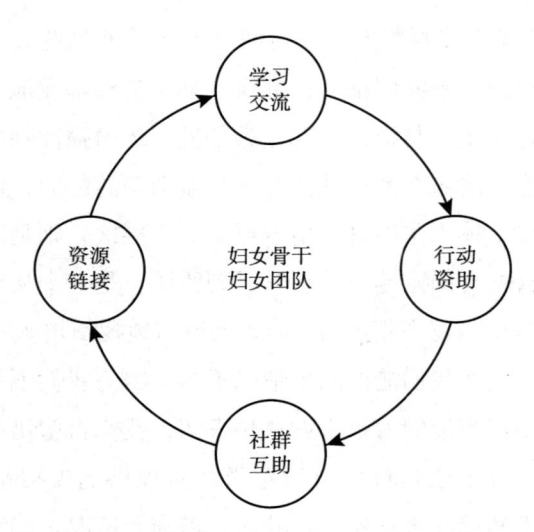

图 1　L 基金会妇女骨干与团队培养模式

资料来源：L 基金会。

通过有针对性的支持，L 基金会希望实现三个主要目标。首先是持续增强团队的性别平等及社区公益意识与行动意愿，其次是逐步增强团队协商、决策、协作、规划、传播、筹资、财务管理、人才培养等能力，最后是实现组织的规范化和自主化发展能力的提升。这是一个从松散群体到个人，再围绕个人形成团体的过程。在多年的实践中，L 基金会确实成功孵化出了能够扎根乡村、持续性地营造性别友好空间的妇女团队。比如，其所支持的 J 市 L 村的妇女团队，自 2016 年获得支持以来，成功建立了以乡村妇女骨干 Z 等人为核心的团队，积极吸纳和培养新成员，服务当地社区，将性别视角融入公益活动，为当地妇女与儿童提供知识、技能等方面的服务。2019 年，该团队组织了近 300 场社区公益活动，受益村民达 9 万人次。

（三）L 基金会性别项目建设目标

1. 营造可持续的性别友好空间

（1）搭建乡村公共空间

组建好的妇女团队在乡村持续有效开展工作需要得到乡村社区的接纳与

支持，乡村公共空间的营造是关键一步。因而，对于发展较为成熟的乡村妇女组织，也需要进一步加强对其乡村公共空间营造的支持。在乡村营造和维持性别友好（妇儿友好）公共空间对团队的考验较大。L基金会会重点支持那些在原有网络中有较清晰的性别平等和社会公益理念、有固定成员、有较强活动能力，并且已经在当地具有一定社群基础和影响力的乡村妇女组织。

L基金会在这一阶段会为乡村妇女组织提供空间建设与运营所需的资金支持，同时会持续组织互访学习、提供日常督导与陪伴，并协助当地组织链接所需的资源。乡村妇女组织在这一过程中逐步打造富有活力的当地乡村社区活动中心，并通过公共空间的持续运营提升乡村妇女组织的能力和影响力，进而依托此空间服务本地社区，持续增强社区的性别平等意识。

这样的乡村公共空间往往具有实体的特征，比如以乡村阅览室这样的形式存在。实体空间的存在对于乡村妇女骨干和团队而言蕴含着自主与安全的意义，正如Z秘书长所说："就有一个他们自己的主场，不是村委的什么地方，也不是租用借用的什么地方，对他们来说就是一个相对安全、我能够主导的地方，这种感觉也很重要。"当然，也存在更具创造性、与乡村妇女创业和生计联系更紧密的形式。芒果是一位受L基金会支持的返乡妇女，她在居住地G自治区Y县W村开办了一家公益餐厅。餐厅的二楼被打造成社区公共空间，餐厅的部分营业收入会用于开展社区公益服务，比如社区节庆活动、儿童教育活动、老人陪伴活动等。现在，芒果的乡村空间已经成为社区的交流与活动中心，发展出有11名核心成员的妇女团队。除组织社区公益服务之外，芒果团队还在尝试开发生态农产品和乡村深度体验游，希望发展社区生计。芒果与她的团队的实践一方面解决了乡村妇女团队成员面临的生计问题，另一方面对外营业的餐厅也承担了公共空间自我造血的任务，保障了团队与空间的可持续发展。

（2）开展乡村社区公益服务，拓展影响力

乡村妇女团队所营造的公共空间可以看作一个平台或基地，使乡村妇女组织能够持续性地对乡村社区产生辐射影响。L基金会认为这些影响包括公益服务与融合发展两类，各有不同的目标与意义。对于乡村社区公益服务而言，其首要意义在于回应乡村社区公共服务不足的现状，增进乡村弱势群体的福祉，同时重建乡村社区团结互助的公益文化，并通过开展公益服务来提升乡村妇女的能力、在当地社区中的影响力与地位。乡村社区公益服务的主要目的不仅包括推动组织乡村妇女开展学习、娱乐活动，促进妇女赋能与妇女团结，乡村社区的儿童与老人也被纳入公益服务对象。基于乡村社区妇女儿童友好空间的乡村社区公益服务也开展儿童安全及素质教育活动，促进儿童健康成长；开展针对乡村老人的帮扶与娱乐活动，提升老人生活品质。社区公益服务最终的目标是推动乡村社区性别平等倡导活动，促进乡村性别平等。因而，要开展此类工作，L基金会重点支持那些能够将性别平等理念融入公益服务的乡村妇女或乡村妇女组织，为他们提供服务活动资金与技术支持。

比如，L基金会支持的广东J市L村的妇女团队就定期组织社区公益活动，积极尝试不同的活动主题和形式。比如，在当地社区持续开展图书借阅、儿童故事会、暑期夏令营、儿童性教育、新女子夜校、节日联欢与倡导活动、贫困助学活动、主题分享与讨论活动等。通过针对乡村社区中的妇女、儿童与老人群体持续提供多样化的社区公益服务，L村妇女团队不仅有效提升了其在当地社区中的影响力，还辐射到周边的村庄。周边村庄的妇女在其影响下也有建立妇女团队的计划，在客观上起到了带动作用。

乡村社区的公益服务主要通过人际传播的方式开展，对于妇女组织来说，与社区建立信任关系是重要的一环。J市L村的例子正是通过长期的服务开展，与当地的妇女儿童建立起良好的互动关系。比如，"乡村的妇女风雨无阻地从不同的村子过来参加夜校的学习，孩子们愿意在参加环保活动之后一起去做些小实践，初中生遇到性别上的困扰愿意来到图书室进行咨询和了解"。正是乡村妇女组织持续性的投入让这个以图书室为物质载体的公共空间成为一个传播知识、沟通信息、交流想法与感受的存在。一个让当地妇女和儿童可以安心、舒适地停留，与妇女骨干共同创造"性别友好乡村"的所在。

（3）乡村社区综合发展

乡村的人才、人文、生计、环境等方面的发展是乡村振兴的基础。乡村妇女在推动乡村社区发展的过程中也能够提升自己的能力以及在当地社区中的地位与影响力。发展比较成熟的乡村妇女团队，基于此前的工作经验积累，能够将性别平等理念融入日常的发展工作。同时一些妇女团队在工作过程中逐步在妇女成长、儿童教育或生态农业等某个议题方面累积了一定的经验，并且有持续推进该项议题工作的决心。除支持乡村妇女社区公益服务之外，L基金会还支持乡村妇女团队积极参与乡村社区综合发展。除提供资金、技术支持之外，L基金会还协助其链接资源。

L基金会支持妇女组织参与乡村社区综合发展，首先是回应具体乡村社区的需求，在地持续推进某个发展议题。比如，生态农业与环境保护就是其中一个议题。L基金会与广东H公司于2016年在G市LM村共同打造了LX河水源地生态教育环境基地，在水源地社区推广生态农业、开展自然教育等活动，促进生态保护和农民生计发展。该基地有固定的实体空间用于日常运营，空间内设有生态民宿、乡村咖啡厅等为当地社区村民提供营收的生计项目，同时有开展会议、沙龙、观影、工作坊等的多功能环保教室与可进行水源保护教育、展示生态农耕的环境教育相关展厅。该基地的打造不仅提升了当地乡村妇女在家庭和社区中的地位和影响力，还反哺了当地乡村妇女儿童友好社区空间的建设。

2. 知识生产与传播倡导

L基金会对知识生产与传播倡导的意义和目标有明确的认识。知识生产与传播倡导对于L基金会而言，也是一个梳理经验、让工作更加高效的过程。知识生产也是推广经验、让其投入成本发挥更大社会效用的方式。而传播倡导可以让更多的人看见乡村妇女的潜能与价值，进而支持乡村妇女的成长与公共参与。

（1）知识与社群力量：线上课程+线下工作坊

在过去十年的实践过程中，L基金会在知识生产方面的主要产出包括乡村妇女成长系列课程、儿童性教育课堂、乡村儿童性别友好绘本课程等，形成了线上课程资源与线下工作坊联动的知识生产与传播模式。L基金会Y副秘书长认为线上的知识课程体系需要有线下培训和工作坊的加持,"因为让他们彼此见到志同道合的伙伴非常重要,线下见面的时候,是活生生的人,对于妇女个人而言,她不光在这里获得了技能的培训,还获得了社群的力量"。因此,L基金会的线上课程或培训都会组织相应的线下工作坊。

理解服务对象的处境与需求,有针对性地创造知识与媒介内容对于公益组织而言是一项重要的媒介素养。L基金会发现基于学校教育的试点项目开展乡村儿童性教育虽然具有探索性价值,但受各方面条件限制,难以形成长效机制,内容的普及性与传播的广泛性比深度干预更适应当下的需求。另外,乡村留守儿童较多是当下的社会现实,孩子的父母一般不在身边,做家长教育比较困难。这就要求公益组织对其所开发的知识内容的受众进行重新定位。因此,L基金会开发了直接面向儿童的儿童性教育媒介产品。儿童本身成为性教育产品的直接受众,为了让孩子们能够自觉吸收知识,L基金会使用了卡通片的形式。在适应孩子注意力需求的五分钟的卡通短片中,产品开发者按照联合国相应的技术指导纲要的知识点进行内容设置。为了更好地适应受众的需求,开发团队一方面在短片中专门设计了许多乡村的场景,另一方面配套开放了桌游和拼图等周边工具作为辅助来降低儿童使用的门槛。同时,单品化的模式更适合规模化的推广,线上平台可以大幅度提高知识内容的可获取性。

"性别知识大课堂"是L基金会所开发的性别知识线上课程。根据项目总监H女士的介绍,"性别知识大课堂"开发的缘起是在成长学堂的工作过程中发现妇女团队成员对性别相关的知识和视角比较缺乏,希望为社群网络中的乡村妇女提供一个性别的通识课程。2021年第一期课程开设时正值疫情防控期间,线上授课的方式降低了参加者的成本与风险。"性别知识大课堂"的课程知识体系设计强调了乡村语境的重要性。线上的十四周的课程包括生殖健康与性自主、我的生育、我的婚姻、乡村习俗、性别与劳动、社会性别与刻板印象、家庭暴力与反家暴,以及如何开展性别平等工作等知识与实践单元。"性别知识大课堂"从全国招募了从事性别研究的高校教师、研究者和实践者作为线上课程的讲师。除线上授课之外，L基金会还通过微信组建网络社群，帮助参加课程的学员更好地理解课程知识，同时组织讨论与交流活动。在线上理论知识部分的课程结束后，L基金会还组织线下见面会使学员交流、讨论与分享所学的知识。

2022年，L基金会发起了"性别友好童书计划"。在18个乡村项目点开展了性别童书共读主题活动，把培养乡村儿童及其家庭的阅读兴趣与性别友好意识连接在一起。根据Y副秘书长的介绍，"性别友好童书计划"希望"通过童书这种方式润物无声地让孩子在绘本中产生这种意识"。挑选与提供绘本只是第一步。妇女团队是共读计划中重要的参与者，伴读活动需要她们在乡村公共空间中开展。L基金会为成为"伴读人"的乡村妇女提供绘本共读培训，线下共学工作坊中的资深阅读推广导师提供关于讲读绘本故事的方法与技巧的专业培训，包括如何介绍、引入、提问，如何组织家长与儿童互动等人际传播技能。与此同时，L基金会还为参与其中的乡村妇女团队提供线上陪伴督导，组建社群分享与交流经验，形成线上线下联动的知识传播与支持体系。

（2）传播倡导：平台选择与内容生产

传播倡导的工作不仅是L基金会沟通其服务群体非常重要的一环，也是让城市人群了解乡村妇女的渠道。L基金会进行了一定的内容和受众区分，目前主要运营三个视频号：L基金会、乡村姐妹和儿童性教育。L基金会传播工作负责人K女士认为，公益机构的微信视频号和公众号不应陷入单纯对流量的追求，定期的运营虽然无法马上转化为流量，但为普通公众提供了解基金会和乡村妇女的内容，这本身就是有价值的。

选择什么样的平台、投放什么样的内容体现的是工作者对媒介的认知与思考。正如K女士所说："使用每个平台都需要去研究其平台用户的属性，然后再去调整自己的策略，而不能说我们直接把在腾讯公益运营的一套搬到B站。"内容的生产与传播都需要组织投入资源，因而对不同媒介的特点进行有效的分析和判断，选择"性价比"最高、最适宜的媒介平台进行传播是公益组织传播倡导者一项非常重要的能力。目前，L基金会综合运用多种

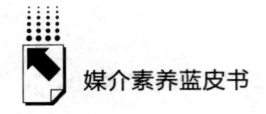

传播平台,包括微信公众号、微博等进行传播倡导。同时在以城市青年人群为主要用户群的视频网站 BiliBili 等投放视频内容。当然,媒介平台的选择并不是固定不变的。比如工作人员也注意到如小红书这样的社交媒介中城市年轻人对女性议题日益增长的兴趣,并对其进行考察。

讲述乡村妇女个体的故事是 L 基金会的媒介内容生产的重点,这并不仅仅是因为个体鲜活的故事是最能打动人的内容,也与其项目逻辑息息相关。正如 L 基金会传播工作负责人 K 女士所说:"L 基金会通过赋能乡村妇女个人,鼓励其在乡村建立团队,发掘村庄公共需求,营造乡村妇女儿童友好空间,提升乡村妇女在村庄的社会地位和社会影响力。这种逻辑其实是很深的,链条也是很长的。你没有办法通过一个点、一个数字去说明我们这个项目有多有用,所以我们必须通过乡村妇女鲜活的个体故事来告诉大家,我们赋能的不仅是一个人,她还带动了一个乡村的改变。"

"调性"是调研中被不同的受访者在讲述媒介内容生产时反复提到的词汇。"我们不希望去说姐妹有多难,然后多需要你的帮助,'卖惨'这种不是我们的调性",K 女士认为在面向公众的媒介内容生产中坚持展现"榜样的力量",让受众看到妇女个体意识上以及状态上的转变是媒介内容应该呈现的。"我们现在主要传播的可能都是一些妇女骨干、团队带头人,她们在成长学堂或者项目可能已经两三年了,就很明显可以看出她的变化。比如说,以前她做完服务可能也不敢去分享这些服务,或者说不知道如何去表达感受。但现在你可以看到她很自信地站上舞台,甚至看到她对未来的期望期待,就像看到光那样,很打动人。"

2019 年,L 基金会正式在其运营的公众号上发布了第一期"姐妹故事"系列视频。这一系列视频邀请 L 基金会妇女社群网络中的乡村妇女带头人来讲述运营公共空间、开展性别教育、推动村庄发展的实践故事。同样,作为传播倡导中的一环,L 基金会希望通过这样的形式提升社会大众对乡村妇女群体的关注度与支持度。同时,"姐妹故事"系列视频最大的特点在于其主讲人均来自乡村妇女群体。对于其他乡村妇女来说,这些视频中的"姐妹"都是社群的"内部人",能够鼓励更多乡村姐妹增强自信、发挥潜能。

L基金会副秘书长Y女士认为，真实的榜样力量会影响其他人，"同样都是乡村妇女，那种榜样的力量是真实的，就不会说反正她是大学生，她能做到我未必能做到。你看到一个乡村妇女，她曾经同你一样，她也经历了这些苦，你就突然会觉得原来我也可以。我觉得这个传播更有价值"。这些视频的长度大都在4~12分钟。视频内容除了姐妹介绍各自的在地实践外，也回应一些乡村妇女团队在工作中常见的困境和问题。比如，有姐妹分享如何鼓励男性加入农村妇女发展工作的经验。除新媒体平台外，L基金会也出版书籍记录了22位乡村女性蜕变的生命故事。个体故事的记录者耿秀在书中写道，"在这里，社会性别的感受，不是抽象的概念，而是活生生的事实，是生活本身。当她们意识到自己是在为改变自己的命运、改变妇女的命运而努力时，她们的生命也重新有了尊严"①。

L基金会还拟定了当前工作的重点，包括开发乡村性别平等促进工具包、乡村妇女组织发展指南、乡村儿童成长故事、具有性别意识的生态农业工具包和乡村公益活动工具包。

三 传播技术助力多元化"妇女赋能"

L基金会秉持着这样一种信念："在乡村，妇女很重要。乡村妇女蕴含着巨大力量，如果得到适当的社会支持和施展空间，她们将快速成长、影响儿童及乡村其他社群，并团结各方一起创建充满爱、活力与希望的美好乡村。"L基金会将"妇女赋能"概念进行了拆分，包括四个层面：方法、技能学习；观念、视野的打开；议题能力、资源整合能力提升；精神、情感的联结。虽然L基金会并不直接使用"媒介素养"这一词汇，但从调研中可以看出，多元化的媒介使用和传播技术应用一直贯穿在其拓展乡村性别友好空间、实现"妇女赋能"的实践之中。

---

① 耿秀：《从灶台到舞台——22个农家女的蜕变故事》，广东经济出版社，2021。

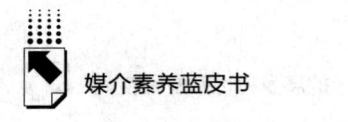

（一）适宜媒介：人的发展与媒介使用

充分尊重乡村妇女的主体性是 L 基金会的一大特点。比如，L 基金会秘书长认为在成长学堂项目中，比较看重妇女团队是如何成长起来的，而非设置硬性的任务，过程比结果更重要。"然后成长过程当中她们有什么样的诉求，我们可以去给予什么样的支持。其实到底做什么，或者说是否利用这个空间做什么，我们并不认为它是一个很关键的考虑的维度，但是有一个这种空间，感觉其实更加方便她们去做开展工作。"自主对于乡村妇女的发展而言是非常重要的。乡村女性可以根据自己所在村庄的实际情况和需求来设计和开展活动，拥有很大的自主权。在这一过程中，乡村妇女团队可以专注于乡村儿童服务，也可以去开发乡村体验游，L 基金会更多的是提供建议和引导。

在媒介与传播技术的使用上，L 基金会同样将乡村妇女的实际情况和需求放在首位，而非一味追求"新技术"与"新媒介"。比如，在谈到为何选用微信作为主要的媒介工具时，Z 女士告诉笔者选择微信是因为发现它的使用门槛对乡村女性来说相对没有那么高。而城市人群工作比较常使用的一些工具（如腾讯会议）对于乡村女性而言是有门槛的。L 基金会对于媒介与传播技术工具和手段的选用是非常谨慎的。正如 Z 女士所说，"开发线上课程，我们其实都是很谨慎的，我们觉得这个门槛有点高，对我们姐妹来说特别是开始的时候村里面的 Wi-Fi 什么的其实也没有那么顺，然后用流量就更加不现实，所以关于这种线上的方式要怎么去做，我们就一直很谨慎。我们觉得它应该让她们更加可达，这是一个很重要的技术手段，但是在使用这个东西的时候，其实我们也会考虑到用它来做什么，然后对于媒介本身它的属性合不合适，也会有很多考虑。"从 L 基金会的实践经验之中可以发现，比起新兴技术，"适宜媒介"对于乡村妇女发展而言是一个更重要的概念。

在谈到媒介素养时，很多时候我们专注于讨论新兴技术带来的挑战与应对。诚然，数字素养在当今社会的重要性不言而喻，但是调研发现，在乡村语境中一些所谓的"旧"媒介对于乡村女性开展社区工作、促进自身与社区发展更适宜更日常。比如，对于乡村妇女骨干而言，人际传播素养对于她们的公益服务开展就非常重要。而人际传播素养也是需要通过学习和锻炼提升的。在调研中，笔者发现如公开演讲和辩论等技能对于一些乡村姐妹而言是存在困难的。比如，在线下工作坊中，有乡村姐妹上台发言时因为感到紧张而发抖等。L基金会督导告诉笔者，很多乡村姐妹在生活中缺乏面对很多人表达自己看法的机会。而L基金会的工作坊在包容的氛围中给予了乡村姐妹锻炼表达能力的机会。同时，线下工作坊也是乡村妇女在同温层中相互学习的机会，再把学习到的表达技巧等人际传播素养带入自己的工作场景。比如，乡村姐妹小崔就谈到："刚开始我一直不敢去学校讲绘本，觉得那是大场面，自己肯定不行，但是去了几次后，发现自己有了明显的进步，不那么紧张了，讲故事也流畅了一点，这就是我的成长和改变。"此外，在媒介的使用上，乡村妇女也会因地制宜，选用适合具体村庄场景的媒介。在乡村实体空间之中，"被看见"同样非常重要。在调研中，笔者了解到有乡村妇女创造性地使用广播等媒介，通过音乐与舞蹈，在乡村实体空间中营造"在场"，让更多的人通过一种平易而具身的形式了解她们，提升其运营的性别友好空间的影响力。

选择适宜的媒介并不是对新媒体技术的排斥。比如，在针对全国乡村女性小微创业者的支持项目中，L基金会就选择了直播培训课程的形式来为乡村女性创业者提供包括商业模式、产品设计、收入与成本、电商入门等知识的培训。Z秘书长认为已经开始进行创业实践的乡村女性或者返乡创业的女性通常已经具备一定的数字素养，这些技术和平台对她们而言门槛相对较低，因而是适用的。

（二）性别友好虚实空间：同温、共鸣与陪伴

调研发现，性别友好空间在L基金会十年的实践中包含了虚拟的社群空间与实体空间两个维度。实体空间在村庄中的存在不仅为乡村妇女发展提供了活动场地，是其团队建设和服务传递的重要物理空间，也是其自主性与安全感的体现。而基于不同的媒介平台与传播技术以及线下活动所营造出来

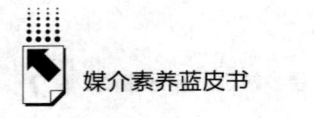

的性别友好空间则在一定程度上对乡村中的实体空间的作用进行了延展与补充。同温、共鸣与陪伴是 L 基金会所营造的性别友好虚实空间中三个重要的关键词。

L 基金会副秘书长 Y 女士指出，L 基金会希望让乡村妇女从思维上、从精神上发生一些改变或者是触动，然后慢慢去影响行动。无论是思维的转变还是行动的改变，都不是速成的，往往需要较长时间的支持与投入。在这个过程中，乡村妇女所需要的并不仅仅是知识与技能的培训。虚拟的社群空间为乡村妇女提供了即时交流的机会，也是公益组织提供陪伴与支持的平台。根据 L 基金会工作人员的观察，对于如儿童阅读如何开展、生态农业如何做等技能类信息，乡村妇女基本可以在社群空间中相互交流学习。正如 Z 秘书长所说："有的人知道得多一点，有的人知道得少，有的人有经验，有的人没经验，她们相互之间的这种交流学习，我觉得就很有价值。我们是营造氛围的角色。"

Z 秘书长认为，精神的联结和情感的陪伴是 L 基金会最大的贡献。"这是术与道的区别，其他都是术，任何机构都可以做，不管是对接资源还是培训，但是我们是不是基于社会性别敏感的视角，是不是怀着平等的态度去做事情，才是很重要的需要践行的部分。"这两点对于从真正意义上促进乡村妇女个人发展而言有非常重要的作用。L 基金会是专注于乡村妇女发展的公益组织，在调研过程中，其多位工作人员都谈到了性别意识启蒙的重要性。正如 Z 秘书长所言，这种"启蒙"并不是一种单向的"灌输"，而是一种潜移默化的启发与交流。"通过不同的交流、不同的项目，还有我们项目同事的日常的这些陪伴，慢慢地去做一些启发，然后或者是点燃或者是再次撬动，这是一个很微妙的动作，我们不会强行要求你一定要赞同什么，告诉你女性一定要怎么样。"而性别敏感的视角、社会性别的意识都是通过平等的态度，通过从精神与情感上建立起与乡村女性的信任关系来慢慢实现的。

精神的联结与情感的陪伴是在虚拟的社群空间中营造性别友好的氛围，为乡村妇女营造出难得的同温层，让她们在相互交流中产生共鸣，获得彼此的陪伴。比如，L基金会支持的乡村妇女骨干小崔谈到自己投入妇女儿童工作的初衷时说，自己此前"不知道除了家务和孩子，自己还能做点什么有意义的事情，看不见自己的价值，活得没有自我，很辛苦也很辛酸"。同时小崔发现自己不是个例，身边很多妈妈和儿童面临和自己类似的状况。于是，她返乡加入Z图书室，与其他乡村妇女骨干一起学习和成长。她尤其谈到参加L基金会组织的成长学堂工作坊和性别大讲堂的学习后，她开始意识到："每个人都有自己的独特之处，要相信自己，尤其是作为女性，不能总否定自己，要相信只要努力，很多事情就有可能做到。"

（三）城乡融合创新：资源与情感联通

L基金会认为乡村是城市的根，对乡村的了解与支持是城市可持续发展的基础，因此，促进城市与乡村之间的相互了解、建立联结是非常必要的。L基金会Z秘书长认为，乡村的资源往往比较匮乏，"还是需要整合城市的资源，才能够比较好地去支持乡村社区的发展，所以希望成长学堂是一个城乡互动交流的通道，所以就是半城半乡的意思"。为了保证城乡交流的便利性，成长学堂对期待的合作伙伴的所在村庄也有一定的要求。比如，距离中心城市2小时以内的车程，有发展生态农业或乡村旅游的潜在条件等。L基金会支持的城乡融合创新工作包括几个不同的面向，协助乡村妇女组织与不同的城市群体进行资源链接，促进城乡互动、交流与合作，进而促进乡村发展。Y副秘书长在访谈中谈到，虽然同在乡村，但乡村女性还是比乡村男性更加缺少各个方面的社会支持。因此要促进乡村妇女发展，为其引入与共享资源是非常重要的。主要支持方法包括推动城市、乡村社群联合策划创新活动，协助乡村妇女组织和社区筹措资金或为其提供资金支持，为乡村社区引入城市人力资源。

城市大学生志愿者是L基金会城乡融合创新中有效调动城市人力资源的另一案例。L基金会每年支持10个乡村社区夏令营。从城市招募受过培训的大学生志愿者与在地乡村妇女组织合作，一起运营为期4周的活动。

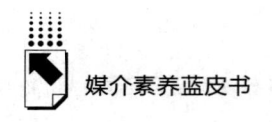

2023年支持11个村庄为476名乡村孩子提供了为期一个月的夏令营活动。夏令营的内容包括社区探索、自然教育、兴趣课堂、素质教育、定向越野等，希望通过这些活动培养乡村儿童的综合素质，增强孩子们的合作意识和责任意识。

城乡资源的互动链接也为乡村妇女增加创业就业机会提供了诸多帮助。2023年，L基金会开展了"小微女性创业汇"项目，与其合作伙伴一起为全国小微创业生态圈的乡村女性提供包括专家、投资人、传播技术等资源支持，帮助她们更好地创业。为乡村女性提供相应的支持的城市人群，包括参与指导或者开设直播培训课程的讲师大部分也是女性，Z秘书长认为这也体现出了城乡女性之间的相互鼓励与交流，"这种精神与情感的影响也是很重要的"。

Z秘书长谈到在未来的发展时表示，L基金会希望进一步加强城乡互动，把城市端的资源与注意力整合起来支持乡村女性发展。"简单来说，我们希望城里人多一点乡里村里的亲戚，大家多走动，不管是信息的流通还是物资的流通。"

四 关于扩展乡村性别友好空间的建议

在过去十年的实践中，L基金会探索出了一条有特色和具有创新性的支持乡村妇女发展的有效路径，在实践中以线上妇女社群建设为基础，培育妇女骨干和妇女团队，通过包括数字技术在内的媒介使用和传播技术应用进行知识生产，创造媒介内容，进行面向乡村妇女儿童和城市公众的传播倡导，助力多元化的妇女赋能目标实现，帮助乡村女性营造性别友好空间。同时，本报告认为，妇女组织对于媒介与技术适宜性的谨慎态度与探讨，性别友好虚实空间中精神的联结与情感的陪伴，以及基于资源与情感联通的城乡融合创新对乡村振兴背景下妇女组织及其他社会力量进一步促进性别平等与乡村妇女赋权具有借鉴意义。

（一）优化线上与线下联动，拓展乡村妇女发展空间

通过对 L 基金会的经验总结，可以看出线上与线下社群的建设与联动是在当下的技术环境中拓展和维持妇女发展空间的有效路径。基层妇女组织可以进一步探索和优化数字技术的使用，将线上社群建设与线下活动相结合，以增强乡村妇女的归属感，并强化知识与技能的传播。妇女组织通过搭建稳定、易用的线上平台，为乡村妇女提供交流学习、资源共享、信息发布的便利。同时，加强对乡村妇女数字素养的培训和指导，帮助她们熟练掌握平台操作，确保每一位参与者都能从中受益。另外，线下活动的开展对于增强乡村妇女的归属感至关重要。妇女组织可以定期组织线下聚会、座谈会、技能培训班等活动，邀请社群成员参与。这些活动不仅可以增进成员之间的了解和信任，还可以为她们提供一个展示自我、交流学习的平台。通过线下活动的参与，乡村妇女将能够更深入地感受到组织的温暖和关怀，从而增强对社群的归属感和认同感。

在知识与技能的传播方面，妇女组织可以充分利用线上社群和线下活动的优势，将知识传播与技能培训相结合。通过线上发布学习资料、开设在线课程等方式，为乡村妇女提供便捷的学习途径。同时，在线下活动中，可以邀请专业人士和有成功经验的乡村女性等进行现场授课、经验分享，让乡村妇女能够更直观地学习到知识和技能。此外，更重要的是鼓励成员之间的互助学习，通过分享经验、交流心得等方式，促进知识的传播和共享。通过优化线上社群建设与线下活动，妇女组织可以有效增强乡村妇女的归属感，并强化知识与技能的传播，拓展和维持有利于乡村女性发展的虚拟与现实空间。这将有助于提升乡村妇女的综合素质和能力水平，使她们在乡村振兴中发挥更大的作用。

（二）深化知识与内容生产，引导乡村妇女积极参与并成为主体

在传播技术不断发展的背景下，知识与媒介内容生产对于推动乡村妇女发展至关重要。虽然数字化背景下，知识与媒介内容生产的确对数字素

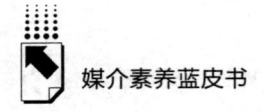

养有更高的要求，存在一定的门槛，但不能简单地将乡村妇女排除在这个过程之外，或仅仅让她们成为被教授或被报道的客体。相反，妇女组织或其他社会力量应该积极引导和鼓励乡村妇女参与知识与内容生产，成为真正的主体。

正如L基金会的实践所展现的，乡村妇女作为发展的主体有其特定的知识需求。妇女组织应深入了解乡村妇女的需求和兴趣，结合她们的实际情况，开发符合她们特点的知识与内容资源。这些资源可以涵盖农业技术、经营管理、电商直播、乡村文化以及性别知识等多个领域，旨在提升乡村妇女的综合素质和能力水平。另外，妇女组织可以提供必要的数字和传播技能的培训和支持，帮助有意愿和需求进行内容创作和生产的乡村妇女提升数字素养和媒介技能。通过组织培训课程、分享学习资料、提供实践机会等方式，让她们熟练掌握数字技术，更好地参与知识与内容生产。同时，妇女组织还应积极搭建平台，为乡村妇女提供展示自我、分享经验的机会。可以设立线上专栏或线下展示区，鼓励乡村妇女撰写文章、拍摄视频、制作手工艺品等，展示她们的智慧和才华。这些平台不仅可以让乡村妇女的声音被更多人听到，还可以激发她们的创作热情，促进知识与文化的交流传播。

（三）创新城乡互动，强化资源与情感联通

在推动乡村妇女发展的过程中，城乡融合创新具有至关重要的作用。L基金会的实践表明，对乡村的了解与支持是城市可持续发展的基础。因此，促进城市与乡村之间的资源与情感联通，建立交流的通道，对于支持乡村妇女发展具有重要意义。首先，资源联通是城乡融合创新的核心。应积极整合城市资源，支持乡村妇女组织的发展。通过协助乡村妇女组织与不同城市群体进行资源链接，促进城乡之间的互动、交流与合作。其中包括推动城市社群与乡村社群联合策划创新活动，协助乡村妇女组织和社区筹措资金或为其提供资金支持，以及为乡村社区引入城市人力资源等。通过这些举措，乡村妇女将能够获得更多的发展机会和资源支持，进一步推动乡村振兴。其次,情感联通是城乡融合创新的重要补充。城乡之间的情感联系不仅能够增进彼此的了解和信任,还能够撬动更多的社会支持力量。通过共同参与活动、分享经验、建立友谊,城乡之间的情感联系得到了进一步加强。情感联通是理解与认同的基础,也是确保资源联通持续性的基础。

B.10
"数字化赋能"形塑乡村创变者

——友成企业家乡村发展基金会"香橙妈妈"项目研究报告

卜卫 蔡珂*

摘　要： 本报告通过实地调研、文献分析和访谈，探讨一个扶贫项目如何在数字化的支持下推动性别平等。自2015年起，友成企业家乡村发展基金会的"香橙妈妈"项目通过数字化手段帮助乡村女性就业创业、增加收入并为其提供再生产和社区支持。自2015年以来，项目从单一的电商培训逐步扩展为包括就业创业技能培训、女性领导力、家庭教育和社区参与在内的综合性经济赋能项目，体现了"人的全面发展是最大的公益"理念。国际发展专家摩塞指出，低收入妇女有三重角色：再生产、生产和社区工作。"香橙妈妈"项目的三大板块与国际妇女发展的经验相结合，形成了中国特色的性别与发展理论（GAD）。在生产、再生产及社会工作领域，项目通过数字化学习、运营及社群建设进行赋能。项目根据乡村妇女的需求重构技术体系，将适宜的技术嵌入她们的生活和生计，特别是在非遗传承方面，突出少数民族妇女的经济贡献。项目的线上线下课程设计帮助她们建立自信，加强了姐妹间的支持和团结。"香橙妈妈"的数字素养教育不仅是提升技能的慈善故事，更深入乡村妇女生活，支持她们摆脱依附地位、参与乡村发展。如果能在女性工作坊和领导力课程中引入社会性别培训和性别平等政策，将取得更好的效果。

关键词： 经济赋能　"香橙妈妈"　电商培训　非遗赋能　女性领导力

---

* 卜卫，中国社会科学院大学特聘教授，研究方向为传播与社会发展；蔡珂，博士，北京外国语大学国际新闻与传播学院博士后，研究方向为国际传播、传播与社会发展。

一 研究背景及研究方法

（一）研究背景

2007年经国务院批准，友成企业家扶贫基金会在民政部注册成立。其业务主管单位为农业农村部，是一个全国性基金会/慈善组织，并具联合国经济和社会理事会特别咨商地位。服务遍及全国31个省（区、市）。曾获评全国扶贫开发先进单位。2022年10月，经农业农村部、国家乡村振兴局、民政部批准，友成企业家扶贫基金会更名为友成企业家乡村发展基金会（以下简称"友成基金会"）。

多年来，友成基金会不遗余力地支持乡村妇女发展。与其他基金会或慈善组织的支持不同，该基金会没有将乡村女性看作单纯的受助者，而是乡村振兴的参与者，因此发掘其潜能，使其成为乡村发展的创变者，并以创变者的身份来建构和发展在地妇女项目。

我国大约有2.5亿名具有劳动能力的女性留守在乡村，这一重要群体实际上承担着农业生产和家庭照料等并无薪酬保障和其他相关福利保障的劳动。她们面临生存和发展的诸多挑战。友成基金会秉承"以人为本"的发展理念，提出"人的全面发展是最大的公益"[1]，从数字化学习到数字化经济赋能，再到数字化支持女性在社区综合发展，力图"让每一个乡村妈妈经济自立，实现自我价值、家庭价值、社会价值，得到全面发展，成为乡村振兴的社会创新力量"[2]。

根据友成基金会2022年度报告，摩根大通乡村女性经济赋能计划项目、东方红"启成妈妈"项目、埃森哲"成功之技"项目、中远海运"香橙妈

---

[1]《友成2022年度报告发布：而今迈步从头越》，友成企业家乡村发展基金会网站，https://www.youcheng.org/news_detail.php?id=1111。

[2]《乡村振兴，既要塑形，也要铸魂》，友成企业家乡村发展基金会网站，https://youcheng.org/viewpoint_detail.php?id=1128。

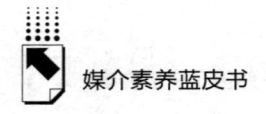

妈"项目培训乡村女性887人。自2015年以来，项目已覆盖甘肃、贵州、四川、江西、河北、广西、湖北、安徽、宁夏、云南、湖南等21个省份174个县，项目直接受益人达20000人，间接受益人达10万多人，其中65%的学员通过电商领域创（就）业提高了经济收入，人均收入增加800元以上，让乡村留守女性感受到了自我价值。① 2022年，"香橙妈妈"项目入选国家乡村振兴局遴选的社会帮扶助力脱贫攻坚成果同乡村振兴有效衔接典型案例。② 2023年"香橙妈妈"项目共计开展了75期线下培训，覆盖了10个省份71个县的4360名乡村妈妈。可以看出，项目以培训为主，而这些培训主要采用了数字化支持模式。

根据调研，友成基金会发现乡村留守女性受教育程度低、生活压力大、收入低、家庭地位低且生存发展机会少。另外，她们有再教育、提高收入、提高家庭地位的需求，也有意愿参与社会性事务，以满足其社区融入的需求，但缺少参与的能力和方法。③ 针对乡村留守女性的问题和需求，友成基金会将支持乡村女性的项目设计为三大板块：乡村女性经济赋能、乡村女性家庭教育赋能、乡村女性社区参与赋能。友成基金会为乡村女性提供就业创业深度赋能与陪伴孵化服务体系，其服务运行模式主要是"线上+线下（分层分阶段、学+练）+陪伴孵化+资源链接"。④

2015年，在中国减贫与发展高层论坛的平行论坛上，友成基金会提供了"线上+线下+孵化（半年孵化一个农业合作社）"的重要经验。现在这个经验已经被复制到"香橙妈妈"项目。友成基金会从实践经验中发现，这种模式的优势是有效赋能，经济增收可量化；深度陪伴孵化，让就业创业可持续；家庭社区，支撑女性全面发展；创新点在于"互动+实操+比赛"的线下上课方式；孵化社群运营不断迭代升级；建立女性就业

---

① 《友成2022年度报告发布：而今迈步从头越》，友成企业家乡村发展基金会网站，https://www.youcheng.org/news_detail.php?id=1111。
② 《香橙妈妈》，友成企业家乡村发展基金会网站，https://www.youcheng.org/project_detail.php?id=895。
③ 《香橙妈妈——乡村女性经济赋能项目》。
④ 《香橙妈妈——乡村女性经济赋能项目》。

创业相关的商业资源库，以实现乡村女性的自我价值、家庭价值和社会价值。①

友成基金会提出的这三种价值，暗合了"赋发展以性别视角和方法"的国际妇女发展经验。国际发展专家摩塞认为，如果我们面向妇女生活实际的时候，不难发现，多数社会的低收入妇女有三重角色：再生产（再生产性质的工作指对家居及家庭成员的照料及维持，包括生育及照料孩子、准备食品、收集水和打柴、采购生活所需、料理家务及照顾家人）；生产（生产用于消费和贸易的商品及服务）；社区工作（包括社区服务等志愿无酬劳动和社区政治工作等有酬劳动并做决策）。②

经验表明，妇女常常承担再生产的无酬劳动，其生产的贡献也被赋予较低价值。妇女主要承担的社区工作被看作女性再生产角色的延伸，而男人则主要从事生产及有酬劳的社区政治工作。一些妇女发展理论主要强调妇女的生产角色，结果可能增加了妇女的负担。③ 性别与发展理论则关照这三重角色并挑战塑造这三重角色的社会结构和文化传统，有助于清除阻碍性别平等的障碍，促进乡村女性成为创变者。

友成基金会的"香橙妈妈"项目，已经不是自上而下、单向或简单的数字素养提升项目。在这个过程中，妇女的角色已经超越了传统的"新技术普及的对象"和"被资助者"的限制，成为与基金会共建的乡村振兴创变者。其中，不难发现，数字化赋能是一个重要的切入口。

基于以上初步观察和分析，本报告的主要研究问题如下。第一，友成基金会为什么会想到去支持乡村妇女，而且要用数字化的形式去支持乡村女性，这样的支持经历了什么过程？第二，友成基金会介入乡村妇女发展首先是支持创业就业（生产），然后怎么就介入了再生产领域和社区工作领域？

---

① 《香橙妈妈——乡村女性经济赋能项目》。
② 卜卫、蔡珂：《数字素养、性别与可持续发展——从"性别与发展"理论视角探讨数字环境下如何促进性别平等的发展》，《妇女研究论丛》2023年第3期。
③ 卜卫、蔡珂：《数字素养、性别与可持续发展——从"性别与发展"理论视角探讨数字环境下如何促进性别平等的发展》，《妇女研究论丛》2023年第3期。

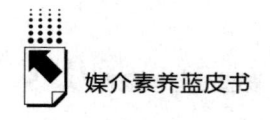

数字化或数字素养提升在其中起了何种作用？第三，这种三重角色支持模式的主要经验以及问题是什么？

（二）研究方法

本报告课题组采取实地考察、参与创变者论坛和研讨会、基金会相关人员访谈、文献分析等方法收集资料并进行研究。

1. 实地考察

2023年5月，笔者应友成基金会邀请参与贵州雷山"香橙妈妈"项目考察。其间，在贵州黔东南州雷山县排卡村参观苗族刺绣非遗传承人YSZ刺绣工坊、贵州黔东南州雷山县龙头街道易地扶贫搬迁安置区就业帮扶车间阿榜服装厂、友成幸福车间（假发车间）等，并对相关人员进行了访谈。

2. 参与创变者论坛和研讨会

2023年5月13日，笔者在黔东南苗族侗族自治州雷山县脚尧村参加了创变者论坛；5月14日，在贵州雷山县乌东村民宿区参加了乡村女性综合发展研讨会。参与论坛和研讨会的还有广东省绿芽乡村妇女发展基金会、福建恒申慈善基金会、蚂蚁公益基金会等。

2023年5月13日，来自贵州、宁夏的6位女性代表发起了一场创变者对话，分别为乡村女性创业者及"香橙妈妈"学员代表雷山县脚尧村一味三杯茶叶专业合作社YL、宁夏原州区宁夏暖馨家政服务有限公司负责人WJ、宁夏隆德县老巷子乡土人情特产店负责人LCF、苗族刺绣非遗传承人YSZ、童木屋儿童服装店LNW、友成幸福车间YCL。她们分享了各自在创业、就业、家庭、教育等方面的经历和遇到的问题。黔东南州妇联、宁夏妇联也分别从政府开展工作的角度分享了发现的乡村女性发展需求。针对乡村女性、基层妇联提出的问题，现场的专家、社会组织代表和企业代表分别从各自可以给予支持的角度提出了解决方案和建议。现场梳理出来9个目前最受乡村女性关注的议题，其中包括：乡村女性参与社区建设和治理、乡村女性发展的社会支持网络、乡村女性领导者的培养、乡村女性家庭关系的构建、乡村女性教育及终身学习内容与渠道的搭建、乡村女性居家就业与经济可持续发展、乡村女性自有产业品牌打造与产业链发展、乡村女性自信心的建立、乡村女性养老及社会价值体现等。

3. 基金会相关人员访谈

2023年11月6日，在北京平谷，笔者对友成基金会副秘书长ZJ、友成基金会乡村产业及人才发展中心主任ZY进行了访谈。访谈的主要问题如下。第一，友成基金会为什么从2015年起决定选择用技术来支持妇女，经历了什么过程以及你们的看法是什么？第二，项目如何从生产领域介入再生产领域和社区工作领域？如何认识这一过程及其反馈？

4. 文献分析[①]

笔者汇集了上述项目考察、创变者论坛和研讨会、友成基金会主要项目执行者访谈的数据，并对相关文献进行了分析，在此基础上形成了报告。

二 研究结果

（一）生产领域支持——数字化就业创业

在访问中，一位苗族妇女拿工资表给我们看，说："以前手写记账，现在我学会了用电脑，去银行也不怕了。"

友成基金会生产领域支持主要包括两个部分：通过电商培训实现经济赋能、通过非遗技能提升实现经济赋能。

1. 电商赋能

友成基金会通过调研发现，电商形式灵活，不受时间和空间的限制，就业或创业门槛低，比较适合乡村女性。根据2015年以来的扶贫经验，友成

[①] 主要资料来自以下文件：《2007~2022友成基金会十五年专刊》《友成·埃森哲"成功之技"香橙妈妈乡村女性就创业赋能项目评估报告》《友成·埃森哲2021年度"成功之技"香橙妈妈大学乡村女性就创业赋能项目评估报告》《农村女性经济赋能扫描研究报告》《香橙妈妈——乡村女性经济赋能项目》《友成2022年度报告》。

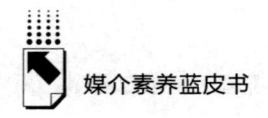

基金会采用1年制"线上线下进阶式赋能培训+陪伴式创业孵化指导+创业资源网络对接"的模式，为乡村女性进行数字经济领域的就业创业技能培训和陪伴孵化，让她们提升就业创业综合素养，更好地实现在地的生计发展，增加收入，实现自我提升和全面发展，使之成为当地乡村建设的中坚力量，影响和带动更多的乡村女性参与乡村振兴，形成本地创业生态体系。[1]

电商赋能模式包括：20小时线上MOOC学习、9天进阶线下集中培训、70小时线上社群学习活动、创业计划书实战。其间，友成基金会采用"6个月创业导师+班主任全程督导"、6天外出研学创业实训、重点学员一对一指导孵化等方法，[2] 通过提供优质货源、线上线下销售渠道和创业贷款，帮助学员进行品牌梳理规划，陪伴并指导学员成长。其中，线下课程采用项目式（PBL）教学方法，与学员一起现场实操解决问题。

电商赋能并没有停留在技术或技能层面，友成基金会更重视素养提升，为此开设了扩展课程，如创业思维课、金融理财课、模拟创业公司、女性领导力、直播电商课、情绪与沟通课等。并且，每月有不同主题的线上社群实训，如直播带货、财务记账、短视频拍摄、时间管理、情绪管理、节日活动等。友成基金会还组织乡村妇女走出大山，外出研学。2020年北京研学营选拔优秀学员外出参访研学，包括企业参观、扶贫基地参观、女企业家交流、城市妈妈互动沙龙、大学游览体验等，增长见识，拓宽视野，结识新朋。

截至2022年，电商赋能项目女性受益人比例达到70%，平均就业创业率达67%，就业创业后平均月增收800~3500元。

2. 非遗赋能

友成基金会乡村妇女人才振兴项目的切入点，除了电商赋能，还特别根据当地特色，发展了非遗赋能。在少数民族聚集的西南部乡村，留守女性保留着传统染、绣、编等非遗手艺，通过产品设计、推广等方面的赋能，尝试

---

[1] 《香橙妈妈——乡村女性经济赋能项目》。
[2] 《香橙妈妈——乡村女性经济赋能项目》。

将手艺变为经济增收的手段之一，并普及传统文化，特别体现了以人为中心、以乡村妇女为中心的发展理念。

数字化学习和运营仍然是非遗赋能的主要手段。友成基金会采用"线上线下赋能培训+非遗合作社运营孵化+非遗产品设计研发+市场渠道拓展+非遗帮扶基地打造"的模式，联合各级地方政府、设计导师、创业导师等各界社会资源，为乡村非遗合作社及带头人赋能，帮助合作社及其从业者全面提升综合能力，实现增收和可持续发展。①

其具体方法为，10天线下集中培训，包括"非遗专题课+设计营销实操课+研学参访""线上直播课+导师答疑"等。友成基金会还协助开拓线上销售渠道、开展线下营销推广活动，如利用"非遗+IP"联名和引入合作订单等。不仅如此，基于非遗传承的特点，友成基金会"孵化"非遗合作社，长期协助合作社运营管理诊断、产品营销推广计划制订、非遗产品设计研发等，并建立基地，一方面培训就业人员，另一方面与城市社区资源联动，开展非遗体验研学活动等。如2018年，与唯品会公益合作，开展"唤醒千年之美"2018大学生非遗创新奖学金项目，以吸引更多年轻群体关注和热爱非遗，为非遗注入新元素和新动力。项目吸引了全国252组学生团队报名参加，覆盖传统音乐、传统美术、传统技艺等多个领域共117项非物质文化遗产。项目开展期间，参赛队伍通过团队微信公众号、短视频、直播等创新方式，向身边的同龄人传播非遗，扩大非遗在年轻群体中的传播力与影响力。各学生团队自创的微博传播量超过15万人次，直播、短视频平台传播量更是高达70万人次。②

2022年3月，友成基金会与北京星巴克公益基金会共同发起"星绣未来"乡村女性经济赋能与非遗传承项目。通过赋能、孵化和推广的方式，帮助从事非遗的乡村妇女掌握"好能力"、培育"好团队"、设计"好产品"、推广"好市场"。项目从全国224名申请者中，挑选了分布在7个省

---

① 《香橙妈妈——乡村女性经济赋能项目》。
② 《香橙妈妈——乡村女性经济赋能项目》。

份的50名女性非遗带头人,开展了为期10天的线下赋能培训和为期6个月的线上孵化活动,组织专家评委团队从中筛选了涵盖云南、四川、贵州、宁夏、内蒙古、甘肃等6个省份的15家重点孵化非遗团队。同时与4所专业院校的11名设计导师及友成基金会的5位创业导师共同组建了15支非遗产品研发小组和创业孵化小组,共同研发了90款非遗产品。3月项目启动仪式上展示了云南大理的白族扎染、云南普洱的佤族织锦、云南梁河的阿昌族织锦等。①

除了促进经济收入增长,非遗赋能项目还有三种重要的社会价值。其一,非遗赋能体现了以人为中心的发展,特别是以乡村少数民族妇女为中心的发展,由此探索了因地制宜的发展道路;其二,非遗在这里被纳入技术的范畴,有助于重新阐释什么是"妇术"②,将被边缘化的妇女的技术重新带入了经济发展的中心,使妇女的贡献被看见并被承认;其三,通过推广项目使非遗文化得到传承。这一经济赋能项目实际上已经具有了重要的社会价值。

不难看出,这两种赋能项目都集中于乡村女性,其方法都采用了数字化学习或数字化运营方法。一个开展乡村工作的基金会,为什么不是发放物资提供资金支持,而是要培养人,特别是要培养处于被边缘化地位的乡村留守妇女,为什么培养妇女要使用数字化手段?

友成基金会ZJ回顾历史说,友成基金会2007年成立,理事长就提出要以人为本,当时业务主管单位为国务院扶贫办。因为要以人为本,我们就提出来要扶贫扶智,要赋能。我们当时已经发现摆脱贫困现象在一定程度上取决于个人,不管是领导还是贫困户本身还是带头人,这些人的改变其实才是一个地方摆脱贫困的最重要的因素。所以我们提出的口号是"人的全面发展是最大的公益",项目在扶持人之后才会有可持续发展能力。③

---

① 《香橙妈妈——乡村女性经济赋能项目》。
② "妇术"(gynotechnics)指的是生产女性观念的一种技术体系,一般来说,也是关于性别系统和性别等级关系的技术体系,参见〔美〕白馥兰《技术与性别:晚期帝制中国的权力经纬》,邓京力、江湄译,江苏人民出版社,2010。
③ 2023年11月6日笔者对友成基金会副秘书长ZJ的访谈。

"数字化赋能"形塑乡村创变者

ZJ介绍说，原来项目设计中是没有性别平等板块的。契机之一来源于中国的扶贫政策——电商扶贫。电商扶贫是2015年十大精准扶贫工程中比较新的一个策略。主管部门希望我们去探索社会力量如何推动电商扶贫。同时，我们正在与合作单位沃尔玛基金会接洽，他们的全球战略中有一个非常重要的板块，是性别平等，引起了我们对中国乡村女性的关注。我们通过大量针对乡村妇女的调研确认乡村女性利用数字化手段促进自身发展的可能性有多大。结果发现，虽然手机使用还不普及，但可以用电脑做淘宝。发展电商，不用坐班、时间相对灵活，电脑操作是乡村妇女可以学会的。因为有电商扶贫政策，也有了资金来支持电商创业，可谓"天时地利人和"，由此开始了数字化支持乡村妇女的项目。①

当时招收学员学习电商，也招收了一定比例的男性。但做了半年、一年左右，发现留下来的90%以上都是女性，"在我们半年的培训当中跟着我们去一步一步往前走的，也就是说非常有驱动力、非常强的还是女性"。驱动力来源于部分妇女家庭地位低、经济收入低、"被人看不起"、非常渴望有自己的收入和改变。经过培训赚到钱之后，她们的自信心、她们的精神面貌都发生了很大的变化。最开始的时候我们是在做电商扶贫的尝试，后来发现，电商其实只是一种方法，应该解决的是乡村妇女的经济赋能的问题，项目就有了转型，要帮助乡村妇女数字化赋能，以经济增收为切入口，解决乡村发展的问题。②

ZJ举例说，"一个以直播带货为主的创业培训和创业孵化指导，有117名学员，其中91名成功直播创业，全部是女性"。③

（二）再生产领域支持——"成为自己"

友成基金会承认，一开始只是经济赋能/生产支持，没有考虑过再生产领域的家庭支持和社区工作支持，但是，如果跟着乡村妇女的发展需求

---

① 2023年11月6日笔者对友成基金会副秘书长ZJ的访谈。
② 2023年11月6日笔者对友成基金会副秘书长ZJ的访谈。
③ 2023年11月6日笔者对友成基金会副秘书长ZJ的访谈。

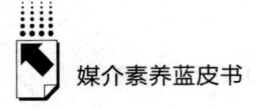

走，就会发现，只有经济赋能是不够的，经济赋能并不能自动使乡村妇女获得平等的地位和自由发展的机会。友成基金会设计项目正是以满足乡村妇女的发展需求为出发点，因此将数字化生产支持扩展到再生产和社区工作领域。

友成基金会 ZY 介绍说，我们从乡村妇女的经济赋能开始，主要用的方法是电商培训。数字技术不断更新，从淘宝、微商一直到直播，可以说越来越适合女性了。但在数字化培训过程中，我们发现很多乡村女性面对技术学习不自信。她们会说，"老师我不行"，"Z 老师，这是我人生第一次当着这么多人的面告诉别人我叫什么。今天我是我自己，我之前的很多年都不是我自己。我就是别人家媳妇。我没有自己。今天在课堂上我好像是我自己"①。不难发现，大多数妇女缺少自信，比如线下培训时挤坐在后面，不敢坐在前面。我们感觉不能只讲数字技术或数字化运营，针对乡村妇女成长的需求开发了家庭沟通课程、子女教育课程、女性领导力课程等。ZJ 说，在女性上课的第一天第一节课，我们就上"女性领导力"，让她们对自我有一个认知，要有自信心，要往前面坐，要告诉自己我是很优秀的，我可以把这件事情做好。② 大家可以在融洽的气氛中，讨论自己家里的问题，比如，"我家庭地位低所以不自信"、"我家里男人出去打工了，关系不好，打着电话就吵架"或"我们不知道怎么教育孩子"。然后问题就越来越多，像这节课就特别受欢迎，有时候到十一二点学员都不愿意走，还在跟老师聊。

我们会惊讶，"这个需求怎么这么大"。当有 5000 人或 6000 人参加电商课程后，其收入慢慢增加了，反过来找到基金会说"其实我们还有别的需求"。2019 年脱贫攻坚快结束的时候，温饱问题基本解决了，易地搬迁的人也过上了正常生活，很多人返乡了，结果家庭问题更突出了。家庭问题被当地乡村妇女描述为"家庭地位低"。

---

① 2023 年 11 月 6 日笔者对友成基金会副秘书长 ZJ 的访谈。
② 2023 年 11 月 6 日笔者对友成基金会副秘书长 ZJ 的访谈。

一贯重视乡村妇女发展需求的友成基金会，开始逐渐尝试开设家庭教育课程（包括家庭沟通课程），并且不占用培训时间，晚上利用两个小时讨论家庭问题，没想到受到热烈欢迎。"有些就是非常震惊的一个现实，就是乡村的很多家庭不是处于一个特别健康的状态，很多女性出来学习，有的想挣钱，有的就是想争口气，让丈夫看看我也能挣钱，就不是一天到晚只能是伸手跟你要钱。""特别是我们看到过其实很有天赋的妇女，在做直播后很快放弃了，原因就是老公说你这又不能马上挣来钱。"① 另一位友成基金会项目负责人 CZ 观察到，一位学员表示不会做直播，"因为男人觉得这样很丢人"，但到"孵化"三四个月时，她在学员群里发了自己的直播，没有分享朋友圈。"我明白家庭的压力还在，但她没有放弃。"② "也看到家里孩子的成长问题。让人特别难受的是有的孩子得了抑郁症，甚至都自杀了，家长都不知道孩子是因为抑郁症走的，知识匮乏到了这种程度。"③

友成基金会 ZY 说，"你就会发现再生产领域就是决定女性能不能往前走的一个特别核心的东西"，"但是这个问题说实话也不是一家公益组织能解决的，就太根深蒂固了，但是我们就在想，我们有没有办法去做一些事情，正好在《家庭教育法》出台之后，我们就正式推出了家庭教育这个板块，其实在此之前我们已经做了很长时间的尝试，包括去做一些女性工作坊，然后包括我们也希望有些课堂大家能够带着老公来，但好几年下来没有人的老公愿意走进我们的课堂，后来才有了"④。

家庭教育项目的模式为"集中线下学习+线上小组主题活动+长期陪伴支持网络"。可以看出，友成基金会依然采用了线上线下相结合的方式，也依然要形成一个支持网络，并且成立了妈妈读书会、妈妈茶话会和专家课

---

① 2023 年 11 月 6 日笔者对友成基金会 ZY 的访谈。
② 《？~！四个女人的符号故事》，"友成乡村人才与产业发展"微信公众号，2023 年 3 月 8 日，https://mp.weixin.qq.com/s/GkZ8GYGXwvHBAwtsd0p Qnw。
③ 2023 年 11 月 6 日笔者对友成基金会 ZY 的访谈。
④ 2023 年 11 月 6 日笔者对友成基金会 ZY 的访谈。

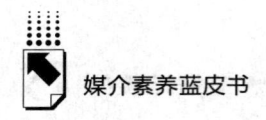

堂，组织了社群学习活动、乡村社区亲子活动和亲子研学活动等。通过这种模式，"为乡村妈妈提供1年期200小时的家庭教育及女性成长学习陪伴，培养乡村妈妈自信积极的品质，获得和谐幸福的家庭生活，能够为乡村社区做出积极贡献，帮助乡村妈妈培育出身心健康的下一代，以'生命影响生命、生命成长生命'的方式带动家庭及周围社区的改变"。①

项目考察发现，在易地搬迁社区，妇女在楼上生活，在楼下扶贫车间上班，旁边设有儿童托管中心。友成基金会不仅考虑乡村妇女的经济赋能，还提供了家庭教育、夫妻关系教育、乡村美育等，培育乡村健康家庭，给乡村女性强有力的支持。一位"香橙妈妈"谈到学习电商能坚持下来，纯粹是因为课堂上友成基金会的员工帮忙看孩子。

尽管有这样的需求，但真的开课了，乡村妇女又怀疑会不会影响我挣钱？友成基金会依然从经济赋能入手，在学习电商的过程中，乡村妇女逐渐发现"我要创业，老公必须跟我一条心，我挣钱我说话，孩子能够看见我怎么样，她才会觉得说我一定要去好好把家庭这块弄起来，就这两块其实是密不可分的"。最重要的是让乡村妇女有能力有意识摆脱在家庭中的依附地位，看到自己在家庭和在社会发展中的价值。

童木屋儿童服装店LNW在创变者论坛上介绍了自己创业的经历。LNW1991年出生，幼年也是留守儿童，高中毕业后，考入江西省一所大专学习计算机编程，毕业后去了广东打工，后回到贵州雷山老家，2017年结婚后女儿出生。之后丈夫依然外出打工，LNW在家料理家务和照料孩子及家庭。但最让LNW无法接受的是，见面本已很少的丈夫跟自己交流更少了，她的付出（无酬劳动）无法得到丈夫的理解，丈夫的决定也不会告诉她。日复一日，LNW觉得生活无望。2019年，LNW偶然看到由友成基金会开办的"香橙妈妈"乡村女性经济赋能项目招生启事，毅然参加了电商培训。计算机专业毕业的LNW报班时的兴趣在于学习"互联网技术"，除了形成互联网思维外，让她没想到的是，项目影响自己最大的却是家庭关系和

---

① 《香橙妈妈——乡村女性经济赋能项目》。

自我认知的改变。培训中有"女性领导力"课程，在老师的引导下，LNW开始思考自己的价值，"以前，我的世界里面都是孩子和家庭，恰恰没有自己，我总觉得女人最重要的事情就是看好娃照顾好家庭，从来没关注过自己，也不知道自己是什么样的人，培训后才明白，原来女人是可以做自己的"。想起自己过去做过的各种工作，她对每个新领域都充满好奇，充满热情地主动熬夜学习新技能，而现在，她已忘记了自己曾经的模样。"找回过去的自己"成为LNW的新目标。

2021年，友成基金会的项目再次来到雷山，当时的LNW腹中正孕育着8个月的小女儿，大雨倾盆，挺着大肚子的LNW骑上带着斗篷的电动车，后座带着3岁大的大女儿，奔赴培训地点，要为自己和家庭建设新的未来。最终，她根据自己的爱好和潜能发展了自己的事业——童木屋儿童服装店。她利用课堂上老师教的方法，从网上找货源，又在网上学习如何搭配和展示衣服。丈夫回家看到她捧着手机不撒手的样子，不满地责备："天天看手机，手机能让你挣钱吗？"当看到妻子逐月增加的收入后，丈夫态度大变样。"现在他比我都自豪，只要回家他就会来摊上帮忙。"在经济独立或"成为自己"的同时，LNW参加了家庭教育课程，由此改善了夫妻关系和与子女的关系。在挖掘自我人生价值的过程中，LNW收获的是生活全然的改变。现在的LNW为"香橙妈妈"这个身份感到自豪，前前后后一共参加了六次友成的线下培训，每次培训后还有线上孵化期。"最重要的是，她们教会了我，要爱自己。"①

如从江县妇联主席LYL所说，参加"香橙妈妈"培训班的妇女改变的不仅是自己，过去很多忽视她们的丈夫也因她们的变化而改变，"有的老公过去看不起老婆，觉得自己养家，现在我见过几个老公，都说老婆现在是自己的骄傲"②。

---

① 2023年5月13日LNW在创变者论坛上的发言；《？~！四个女人的符号故事》，"友成乡村人才与产业发展"微信公众号，2023年3月8日，https://mp.weixin.qq.com/s/GkZ8GYGXwvHBAwtsd0pQnw。

② 《？~！四个女人的符号故事》，"友成乡村人才与产业发展"微信公众号，2023年3月8日，https://mp.weixin.qq.com/s/GkZ8GYGXwvHBA wtsd0pQnw。

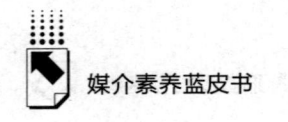

(三)"女性领导力"培训赋能

在电商培训中,友成基金会发现"很多女性,她向上生长的那种能量特别的强",同时发现,"确实在乡村的女性里面,自卑感是骨子里的那种,尤其是她们见到城市里来的老师,莫名其妙会担心老师会觉得她不行"。如果"人的全面发展是最大的公益",那么就需要改变人,"扶贫要扶智"。并不是说,她们智力不够,而是说长期的贫困压抑了她们的很多想法,使她们失去了自信,对改变周遭环境感到无助无力。

从优秀学员案例的反馈中发现,她们不光说增收了多少,而且会说"我自己变得自信了,老公对我态度变了,孩子也变了,家里变得特别和谐"。不仅如此,有人报告说,"老师,我去参加了我们这个村子里面的竞选,我做了妇联主席,然后我根据您教我的这些东西,带着我们村里的人一块去做了直播,变成了带头人"。还有妇女报告说,当了村子里的副书记。有的女性学员主动做起了社区公益,"有的学员也会跟我们说,老师我们这村子里面有很多孤寡老人,我们能不能为他们做点什么"。也有学员主动去帮助留守儿童,"老师我每周想把他带到我们家来,跟孩子玩两天,或者我想就管他几顿饭,这算不算帮扶或者还能有什么方式,她主动提出了参与社区工作的一些愿望"[①]。

ZY 在访谈中提到,"我们慢慢就发现这个项目其实就有点像马斯洛需求的金字塔了,最开始可能是经济温饱的问题,然后是家庭教育沟通这样的能力的问题,到最上面一层她们可能想实现自己的社会价值"。如果考虑并关注乡村妇女发展的需求,那么就要想办法去改变一些东西以增强妇女赋权。为此,友成基金会开始探讨女性领导力课程。

ZY 介绍说,国内大部分领导力课程是偏管理学的,是给企业家上的,当然也有女性领导力,也是给女性企业家上的。我们要研发自己的课程,我们不是要讲如何管理一个机构,或者一个女性怎样当领导者,而是要做好自

[①] 2023 年 11 月 6 日笔者对友成基金会副秘书长 ZJ 的访谈。

己生活和工作的领导者。①

ZY 解释说，领导力不是说只有领导者才有，领导和领导力是两个东西。领导这个词在中国的语境下大多与职位挂钩，但其实回归其本身的话，它跟职位是没有关系的。这是首先要澄清的概念，因为很多学员觉得领导跟我就没关系，坐在主席台上的才是领导。我们会告诉她们，不管你是男是女，不管你是城市的还是乡村的，你都可以在成为自己的过程中进而成为自己的领导。你在乡村创业，你的家人支持你，你周围的人支持你，你就是一个领导。女性领导力培训除了解释领导力是什么，最重要的部分是交流乡村女性创业者的经验。其次回到现实，分析她们现在面临的问题是什么。结果发现有很多性别歧视，比如，没有时间创业，家人限制她们外出等。但是，培训课程会告诉她们，只要你来到这个课程，你就勇敢地前进了一步。如果在培训班上敢于发言，敢于去直播去卖货，你就前进了好几步。这个课程之后，连续 7 天有一个线上社群活动叫"闪光的自己"，每天在社群打卡自己的一个闪光点，帮助她们建立自信。ZJ 介绍说，这是开发的第一节课，一般这节课后，姐妹们就被点燃了。"原来没有这节课的时候，上来就讲数字技能，很多姐妹如果听不懂就走了，就觉得自己不行。但有了这节课之后，发现有不懂的地方，可以问问别人，说我可以的，没问题。"②

"领导力+电商"培训后，"不少乡村女性就成长起来了，看到家里人、很多妇女都听她的意见，就会开始想，我可以去当个妇联主席，然后我给村子里多做点事情"③。友成基金会重点培养和"孵化"优秀学员，并成立了"梦想基金"。请乡村妇女自己先提一个影响乡村发展的方案，可以是针对困难群体的帮扶或是要解决乡村发展的一个问题等，通过选拔，友成基金会会在内部筹款帮助她们实现这一个梦想，比如为当地茶农提供技能培训，为留守儿童组织活动，为村里的孩子买新华字典等。在全国直播挑战赛中，最

---

① 2023 年 11 月 6 日笔者对友成基金会 ZY 的访谈。
② 2023 年 11 月 6 日笔者对友成基金会副秘书长 ZJ 的访谈。
③ 2023 年 11 月 6 日笔者对友成基金会 ZY 的访谈。

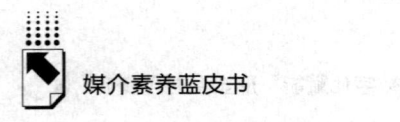

后入围决赛的,每个人都可以提出一个梦想,友成基金会会提供资金和资源支持。

在创变者论坛上,YL和YSZ介绍了自己如何摆脱女性束缚而拥有了自己的企业的故事。

来自雷山县西江镇脚尧村的YL,今年36岁,苗族,目前担任贾河村的妇联主席、三杯茶叶专业合作社销售经理。其2007年高中毕业外出打工,2017年6月返乡。原本性格内向,不善言辞,在公众面前说话发抖,但参加友成基金会的"香橙妈妈"培训班之后,有机会练习公开表达自己和外出(到北京、上海等地)参访,认识了很多良师益友,学到了很多关于提升自己、实现自我价值的知识,变得越来越自信。"友成的培训课程对我们来说是非常珍贵的。我们合作社的很多产品,还有我们网上所有的店铺,都是在友成老师手把手的指导下操作起来的。我们最开始做的是淘宝,然后是拼多多,现在做抖音,都是老师手把手地教起来的。我的变化也感染了我的丈夫。刚开始他看到我培训的时候,觉得是浪费时间,后来他确确实实看到我在改变,所以他也参加了友成'乡恋计划'的培训,我们一起建立了茶叶合作社。我们制作的特级银球茶在2021年获得第十八届中国世界功夫茶大赛绿茶类的五星优质奖,在2022年获得2022年度贵州绿茶品牌质量推选评选活动的一等奖。在采茶时节,合作社还带领全村妇女(86人)参加劳动,带来收入的同时,带来实现自己价值的机会。"

更为可贵的是,YL开始与专家讨论村庄的发展。她需要"对三杯品牌进行系统的品牌体系建设,从品牌定位、客户定位到渠道搭建和产品包装设计,都需要更专业的指导和帮助。另外,茶叶加工设备老化,亟须拓展新的加工车间,更换更稳定的茶叶加工设备"。

她介绍说,脚尧村的水电、道路、信号、排污等基础设施全面,森林植被覆盖率高,美丽乡村项目为脚尧村的发展打下了基础,适合发展乡村特色产业,可以融合壮大村集体经济。在乡村振兴背景下,脚尧村直接面临的问题是如何经营,如何让资源变资本,让资本充分流通,在流通中实现增值。她侃侃而谈,"我认为乡村振兴要靠建设,更要靠经营,建设和经营是支撑乡村振兴的两个轮子，密不可分。对于脚尧村而言，我们需要重新做好定位，打造新的IP，让脚尧村在小康村的荣誉中实现增值蜕变，最终要实现三大转变，由种养村庄变龙山文明村庄，由农房村庄变客房村庄，由普通村庄变品牌村庄"①。

她用最朴素的语言对"香橙妈妈"培训做了总结，"这些年来我从一开始的'我不想'（不敢）到'我试试'再到'我能行'，这些改变来自我们跨出的第一步，很多事我们不会，但是我们可以学"②。

顽强地学习的还有YSZ，苗族，县级非遗传承人。她曾穿着苗服在东莞打工，自我定义为一个勇敢不服输的女性。丈夫外出打工，孩子生病，她曾求人用摩托车带着她们去医院，但男人怕"老公不在，会说闲话"，没有人帮忙。她哭着背着孩子去了医院，发誓要学会骑摩托车，结果成为村子里第一个会骑摩托车的妈妈。"香橙妈妈"项目来招生，她抱着试一试的想法报名了。因文化程度低，白天学习晚上写作业，"真的把我累得想放弃的那种，但是后来，真的是把不可能的东西都逼成可能了，我最不喜欢写的作业也写成了"，"然后我就发现其实只要肯学，没有什么是学不会的"③。她刚开始苗绣直播的时候，普通话也说不好，不敢说话也不敢露脸，后来在友成基金会的鼓励下，成功地开了抖音直播苗绣课程，2023年5月我们访问的时候，已有3.8万名粉丝。成千上万的人跟着她在抖音学习苗绣。现在她斥资百万元盖房，建立了"星绣未来"苗绣工坊，也带领其他妇女就业创业。

除了成为创业带头人，也有"香橙妈妈"成长为社区领导者。出生在甘肃省临洮县偏僻乡村的WXY是家里的第五个女儿。受传统重男轻女思想的影响，加上家庭经济不好，高中毕业后，WXY留在村里结婚生子，做家务并照料家里的老人和孩子。因为是村里为数不多的受过高中教育的女性，2017年WXY被选为村妇联主席。但当父母不幸去世且孩子"没教育好"，

---

① 2023年5月13日YL在创变者论坛上的发言。
② 2023年5月13日YL在创变者论坛上的发言。
③ 2023年5月13日YSZ在创变者论坛上的发言。

她就觉得自己"干什么都不行",于是准备辞去村妇联主席的工作。恰恰在这时,县妇联发放了友成基金会"乡村女性赋能计划"培训班的通知,她对"女性赋能"四个字充满好奇,报名参加并被录取了。培训第一课就是"女性领导力",WXY自问,我是真的不行吗。"大家都习惯性地认为女人干工作就是干不好,没有男人强。我们村里从来没有女人当过村干部,哪怕男的水平不行,也不选女的。"WXY回忆说。经过课程学习,2020年底,WXY同意县领导推荐其竞聘村支书。42人投票,WXY获得38票,远远领先第二名。考虑到自己工作经验不足,WXY主动要求先从副书记做起,成了村里第一个女性村干部。①

WXY总结说:"在'香橙妈妈'乡村女性赋能计划项目中,我学到了女性领导力的课程,犹如醍醐灌顶。它让我发现了自己的特长、自己的闪光点和自己的领导力。我开始重新审视自己的工作。现在,我要帮助村里的五保户,还要组织村里的姐妹学习技能、开展娱乐活动,我觉得自己的价值得到了体现。"②

三 主要结论与分析

自2015年起,友成基金会"香橙妈妈"项目致力于通过数字化赋能手段,帮助乡村女性就业创业,提高经济收入。友成基金会项目的特点是自下而上地发展和建构项目内容,从乡村妇女视角出发,根据乡村妇女的发展需求,除了经济赋能,还强有力地支持了乡村妇女在再生产领域和社区工作领域的赋能。项目经验表明,支持乡村妇女获得平等的地位和自由发展,必须同时关注妇女的再生产领域和社区工作领域。

2020年至今,友成基金会一直探索乡村妇女的全面发展。在不断试错、不断调整、不断更新项目模式的过程中,坚定了项目升级的信念。2023年,

---

① 《妈妈,伸手去够星空!》,友成企业家乡村发展基金会网站,https://www.youcheng.org/m/news_detail.php?id=943。
② 《妈妈,伸手去够星空!》,友成企业家乡村发展基金会网站,https://www.youcheng.org/m/news_detail.php?id=943。

"数字化赋能"形塑乡村创变者

"香橙妈妈"乡村女性经济赋能项目正式升级为以数字化和非遗为主要经济赋能手段、以家庭社区支持为乡村女性创业支撑体系的模式。①

"香橙妈妈"乡村女性经济赋能项目,与"赋发展以性别视角和方法"的国际妇女发展经验大致吻合。如果自下而上地发掘友成基金会的乡村妇女数字化赋能实践,不难看出,其主要经验成功地覆盖了生产、再生产和社区工作领域。友成基金会的项目关注消除阻碍性别平等的障碍,支持底层妇女在生产、再生产和社区工作领域里的角色变化,促进性别平等。

作为一家创新驱动的社会组织,友成基金会的创变者论坛、电商培训及其孵化陪伴、合作社经济、扶贫车间、非遗课程、儿童托管中心等都是对"以人为中心"发展模式的社会创新。其创变者话语有力地说明了友成基金会没有将乡村妇女简单地看作救济对象或者是新技术普及对象,而是发动创造性改变的具有极大潜力的乡村建设行动者,由此建构了其主体性身份和地位。以乡村妇女为中心,发掘乡村妇女的潜力,自下而上地共同探索适合乡村妇女的发展道路,是"香橙妈妈"项目最突出的特色。

无论是生产领域,还是再生产领域或社会工作领域,"香橙妈妈"项目的数字化赋能主要表现在数字化学习、数字化运营(如直播或推广)以及数字化社群建设方面。可贵的是,"香橙妈妈"项目没有只是"普及""外来"的技术,而是根据在地乡村妇女发展的需求,重构能够赋能的技术体系,将适宜技术有机地嵌入当地妇女生活和生计发展。除了线上"孵化",还有线下陪伴,这种面对面的平等互动,逐渐消除了乡村妇女因缺少读书机会和视野闭塞而不能融入社会的自卑感、无助感,使她们逐渐建立了自信,增强了姐妹之间相互"看见"、相互支持的团结。这种相互"看见"和团结赋予她们做出改变的力量。

友成基金会的实践也让我们重新反思何为妇女的技术。根据访谈,之所以选择数字化是因为某些新的传播技术更适合妇女。如妇女可以利用电

---

① 《集合爱的力量,守护乡村妈妈——友成首届乡村女性综合发展研讨会在贵州雷山召开》,友成企业家乡村发展基金会网站,https://www.youcheng.org/news_detail.php?id=1113。

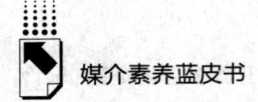

商就地创业就业，不受时间和空间以及文化程度的限制。同时应看到，项目设计中的经济赋能不仅是一种生计手段，也是一种为自己为社群"发声"的训练。非遗赋能则比经济赋能的"技术适宜性"更进一步，当地非遗是来自乡村少数民族妇女生活的技术。数字化赋能非遗传承更能体现当地是在做以乡村少数民族妇女为中心的发展，将曾经被边缘化的妇女技术重新带入了经济发展的中心，使妇女的贡献被看见并被承认。在这里，妇女对社会的贡献不仅表现为收入增长，也包括传承非遗文化。

从表面上看，"香橙妈妈"项目似乎是在做数字素养教育。但这绝不是一个简单的自上而下的数字技能提升的慈善故事，而是在深入当地乡村妇女生活生产的过程中，利用数字化赋能全面支持乡村妇女摆脱其依附地位、走出家门参与乡村发展的故事，同时是改造当地社会结构和文化传统的故事。从江妇联主席梁银丽曾总结说，"'香橙妈妈'最大的特点是授人以渔，而且最重要的是这些'渔'切实符合妇女的需要，所以才能看到培训后妇女那样有激情地、自发地改变，这是我在任何其他项目中没有看到的。只有这样的项目，才能真正改变一个人，而不是改变一时的现状"[1]。经验表明，改变人，才有可能促进可持续发展。涉及三个领域的课程实际上都在做改变人的工作，其中，女性工作坊和女性领导力课程如果能引入以往项目中的社会性别培训和性别平等政策课程，则会有更好的改变人的效果，从而使"人的全面发展是最大的公益"被赋予更重要的意义。

---

[1] 《？~！四个女人的符号故事》，"友成乡村人才与产业发展"微信公众号，2023年3月8日，https://mp.weixin.qq.com/s/GkZ8GYGXwvHBA wtsd0pQnw。

媒介素养教育篇

B.11 广州市少年宫张海波媒介素养教育团队实践经验报告

张灵敏　王晓艳*

摘　要： 广州市少年宫儿童媒介素养教育实践持续近20年，张海波媒介素养教育团队（以下简称"张海波团队"）研发了国内首套被纳入国家公共教育体系的媒介素养教材，实现了从校外实践、单校实验、多校推广到地区覆盖的转变。本报告回顾张海波团队的儿童媒介素养教育实践，采用深度访谈法与二手资料收集法，收集超过100万字的访谈文本资料与教材内容、媒体报道等其他相关资料，梳理与归纳中国儿童媒介素养教育"广州模式"的具体内容以及实施路径，推广"广州模式"的先进经验，以期丰富和拓展儿童媒介素养教育的"中国实践"。广州市少年宫探索出一条"自下而上、与时俱进的媒介素养教程开发与自上而下、家校社企全面参与的媒介素养教育推广相结合"的实践路径。"广州模式"的核心经验包括：重视顶层

---

* 张灵敏，广州大学新闻与传播学院副教授，研究方向为传播与社会发展、健康传播；王晓艳，博士，四川师范大学四川文化教育高等研究院讲师，研究方向为儿童媒介素养教育、互联网教育、青少年同伴关系。

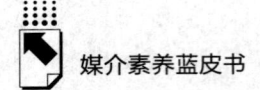

设计,承担社会治理职能;遵循"问题导向"的工作思路,争取社会资源;贯彻"儿童参与"理念,赋权赋能儿童;积极"破圈",从教育圈到社会圈,实现社会全域行动。本报告提出推动少年宫儿童媒介素养教育发展的建议:将课程重心从"安全"转向"发展",丰富智媒时代媒介素养的内涵,重视城乡儿童媒介使用的差异,实施定制化的乡村媒介素养教育,开发科学的儿童媒介素养评估指标体系。

关键词: 儿童媒介素养教育 网络安全教育 网络生态治理 广州市少年宫

广州市少年宫儿童媒介素养教育实践萌芽于21世纪初青少年报刊媒体的小记者实践活动。① 时任《广州青年报》总编辑的张海波将青少年媒介素养教育视为青少年报刊专业化转型的一个方向,同时利用兼任少年宫副主任的优势,在少年宫全面开展小记者媒介素养教育。2006年,张海波成功申请一项科研课题"广州市未成年人媒介素养教育行动研究",正式拉开团队研究与实践的序幕。

在多个科研项目与实践活动的支持下,张海波团队研发了国内首套同时面向学生、家长和老师的"三合一"教材《媒介素养》,经过多年的实验与反复修订,该教材被正式纳入广东省地方课程体系,标志着我国儿童媒介素养教育实现了从校外实践、单校实验、多校推广到地区覆盖的巨大飞跃,具有里程碑式意义。在近20年的探索与发展中,广州市少年宫探索出一条"自下而上、与时俱进的媒介素养教程开发与自上而下、家校社企全面参与的媒介素养教育推广相结合"的实践路径,形成以"问题导向、科研引领、儿童参与、社会行动"为特色,以"儿童有效利用媒介发展自我、在

---

① 董云文:《苹果世代——张海波的少年媒介素养研究》,载王天德主编《中国媒介素养研究人物史》,中国广播影视出版社,2017。

网络环境中趋利避害以及成为数字时代和网络社会的优质公民"为教育目标的可持续的儿童媒介素养教育模式——广州市少年宫模式（以下简称"广州模式"）。

本报告将回顾张海波团队立足广州、辐射全国的儿童媒介素养教育实践，梳理与归纳中国儿童媒介素养教育"广州模式"的具体内容以及实施路径，推广"广州模式"的先进经验，以期丰富和拓展儿童媒介素养教育的"中国实践"。本报告主要回答以下三个问题。一是"广州模式"儿童媒介素养教育的内容是什么？它的与时俱进特性体现在哪里？这些内容是谁参与生产的？以及如何生产出来的？二是广州市少年宫开展以家校社企全面参与为核心的儿童媒介素养教育的具体实施路径是什么？遭遇的障碍有哪些？如何利用本土化资源解决问题？三是"广州模式"可复制的核心经验是什么？未来可拓展的实践边界在哪里？

本报告主要采用访谈法、观察法、二手资料收集法对广州市少年宫儿童媒介素养教育实践进行研究。2020年7月11日，笔者参加第八届中国（西湖）媒介素养高峰论坛，聆听广州市少年宫副主任张海波老师的发言；2023年7月25日，笔者参观广州市第二少年宫儿童媒介素养教育研究基地的科技体验区、学习展示区、公益服务区和素养教育区，访谈张海波、杨晓红等老师；2023年8月29日，笔者在广州市第二少年宫访谈张海波老师；2023年9月6日，笔者参观广州市第三少年宫儿童媒介素养教育研究展示中心，与张海波、杨晓红、王品月等老师进行座谈；2023年9月16日，笔者参与、观摩网络素养教育活动并与老师、学生交谈。研究共收集访谈资料近10万字，另外，全程参与多场面向家长与儿童的媒介素养教育活动，现场与家长、儿童进行互动，观察并收集大量文本资料与图片、视频资料。

本报告还采用二手资料收集法，获取1996年至今少年宫开展儿童媒介素养教育探索与实践的相关文献资料，包括不同版本的教材内容、媒体报道、调研材料、出版著作以及研究论文等，共计超过100万字。

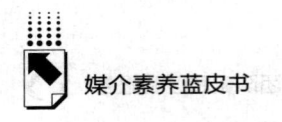

一 儿童媒介素养教育"广州模式"的发展脉络

按照实践形式、实践对象与实践范围,儿童媒介素养教育"广州模式"的发展大致可以分为四个阶段,如表1所示。

表1 儿童媒介素养教育"广州模式"发展的四个阶段

实践阶段	实践时间	实践名称	实践形式	实践对象	实践范围
雏形阶段	2006~2010年	小记者媒介素养教育	小记者媒介素养实验课程	广州适龄儿童	广州市少年宫
发展阶段	2011~2016年	中小学媒介素养教育	中小学媒介素养省级地方课程	广东省中小学生(辐射全国)	中小学
成熟阶段	2017~2021年	儿童网络安全教育	网络安全教育进学校、进家庭	全社会适龄学生	以教育界为主体,社会各界广泛参与
拓展创新阶段	2022年至今	未成年人网络生态治理家校社企协同行动	未成年人网络保护系列活动	全社会未成年人	全社会多主体

(一)雏形阶段:小记者媒介素养教育的少年宫实践

21世纪初,时任青年报社总编辑的张海波大力开展以校园小记者培训为主要形式的青少年媒介素养教育活动。那时候"媒介素养"的概念还没有正式引入我国,他把这个阶段的媒介素养叫作"小记者媒体素养"。小记者媒介素养教育只面向报社的校园小记者团体,教育内容偏向短期的、围绕特定报纸选题开展的新闻采编能力培训,并未形成系统的、专门的媒介素养教育课程体系。

基于多年校园小记者媒体素养的培训经验,张海波在科研课题的指导下,借鉴新加坡、中国香港、中国台湾等地的媒介素养教育课程,于2008年带领报社记者、编辑与少年宫的青年教师在广州市少年宫成长空间正式开设小记者媒介素养实验课程。2010年,时任广州亚组委志愿者部宣策办主任的张海波和他的团队一起创办《亚运志愿者报》《亚运小记者专刊》,广泛开展小记者媒介素养教育活动。

这一阶段的儿童媒介素养教育仍然偏重儿童新闻实务能力、口头表达能力以及社会参与能力的教学。跟报社校园小记者媒体素养教育实践相比，这一阶段的实践在两个方面取得突破：第一，开发出专门的媒介素养教育课程，为后续的儿童媒介素养教育建立了一个模板；第二，开始以实践的方式将媒介素养教育的概念推向公共领域。

（二）发展阶段：中小学媒介素养教育的实践

2011~2016年是儿童媒介素养教育"广州模式"形成的重要时期，这一阶段的儿童媒介素养教育实现了从校外到校内、从单校实验到全地区推广、从新闻实务能力培养到全方位媒介素养教育的质的跨越。

张海波团队采用科研课题合作的方式，将儿童媒介素养教育课程带出少年宫，融入广州12个区13所重点小学的日常课程教学，再经过反复的调研、打磨和修订，最终成功研发出全国首套儿童媒介素养教材《媒介素养》。儿童媒介素养教育课程正式被纳入广东省地方课程，标志着儿童媒介素养教育全面进入国家公共教育体系。

（三）成熟阶段：儿童网络安全教育的社会行动

2016年，广州市网信办、广州市教育局、共青团广州市委在广州市少年宫设立了广州市青少年网络安全及媒介素养教育研究基地，儿童媒介素养教育"广州模式"进入成熟阶段，媒介素养的内涵发生了新的变化，主要体现在两个"新"——新媒介和新素养上。

基于每年全国少年宫系统开展的"儿童与媒介"大型调研以及日常的儿童媒介素养教育实践，张海波团队发现儿童使用手机的现象越来越普遍，并且敏锐地捕捉到儿童在使用手机上网的过程中存在的网络安全风险。因此，广州市少年宫的儿童媒介素养教育开始侧重以手机为主的新媒介，以及应对网络安全风险所需的新素养。

在各级党政部门的支持下，广州市少年宫承接省市网信办等部门主办的

"争做中国好网民"主题教育活动。在学校、家庭与社会全域开展网络安全媒介素养教育,覆盖城市与乡村,开启儿童媒介素养教育"从一种教育理念成为一种社会行动"的破圈之旅,意味着"广州模式"正式形成。

(四)拓展创新阶段:未成年人网络生态治理的全域融入

2022年,"广州市未成年人网络生态治理基地"在广州市少年宫挂牌成立,标志着"广州模式"进入全新阶段:突破教育的范畴,全面融入社会的各个领域,如司法、民政、妇联、网协、社区街道等,承接未成年人网络生态治理的社会职能,并且逐渐从国内走向国际,参与全球青少年网络治理讨论,贡献"中国方案"。

通过梳理儿童媒介素养教育"广州模式"四个阶段的发展脉络,不难发现,"广州模式"沿着报社—少年宫—中小学—全社会的扩散路径,从传统媒介延伸至新媒介,从最初的单一新闻生产能力培训到媒介知识、技能、价值观的复合式教育,到家校社企全面参与的网络安全教育,再到社会多元主体全面融入的网络生态治理,不断丰富媒介素养和儿童媒介素养教育的内涵,探索出一条具有中国特色的、在地化的儿童媒介素养教育道路(见图1)。

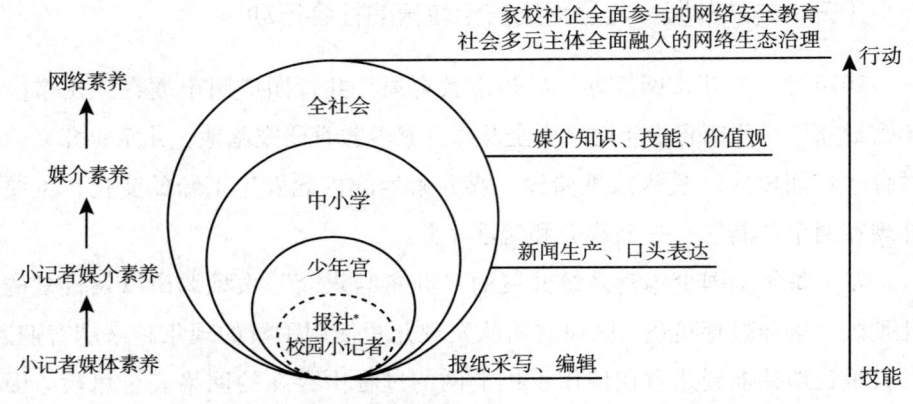

图1 儿童媒介素养教育"广州模式"发展与形成的总体脉络

* 报社校园小记者媒体素养培训是张海波在《广州青年报》的实践,从严格意义上来说不属于少年宫儿童媒介素养教育的范畴,但它是少年宫开展儿童媒介素养教育的重要基础,因此总体脉络中采用虚线的方式呈现这一阶段的实践。

二 儿童媒介素教育"广州模式"的主要内容

(一)与时俱进的儿童媒介素养教育课程

经过从报社校园小记者培训到少年宫小记者媒介素养课程的多年实践经验积累,广州市少年宫儿童媒介素养教育形成了一套相对成熟的课程体系,并且在各学校长期推行的过程中不断进行修订和迭代,最终成为国内首套进入国家公共教育课程体系的儿童媒介素养教材。表2呈现了儿童媒介素养教育"广州模式"的课程/教材应用情况,张海波认为"与时俱进"是这套课程/教材的最大特点,体现在课程/教材内容的更新始终与互联网时代的社会发展需求相匹配,始终与媒介素养教育的发展目标相匹配。

表 2 儿童媒介素养教育"广州模式"的课程/教材应用情况

年份	课程/教材名称	应用情况
2008	小记者媒介素养教育课程及活动	少年宫参加课程及活动的学生累计上万人次
2013	"三合一"教材《媒介素养》 《媒介素养:小学生用书》 《媒介素养:家庭用书》 《媒介素养:教师用书》	2013年底被中国青少年宫协会作为媒介素养教育推荐读本,在全国校外教育系统推广使用;2014年12月顺利通过广东省教育厅初审,列入广东省教育厅的教材目录
2014	《媒介安全教育读本》(彩色漫画版)	着重强调使用网络媒介的安全
2016	《图说媒介故事》系列丛书	面向学前儿童
2016	《小学生网络安全教育》(彩色漫画版)	系统的儿童网络安全教育知识
2016	《家庭媒介素养教育》	专门面向家长的媒介素养教材
2016	《媒介素养》(彩色漫画版 第二版)	实验修订后的版本被列入广东省教育厅的教材目录,进入中小学省级地方课程体系
2019	《网络素养》	按照"争做中国好网民工程"的最新精神和工作要求,结合近年来网络科技的发展动态,修订并更名《网络素养》教材,并于2019年12月正式通过广东省中小学教材审定委员会的复核

1. 传统媒介—新媒介:匹配互联网时代的社会发展需求

儿童媒介素养教育"广州模式"的教材主要经历了3个版本的演进

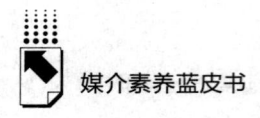

（见表3）：2013年的《媒介素养：小学生用书》、2016年的《媒介素养》（彩色漫画版 第二版）以及2019年的《网络素养》。通过对3个版本教材内容进行对比分析，不难看出，儿童媒介素养教育"广州模式"的课程呈现从传统媒介时代的媒介认知与技能教育到互联网时代网络安全教育的转变，并且不同版本教材涉及的网络安全问题始终切中当前社会的"痛点"，回应了社会发展的需求。

表3 3个核心版本教材的内容对比

2013年《媒介素养：小学生用书》	2016年《媒介素养》（彩色漫画版 第二版）	2019年《网络素养》
媒介知识 1. 我们一起学媒介 2. 媒介，我们成长的好朋友 3. 各种媒介：图书、报纸、电影、广播、电视、网络、手机、QQ与博客、电视节目与视频网站、流行音乐、广告、动漫、电子游戏 4. 记者和新闻 5. 媒介的兴衰与发展	走进媒介世界 1. 生活中的媒介 2. 发展中的媒介 3. 提高媒介素养 4. 实践探究：寻找"古董"媒介	走进网络新时代 1. 前网络时代 图书 报纸 电影 广播 电视 2. 网络时代 电脑和智能手机 网络 人工智能 3. 实践探究：制作以媒介技术发展为主题的海报
媒介实践 1. 小记者：采访与写作 2. 小主播：观察表达 3. 小美工：编排设计 4. 小摄影：摄影 5. 小主编：编辑制作	了解媒介历史 1. 印刷时代 图书 报纸 2. 电子时代 电影 广播 电视 3. 数字时代 电脑 网络 智能手机 4. 实践探究：撰写媒介传播方案	网络新功能 1. 社交表达 网络社交 网络表达 2. 娱乐消费 网络娱乐 网络消费 3. 学习资讯 网络学习 网络资讯 4. 实践探究：同学上网情况小调研

续表

2013年《媒介素养：小学生用书》	2016年《媒介素养》（彩色漫画版 第二版）	2019年《网络素养》
—	认识媒介功能 1. 社交表达 QQ和微信 博客 2. 娱乐消费 流行音乐 广告 动漫 电子游戏 3. 新闻报道 记者 新闻 4. 实践探究：媒介产品的优点与缺点	争做中国好网民 1. 安全上网 个人信息要保护 网络交友要理性 网络欺凌要抵制 网络诈骗要慎防 2. 健康上网 身体健康要保护 网络沉迷要预防 不良信息要抵御 3. 文明上网 网络法律要遵守 网络空间要清朗 4. 实践探究：撰写网络环境对儿童影响的小提案
—	学做好网民 1. 网络安全 个人信息要保护 网络交友要谨慎 2. 网络健康 保护身体健康 预防网络成瘾 辨别不良信息 3. 网络文明与法治 网络礼仪要遵守 资料下载要合法 他人隐私不侵犯 网络谣言我不传 4. 实践探究：网络文明倡议书	—

2013年《媒介素养：小学生用书》将媒介素养教育的内容重点放在媒介的发展认知以及报纸、广播的实务技能上，几乎看不到媒介素养教育与媒介快速发展过程中社会、家庭与儿童需求的连接；2016年《媒介素养》（彩色漫画版 第二版）将"学做好网民"作为主题，除了媒介认知与发展的

基础知识以外，更多聚焦儿童日常生活与学习中涉及的媒介功能使用知识，增加了重要的社交媒体——微信的相关知识，另外强调了儿童在接触与使用网络媒介过程中面临的风险以及应对风险可以采取的行动方案。2019年通过审定的《网络素养》在保持大体框架不变的基础上，将"网络性"的特点放大，并且与时俱进地将儿童网络媒介使用的新形式、新功能、新风险纳入其中，比如人工智能的新技术形态，网络学习、网络资讯的正向功能以及网络欺凌、网络诈骗的负面影响，还根据不同年龄段儿童理解能力的差异，开发了《网络素养》的数字化教材、音频产品、短视频和游戏化教育产品等。

除了校本教材与时俱进以外，团队还在不同的儿童媒介素养教育活动中陆续增加新内容，如网络直播打赏、手机的青少年保护模式、手机使用与学习、网络游戏成瘾、手机使用与亲子关系等不同时期全社会关心的问题。另外，团队十分重视媒介素养课程的"活化"，在广州市第三少年宫建立大型的儿童媒介素养教育研究展示中心，通过声光电等新媒体技术展示校本课程内容，定期面向中小学生、社会公众进行媒介素养宣讲，充分体现了儿童媒介素养教育"广州模式"的内容与网络社会发展需求相匹配，显示出其非常鲜明的在地化特色。

2. 保护模式—赋权模式：匹配媒介素养教育的发展目标

从历史发展的视角来看，媒介素养这个概念其实一直在变化。20世纪大众媒介时代，媒介素养被认为是一种使用/利用各种形式的大众媒介及其信息且能预防被"伤害"的能力[1]，属于非常典型的保护主义"家长制"媒介素养。随着信息传播技术的不断发展，基于各学科的理论研究与教学实践，涌现出诸如媒介素养、信息素养、信息通信技术素养、数字素养等不同的术语，但它们都具有共同的特点：研究对象均为媒介或信息，具有人权视角，强调批判性与反思，重视获取、评估、利用、分享和创造信息的能力建

---

[1] 卜卫、蔡珂：《数字素养、性别与可持续发展——从"性别与发展"理论视角探讨数字环境下如何促进性别平等的发展》，《妇女研究论丛》2023年第3期。

设以及素养提升的赋能性。① 2013年联合国教科文组织提出"媒介与信息素养"概念包括知识、技能与态度3个方面；2018年联合国教科文统计所提出服务于可持续发展目标的数字素养，涵盖硬件操作、信息管理、沟通协作、内容创造、数字安全、问题解决以及职业相关等领域。② 这些新概念的提出与界定证明了儿童媒介素养教育的发展目标从过去单一的保护模式向"以儿童为中心"的赋权模式转变。

2018年，张海波团队在借鉴国际先进的"媒介素养""数字素养"理论与指标框架的基础上，结合中国儿童的网络媒介使用情况，提出了本土化的"发展与安全"双重视角下的儿童新媒介素养框架（见表4），包括媒介接触与使用、自我发展能力和抗风险能力三个维度。③ 修订后的《网络素养》教材是依据上述儿童新媒介素养框架编写而成的。它包含三个单元：第一单元学历史，懂网络，侧重的是媒介知识；第二单元讲功能，用网络，侧重的是网络技能，主要包括趋利避害与自主能力发展方面；第三单元去行动，做好网民，侧重的是社会参与的意识、态度、价值观。这样的课程设计在一定程度上对标了媒介信息素养和数字素养的内涵与要求。

表4 "发展与安全"双重视角下的儿童新媒介素养框架

维度	领域		对标的媒介与信息素养	对标的数字素养
媒介接触与使用	广度	可以接触到的新媒介工具	知识 技能	硬件设备与软件操作
	深度	使用新媒介的时长		
	偏好	对新媒介工具的偏好		数字安全素养

---

① 卜卫、蔡珂：《数字素养、性别与可持续发展——从"性别与发展"理论视角探讨数字环境下如何促进性别平等的发展》，《妇女研究论丛》2023年第3期。
② Antoninis M., Montoya S., "Global Framework to Measure Digital Literacy," http://uis.unesco.org/en/blog/global-framework-measure-digital-literacy.
③ 张海波、"儿童与媒介"课题组：《互联网+时代儿童在线风险及对策——中国城市儿童网络安全研究报告》，南方日报出版社，2016。

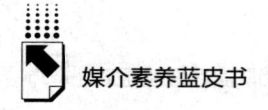

续表

维度	领域		对标的媒介与信息素养	对标的数字素养
自我发展能力	娱乐	使用娱乐类和消费类应用	技能	硬件设备与软件操作 数字安全素养
	交往	在线交往		沟通与协作素养
	学习	在线获取信息、检索信息、筛选信息、辨识信息的能力,利用网络解决问题的能力		信息和数据素养 问题解决素养
	表达	发布、传播信息,创建自媒体		创造数字内容素养
抗风险能力	健康	通过提升自我能力,维护自己的身心健康	态度、价值观、社会参与	数字安全素养
	安全	确保自己的信息与生命财产不受到他人侵害		
	文明	遵守伦理、道德规范和法律法规,不伤害他人		沟通与协作素养

可见,儿童媒介素养教育"广州模式"不断适应媒介素养内涵的变化与发展目标的转向,与时俱进,从"批判性思维"拓展到"趋利避害"的自我发展能力,并将"个人发展与社会发展目标相结合",强调儿童的媒介参与身份,支持儿童从单一的学习者转变为行动者,参与数字化时代新媒介如何为儿童赋能的社会讨论与行动中来。

(二)儿童媒介素养教材中的"儿童参与"

《网络素养》教材中实践探究环节是按照"儿童参与"的理念设置的,采用"自主教育"的方法。以儿童为行动主体的"三小"实践探究是媒介素养培养路径上的重要一环,也是"关键一环"。"三小"包括:小讲师学知识,去分享;小调研员善运用,找问题;小代表展素质,去行动。①

第一单元的实践探究是做"小讲师"。学生们的角色由知识接受者向知

---

① 杨晓红、张海波:《儿童参与式网络素养教育的理念与实践》,《福建教育》2022年第45期。

识传授者转变，他们将学到的网络知识充分吸收内化，再创造性地传播，"教"是为了更好地"学"。小讲师们组建宣教和支教小组，分工合作，在同伴教育过程中实现"教学相长"的目标。教师采用翻转课堂的形式，把课堂的主动权交给儿童，自己当"参谋""教练"。在实践活动中，学生们既可以单独在班上宣讲，也可以组成小组上课；既可以让同年级的同学互讲，也可以让高年级学生给低年级学生上课，还可以回家给爸爸妈妈讲，到社区给爷爷奶奶讲或者到其他学校宣讲。

第二单元的实践探究是做"小调研员"。张海波一直倡导这样一个理念"儿童是解决儿童问题的专家"。通过化身小调研员，学生们充分了解自己的日常网络生活经历，厘清网络带给我们的利与弊。这一单元的课程学习，既为网络媒介知识的学习打下基础，同时利用课程所学，通过调研形成有效的解决方案，创造新的知识。小调研员活动是学生们运用网络媒介开展自主式探究性学习的重要方式。在调研过程中，学生们学会了如何通过互联网查找资料、提出问题、分析问题，并制定解决方案。

第三单元的实践探究是做"小代表"。学生们学习撰写红领巾小提案，这既是少先队特色活动，也是从小学习参与民主议事的重要内容。以上一单元"小调研员"的实践为基础，学生们模拟"小代表"，撰写有关网络使用与网络安全的小提案，并通过记者站、广播台或红领巾议事堂等媒介进行传播，在学校的少先队代表大会上发布提案和行动倡议，实现"从小争做中国好网民"的目标。教师可以和少先队辅导员一起，提前为学生们进行红领巾小提案撰写开展相关培训，同时邀请家长和校外辅导员进行指导。

（三）儿童媒介素养教育"广州模式"的内容生产

上述与时俱进的儿童媒介素养教育课程和教材是如何生产出来的呢？这是一个非常重要的问题。张海波介绍这套课程和教材"不是闭门造车，更不是我们团队的老师想当然、拍脑瓜想出来的。我们做儿童媒介素养教育，首先要知道儿童是如何使用媒介的，他们在使用的过程中有什么问题和需求,同时还要考虑我们的家长、社会发展的需求"。① 因此,张海波团队申请科研课题,在全国少年宫开展大规模调查,充分了解儿童与家长的媒介使用与需求情况,借鉴国内外其他媒介素养课程的经验,在不断地实验中调整和完善这套课程。"我们把这个过程叫作问题导向、儿童参与的自下而上的过程。"②

1. 开展问题导向的大规模经验性研究

以儿童为中心,秉持以儿童媒介使用经验为主体而非教育者的经验为主体的研发理念,是自下而上地生产儿童媒介素养教育内容的重要表现。自2006年起,张海波团队陆续申请国家级、省市级的重点研究课题(见表5),围绕儿童的媒介使用以及儿童媒介素养展开系统、科学的调查研究。

表5 少年宫儿童媒介素养教育与研究团队申请的研究课题

年份	课题名称	课题来源
2006~2009	广州市未成年人媒介素养教育行动研究	广州大学"青少年成长教育研究基金"首批课题
2011~2014	青少年媒介素养教育研究	广东省社会科学院青少年成长教育研究中心重点课题
2013~2015	少先队媒介素养教育活动与课程设计	中国少先队工作学会"十二五"课题
2014~2015	儿童与媒介——中国城市儿童媒介素养状况研究	中国教育学会"十二五"科研规划重点课题
2017~2018	互联网+时代少年儿童网络素养状况调查及对策研究	2017年度全国少先队研究重点课题

在研究课题的支持下,团队于2011~2019年持续在全国50多个城市和乡镇开展儿童上网行为和网络素养状况调研,目前已收集超过30万份调查问卷和访谈资料,样本量大、研究对象覆盖面广,并且发布多个具有社会影响力的专题调研报告和专著(见表6)。

---

① 资料来源于2023年7月25日对张海波老师的访谈。
② 资料来源于2023年7月25日对张海波老师的访谈。

表6 少年宫儿童媒介素养教育与研究团队开展的经验性研究及成果

年份	经验性研究名称	研究方法	研究成果
2011~2012	广州市中学生新媒体情况调查	广州市40多所中学 有效样本量为17355	《广州市中学生新媒体情况调研报告》
2011~2012	儿童媒介素养系列调研	7个子研究 最大样本量为3305 "问卷调查+深度访谈"	《苹果世代:"00"后儿童的媒介化生存及其媒介素养教育研究》(著作)
2012	广州市少先队员媒介素养调查	广州市38所小学及12个区的少先队 有效样本量为5000	《广州市少先队员媒介素养教育报告》
2013	媒介与儿童——2013中国儿童媒介素养状况调查	全国15个主要城市 有效样本量为3403	《媒介与儿童——2013中国儿童媒介素养状况调研报告》
2014~2015	2014~2015中国青少年宫儿童网络安全与媒介素养状况调查	全国18个主要城市 3~14岁儿童及其家长 "问卷调查+访谈" 有效样本量为15646	《儿童在线风险及对策:中国城市儿童网络安全报告》(著作)
2016~2017	中国儿童的数字化成长及网络素养状况调查(2016~2017)	全国34个省(区、市) 有效亲子问卷113934份	《中国儿童的数字化成长及网络素养状况研究报告》
2018	中国儿童互联网安全调查	10个城市 有效样本量为1428	《2018中国儿童互联网安全调查报告》
2018~2019	中国儿童的数字化成长及网络素养状况调查(2018~2019)	广州、南京等10个城市 10岁以上儿童及其家长 有效样本量为8494 北京、上海等12个省(市) 10岁以下儿童的家长 有效样本量为3333	《全国青少年宫系统儿童网络安全和媒介素养调研报告(2018—2019)》

以研促教是张海波团队的重要经验。"我们少年宫的老师就是调研员,因为他们都在一线做教育,对孩子们平时使用媒介,使用手机的情况是非常了解的。他们参与到调查当中,就能够知道孩子们在使用媒介过程中存在什么问题,以及家长们的诉求,然后这些问题和诉求就会成为我们未来开展儿童媒介素养教育的重点内容。"[①]

---

① 资料来源于2023年7月25日对张海波老师的访谈。

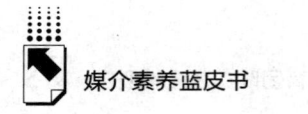

2013年编写的"三合一"教材《媒介素养》是在少年宫既有的小记者媒介素养课程的基础上，由2011~2012年的儿童媒介素养调查结果整合而成。2016年的《媒介素养》（彩色漫画版 第二版）更是得到多个科研课题及"儿童与媒介"调研活动的支持，研究团队有关"苹果世代"的研究成果极大地影响了儿童媒介素养教育的内容生产，前面提及的"发展与安全"双重视角下的儿童新媒介素养框架同样源自2014~2018年开展的经验性研究成果。另外，教材编写团队还多次组织基层学校开展调研和座谈，听取使用学校一线老师、家长和学生的意见与建议，进一步充实和完善教材内容。为进一步检验课程内容，2013~2016年团队实施"媒介课堂"进校园行动，在广州全市100多所小学开设"媒介素养教育示范课"，并开展学校教研活动，使儿童媒介素养教育的课程面貌更加丰盈饱满。

2.儿童参与式研究自下而上发掘内容

"儿童调查儿童""从儿童的角度看待儿童媒介素养"是自下而上挖掘儿童媒介使用经验、丰富媒介素养内涵的重要工具。这一灵感来自张海波团队在历年的调研活动中发现的"数字代沟"现象。"一方面，我们这一代人从小成长在报纸、广播、电视等媒介环境中，在小时候并没有经过今天儿童的'数字化成长'过程，缺乏相关的'儿时记忆'和'同理经验'；另一方面，现在的儿童对网络的熟悉程度跑在了成人前面，他们爱'尝鲜'，使用一些新的应用，而成人对此缺乏及时的了解。在网络世界中，成人与儿童的代沟正在加深，这些都给成人研究者带来了挑战。传统的调研由成年人主导，儿童作为被调研对象，从长到幼的调研视角往往会带有一定监管偏见。只有儿童才最了解儿童，所以我在想如果能够让儿童参与到调研活动中来，这本身也是一种媒介素养教育。"①

2016年，张海波团队开始招募儿童调研员，启动"和儿童一起研究互联网"项目。他们招募9~14岁，具有一定网络使用经验，并且愿意参与调

---

① 张海波：《和儿童一起研究：一种研究范式的探索和实践》，载杭孝平主编《网络素养研究》第1辑，中国国际广播出版社，2021。

研，获得家长同意的儿童加入项目，主要参与完成两方面工作：一是作为成人的"小助手""小参谋"，参与成人调研的全过程；二是作为独立的"小研究者"，在成人研究者的支持和帮助下，自己设计问卷、进行访谈，并撰写独立的儿童研究报告。

《2018中国儿童互联网安全调查报告》是全国首部由儿童参与调研完成的调查报告，它从儿童的视角出发，挖掘儿童互联网生活中的重要选题，从游戏社交、网络学习、火爆短视频、亲子关系、网络语言五个方面反映了儿童网络使用现状以及真实需求。2022（第二十一届）中国互联网大会发布的《互联网平台或应用对未成年人保护的履责状况调查报告》同样是由儿童参与，吸纳儿童意见，从儿童的视角评价互联网平台，了解他们对青少年保护模式的使用情况和满意程度，并指出当下互联网平台在青少年保护方面存在的问题。

除了发布特定主题的调研报告之外，作为小讲师的儿童还自主编写媒介素养课程教材，目前已经迭代了3个版本。这些儿童参与式研究的成果为后续儿童媒介素养教育内容的开发提供了重要的参考价值，巩固了儿童在媒介素养教育中的主体地位，符合儿童媒介素养教育内容"源于儿童，用于儿童"的理念。

3. 一线教师参与多样化课程建设

在儿童媒介素养教育内容的生产过程中，往往会面临一种困境：教材的标准化与对象的多元化相冲突。不仅城乡儿童之间存在巨大的差异，不同城市、城市中不同片区的学校之间也不尽相同，但是开发定制化的儿童媒介素养课程或教材的可行性不大，那么如何解决这个问题呢？张海波解释道："要依靠团队力量，要依靠我们广大的教师队伍。我们开发的教材既是教本，也是学本，同时教师要活用我们的教材，不能照本宣科。我给到他们的是这么多原材料，但是每个老师要根据学生的实际情况去做出不一样的菜来。"[①]

---

① 资料来源于2023年8月29日对张海波老师的访谈。

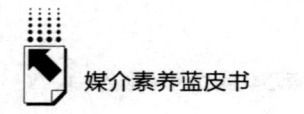

每年依托省市相关教育活动，少年宫团队面向全省各市中小学教师开展媒介素养教案评比活动，"广东省 21 个地市，我们都会发通知，通知老师们参加活动。每年参加评比的教案，我们要进行整理评审，这些都是我们的媒介素养教育课程的教材资源库，它是多样化的，适应不同地方、不同学校的情况。"① 同时教师培训工作坊和公开课都是一线教师们结合各自的现实情况，参与儿童媒介素养教材生产的重要活动。

三 儿童媒介素教育"广州模式"的实施路径

如何将优质的儿童媒介素养教育内容推向社会是张海波团队重点思考的问题。在多年的实践过程中，他们边研究、边行动，建立起一套切实有效的家校社企协同育人的实施路径，探索出一条适合我国国情和学校教育体制、切实可行的儿童媒介素养教育课程本土化实践道路。

（一）家庭媒介素养教育的实施方法

新媒介的发展正在削弱家长在家庭中信息权威的地位，年轻的家长迫切需要媒介素养教育，他们要重新认识数字时代原住民的成长新特点，采用新的教育理念和方式，陪伴儿童在屏幕世界中健康成长。"其实我们的儿童媒介素养教育最早就是面向家长的，我们在少年宫的实践经过大量家长的检验和认可，我们后来推进学校是很有说服力的，因为我们教过的学生、面向的家长可能比学校还多。在我看来，儿童媒介素养的主体是家庭、家长，学校做这件事其实也是为家长服务。"② 2012~2014 年，张海波团队以"做数字时代榜样父母"和"培养数字时代儿童核心竞争力"为主题，连续开展 10 场家庭媒介素养专题讲座，吸引 3000 多名家长参与。

---

① 资料来源于 2023 年 8 月 29 日对张海波老师的访谈。
② 资料来源于 2023 年 8 月 29 日对张海波老师的访谈。

1. 家庭媒介素养教育"五步法"

张海波团队通过关注"苹果世代"的数字化生存[①],分析"滑一代""微一代""游一代""搜一代""秀一代"的特征,揭示家庭中存在的家长与儿童之间的"数字代沟"[②],提出家庭媒介素养教育"五步法":把握一个原则,区分两个阶段,关注三大问题,培养四种能力,善用媒介五种功能。[③]

数字时代的父母首先需要把握一个原则,即"趋利避害"。网络媒介技术的发展对儿童的影响不是单一的、线性的,在带来网络安全风险的同时,也蕴藏无穷的正向力量。因此,父母无须将互联网过度"妖魔化",要超越"保护主义",善用网络为儿童成长赋能。

张海波团队按照"预防为先"的思路将家庭媒介素养教育对象分为2~8岁、9~13岁两个阶段,分别开展具有针对性的家庭媒介素养教育。家长应特别重视儿童网络媒介使用的三大问题:安全问题、成瘾问题和关系问题。安全问题指关注和防范孩子可能在屏幕生活和网络世界中遭遇的风险和伤害;成瘾问题即防止孩子无节制使用电子设备,给身心健康、学习和生活造成不利影响;关系问题则指向亲子关系和媒介关系,避免媒介使用行为对家庭亲子关系造成伤害,通过调整亲子关系来调整不良的媒介使用行为。从而培养孩子的四种能力:专注力、自控力、判断力和交往力。在这个过程中,家长应该善用媒介的五大功能:学习功能、娱乐功能、交往功能、生活功能和表达功能,进而实现趋利避害、发展自我能力的儿童媒介素养教育目标。

2. 媒介健康使用约定"五步法"

张海波团队在调研中发现,成长于约定型亲子关系中的儿童在安全、健

---

① 张海波:《苹果世代——"00后"儿童的媒介化生存及其媒介素养教育研究》,南方日报出版社,2013。
② 张海波、"儿童与媒介"课题组:《互联网+时代儿童在线风险及对策——中国城市儿童网络安全研究报告》,南方日报出版社,2016。
③ 张海波:《家庭媒介素养教育》,南方日报出版社,2016。

康和文明使用网络方面的素养明显强于其他类型的儿童,因此团队提出媒介健康使用约定"五步法",在学校和社区广泛开展面向家长和儿童的"让我们约定吧"网络素养教育活动。媒介健康使用约定"五步法"包括:筹备约定、发起约定、签署约定、执行约定和总结约定。家长与儿童以平等协商的方式约定上网的时间和行为,签订《媒介健康使用合约》。一方面,让家长关注孩子使用媒介的需求;另一方面,让儿童理智地做出判断,为自己的行为负责。近年来,广东省"让我们约定吧"活动已走进1000多所(个)幼儿园、中小学和社区,上百万名家长和孩子亲手制作了约定证书,发布"拉钩钩,来约定;好网民,齐来做"的倡议。少年宫还以家庭讲座、亲子剧场、亲子对谈、亲子同班生等形式推广以"让我们约定吧"为主题的家庭媒介素养教育,并通过微信公众号、视频号等新媒体形式向全社会进行传播。

3. 多媒体人偶教育剧

针对儿童触网的低龄化趋势,为吸引低幼儿童及家长接受网络素养教育,儿童媒介素养教育研究基地联合专业儿童演艺和教育单位开展我国首部大型儿童网络安全教育多媒体人偶剧《Hello!多多之网络保卫战》的巡演活动。该剧融合"情景再现、金句提示、榜样示范、亲子互动"的现代教育手法以及裸眼3D的科幻视觉效果,启发引导孩子们正确认识网络世界,合理控制上网时间,学习网络素养知识和技能。目前该剧已在广东省各地,以及北京、天津等地上演,受到孩子们的追捧。[1]

(二)"全面融入+专题实施"的学校实施路径

2012年,"青少年媒介素养教育研究"总课题组发布子课题计划,在广州12个区挑选了13所小学作为子课题学校。总课题组为子课题学校配备了实验班教材、课件,为学校开展师资培训、家长讲座和示范课,为子课题学校开展研究提供支持。子课题学校按照总课题组的部署,结合学校的少先队

---

[1] 张海波、杨晓红:《广东构建"家校社企"协同育人的未成年人网络素养教育体系》,载方勇、季为民、沈杰主编《青少年蓝皮书:中国未成年人互联网运用报告(2023)》,社会科学文献出版社,2023。

活动课、综合社会实践活动、学校小社团、思想品德和信息技术课等，开展儿童媒介素养教育。

1. 融入学科课程

在我国中小学义务教育阶段，融入式设课是儿童媒介素养教育推广到学校的可行路径。杨晓虹老师在访谈中提道："我们团队刚开始向学校推广儿童媒介素养教育课程的时候，很多学校也会说我们的课程表已经很满了，如果专门开辟时间上媒介素养课会面临很多问题。所以我们后来就主要面向一些有意愿的学校，将媒介素养课程融入他们的学科课程。他们确实没有单独设课的时间，但是可以融入少年队活动、思想品德课、信息技术课，还可以融入主科课程当中。"① 比如，在语文课程中增加新闻理念、新闻体裁和新闻事件等内容，使学生了解选题、采访和写作等新闻生产流程，并且开展"小记者"实践活动，支持学生亲自采写校园新闻稿件，并将其张贴于班级报栏，或投稿到校广播站甚至报社；英语课与数学课同样可以通过媒介形式，将媒介素养教育融入学科课程。比如可通过借助视频或照片等载体，让学生自己制作"微课"，将解题的步骤或读写英语的过程记录下来，并上传至班级群进行播放，既可以查缺补漏又能强化巩固知识，是传统课堂学习的一种重要补充和拓展。②

2. 融入校园社团活动

将儿童媒介素养教育与小记者团、漫画社、文学社、摄影社等校园社团活动相结合，鼓励学生使用媒介知识、创新媒介实践与弘扬媒介批判精神。以小记者团为例，儿童媒介素养教育团队在小记者社团开设采访实践课，培养学生关注校园、关注社会的意识，教授学生如何合理使用互联网收集资料，准备采访工作，学习采访工具的运用，以及采访的礼仪和技巧等，并通过外出实践，让学生以小记者的身份完成新闻稿的写作和版面的制作，使学生全面、准确地认识和使用媒介，懂得如何通过媒介认识世界、理性表达、

---

① 资料来源于2023年7月25日对杨晓红老师的访谈。
② 张海波：《推动网络素养进入我国基础教育课程体系——以广州市少年宫网络素养教育团队实践探索为例》，《中国校外教育》2021年第1期。

发展自我。

同时，团队还充分发挥少年宫的示范带动作用，加强校内外衔接，在少年宫开展全市范围的镜头讲故事、小主播大赛等媒介素养展示评比活动，通过区域和校际活动提升学校的社团活动水平，从而激发学校开设儿童媒介素养教育课程的积极性，形成正向循环。

3. 融入少先队教育

近年来，少先队组织高度重视应对新媒介时代的挑战，提升辅导员的互联网思维与少先队媒介素养水平已列入全国少先队工作的重要内容。因此，媒介素养教育与少先队教育结合，是学校推动媒介素养教育的重要方式。

具体方式包括：将媒介素养教育列入新时期辅导员能力提升的重要内容；将媒介素养教育列入少先队活动课程的重要组成部分；利用学校红领巾小社团、少先队媒体阵地开展媒介素养教育活动；运用新媒体扩大少先队组织的宣传平台；积极探索进行社会化动员，搭建网络平台，推动基层少先队建设；在少先队各项专题教育、假期安全教育等活动中开展网络安全教育和媒介素养教育。①

4. 开展媒介素养教育专题实践

专题实践活动内容不像学科课程内容那样界限分明和系统化，而是具有较强的开放性，超越了传统的学科逻辑体系，给媒介素养教育理念和方法的实施提供了广阔的天地。儿童媒介素养教育"广州模式"的专题实践活动丰富多彩，先后开启了广播之旅、报刊之旅、影视之旅、网络新科技之旅、卡通达人之旅、广告之旅等专题活动，带领学生走进真实世界中的媒介内容生产基地，体会媒介的制作、生产、发布等专业化流程，深入了解、体验真实的媒介工作环境及运作模式，使课堂上学到的媒介知识立体化，激发学生对媒介素养课程的兴趣，开阔眼界，为下一步媒介技能的学习奠定良好的

---

① 张海波：《推动网络素养进入我国基础教育课程体系——以广州市少年宫网络素养教育团队实践探索为例》，《中国校外教育》2021年第1期。

基础。

"玩中学，做中学"是开展儿童媒介素养教育的重要方法。除了带领学生们走进媒体、了解媒体以外，同时在媒介实践活动中，培养学生以小记者的身份和视角走进社会各行各业，将实践活动中的所见所闻通过广播、报纸、视频、电子报、微博、公众号等媒介手段报道出来，同时表达自己的独特见解和观点。

在疫情"停课不停学"期间，广大中小学开展线上教学，网络安全教育成为媒介素养教育的重中之重。媒介素养教育团队面向10万多名中小学生及其家庭开展"争做安全小卫士、小讲师"的专题实践活动，还在线上举办了"约定证书"云画展活动，广受学生和家长好评。

5.自上而下开展网络安全教育系列活动

根据2020年网安校园"百千万"三年行动计划的安排，广东省教育厅在全省21个地市的中小学、幼儿园开展网络安全教育和网络素养教育工作，制定网络安全示范区和示范校（园）评价指标体系，遴选校园网络安全示范区、网络安全示范校（园），评选网络安全守护者，并且面向学生开展"网络文明我献策 网络安全我发声"的网络素养教育活动，评选网络安全小卫士、网络安全小讲师和优秀作品。这项活动自上而下地将网络安全教育全面融入全省公共教育系统，规模大、力度强、评价制度科学，网络素养教育成果具有较高的显示度。

6."制度+师资"的双重保障

在学校持续地、大规模地开展儿童媒介素养教育，需要制度和师资的双重保障。张海波说："让儿童媒介素养教育成为全社会都关注的事儿，必须首先获得党政部门的政策支持，与政府的社会职能需求相结合。"①

2012年，共青团广州市委和广州市教育局发文成立广州市青少年媒介素养教育领导小组，在广州青年报社和广州市少年宫成立媒介素养教育中心，形成了"一办两中心"的团教共抓的市级媒介素养教育领导体系；

---

① 资料来源于2023年7月25日对张海波老师的访谈。

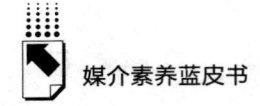

2013年，首家全国性的儿童媒介素养教育研究机构——"中国青少年宫协会儿童媒介素养教育研究中心"正式在广州市少年宫成立，2019年在此基础上成立中国青少年宫媒介与教育工委会；自2015年起，中共广东省委网络安全和信息化委员会办公室、省教育厅、省妇联、省总工会等联合开展青少年网络素养教育"双进"（进校园、进家庭）活动，将网络素养地方课程，争当网络文明小卫士、小讲师和儿童互联网大会小代表等媒介素养教育实践作为活动的主要内容；2016年，中共广州市委网络安全和信息化委员会办公室、广州市教育局、共青团广州市委在广州市少年宫建立了"广州市青少年网络安全及媒介素养教育研究基地"；2018年，中共广东省委网络安全和信息化委员会办公室制定"做中国好网民工程"工作方案，依托广州市少年宫成立全省青少年网络素养教育基地；2020年3月，广东省教育厅印发《广东省教育厅关于在全省中小学校、幼儿园开展网络安全教育系列活动的通知》，明确了网络安全教育是一项需要长期坚持的基础性工作；2022年5月，按照中共广州市委网络安全和信息化委员会办公室统筹协调广州市网络信息内容生态治理和相关监督管理的工作部署要求，联合行业协会等专业力量，在广州市少年宫成立"广州市未成年人网络生态治理基地"。

在各级党政部门的政策支持下，张海波团队以"课题入校合作"的方式，将儿童媒介素养全面融入广州市中小学学科教育。"这是一个自上而下推行媒介素养教育的过程，我们是紧紧依托基地，依托政府文件来做这件事。"①

在调研其他区域媒介素养教育的实施情况时发现，师资力量不足是限制媒介素养教育实践范围拓展的主要因素。"广州模式"之所以能够形成如此大规模的影响力，在于张海波团队十分重视学校师资培训。"只有让中小学一线教师学习和掌握媒介素养教育的理念和方法，有课程、有教材、有培训、有示范，才能真正推动媒介素养教育入课程、进课堂。"②

---

① 资料来源于2023年7月25日对杨晓红老师的访谈。
② 资料来源于2023年7月25日对张海波老师的访谈。

自 2017 年以来，为全面推动全国首套进入地方课程的《媒介素养》专题教材的使用，张海波团队和广州市教师远程培训中心开始联合制作面向中小学教师的在线教育课程，率先在广东省开展中小学教师网络素养培训，并将培训纳入中小学教师继续教育。中小学教师媒介素养教育系列网络课程一共 5 门，共计 30 学时（见表 7）。①

表 7　中小学教师媒介素养教育系列网络课程

序号	课程模块	课程名称	学时
1	专题讲座	教师的互联网思维	18
2	教学案例赏析	走进媒介世界	3
3		网络安全	3
4		网络健康	3
5		网络文明与法治	3

中小学教师继续教育课程已相继被纳入广东省、江西省、河南省、广西壮族自治区、山东省部分地区的中小学教师信息技术应用能力提升工程和"国培计划"，目前接受该课程培训的教师超过两万名，好评率达到 97.4%。

另外，配合地方课程推广，广东省有关教育主管部门和教研单位积极推动各种形式的公开课、示范课及教师研修工作。自 2019 年起，广东省教育厅面向全省学校开展网络安全培训的"百千万"三年行动计划。活动以网络研修和教师工作坊为主要形式，线上学习与线下集中培训相结合，面向全省 21 个地市，分 3 批培训 3000 名安全教育管理者和 30000 名骨干教师。目前，活动已覆盖全省 2 万余所中小学、幼儿园。

（三）与互联网企业联动，协同推进儿童媒介素养教育

网络科技企业是网络信息传播的重要媒介，也是未成年人网络生态治理中的重要参与方。近年来，张海波团队和相关教育伙伴合作，与腾讯、抖

---

① 张海波：《推动网络素养进入我国基础教育课程体系——以广州市少年宫网络素养教育团队实践探索为例》，《中国校外教育》2021 年第 1 期。

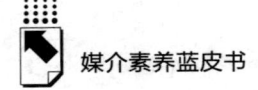

音、网易、荔枝FM、趣丸、喜马拉雅、广东新华乐育等科技企业开发面向学生、家长的网络素养教育小视频、小游戏、有声书、数字平板课和编制家庭网络素养教育指导手册等。①

除了通过与互联网企业合作开发多媒体化的网络素养教材，研究团队还组织孩子们走进企业，揭开网络内容生产的神秘面纱。"我们会定期带孩子们去互联网企业参观，带他们去看网络游戏的设计过程，并且还教他们怎么设计游戏，不少家长反映，学生参加活动后，游戏沉迷的问题有明显好转。"②

另外，互联网企业作为网络应用的开发者，同样需要接受儿童媒介素养教育。基地在多项儿童媒介素养教育活动中邀请企业负责人与儿童、家长、老师面对面，摒弃过去的技术思维，了解儿童网络使用的真实需求，理解家长、老师的顾虑与担心，与其他儿童媒介素养教育的参与者们共同行动，真正做到科技赋能儿童。

（四）乡村儿童媒介素养教育的实施路径

乡村留守儿童群体的网络安全同样重要。"我们去乡村调研的时候，村干部告诉我们，那些孩子放学后去小卖部租手机，然后拿着手机在村委会外面坐成一排，蹭Wi-Fi，玩手机。很多儿童是留守儿童，父母在外面打工，爷爷奶奶没办法管教他们，乡村儿童的手机使用问题可能更严重。"③

除了地方课程覆盖乡村学校这一主要路径以外，张海波团队联合社会其他力量培训、组织由城市儿童组成的"小讲师"团队，每年暑假去不同的乡村小学进行支教活动。通过这一创新性的"同伴教育"活动，乡村儿童能借助熟悉的"同龄人语言"和活泼的互动游戏，更准确地理解健康网络

---

① 张海波、杨晓红：《广东构建"家校社企"协同育人的未成年人网络素养教育体系》，载方勇、季为民、沈杰主编《青少年蓝皮书：中国未成年人互联网运用报告（2023）》，社会科学文献出版社，2023。
② 资料来源于2023年7月25日对杨晓红老师的访谈。
③ 资料来源于2023年7月25日对杨晓红老师的访谈。

行为，在与同辈的交流中拓宽视野。

团队在支教的乡村小学陆续开展"乡村小讲师"培养计划，同时乡村小学的教师、辅导员和学生也被邀请到市少年宫参观和学习。这些"乡村小讲师"利用学校的第二课堂、安全教育课、少先队活动课、国旗下的讲话等时间，与同学们分享网络安全知识，让网络素养教育扎根乡村。

与腾讯公益、美丽中国等社会公益组织合作，将媒介素养教育纳入乡村支教老师的培训体系。"美丽中国是国内最大的支教组织，我们在乡村教师的培训中加入网络安全及媒介素养教育内容，教师们在支教中开展活动，这样可以有效地推动乡村媒介素养教育的普及与持续发展。"①

（五）以"儿童为中心"多主体参与的全社会融入路径

2022年"广州市未成年人网络生态治理基地"成立后，"广州模式"进入全新的阶段，儿童媒介素养教育迅速从以前的一项教育行动转变为网络生态治理的大社会行动，而打造以"儿童为中心"的未成年人网络保护及网络素养教育系列实践活动是其重要先导。

1. 从教育界走向全社会，从国内走向国际

新修订的《中华人民共和国未成年人保护法》明确提出的"六大保护"中包含网络保护，首次从立法的高度明确了保障未成年人在网络空间合法权益的必要性，并且指出国家、社会、学校和家庭都有责任培养和提高未成年人的网络素养。在这一大背景下，除了网信办与教育部门以外，更多党政机关主动参与儿童媒介素养教育，"广州模式"全面融入网络生态治理、保护未成年人网络权益的社会行动。

据张海波介绍，目前检察院、法院与基地合作，建立未成年人保护基地，制作儿童参与的新媒体作品，开展未成年人保护宣传工作，另外还开设未成年人网络安全保护的儿童模拟法庭；民政部门在街道、社区设立未成年人保护工作站，邀请基地一起参与未成年人网络素养教育与网络保护。此

---

① 资料来源于2023年8月29日对张海波老师的访谈。

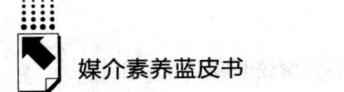

外,人工智能协会、互联网协会也纷纷主动抛出橄榄枝,"广州模式"真正实现走出学校、融入社会。

"广州模式"不仅在国内成为主流,还积极扩展它的国际影响力。近年来,团队指导儿童代表作为互联网小使者参加在世界各地举行的联合国网络管制论坛,积极参与联合国青年互联网治理论坛活动,在世界网络治理中发出中国儿童的声音。

2. 打造以"儿童为中心"的品牌实践活动

贯彻以"儿童为中心"的理念,打造具有社会知名度和影响力的品牌实践活动,是将儿童媒介素养教育全面融入网络生态治理这一社会行动的重要方式。

(1)"e 成长计划"

自 2017 年起,广州市少年宫、广州青少年发展基金会、腾讯公益等机构发起以"城乡儿童手拉手,约定齐做好网民"为主题的"e 成长计划"——乡村小学网络素养支教活动,这一活动已成为广东省探索青少年网络素养教育、促进社会治理创新的品牌项目。

"根据多年调研我们发现,比起老师说教式的教育,乡村的孩子更喜欢同龄人的分享。孩子用自己的表达能更生动地向同龄人传递知识。同时,同伴教育也是一个双向教育的过程。正所谓'赠人玫瑰,手有余香'。小讲师们在向乡村孩子分享自己所学内容时,会加深他们对网络素养知识的认识。"[①]

目前"e 成长计划"已在广东清远、湛江、恩平,以及贵州、四川、广西等地的 200 多所小学开展了上百场支教活动,培养了上千名小讲师,受益乡村儿童超过 10 万人次。

(2)网络素养大家谈

儿童媒介素养教育的目标是赋能儿童,因此了解儿童的互联网使用需求,让儿童参与有关互联网的讨论是儿童参与理念的重要表现。张海波团队

---

① 《腾讯 DN. A 计划推进 网络素养融入乡村教育》,新快网,2018 年 7 月 25 日,https://epaper.xkb.com.cn/view/1115696。

面向全社会开展"共话儿童与互联网,儿童与成人对话会""网络素养大家谈"等对话活动,儿童作为参与者之一,与政府官员、企业平台负责人、老师和家长等"大人观察员"一起就网络使用时间、网络游戏、网络安全、网络青少年模式等话题进行平等对话,参与网络生态治理的社会行动,为建设清朗网络空间贡献力量。

(3) 征集优秀小提案

"我们的儿童媒介素养教育是行动的,不仅仅是在课室里,在口头上。"① 张海波团队依托研究基地,定期开展"红领巾议事堂"活动,每一期围绕一个重要的网络现象或问题展开调研,撰写调研报告,形成小提案,同时邀请"大人观察员"参与讨论,最后提出解决方案,形成倡议,再通过校园广播站、红领巾电视台、微信公众号等渠道向全社会传播。团队还向社会广泛征集有关网络监管、网络视频、网络消费和网络学习等方面的优秀儿童提案,这些提案代表儿童声音参与社会治理,而形成提案、递交提案本身也是儿童媒介素养教育实践的重要组成部分。

(4) 儿童互联网大会

为鼓励儿童参与互联网建设,中国青少年宫协会儿童媒介素养教育研究中心于2016年7月在全国青少年宫系统发起中国首届"模拟联合国儿童互联网大会",来自国内20个城市的50余名代表参加本次会议,引发联合国教科文组织等国内外相关组织的广泛关注。

2018年在中共广州市委网络安全和信息化委员会办公室的支持下,广州市正式推出"儿童互联网大会"这一品牌项目,每年定期举行,目前已成功举办5届(见表8)。作为儿童互联网大会的主角,来自全国各地的儿童代表们在大会上发布"儿童的网络生活"系列调研报告,展示他们在"游戏社交、网络学习、火爆短视频、亲子关系、网络语言、饭圈文化、青少年模式"等网络议题方面的调查结果。例如,儿童代表们在2022年儿童互联网大会上对企业提出建议:不要让"青少年模式"变成"婴儿模式",而应该成为青少年的"精品模式"。

---

① 资料来源于2023年7月25日对张海波老师的访谈。

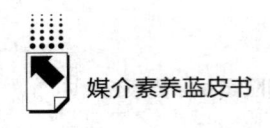

表8　2018~2022年历届儿童互联网大会的举办情况

年份	大会名称	儿童参与情况
2018	2018年儿童互联网大会	发布首部儿童编制的儿童网络安全调研报告，与企业、家长、老师共议游戏社交、网络学习、火爆短视频、亲子关系、网络语言等议题
2019	粤港澳大湾区儿童互联网大会	征集上千份有关"网络学习""短视频直播""网络消费""家长网络监管"的儿童提案 首次发布"儿童的网络生活"调研报告
2020	2020儿童互联网大会暨未成年人网络素养论坛	发布短视频和直播平台青少年模式的测评报告，对话平台研发者，提出建议
2021	2021粤港澳大湾区儿童互联网大会	未成年人视频直播调查、未成年人饭圈文化调查、青少年保护模式调查
2022	2022年儿童互联网大会	儿童代表们围绕网络企业的未保履责报告提出3项建议：全面响应，及时发布；教育优先，儿童参与；广泛公示，接受监督

四　儿童媒介素养教育"广州模式"的经验与讨论

为何"广州模式"可以在本土化背景下成功开展，并且形成一种全社会参与的社会行动呢？与其他地区的儿童媒介素养教育相比，它具有哪些核心的、值得借鉴的独特经验呢？我们用"一个前提，一个导向，一个理念和一个行动"来理解"广州模式"的发展之"道"。

1. 一个前提：重视顶层设计，承接社会治理职能

课题组在调研其他地区的媒介素养教育实践时发现，如何获得地方党政、教育部门的政策支持是一个"痛点"。再好的媒介素养教育理念，再精良的媒介素养教育课程，都需要一个强有力的制度促进它的社会推广。

自2012年起，广州市少年宫先后在各级党政、教育部门的指导下，成立青少年媒介素养教育中心、网络安全媒介素养教育基地和未成年人网络生态治理基地，承接"争做中国好网民工程"及全省网安校园主题教育活动

等，使媒介素养教育研究基地成为行使社会治理职能的载体。张海波认为，寻求社会治理需求继而获得政策支持是推行儿童媒介素养教育的重要前提，"这个前提非常重要，没有这个前提，我们再好的想法和活动都走不出去。把一个教育理念落实成为一种社会主流认可的社会行动，我觉得这是媒介素养教育成功的关键。我一直在思考我们这个团队做的这个事社会价值有多大？当然影响一个人也是有价值的，但是这么好的东西为什么不影响一百个、一万个人呢？所以必须要把媒介素养教育放到整个社会系统里面去考虑，寻求它与社会管理之间的一个契合点"。①

2. 一个导向：以"问题导向"为说服策略

媒介素养教育作为理论概念在学术界已经广为人知，但是教育界、行政领域仍然对其知之甚少。如何说服社会其他领域的人理解媒介素养教育的重要性，继而支持这项教育实践的全域开展？如何面向社会开展儿童媒介素养教育？这在实际操作上具有一定的难度。

张海波谈到他们最初向教育部门或其他行政部门的负责人介绍媒介素养时的情况，"什么素养？媒介什么养？很多人连这四个字都不太理解，这个概念太抽象。那段时间我很焦虑，后来我想通了，我们一开始不要跟人家说媒介素养这么难懂的理论，要讲问题，解决问题"。②

科学、系统、大规模的经验性调查为张海波团队提供了发现问题的路径。"儿童与媒介"的一系列研究成果获得广泛的社会关注，未成年人的互联网使用对现代教育、网络安全管理等都带来了一定的挑战，用"问题"推动社会各界重视未成年人网络健康与安全，继而给出儿童媒介素养教育这一解决方案，彰显推行儿童媒介素养教育的社会价值。"一谈到网络安全，政府、学校和家长都十分重视，因为这就是他们现在面临的一个很头疼的问题。政府部门的管理者也是家长，我们会邀请他们来少年宫参加一次我们的亲子活动，参加完之后，他们就会明白儿童媒介素养教育是什么，我们要做

---

① 资料来源于2023年7月25日对张海波老师的访谈。
② 资料来源于2023年7月25日对张海波老师的访谈。

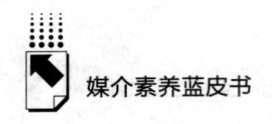

的这件事的意义在哪里。现在已经不用我们出去宣传推广了，很多部门都会主动找到我们，推着我们来做这件事，因为大家都尝到了媒介素养教育的'甜头'。"①

3. 一个理念：贯彻"儿童参与"理念，赋权赋能儿童

媒介素养教育的赋权范式认为"媒介素养是一种权益"②，儿童媒介素养教育的目标是实现儿童的权益。是否赋权儿童亦成为衡量儿童媒介素养教育是否成功的重要标准。从教材的开发到教育行动的开展，少年宫儿童媒介素养教育团队始终贯彻以儿童为主体、儿童参与的理念，开展长期的、系统的儿童与媒介调研，重视儿童互联网使用的主体经验，以"三小"行动为抓手，增强儿童争做"新时代好网民"意识，发展儿童自主能力，赋能儿童使其成为数字新时代重要的参与者。

4. 一个行动：突破教育圈，实现社会全域行动

儿童媒介素养教育从来不只是针对儿童的单一、线性教育，而是需要家庭、学校、企业和社会多元主体参与的一项全域行动。

首先，行动的教育。少年宫儿童媒介素养教育突破了"在教室里教与学"的传统教育形态，支持儿童走出教室，面向社会，从过去的媒介知识接受者、理解者转变为创造者、传播者与行动者。张海波提到，"我们是研究、教育，再行动，再研究，再教育，然后行动。研究的目的不是做研究，教育也不只是教育，最后都要变成行动，一种解决问题的行动"。③

其次，多元化的行动主体。目前，少年宫儿童媒介素养教育已经构建了一套成熟的家校社企协同育人模式，在党政部门的指导下，整合学校、家庭、企业、社会资源，在全社会合力推进儿童媒介素养教育，将媒介素养教育融入社会治理之中，形成"基地—团队—成效—社会资源"的正向循环，

---

① 资料来源于 2023 年 7 月 25 日对张海波老师的访谈。
② 李华：《媒介素养教育从"赋权"转向"责任"》，《中国社会科学报》2022 年 6 月 2 日，第 003 版。
③ 资料来源于 2023 年 7 月 25 日对张海波老师的访谈。

促进儿童媒介素养教育的良性、可持续发展。

5. 问题与建议

在梳理"广州经验"的同时，我们发现一些可供讨论的问题，为未来儿童媒介素养教育的发展提供方向。

第一，不止于"问题"。网络安全教育作为儿童媒介素养教育的重要抓手是行之有效的，但是未来的儿童媒介素养教育不能停留在"防范儿童网络风险"上，而是要将重心放在"发展与安全"视角的"发展"上。

第二，丰富数字时代儿童媒介素养的内涵。依据联合国提出的数字素养七大能力的测量框架，未来儿童媒介素养教育应对标这些新要求，除了重视数字安全素养以外，还应加强儿童在数字时代的信息和数据素养、沟通与协作素养、创造数字内容素养、解决问题的素养和职业相关的素养，以及人工智能时代所需的提出问题与整合资源的素养。

第三，注意城乡儿童差异。虽然乡村儿童与城市儿童一样面临网络安全风险，但是城乡儿童的网络使用经验仍具有较大差异，因此建议针对乡村儿童的网络使用开展专项调研，开发适合乡村儿童的媒介素养教材，开展具有中国乡村特色的儿童媒介素养教育。

第四，尝试提出评估儿童媒介素养教育效果的方法。各地区的媒介素养教育实践普遍缺乏客观、科学的效果评估工具，以至于只能通过活动案例来展示媒介素养教育实践的效果。广州市少年宫儿童媒介素养教育团队具有多年研究经验，同时持续跟进国内外媒介素养教育研究，有能力建立一套适合中国儿童数字化成长特点的儿童媒介素养评估指标体系，推动儿童媒介素养像体质健康一样，成为衡量学龄儿童全面健康成长的一项基础指标。

B.12
黄山乡村学校媒介素养教育经验报告

王晓艳　张灵敏*

摘　要： 在乡村振兴大背景下，研究乡村的媒介素养教育实践对于推动教育公平具有深远的影响。通过挖掘乡村儿童素养教育的经验，可以为乡村地区提供更加精准和有效的教育支持。本报告关注黄山学院在安徽乡村学校持续8年的媒介素养教育，探究乡村学校的媒介素养教育的经验，为乡村地区开展媒介素养教育提供借鉴。报告主要采用访谈法对黄山学院媒介素养项目组核心成员6人进行了访谈。同时，对项目学校校长和班主任老师进行了深度访谈。通过调研发现"黄山乡村模式"的核心成果：开发了一系列针对乡村儿童的媒介素养教育课程；丰富了乡村儿童的精神世界，提升了他们的表达能力和学习动力；建立了线上线下的媒介素养资源库；支教团队的活动成果获得了多项奖励和社会认可。通过"高校+乡村"的实践育人模式，黄山学院不仅为乡村儿童提供了媒介素养教育，也为大学生提供了实践平台，促进了双方的共同发展。基于此，本报告提出了乡村学校媒介素养教育未来拓展的方向，包括媒介素养教育内容和对象的拓展、关注师生的媒介需求等。

关键词： 乡村儿童　媒介素养教育　黄山经验

一　背景介绍

黄山的乡村儿童媒介素养教育实践需要追溯到何村教授在渤海大学的实

---

* 王晓艳，四川师范大学四川文化教育高等研究院讲师，研究方向为儿童媒介素养教育、互联网教育、青少年同伴关系；张灵敏，广州大学新闻与传播学院副教授，主要研究方向为传播与社会发展、健康传播。

践。2006年，何村教授在渤海大学成立了第一个大学生农村中小学生媒介素养教育宣讲团。当时，他带领学生们开展了农村小学生媒介素养状况调查，了解辽西农村地区中小学生的媒介素养状况。2014年，何村教授在黄山学院文化与传播学院成立"媒介素养教育实践和推广研究小组"。当时，这是一个国家级大学生创新项目。为了推进项目，当时在读的黄山学院学生徐文强联系到临溪中心小学的校长，得到校长的许可后，黄山学院文化与传播学院也非常重视这个项目，鼓励有兴趣的教师参与项目。

为了让媒介素养教育在黄山农村学校可持续地开展，黄山学院文化与传播学院于2015年6月成立大学生媒介素养及信息素养教育实训基地。经过持续的建设，在实训基地的基础上，黄山学院文化与传播学院成立了由2名教授为主要带头人的学术团队、由6名专业导师组成的指导教师团队，以及50余名大学生组成的大学生宣讲团。大学生宣讲团在三所农村基地小学——休宁县临溪中心小学、汊口中心小学、榆村中心小学开展媒介素养知识宣讲，指导农村小学生运用新媒体工具，并创办报纸、制作广播电视节目。大学生宣讲团集合了黄山学院文化与传播学院各个专业的学生，主要分为报纸编辑组、摄影摄像组、广告组、新媒体组四个部分。八年来，团队累计开展活动150余次，参与的大学生达300余人，受益的小学生900余人。

本报告回顾了黄山学院师生在农村小学进行的媒介素养教育实践，梳理了"黄山乡村模式"的实施经验，以期能够丰富媒介素养教育在中国农村的实践。报告主要回答以下几个主要问题："黄山乡村模式"儿童媒介素养教育的主要内容是什么；媒介素养教育的教育形式是什么；教育者和受教育者在其中各有哪些收获；"黄山乡村模式"的核心经验是什么；凭借现在的基础，未来在教育内容、形式等方面还有哪些拓展空间。

报告主要采用访谈法（包括焦点小组和个人深度访谈）等对黄山乡村媒介素养教育实践进行了研究。课题组于2023年8月12~13日，对黄山学院的何村教授进行访谈，同时还对黄山学院文化与传播学院的吴春萱老师等6名项目组核心成员进行了访谈。8月13日对休宁县临溪中心小学

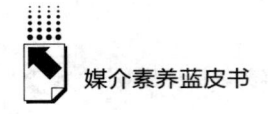

对校长伍劲标、班主任项长意老师进行了访谈。本报告中的部分材料还包括从2015年至今黄山学院课题组、临溪中心小学收集的媒介素养教育课程的资料，如支教团队的教案、PPT、课程总结和反思、学生对课程的反馈等。

报告还参考了《中国媒介素养研究人物史》一书中关于"黄山乡村模式"的资料①、何村教授及其团队发表的相关论文、媒体对黄山学院媒介素养教育支教团队的报道等。

二 "黄山乡村模式"的成果

（一）研发系列针对乡村儿童的媒介素养教育课程

黄山学院文化与传播学院依托媒介素养教育中心针对大二学生开设了媒介素养教育的专业实践课程，学时为20个学时，主要面向新闻学、戏剧影视文学、广播电视编导等文化艺术类专业学生开设。开设媒介素养教育课程之前，学生已学习过新闻学概论、报纸编辑、新媒体采编、新闻摄影、广告学概论等理论课程，具备一定的理论基础。开设媒介素养教育课程的目的在于提升大学生的媒介素养及运用所学知识服务社会的能力，使学生能更好地把专业学习和实践操作相结合。

为了更好地推进媒介素养教育实践，新学期一开学，就要制订总体教学计划，根据学生兴趣爱好组建报纸、摄影、广告、广播电视和新媒体四个团队。每个团队8~10人，每个团队由1~2名专业教师负责。各团队负责教师指导学生准备实践活动内容（包括课堂设计、课件制作、活动安排等）。前期活动准备妥当以后，由各团队负责教师带领学生深入农村小学开展媒介素养教育活动。黄山学院媒介素养教育实践团队针对乡村学校实际情况并根据

---

① 何雨婷：《让媒介素养教育进入农村孩子的课堂——何村的乡村教育之梦》，转引自王天德主编《中国媒介素养研究人物史》，中国广播影视出版社，2017。

学院自身的专长,研发了系列针对乡村儿童的媒介素养教育课程,具体主题及内容如表1所示。黄山学院的大学生宣讲团首先选择了在临溪中心小学进行媒介素养教育,具体课程内容包括:报纸认知及制作,摄影认知及创作,广告认知及创作,广播电视、新媒体认知及运用。宣讲团的大学生和指导教师根据小学生的认知水平,选择了适合小学生的教学主题和形式。精心选择教学内容,制作图文并茂的教学课件,设计课堂讲授和校内实拍等教学环节;把握课堂节奏,保证教学效果;策划拍摄选题,设计互动游戏环节,确保课程的顺利进行。

表1 黄山乡村学校媒介素养教育课程

课程主题	课程内容
报纸认知及制作	1. 帮助小学生初步了解报纸的概念、报道的选题、报纸的作用和影响 2. 指导小学生们召开选题会、确定选题,并进行写作
摄影认知及创作	1. 帮助小学生们了解摄影的奥秘、作用和影响 2. 教授小学生摄影知识并进行作品赏析 3. 指导小学生们使用单反相机完成美丽校园、我的老师、我的同学、我运动我快乐等摄影主题的创作
广告认知及创作	1. 初步了解广告的概念、作用和影响 2. 指导小学生们如何正确看待广告 3. 指导小学生们完成简单的广告作品
广播电视、新媒体认知及运用	1. 带领孩子们建立"行知小学生广播电台"和"行知小学生广播电视台",带领小学生每个学期进行四期的采编,并培养学生基础的摄影摄像能力 2. 指导小学生认识网络、微信、微博以及自媒体的构成 3. 带领学生建立媒体矩阵,在微信、微博、抖音平台发布和农村小学生媒介素养教育相关的短视频 4. 培养小学生简单的编辑微信推文、微博采编等技能

资料来源:笔者自制。

"黄山乡村模式"关注小学生对媒介的认知,重视对小学生对媒介批判能力的提升,比如,在广告课堂中,大学生指导小学生初步了解广告的概念、类别、影响,以及应该如何正确看待广告。开展网络暴力、个人隐私、

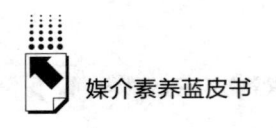

网络诈骗、网络诚信等专题讨论，引导小学生看待网络的两面性，培养合理的网络使用习惯，养成良好的网络使用礼仪。

  同时，还注重对小学生的媒介参与能力的提升。在新闻与报纸课堂中，指导小学生进行新闻采访、写作、编辑，重点锻炼农村小学生新闻写作技能，学生作品发表于面向小学生的《行知小学生报》。在广告课堂中，鼓励小学生介绍自己家乡，孩子们为"富溪芝麻糖""太塘牌坊""富溪牌坊""岭脚瀑布"等制作了广告语。通过这样的活动，他们也对自己的家乡有了更多的认识。在摄影课堂中，为了培养农村小学生摄影技能，志愿者会带领小学生走出校园、走进社会、走进自然，拍摄题材丰富的照片并举办摄影展。比如，他们会把孩子们带到村里拍摄马头墙，去拍摄远处的山、近处的小桥流水。当这些常见的事物出现在摄影镜头中，并且成为摄影作品的时候，孩子们对习以为常的生活便有了新的感知。在新媒体课堂中，不仅指导小学生认识网络、微信、微博，以及自媒体的构成，还注重提升小学生编辑微信推文、微博采编等能力，组织小学生完成短视频、微电影拍摄制作，让学生体验视频摄制过程。随着新媒体的发展，手机、网络在农村小学生中越来越普遍。支教老师也发现，很多孩子过度沉迷手机，有的孩子甚至在抖音上开设直播、接受打赏。支教活动开始关注孩子们的手机使用情况，希望孩子们能够规范使用手机。在课程中特别增加了"如何正确使用手机"的主题讨论活动。课程中，还和孩子们讨论了网络时代如何保护个人隐私、短视频平台中哪些是有害内容、人工智能可能带来的影响、怎样用手机查询学习资料等。①围绕这些主题的讨论，有利于引导孩子们思考如何更合理地利用新媒体。

（二）丰富乡村儿童的精神世界，提升其表达能力，增强其学习动力

  在课题组调研过程中，校长、老师、学生都指出，媒介素养教育课程让他们产生了对媒介的兴趣，了解了什么是媒介、媒介使用的利弊等。同时，

---

① 《黄山学院八年牵手乡村小学共建一门"课"》，http://jyt.ah.gov.cn/xwzx/gdjy/40668882.html。

在媒介素养课程中，拍摄视频、做小主播等活动还帮助提高了学生的表达能力。除了课堂教学，志愿者师生还在每所小学带领小学生办《行知小学生报》，办广播，制作电视节目，拍摄微电影。在学校成立兴趣社团，包括诗歌朗诵社团、"童言"小记者队、"镜像徽州"摄影社团、"有问有答"研讨社等。

在媒介素养教育活动中，除了在学校的课堂中进行学习，为了让小学生对媒介有更多直观的认识，志愿者还带领孩子们和老师走进黄山学院的电影博物馆、新媒体实验室等。孩子们专程来到黄山学院的文化与传播学院参观，在电视台体验如何做小主播，在录音棚里体验如何录音，参观微电影基地、摄影中心、多功能演播厅、微格教室等。伍校长说，我们有的孩子，立志要考大学。这里的孩子，中考以后能够升入普通高中的只有40%，考入大学的就更少。媒介素养教育课程，在一定程度上，激发了孩子们的学习兴趣和学习动力。[①]

媒介素养教育本质上能够丰富乡村儿童的精神世界，促进他们对更合理使用媒介进行一定的思考和实践。丰富的课外活动，能够激发他们对知识的渴望。

媒介素养教育活动的开展，使小学生的课外活动更加丰富多彩，新鲜的内容和新颖的教学方式大大提高了他们的学习兴趣，充分调动了他们的积极性。从充满好奇到动手制作媒介内容，整个过程增强了他们的成就感和荣誉感，在提高媒介素养的同时，也提高了文字表达能力和语言表达能力，从而提高了综合素质。八年来，大学生指导小学生创办《行知小学生报》36期，300多名小学生采写并发表过稿件。《行知小学生报》会被分发给全校的老师、学生、家长。对于孩子们来说，这是非常大的鼓励。小学生还用专业相机拍摄优秀照片2000多张，并择优汇集成册，制作摄影集5本。有20余名小学生以主播和出镜记者身份参与校园广播及视频节目录制，多名小学生作为演员参与视频拍摄并在专业赛事中获奖，多名小学生配合大学生进行徽州乡村主题调研。

---

① 资料来源于2023年8月13日对伍劲标校长的访谈。

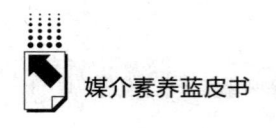

（三）建立线上线下的媒介素养资源库

为了更方便媒介素养教育的开展，黄山学院支教团还通过线上、线下平台为媒介素养教育实践提供拓展材料方面的支持。不仅组织传媒专业教师带领大学生开发适合农村小学生的媒介素养教育读本（目前已完成前期资料的收集整理，构建了读本初步框架），同时，还建立"皖南农村小学媒介素养教育网"记录媒介素养教育开展情况并分享媒介素养课堂相关素材，通过微信公众号以及抖音等短视频平台分享课堂延伸资料，进行热门话题探讨。

（四）支教团活动成果获得多项奖励

在八年的志愿服务活动组织过程中，黄山学院师生突出专业特长，使媒介素养教育的实践成为乡村学校主课堂的有益补充。在参与志愿服务的过程中，专业技能成为大学生了解徽州农村的工具，提升了他们对专业的认可度。2016年媒介素养教育基地被中国广播电视社会组织联合会授予安徽省媒介素养教育实践示范中心称号；2016年、2023年，团队教师分别在第六届和第九届中国（西湖）媒介素养高峰论坛上介绍媒介素养教育经验，受到好评；2017年获批学校校地合作项目"大学生媒介素养教育和社会服务基地"、校级科研平台"黄山学院媒介素养教育研究中心"；2018年获评黄山学院首届"十佳创新创业实践平台"；2023年获评黄山学院第二届"一院一品"校园文化品牌。

三 "黄山乡村模式"的特色

（一）媒介素养教育具备双重目标，探索"高校+乡村"实践育人模式

黄山学院在徽州农村进行媒介素养教育实践，通过与小学联合，探索了"高校+乡村"的媒介素养教育模式。依托高校的专业资源、师资力量，将

小学作为实践平台，共同开展利于大学生、小学生、学校共同发展的媒介素养教育。黄山学院在乡村开展媒介素养教育项目，事实上有双重目标。一方面，在大数据时代的新媒介快速发展背景下，试图提高农村儿童的媒介素养；另一方面，通过让大学生参与实践，提高传媒专业大学生的媒介素养和运用所学知识服务社会的能力。支教的老师指出，媒介素养教育实践活动将提高实践能力作为指导大学生参与支教的重要目标。摄影版块的指导老师表示，希望通过媒介素养教育中心组织的系列活动给大学生搭建一个摄影实践平台，通过课堂教学、实拍（我的校园/我的同学/我的生活）、展览等环节，提高学生的活动策划和摄影实践能力。

　　黄山学院前身是1965年创建的安徽省屯溪师范学校，主要负责培养小学教师、幼儿园教师，轮训教育行政干部。后成为徽州师范专科学校，并先后与中国科学技术大学徽州大专班、黄山林业学校合并，成立黄山高等专科学校，2002年更名为黄山学院。

　　在媒介素养教育的实践中，黄山学院探索了"小先生"模式。所谓"小先生"模式，即教与学合一，鼓励大学生教小学生。在帮助小学生的同时，大学生专业能力也得到了提升。徽州是著名教育家陶行知先生的故乡，秉承陶行知先生教育思想，黄山学院确立"教人求真，学做真人"的校训，倡导求真求实。黄山学院文化与传播学院的大一新生来到学校以后，会了解媒介素养教育支教团队的事迹，到大二时，吴春萱老师会在课程中专门介绍支教团队，由学生自愿报名。学生在提交申请时，可以注明愿意上哪些主题（报纸、新媒体、摄影、广告等）的课程。吴春萱老师说："一个班60多个人，报名的人很多，最后会有50多人报名。"报名结束以后，会根据笔试成绩和专业技术能力进行筛选，最后会根据学生的意愿，将学生分配到不同导师的小组。①

　　对于学生志愿者来说，参加支教活动，能提升其对于专业的认可程度，能够培养他们的社会责任感，提升其对自我的认可度。学院的许瑞老师在访

---

① 资料来源于2023年8月13日对吴春萱老师的访谈。

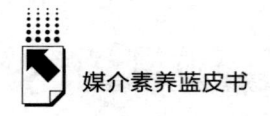

谈中提及:"学生日常的学习中,有很多技术方面的内容,拍摄、剪辑等很容易让他们厌倦。但是,在支教活动中,学生要备课、试讲,去了小学以后,还要带领小学生进行拍摄、写作。孩子们围着这些大哥哥大姐姐转,对他们非常崇拜,甚至有的还拿着本子找他们要签名。"许瑞老师说,小学生对学习的热情和对大学生的崇拜,激发了大学生参加支教实践的动力。大学生在期末的支教总结中会表示要好好学习,争取下一学期教得更好,拍得更好。其中一名大学生领队表示,在一年多的支教过程中,是"责任"支撑着她坚持了这么长时间,她认为"进入了这个组织就要去做好每项工作"①。闫朋辉指出:"活动为大学生提供了走进地方的机会,他们和孩子们深入交流,看到孩子们的困难和诉求后,总是很热心、耐心地去帮助孩子们。这在很大程度上增强了大学生服务地方、服务社会的意识,也提高了他们的社会责任感。"② 可以说,为农村孩子支教的经历对于大学生正确的世界观、人生观、价值观的树立,有不可忽视的促进作用。

(二)建立相应机制支持支教活动长期开展

支教活动的长期开展实属不易。每一届支教大学生须保证服务农村小学一年以上,这是一个较为长期而艰苦的过程,需要参与者有持之以恒的精神和长期服务农村小学的意识。为此,黄山学院建立相应的支持机制以保证活动不会"昙花一现"。支教团队开展活动的时候,学生需自行乘公交车长途跋涉才能到达活动地点。正常的支教安排在每周三,需占用大学生半天的时间,由于人手有限,有些大学生几乎每隔一周就要去小学一次。除了常规的支教,课下部分大学生还需要通过各种联系方式保持和小学生的交流。

首先,黄山学院文化与传播学院非常重视媒介素养教育中心开展的支教活动。支教活动被作为"党建+志愿服务"创新项目打造实施,形成了党政齐抓共管、教研室牵头协调、专业教师分工负责、广大学生共同参与

---

① 资料来源于2023年8月13日对许瑞老师的访谈。
② 资料来源于2023年8月13日对闫朋辉老师的访谈。

的志愿服务领导体制和工作机制。① "党建+志愿服务"的模式，丰富了"主题教育"的主题和形式。在乡村开展媒介素养教育实践，已经成为文化与传播学院服务地方的名片。2023年，黄山学院党委组织部还将支教团队的事迹报到安徽省委组织部。安徽省委组织部还委派安徽电视台专程过来采访。通过这样的方式，媒介素养教育支教活动得到了主流媒体的关注。② 此外，黄山学院还建立对支教师生的支持机制，支持老师们参与支教这样的社会服务活动，根据实际工作，核定工作量。大学生参加支教活动，会给大学生提供实践证明，参加社会实践可以获得2个学分，在综合素质评测中可以加2分。

其次，已经形成制度化的管理模式能够支持服务活动长期开展。在每学年的下半学期，媒介素养教育支教团队的负责导师面向新闻学专业大一学生，介绍大学生媒介素养及信息素养教育实训基地的发展情况、职能、工作人员要求等内容，招聘认真负责、有恒心的支教人员。报名结束后，召开见面会，由具备一年支教经验的大二支教领队对大一报名学生进行短期培训。经过1~2个月的实习期，通过考察实习支教人员完成任务情况，导师、学长评价情况，实习者自我评价，确定其是否可以胜任支教工作，确定正式支教人员。每学年的上半学期，确定正式、稳定的支教队伍，由四名导师对每组的支教大学生进行单独专业指导，并完成本组的支教工作。大学生宣讲团一般会在开展支教活动之前进行详尽的前期准备工作，以保证支教成员能有效、有序地完成支教任务。支教团队主要由新闻学专业大二学生组成，大一学生负责相应辅助性工作。一支支教队伍配备一位领队及一名指导老师，领队安排全部行程及人员任务，指导老师负责联系支教小学，并对支教人员进行指导培训。每学期开课前一个月，支教负责导师与支教小学就本学期上课时间、频率、成果进行讨论协商，制定出详细的执行计划。每次活动前，支教成员根据领队大学生提前3~4天制定的课堂计划，做好准备工作。在支

---

① 资料来源于2023年8月13日文化与传播学院院长王俊峰的访谈。
② 资料来源于2023年8月13日文化与传播学院党委书记汪家赓的访谈。

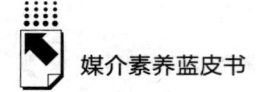

教活动开展过程中，还鼓励大学生写"媒介素养教育日记"，用文字、视频等形式记录活动感想，这为媒介素养教育的实践留下了宝贵的一手材料。在实训结束后，学生需撰写实训感想，内容包括在实训中所遇到的问题、对实训内容的理解、对实训内容与所学习专业课的联系的看法。通过感想更好地发现实训中存在的问题，提升学生对于专业的学习和利用专业内容服务社会的能力。①

支教团队特别注重资料的保存，每次活动记录、复盘总结等均保留了下来。这为后续活动的开展奠定了良好的基础。

（三）"专业实践+志愿服务+创新创业"三位一体的实践育人模式

支教团队提出"专业实践+志愿服务+创新创业"三位一体的实践育人模式，通过组建实践育人团队，搭建学校与社会、支教团队与乡村、教师与学生等纵横联结的平台，聚焦徽州农村儿童媒介素养教育、学生专业兴趣激发和教师学术专长发挥，从专业知识、社会责任和创新创业三个维度设计实践项目，构建校内校外育人工作大格局，推动学校小课堂与社会大课堂同频共振。大学生志愿者凭借在实践中提升的技能，获得了长远的发展，多名学生走上媒介创业道路。

（四）争取到校长的支持，让校长成为媒介素养教育的推广者

美国学者罗杰斯在《创新的扩散》中定义的"扩散"指创新在特定的时间段内，通过特定的渠道，在特定的社群中传播的过程。关于创新如何扩散，在20世纪四五十年代时，教育研究者即开始关注如何在学校中传播新的教学理念。教育的扩散研究最早是哥伦比亚大学师范学院的保罗·莫特教授。莫特等人研究学校的财政拨款是否会影响学校的创新。理查德·O.卡尔森分析了美国两个州的学校行政管理人员对现代数学的扩散所起的作用，

---

① 资料来源于吴春萱老师提供的《大学生媒介素养及信息素养教育实训基地2019年度工作总结》。

他的研究关注了意见领袖的作用，并且注意到幼儿园的扩散也是通过"再创新"的方式被当地接受。① 媒介素养教育本质上是一种创新教育，在农村学校的推广中，校长成为当地创新教育的意见领袖。当地另外两所学校之所以加入，是因为从临溪小学的媒介素养教育课程中，看到了课程的效果。临溪小学的伍劲标校长在当地非常有威望，从教四十多年，他在学校开展媒介素养教育，得到了老师、家长的支持。而活动本身的趣味性，也激发了学生的学习兴趣。课程在临溪小学开展以后，形成了良好的口碑，从而引起其他乡村学校的关注。

在访谈中，何村教授和支教团队的吴春萱老师都提到，校长的观念非常重要，一个创新的理念要在学校推行，如果校长接受并且支持，就容易在学校推行。② 临溪中心小学的伍劲标校长非常支持在学校开展媒介素养教育，这也和他的教育理念有关。他非常强调"赏识教育"，他说："我不希望学生在教室里死读书，想让学生多见见世面，多看看世界，多去涉猎不同的知识。"推崇"开放式教学"，愿意和高校合作推进教育创新。如果能够在这一地区找到一个作为意见领袖的校长，在其学校开展的课程或者活动如果能够带来一些改变，就容易让这样的创新教育被当地其他的学校接受。

（五）通过媒介素养教育促进学生对徽派文化的认同

黄山学院在乡村学校开展提升乡村儿童的媒介素养的教育活动，一方面促进了乡村儿童对新媒介的认识，提高了他们对新媒介的应用能力。更重要的是，这样的媒介素养教育实践，还丰富了乡村教育的主题内容，促进了乡土社会和数字社会的融合，有利于缩小城乡之间的信息鸿沟，对提高乡村儿童的整体素质有积极作用。尤其是其中一些主题活动，丰富了乡村儿童的学习资源，提高了儿童的学习兴趣，加强了乡村儿童对乡土文化的认同。比

---

① 〔美〕E. M. 罗杰斯：《创新的扩散》，唐兴通、郑常青、张延臣译，电子工业出版社，2016。
② 资料来源于2023年8月13日何村老师、吴春萱老师的访谈。

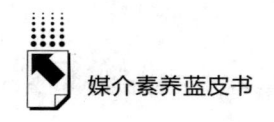

如,在广告主题的课程中,让学生对乡土特色文化、特产进行调研、观察,记录乡村的发展,这不仅促进乡村儿童对乡村的认知,也强化了他们对乡土文化的认同。这样的实践活动,可以让乡村儿童认识到徽派文化的独特价值,增强对本土文化的自信和自豪感,让他们能够更好地理解和欣赏自己从小成长的文化环境,未来能够积极参与到文化传承的活动中,这能够为推动乡村文化的传承和创新打下基础。

四 "黄山乡村模式"的经验

(一)通过课题申报、奖励机制促进师生持续参与媒介素养教育支教活动

在乡村学校开展媒介素养教育实践活动,让学校、学生受益,同时,志愿者也可获得相应的成果。文化与传播学院专业教师利用平台将课程理论与实践结合,申报多项省级教研和科研项目。

目前,教师申请省级以上科研项目12项,省级以上教研项目4项,中广联课题3项,校级校地合作项目1项,横向项目2项,发表二类以上论文8篇,1篇教师论文在浙江省媒介素养教育研究会上获奖。

通过参与支教活动,大学生有更多的收获。支教团队给大学生提供了一个实习的平台,提升了他们的调研能力。为了研发更好的适合当地小学生的媒介素养教育课程,志愿者们还成立了农村小学媒介素养调研组进行实地调研。学院老师指导大学生利用问卷调查、个别访谈、实地观察等方法对农村小学生的媒介选择能力及理解、评估和参与能力进行调研。其中包括小学生运用网络媒体进行学习、信息检索、社交等情况。尤其关注了小学生网络使用中的现实问题,比如网络失范、网络成瘾、网络欺凌等。调研还关注了外在环境如家庭、学校教育、地方文化等对农村小学生接触及使用媒介的影响。

在此过程中,大学生的新闻采写能力、摄影摄像技能水平、调研能力也

得到全方位提升。媒介素养教育课堂分为四个板块，每个板块的专业导师指导支教大学生带领农村小学的学生完成一项成果。如"新闻写作及报纸制作"板块每学期每所农村小学需要制作两期《行知小学生报》，报纸的介绍、报纸选题的征集、稿件的修改、报纸版面的排版和报纸的派发全部由支教大学生参与策划并具体执行。在操作过程中，学生将"新闻学概论""报纸编辑""新闻报道与策划"等课程的知识运用到了具体操作中，通过动手操作的方式巩固了课堂所学知识。学生在访谈中表示，在收到小学生的稿件时，会认真对稿件进行修改。根据学到的新闻专业知识，对《行知小学生报》进行排版。排版的过程也是对所学专业知识的巩固过程，能有助于更好地掌握专业技能。在参与摄影课堂的过程中，支教学生认为，相关课程提升了其使用摄像机的技能水平和视频后期的剪辑和包装水平。

支教学生还"以赛促学"，通过各种比赛，比如摄影比赛、文学比赛、短视频比赛、微电影比赛等促进自身在专业领域的成长。学生结合团队活动创作摄影、摄像作品并参加专业赛事，获得各级奖项40余项，其中国家级奖项15项，省级奖项27项。获批国家级创新创业项目4项，省级3项。2篇调研报告获2022年首届安徽省乡村振兴创新创业大赛三等奖，1篇调研报告获第十届"挑战杯"安徽省大学生课外学术科技作品竞赛省赛三等奖。团队成员、新闻学专业学生张天伊获评2021年度社会实践类安徽省"十佳大学生"。2016年，戏剧影视文学专业学生李超还发表学术论文1篇。

支教活动还提升了大学生的综合能力。每次去小学支教前，大学宣讲团都由一名领队负责策划本次活动，安排好每位大学生的具体工作。领队需要有严格的时间观念和统筹意识，才能保证不同校区的大学生在前往农村小学的过程中的人身安全；需要了解每位大学生的特长，才能合理安排人员分工。这也锻炼了大学生领队的领导和协调能力。在活动开展过程中，支教大学生需要在维持课堂秩序的基础上尽量调动小学生的积极性，秩序维持员、分组指导员、计时员等人员各司其职、互相协助，在无形中培养了团队意识，提高了协作能力。参与大学生表示："在授课过程中，学会了如何和小学生交流，引导小学生的思维，活跃课堂的气氛。"志愿者们经常会想尽办

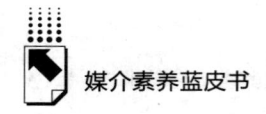

法提升课堂质量，尽量"以新颖的方式来给小学生上广告课程，全程带动课堂的氛围，鼓励小学生积极编写广告语"。通过设置小游戏、发放小奖品等多样化方式，大学生积极改进教学方法，提高了小学生参与活动的积极性。在课下，支教团队安排专门的大学生与小学班主任长期保持联系，这既有助于了解小学生参加课程的情况，也提升了大学生的沟通能力。[①]

（二）注重通过大众媒介进行传播

黄山学院的志愿者们在徽州农村小学的付出赢得了学校师生的高度认可，同时，也获得了社会的广泛赞誉，支教活动已经成为文化与传播学院开展的集志愿服务、专业实践教育、服务地方于一体的特色活动，是在振兴乡村中，大学生牵手小学生开展实践育人的一张名片。活动经学院媒介素养教育研究中心网站、学校官方网站宣传，获得了一定的社会关注度，并得到市级、省级、国家级媒体的宣传报道。2015年，活动被《中国妇女报》报道；2016年，活动被《中国科学报》报道，报道信息被光明网、搜狐等主流网站进行转载；2017年，活动被黄山电视台、休宁电视台报道；2020年，活动被安徽广播电视台报道；2020年，活动被黄山电视台再次报道；2021年，活动被《黄山日报》报道；2022年，安徽省教育厅网站对活动进行报道；2023年，安徽新媒体集团"中安在线"和黄山日报客户端对活动进行报道。

（三）注重活动的宣传，打造活动全媒体推广体系

黄山学院的大学生通过全媒体推广，在媒体、政府、社会关注的基础上，获得更多政策与资金支持，获得更多资源，在农村开展媒介素养教育的活动。大学生们结合专业知识，通过新闻报道、短视频、照片等形式记录、宣传参与农村小学媒介素养教育的过程与经验。依托皖南农村小学媒介素养教育网发布活动新闻、宣讲素材；通过抖音号，以新媒体时代受众喜闻乐见

[①] 资料来源于大学生的课堂反思记录。

的短视频方式推广活动内容；用照片记录在学校开展活动时的亮点，并将照片制作成摄影集。

（四）帮助学校打造特色，提升学校综合能力

乡村教育中，师资一直较为缺乏，媒介素养教育作为一种创新教育，师资缺乏尤甚。调研中，五年级班主任项长意老师提到，在大学生来支教之前，她并不知道什么叫媒介素养教育。学校有700多名学生，只有38个老师。老师们都是超负荷工作，很难有时间给孩子们上媒介素养教育这样的课程。黄山学院支教团队的教学工作，一定程度上弥补了当地学校在师资和课程开设方面的不足。同时，校长提到，此前一些支教活动持续性较差，但是黄山学院支教团队数年如一日，坚持支教而并未中断。这也让校长更为支持团队在学校开展媒介素养教育工作。每周三下午的媒介素养教育课程，已经成为孩子们最为期待的课程。①

五　对策建议

（一）媒介素养教育内容和对象的拓展

目前，黄山学院支教团队在农村学校开展媒介素养教育课程的主要对象是小学五年级的学生。之所以选择五年级的学生，是因为课程涉及新闻写作等方面的内容，五年级的学生年龄段比较适合，六年级学生则面临升学压力，所以，最终确定在五年级开展媒介素养教育课程。调研中，媒介素养教育中心的负责人闫朋辉老师提出，媒介素养教育的内容需要优化。目前，在过去8年的课程中，广告、报纸、摄影摄像等主题的课程已经成为成熟的课程。2018年加入了手机主题的课程，让学生认识到新媒体的使用。但是，这一课程在研发过程中取得的课程效果有限。课程中，会让学生学会判断信

---

① 资料来源于2023年8月13日对伍劲标校长的访谈。

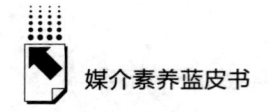

息的真假，了解谣言是从何而来，让学生制作抖音视频，知道抖音的算法等。目前正在尝试用游戏化教学的方式推进相关主题的教学，但是这些创新的教学方式，对支教老师的要求比较高。①

同时，闫朋辉老师也提出，在媒介素养教育对象上，也应该进行拓展。比如学校的老师和学生家长都应该是媒介素养教育的对象。在访谈中，临溪中心小学校长伍劲标也提到了，应对老师进行媒介素养教育培训。目前，由于多种原因，课程仅仅在五年级开展，如果能够对老师进行培训，可以让其他年级的学生接受媒介素养教育。

在对班主任老师进行访谈时，项长意老师提到，现在的农村孩子，基本都有手机。在教学中，项老师有时候会发现，有的孩子白天上课时，状态非常不好，特别困。后来，经过了解，知道孩子在家晚上偷偷玩手机，影响了睡眠。经过和家长沟通，也经过孩子同意，大家商量把孩子的手机放在老师那里，等到周五放学的时候，再领回去。项老师尤其提到，一些留守儿童以及单亲家庭的孩子，由于父母的监管不足，手机对他们的负面影响会更大一些。因此，项老师提出可以对家长进行一些媒介素养教育的培训。以往的实践和研究显示，有必要对家长进行一些媒介基础知识的普及，包括帮助家长理解孩子的媒介需求，帮助家长采取合适的家庭教育方式，这会帮助儿童更合理地使用媒介。②

在对不同对象进行媒介素养教育时，需要根据其需要来进行课程或活动设计。比如，针对老师、学生、家长的媒介素养教育，需要根据不同群体的需要而有所区别。最基本的素养所有人都需要具备，可以把这个称为媒介素养的底层素养，也就是全民都需要具备的一些素养。比如，基本的媒介操作能力，对媒介的基本批判能力，能够识别一般的假新闻等。教师需要掌握使用教育信息化工具的基本技术，能够将新技术应用于教学以更有效地实施教学。而对学生而言，他们需要知道如何获取更优质的教育资源，以及需要知

---

① 资料来源于2023年8月13日对闫朋辉老师的访谈。
② 资料来源于2023年8月13日对项长意老师的访谈。

道哪些教育资源更适合自己。家长需要理解孩子的媒介需求，需要知道如何处理和孩子因媒介使用而产生的矛盾。

（二）关注小学师生的媒介需求，让其参与进来解决真实情境中的问题

媒介素养教育并不脱离教师和学生的生活，它和教师、学生的生活紧密相连。支教团队曾对支教学校参与过媒介素养教育课程的学生进行了调研：在调查中针对已经开展的四部分媒介素养教育课程所涉及的媒介形式进行更进一步的细化，分别是报纸、广播、电视、广告、网络与手机，并向已经完成媒介认知课程的五年级学生提出问题：是否能理解相应教学内容。综合比较五种媒介形式，被调查对象对电视及网络、手机的了解程度较高，58.33%的小学生对网络、手机表示非常了解，56.67%的小学生对电视表示非常了解，这与小学生平时生活中的媒介接触频率有关；对报纸和广播的了解程度最低，分别有11.67%、10.83%的小学生表示完全不了解广播、报纸，可见广播、报纸在小学生生活中出现的概率较低。这可能是因为在现实生活中，小学生们很少有机会接触到广播和报纸，因此，报纸和广播认知课程教学的效果不太理想。[①]

针对小学教师，支教团队也会面临和媒介相关的困扰，如提高教师上课必备的使用信息化工具的能力，专门对教师进行教育信息化工具使用的培训，帮助教师更好地掌握一些方便使用的数字化工具，提升教学质量。同时，教师在班级管理以及具体的教学中，也会遇到一些和媒介相关的困扰。比如，项老师提到的相应的一些网络安全问题等，这些都是在教学管理中需要真实面对的问题。

对学生来说，手机等媒介可以帮助一些留守儿童和父母进行联系。同时，手机也已经成为他们和同伴进行沟通的工具。在关注到媒介带来的便利的同时，也要关注媒介带来的新挑战。

---

① 资料来源于吴春萱老师提供的《大学生媒介素养及信息素养实训基地2019年度工作总结》。

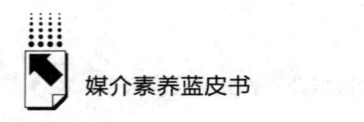

总　结

　　乡村教育在优质资源上不如城市,但同时要看到,乡村有着城市不具备的独特资源,比如自然教育、生态环境、社会文化等。这些都可以成为乡村儿童学习和发展的机会。[①] 黄山市拥有丰富的文化资源,在未来的实践中,可以引导学生发现徽州优秀传统文化的内涵与魅力,使媒介素养培育的过程成为徽州文化传播与弘扬的过程,激发更多的学生对徽州文化的兴趣与热情。黄山学院支教团队确立以农村小学生为服务对象,探索如何支持乡村教育,通过系列活动的开展,提升农村小学生对媒介的认知、使用媒介的能力,弥合城乡数字鸿沟,助推乡村振兴,这在国内媒介素养教育研究及实践方面都独具特色,是非常有意义的实践和探索。

---

① 杜冰:《乡村教育,撑起一片希望的天空》,《光明日报》2021年5月25日,第13版。

B.13
新闻传播类大学生获得性媒介素养与职业发展个案研究

崔波 白一涵 曹贤洁 赵晞 黄智尚*

摘　要： 按照联合国教科文组织2013年提出的媒介与信息素养评估框架，结合某传媒院校新闻传播类本科专业人才培养方案，对新闻传播类大学生在校期间的媒介素养从媒介使用与信息应用、媒介沟通与传播、数字素养与数据安全、职业认知与专业技能应用等四个维度进行考察，以问卷调查形式测度2014~2018年入学的新闻传播类本科生的媒介素养水平，然后结合职业发展调研数据，探索大学生在校获得性媒介素养与职业发展的关联。研究结果表明：在四类获得性媒介素养维度中，毕业生对数字素养与数据安全方面的知识掌握得最好，其次是媒介使用与信息应用，再次是职业认知与专业技能应用，最后是媒介沟通与传播。对新闻类App特性熟悉程度，对数字素养的获得程度，对沟通类课程、技能类课程和创作类课程知识的掌握程度，对毕业生的职业发展影响较大。

关键词： 获得性媒介素养　职业发展　媒介素养　大学生

2018年9月17日，教育部、中共中央宣传部发布《关于提高高校新闻传播人才培养能力实施卓越新闻传播人才教育培养计划2.0的意见》，提出深入贯彻落实《中共中央关于加强和改进党的新闻舆论工作的意见》（以下简称《意见》），加强和改进高等学校新闻传播专业建设，建设具有

---

* 崔波，浙江传媒学院教授，硕士生导师；白一涵，浙江传媒学院新闻与传播专业硕士研究生；曹贤洁，浙江传媒学院新闻与传播专业硕士研究生；赵晞，浙江传媒学院新闻与传播专业硕士研究生；黄智尚，浙江传媒学院新闻与传播专业硕士研究生。

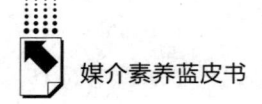

中国特色、赶超世界水平的一流新闻传播专业。《意见》确立未来五年的奋斗目标：建设一批马克思主义新闻观研究宣传教育基地，打造一批具有中国特色、赶超世界水平的一流新闻传播专业点，形成遵循新闻传播规律和人才成长规律的全媒化复合型专家型新闻传播人才培养体系，培养造就一大批适应媒体深度融合和行业创新发展，能够讲好中国故事、传播中国声音的优秀新闻传播人才。

在《意见》发布后的第五年，新闻传播人才培养体系是否得到优化？学生在校是否获得了满足全媒化复合型专家型新闻传播人才培养体系所要求的素养？这些素养能否帮助学生适应媒体深度融合和行业创新发展？带着上述问题，我们进入本项目的研究。

一 研究设计

（一）研究框架、研究方法与研究对象

课题组采用的研究框架是联合国教科文组织2013年提出的媒介与信息素养评估框架，[①] 此框架包含7个一级指标和26个二级指标。依据该框架，课题组进行了一系列定性资料的分析和文献回顾，通过多次在新闻传播学本科专业大学生中发放调查问卷，根据该框架的基本结构和测量指标，设置了覆盖"信息与数字素养、沟通与协作素养、创造数字内容素养、数字安全素养、问题解决素养、职业认知与专业技能应用素养"6个一级指标的问卷，6个一级指标下设有24个二级指标，问卷共包含19个问题。

（二）研究对象

《中国新闻传播学年鉴2023》中收录了《中国新闻教育事业2023年度

---

① Law N., Woo D., Wong G. A., Global Framework of Reference on Digital Literacy Skills for Indicator 4.4.2., (2018).

发展报告》，该报告是由教育部高等学校新闻传播学类专业教学指导委员会组织编写。报告指出，截至2023年，全国范围内（不含港澳台地区）约有637所高校开设有新闻传播学类专业，覆盖编辑出版学、传播学、广播电视新闻学、广告学、网络与新媒体、新闻学、数字出版七大新闻传播类本科专业，专业布点在全国共计1073个。

在众多的院校中，我们选择了长三角一所传媒类院校的新闻与传播学院本科毕业生作为研究对象。首先，该学校新闻传播学本科教育具有代表性。作为我国传媒人才培养摇篮与重镇，该校在40多年办学历程中，坚持立德树人、特色发展，综合实力稳居全国传媒院校第二。新闻传播学为浙江省一流学科，在新闻传播学本科专业中，广播电视学、编辑出版学、传播学入选国家一流专业建设点，新闻学入选浙江省一流专业建设点。其次，该校在卓越新闻传播人才培养方面成效明显，在全国享有较高的美誉度，形成了卓越新闻传播人才培养的"12345"模式：将马克思主义新闻观贯穿教育教学始终，坚持"一个目标"（培养"高素质、全媒化、复合型"卓越新闻传播人才）；依托广播电视集团与新闻学院共建政策优势、互联网时代全球传播的技术优势等"两大优势"，落实校内校外人才培养政产学研用大循环、国内国际教学研"双循环"基本理念；通过"四大链条"（校内跨专业全媒体培养链、行业课堂穿插培养链、仿真实战贯穿培养链、高素质人才靶向培养链），实现"三通"（理论教学与实践实训贯通，课程设置与行业需求互通，虚拟仿真实验与行业实战融通）融合培养机制；构建"五融"（专业结构与产业结构融合、专业要求与职业要求融合、教学资源与产业资源融合、校园文化与企业文化融合、教育机制与产业机制融合）的人才培养和实践教学体系。

（三）抽样原则与样本介绍

1. 抽样原则

本次问卷针对该校新闻与传播学院2014~2018年入学的1424名本科生进行等距抽样。研究者将该时段入学的全体本科生进行乱序排布，并从随机

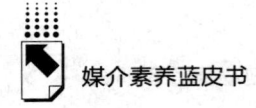

起点处每隔4个学生抽取一份样本，预计抽取356份样本，最终共获得问卷324份，问卷回收率为91.01%。

2. 样本介绍

本次研究回收的有效问卷中，男性受访者共59人，占总样本量的18.21%，女性受访者265人，占比81.79%。受访本科生所属专业分别为广播电视新闻学、编辑出版学、传播学和新闻学，其中编辑出版学专业的受访者共134人，占比最大，达41.36%（见图1），广播电视新闻学、传播学和新闻学专业的受访者分别为76、49和65人。

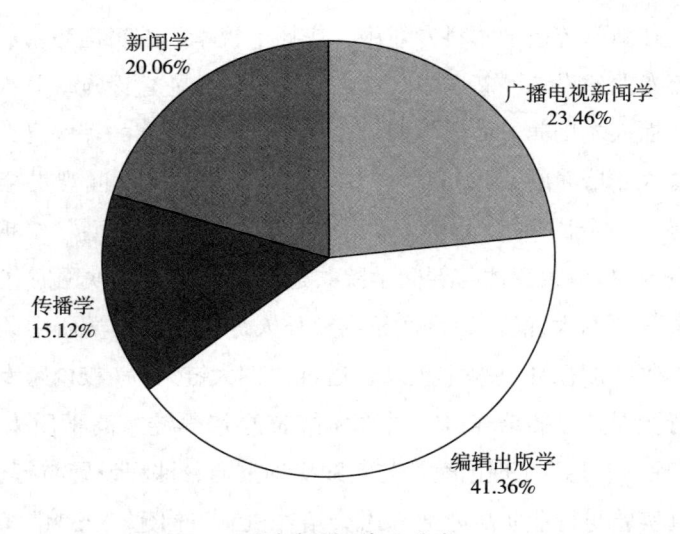

图1 受访者所属专业分布

从入学年份上看，样本中2014年和2015年入学的受访者超过半数，26.85%的受访者于2014年入学（2018年毕业），25.93%的受访者于2015年入学（2019年毕业），2016年、2017年和2018年入学的受访者分别占16.67%、15.74%、14.81%（见图2）。从工作单位属性上看，多数受访者就职于民营企业，占比达46.30%；就职于国有企业和就职于事业单位的人数相当，占比均为16.05%；就职于政府机关单位和外企的受访者较少，分别占 9.88%、1.54%（见图 3）。除上述外，还有部分受访者目前处于读研深造、自主创业或在家待业等状态，其中读研深造者占据多数。

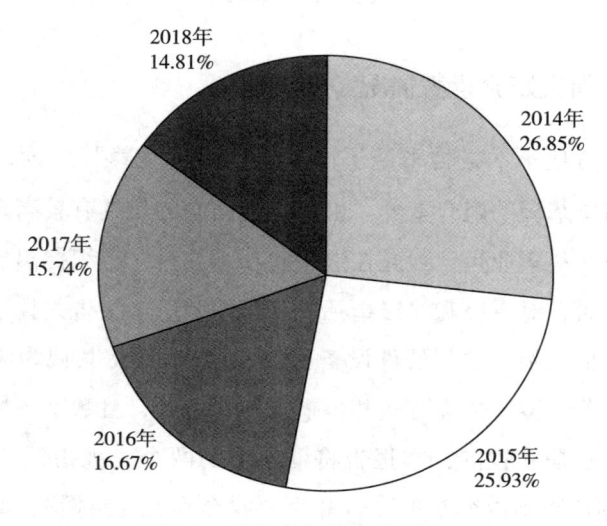

图 2 受访者入学年份分布

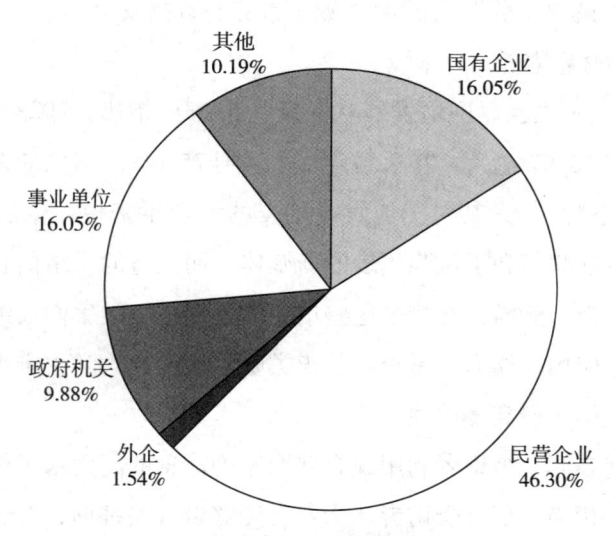

- 2018年 14.81%
- 2014年 26.85%
- 2015年 25.93%
- 2016年 16.67%
- 2017年 15.74%

图 3 受访者工作单位属性情况

- 其他 10.19%
- 国有企业 16.05%
- 事业单位 16.05%
- 政府机关 9.88%
- 外企 1.54%
- 民营企业 46.30%

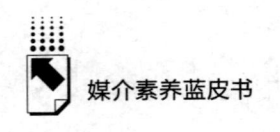

二 分析与讨论

(一)获得性媒介素养情况

为了行文方便,本报告采用了"获得性媒介素养"一词,用来指称大学生就学期间所掌握的媒介素养。由于我们面向的是具有较高媒介素养的新闻传播学专业本科毕业生,因此在选用联合国教科文组织提出的媒介与信息素养评估框架时,对一级和二级指标进行了取舍。本报告去掉了联合国媒介与信息素养评估框架中的"硬件设备和软件操作",将其视为应具备的基本的专业媒介素养。鉴于传播方式和传播内容不可分,且数字环境下传播方式与内容生产几乎是并置的,本报告将框架中的两个一级指标"沟通与协作素养"和"创造数字内容素养"合并为"媒介沟通与传播",鉴于一级指标"数字安全素养"与一级指标"问题解决素养"相关,遂将"数字安全素养"和"问题解决素养"合并为"数字素养与数据安全"。

1. 信息与数字素养

第 51 次《中国互联网络发展状况统计报告》指出:2022 年 10 月我国网民规模达到 10.67 亿人,互联网普及率达到 75.6%。网民的人均每周上网时长为 28.5 小时。① 尤其对于传媒类院校的大学生来说,他们更加不可避免地接触到以互联网和手机为代表的新媒体,而大量的网络信息也深刻地影响了他们的认知。然而,在接触这些信息的过程中,学生们逐渐形成的媒介使用以及信息应用的能力,是否对传媒类院校毕业的大学生未来的发展起着重要作用,值得人们高度关注。

本次调查表明,被访者利用媒介获取正确信息的能力水平较高:在上网搜索信息时,相当一部分受访者认为自己能够设置关键词,对于能够设置关

---

① 《第 51 次〈中国互联网络发展状况统计报告〉》,中国互联网信息中心,2023 年 3 月 2 日,https://www.cnnic.cn/n4/2023/0303/c88-10757.html。

键词这一问题回答"比较符合"和"非常符合"的受访者占 46.05%，平均分数为 4.41；对于在海量信息中检索到有效信息，47.18% 的受访者回答为"比较符合"和"非常符合"，平均分数为 4.30；对于使用多种渠道进行信息检索，其中选择"比较符合"和"非常符合"的占比 48.59%，平均分数为 4.38；对于对信息检索结果进行科学评价，43.79% 的受访者回答"比较符合"和"非常符合"，平均分数为 4.25。

可见，问卷参与者大多能够正确使用媒介并在上网搜索信息时能够恰当地设置关键词，在海量信息中检索到有效信息，使用多种渠道进行信息检索，对信息检索结果进行科学评价的能力整体表现较好，平均分都在 4 分以上。然而，仍有一部分人在这些方面表现一般，需要进一步提升相关能力。

然而，对于受访者来说，正确地使用媒介搜集信息是社交媒体时代应具备的基础媒介素养。但在智能媒体时代，由于传播主体和渠道的多样化，信息的构成变得更加复杂，从而更加强调个人对信息的把关。对信息的真实性、时效性以及权威性的辨别和分析，成为受众在获取信息时自我把关的一种重要表现。除此之外，拥有批判性解读信息的思维也是一种至关重要的能力。因此，在对自媒体的新闻报道真实性质疑方面，相对较多的人选择了"比较符合"和"非常符合"选项，平均分为 4.26。在根据信息发布人的身份决定是否相信这个消息而不是根据点赞数、评论数方面，相对较多的人选择了"比较符合"和"非常符合"选项，平均分为 4.12。在浏览信息时，关注别人如何评价的方面，相对较多的人选择了"比较符合"和"非常符合"选项，平均分为 4.31。在浏览或观看新闻时，关注它的出处来源方面，相对较多的人选择了"比较符合"和"非常符合"选项，平均分为 4.23。相当一部分人曾有过关注和转发网络信息，但事后发现其是假的的经历，平均分为 3.21。在轻易区分网络博主发布信息中的"暗广"方面，相对较多的人选择了"比较符合"和"非常符合"选项，平均分为 4.22。在区分网络中的不良信息或行为方面，相对较多的人选择了"比较符合"和"非常符合"选项，平均分为 4.30（见表 1）。

基于此可以了解到，参与者对于自媒体新闻报道的真实性持有怀疑态度，并且在浏览信息时更加注重信息发布人的身份、别人的评价以及信息的出处来源。他们也相对能够区分网络中的不良信息或行为。然而，相当一部分人曾有过关注和转发网络信息，但事后发现其是假的的经历。所以从整体来看，受访者对于网络信息的辨别能力和对不良信息的警惕性还有进一步提高。

表1 信息辨别能力情况

题目	非常不符合（%）	比较不符合（%）	一般（%）	比较符合（%）	非常符合（%）	平均分
我会质疑自媒体的新闻报道真实性	0.28	1.41	9.89	49.15	39.27	4.26
我会根据信息发布人的身份决定是否相信这个消息而不是根据点赞数、评论数	0.56	3.11	13.84	48.31	34.18	4.12
在浏览信息时，我会关注别人是如何评价的	0.28	1.41	7.63	48.02	42.66	4.31
在浏览或观看新闻时，我会关注它的出处来源	0.56	2.82	12.43	41.53	42.66	4.23
我曾有过关注和转发网络信息，但事后发现其是假的的经历	11.02	20.62	21.75	29.1	17.51	3.21
我能够轻易地区分网络博主发布信息中的"暗广"（隐藏广告）	0.85	1.69	11.86	45.48	40.11	4.22
我会区分网络中的不良信息或行为（如网络暴力、诈骗、人肉搜索等）	0.85	1.13	6.78	49.72	41.53	4.30

资料来源：笔者自制。

媒介使用与信息应用的能力不仅表现为对媒介的使用、信息的辨识与评价，也表现为接收信息后的行为表现。对于确定媒介信息的真实性，大部分人选择通过不同渠道来确定，选择"比较符合"和"非常符合"的人数占比达到81.12%。说明大多数人对于确定媒介信息的真实性有一定的信心。在转发或分享媒介信息前，大部分人会确认其真实性，在这方面选择"比较符合"和"非常符合"的人数占比达到81.97%。说明大多数人对于转发或分享媒介信息前对信息真实性有一定的重视。在媒介信息对个人观点的影响方面，选择"一般"和"比较符合"的人数占比达到71.55%。这说明大多数人认为媒介信息对于个人观点有一定的影响，但影响并不显著。当多次看到某日用品的广告时，很多人不会点击观看并购买，"比较不符合"和"非常不符合"的人数占比达到49.58%（见表2）。说明相当一部分人对于广告宣传的产品的购买意愿较低。参与调查的人员，对于确定媒介信息的真实性和转发或分享媒介信息前确认真实性比较积极，而对于媒介信息对个人观点的影响和多次看到广告时的购买行为相对较为谨慎。这说明参与者对媒介信息的处理和面对媒介信息的影响有一定的警惕性。

表2 信息使用与信息应用情况

题目	选项				
	非常不符合（%）	比较不符合（%）	一般（%）	比较符合（%）	非常符合（%）
我会通过不同渠道来确定媒介信息的真实性	0.28	2.54	16.06	47.32	33.8
在转发或分享媒介信息前我会确认它的真实性	0.00	3.10	14.93	44.79	37.18
媒介信息很容易影响我对某件事/人的观点	2.25	10.14	32.96	38.59	16.06
当多次看到某日用品的广告时，我会点击观看并购买	16.06	33.52	29.58	15.21	5.63

资料来源：笔者自制。

总体来说，传媒类院校学生对媒介的使用，能明显体现出他们有获得全面、客观信息的能力。这说明该类学生有能力合理应用媒介处理信息，而这也是社会实现理性的公共交流的基础。在更高层次的辨识与分析上，传媒院校毕业生在面临海量信息时所做的判断以及其他相应的行为，不仅有一种"即时"的作用，更会产生"延时"的影响。[①] 这种影响同时又会折射在学

---

① 彭兰：《社会化媒体时代的三种媒介素养及其关系》，《上海师范大学学报》（哲学社会科学版）2013年第3期。

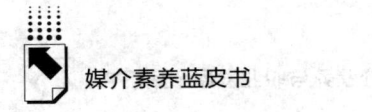

生的价值观、思维方式与行为方式上,并对其未来发展产生深远影响。

2. 媒介沟通与传播

网络监督实质上是舆论监督的一种有效形式,本质上就是人民群众通过网络新媒体对社会公共事务进行监督。随着网络等新兴媒体的快速发展,大众也具有传播信息和发表言论的话语权,每一个网民可以对自己所关心的各种话题自由地表达观点、传播信息和交流意见。其中,新闻传播学子具备多媒体制作和编辑能力,能够运用各种数字工具和平台创作内容,使其能够运用其所学知识,更积极地参与对公共事务的监督管理,担当使命,负起自己的社会责任,也成为新闻传播高校的培养重点之一。

调查表明,新闻传播学子能够认识到数字技术对公共事务的管理具备监督促进作用。新时代公民应该积极行使宪法所赋予的表达权,通过网络这个公共平台助推政务服务工作的开展。对于"我认为网络社会下,公众更容易监督政府"这个观点,选择"比较符合"和"非常符合"的选项的人占比分别达到了42.94%和15.25%。这说明大部分人认为网络社会下,公众更容易监督政府。对于"我认为网络社会下,公民能够自由地发表对事件的看法,话语权得到提高"这个观点,选择了"比较符合"和"非常符合"的选项的人,占比分别达到了38.70%和14.69%。这说明大部分人认为网络社会下,公民能够自由地发表对事件的看法,话语权得到提高。对于"我认为网络属于公共平台,每个公民都有权发表自己的观点"这个观点,相对较多的人选择了"比较符合"和"非常符合"选项,占比分别达到了47.18%和22.60%(见图4)。这说明大部分人认为网络属于公共平台,每个公民都有权发表自己的观点。总体来看,针对网络对公共事务管理的作用,绝大部分新闻传播学子的评价都是积极的,说明大部分人都认同在网络社会下,公众更容易监督政府,公民能够自由地发表对事件的看法,话语权得到提高,且网络属于公共平台,每个公民都有权发表自己的观点。

2021年,中央网信办违法和不良信息举报中心、中国文明网、中国互联网发展基金会和中国互联网联合辟谣平台联合发布《"抵制网络谣言 共建网络文明"倡议书》。不论是发布倡议书,还是近几年频繁的清网行动,

□ 非常不符合　□ 比较不符合　□ 一般
■ 比较符合　　■ 非常符合

我认为网络社会下，公众更容易监督政府
- 4.52
- 6.50
- 30.79
- 42.94
- 15.25

我认为网络社会下，公民能够自由地发表对事件的看法，话语权得到提高
- 5.93
- 9.32
- 31.36
- 38.70
- 14.69

我认为网络属于公共平台，每个公民都有权发表自己的观点
- 2.54
- 4.80
- 22.88
- 47.18
- 22.60

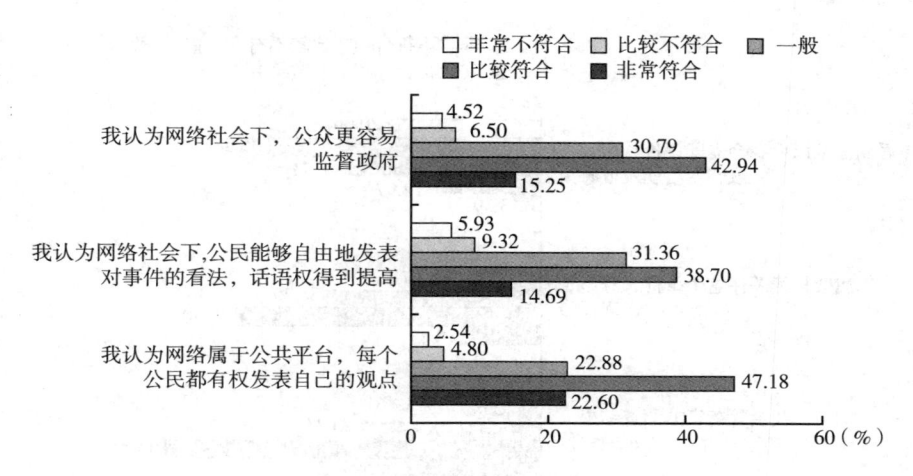

图4 网络环境下的舆论认知

共同目的都是让网友在海量的网络信息面前保持独立的判断能力，不听信谣言，在真相到来之前做一个冷静的观望者。对于受访者而言，对于"看到信息以后我会立即评价、留言，或转发给朋友或家人"，相对较少的人选择了"非常符合"和"比较不符合"，而选择"比较不符合"和"一般"的人数相对较多。这意味着大部分人对于这种道德发酵现象并不会立即做出评价或转发行为。对于"我会持续关注这个事件，看是否出现反转"，选择"比较符合"的人数最多，其次是选择"一般"的人数。这可能说明相当一部分人对于这种事件持观望态度，希望看到后续的发展。对于"我会等待官方调查结果，再做评价"，选择"比较符合"的人数最多。这表明相当一部分人倾向于等待官方调查结果出来后再做评价（见图5）。

综上所述，大部分新传学子对于这种道德发酵现象并不会立即做出评价或转发行为，相对较多的人持观望态度，希望看到后续的发展，而一部分人倾向于等待官方调查结果出来后再做评价。

此外，认识只是该群体最基础的媒介素养表现。新闻传播学子更应该通过他们所掌握的数字技术进行互动、交流和协作，通过公共和私人数字服务以及参与性公民身份参与社会活动。为了更好地检测新闻传播学子的数字技术能力，我们将当前常用的 App 分为社交类、生活类、娱乐类、新闻类和教

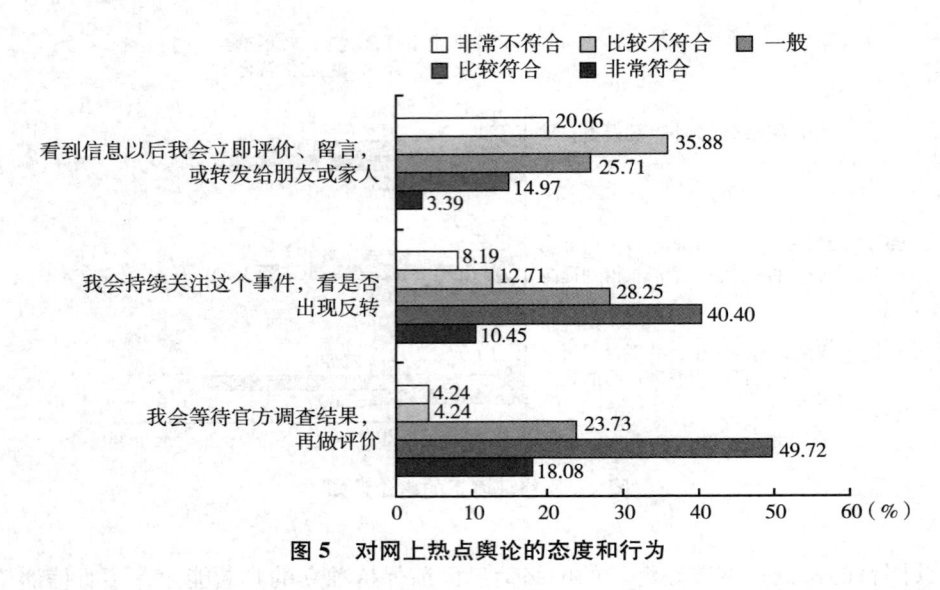

图例:
- 非常不符合
- 比较不符合
- 一般
- 比较符合
- 非常符合

看到信息以后我会立即评价、留言，或转发给朋友或家人:
- 20.06
- 35.88
- 25.71
- 14.97
- 3.39

我会持续关注这个事件，看是否出现反转:
- 8.19
- 12.71
- 28.25
- 40.40
- 10.45

我会等待官方调查结果，再做评价:
- 4.24
- 4.24
- 23.73
- 49.72
- 18.08

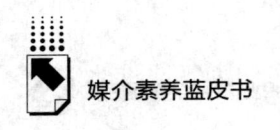

图 5　对网上热点舆论的态度和行为

育类五类，分门别类地询问受访者的真实情况。根据反馈数据，能够非常熟练和比较熟练使用各类 App 的人员较多，说明大部分受访者对这些应用都具有较高的熟练程度。而不熟练和从未使用过的人相对较少，说明大部分人对这些应用有一定的了解和使用经验。

对于新闻传播学子而言，在相关专业工作中更需要掌握一定的数字技术以及版权、知识产权等法律规范。为更好检测新闻传播学子在工作中的媒介素养表现，我们也有针对性地设置了一些相关的问题。对于"在写新闻、文件时，我会参考类似文章"，有 56.06% 的人选择"比较符合"，31.55% 的人选择"非常符合"。对于"遇到有争议的话题时，我会主动在网上发布自己的态度、观点"，16.34% 的人选择"比较符合"，6.20% 的人会选择"非常符合"，这意味着有 22.54% 的人会主动在网上发布自己的态度、观点，其中 35.49% 的人选择"一般"，31.27% 的人选择"比较不符合"。对于"在网上发布别人制作的视频、博文时，我了解征求版权许可的程序和步骤"，选择"比较符合"的占 43.38%，选择"非常符合"的占 18.31%，两者合计 61.69%，这意味着大多数人了解征求版权许可的程序和步骤。对于"在网上发布内容时,我有能力保护自己的知识产权成果",40.28%的人选择"一般",31.83%的人选择"比较符合",这意味着大多数人认为自己有能力保护自己的知识产权成果。对于"我了解'避风港原则'的适用范围",8.73%的人选择"非常符合",21.97%的人选择"比较符合",这说明了解"避风港原则"适用范围的人并不占多数。对于"我了解'红旗原则'的适用范围",7.32%的人选择"非常符合",18.31%的人选择"比较符合",这说明了解"红旗原则"适用范围的人并不占多数(见表3)。

表3 内容创作素养

题目	选项				
	非常不符合(%)	比较不符合(%)	一般(%)	比较符合(%)	非常符合(%)
在写新闻、文件时,我会参考类似文章	0.85	1.97	9.58	56.06	31.55
遇到有争议的话题时,我会主动在网上发布自己的态度、观点	10.70	31.27	35.49	16.34	6.20
在网上发布别人制作的视频、博文时,我了解征求版权许可的程序和步骤	1.97	8.17	28.17	43.38	18.31
在网上发布内容时,我有能力保护自己的知识产权成果	1.69	13.80	40.28	31.83	12.39
我了解"避风港原则"的适用范围	15.77	24.23	29.30	21.97	8.73
我了解"红旗原则"的适用范围	17.18	25.63	31.55	18.31	7.32

资料来源:笔者自制。

总体而言,大多数人对于参考相关文章、了解版权许可程序和保护知识产权成果有一定的认知,但在发布自己观点和了解特定原则的适用范围上存在一定的不足。因为近些年互联网上知识产权成果被盗用、滥用的乱象频繁发生,所以我们特意从查询验证的角度设置了一道题目,反向检验受访者的认知和能力。因此,后续各方相关部门依然要高度重视版权知识产权普及等普法工作,让大多数人熟悉相关法律法规,从根源上杜绝知识产权成果被盗用的乱象。

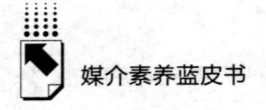

3. 数字素养与数据安全

数字环境中，数据信息的收集、存储、整理、交易和使用已经覆盖了人们生活、学习和工作的方方面面，给人们带来便利，但同时泄露、滥用、非法交易数据信息等危害数据主体利益的行为也屡见不鲜。数据安全素养，是指个人在使用数字设备上网时，在数字环境中保护设备与数字内容、保护个人数据和隐私的素质和能力。个人数据信息安全不仅关乎个人的财产安全和人身安全，还涉及国家的网络安全和社会的公共利益。因此，良好的数字安全素养不仅能够保证个人身份信息安全，同时还能保护自己和他人免受损害，更有助于促进社会稳定、增进社会福祉。

2021年，《中华人民共和国数据安全法》《中华人民共和国个人信息保护法》相继发布实施，一系列数据安全政策法规密集出台，为数据安全建设提供了充分的法律依据和顶层思路。但是，仅靠政策和法律途径是不够的，有一只"看不见的手"随时随刻都在抓取我们的数据信息，用户自身需树立数据安全和数据保护意识，不点击来路不明的链接，不在App上贸然输入自己的个人信息，不贪图小利以防止造成个人信息的泄露，不让违法者有可乘之机，同时了解最新的法律知识，增强自己的个人信息保护意识。对于数字素养和数据安全，本报告问卷主要从媒介信息安全和安全能力两个方面来考察。

在媒介信息安全层面，共包括6个题目。在"我了解网络信息安全相关的法律法规和政策"这个问题上，相对较多的人选择了"一般"和"比较符合"，说明大部分人对网络信息安全相关法律法规和政策有一定的了解；在"我总是设置安全级别较高的密码"这个问题上，相对较多的人选择了"一般"和"比较符合"，说明大部分人在设置密码时有一定的安全意识；在"我会在不同的网络应用上设置不同的密码"这个问题上，一部分人选择了"比较不符合"和"非常不符合"，说明仍有很多人在这方面的意识较弱；在"出现网络信息安全问题时，我能找到解决问题的办法"这个问题上，相对较多的人选择了"比较符合"和"一般"，说明相当一部分人在解决网络安全问题时有一定的能力；在"我能定时备份重要资料"这个问题上，相对较多的人选择了比较符合，说明很多人有一定的备份意识；在"我会对自己上网设备进行隐私设置"这个问题上，相对较多的人选择了比较符合和非常符合，说明大部分人有一定的隐私设置意识（见表4）。

表4 数字安全素养情况

题目	选项				
	非常不符合（%）	比较不符合（%）	一般（%）	比较符合（%）	非常符合（%）
我了解网络信息安全相关的法律法规和政策	1.13	6.20	29.86	41.97	20.85
我总是设置安全级别较高的密码	1.41	4.79	34.37	38.87	20.56
我会在不同的网络应用上设置不同的密码	9.86	23.94	31.83	22.25	12.11
出现网络信息安全问题时，我能找到解决问题的办法	1.41	12.11	34.37	38.31	13.80
我能定时备份重要资料	2.25	9.30	24.23	43.66	20.56
我会对自己上网设备进行隐私设置	1.69	8.45	20.56	43.66	25.63

总体来看，参与调查的人群在网络信息安全方面整体表现较好，大部分人在网络信息安全方面有一定的安全意识。

在安全能力方面，本问卷设置了8个题目。在"每个人都要下载国家反诈骗中心App"这个问题上，有38.14%的人比较认可，34.18%的人非常认可，说明大部分人的反诈骗意识较高；在"大家尽量避免使用公共场所的免费Wi-Fi"这个问题上，有41.81%的人比较认可，19.21%的人非常认可，说明大部分人认为公共场所的免费Wi-Fi存在信息泄漏风险，需谨慎连接；在"尽量不要参加输入名字看运势和算命之类的H5活动"的问题上，有39.83%的人比较认可，31.92%的人非常认可，说明大部分人对陌生链接的警惕性较高；在"当遇到不明来源的'薅羊毛'优惠活动时，尽量不参与"的问题上，有45.76%的人非常认可，37.01%的人比较认可；在"不要下载盗版的电影、书籍等网络资源"的问题上，只有23.16%的人非

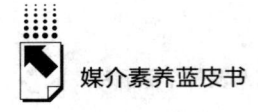

常认可，31.36%的人比较认可，说明仍有很多人比较欠缺版权意识；在"添加陌生网友时，选择'打开不对其展示我的朋友圈'或者'仅聊天'这个选项"的问题上，有40.96%的人比较认可，39.83%的人非常认可，说明大部分人意识到要在陌生人面前保护个人信息；在"利用平台特性隐匿个人信息，避免遭受网络攻击"的问题上，有43.79%的人比较认可，30.23%的人非常认可；在"当自己的利益遭受损害时（如遇到涉及暴力等不良网络信息），学会通过申诉、投诉、举报等方式进行网络维权"的问题上，有44.07%的人比较认可，43.50%的人非常认可，说明大部分人具备保护个人信息的意识和能力（见表5）。

表 5 数据安全能力掌握情况

题目	选项					平均分
	非常不认可（%）	比较不认可（%）	一般（%）	比较认可（%）	非常认可（%）	
每个人都要下载国家反诈骗中心App	2.54	6.21	18.93	38.14	34.18	3.95
大家尽量避免使用公共场所的免费Wi-Fi	0.56	6.50	31.92	41.81	19.21	3.73
尽量不要参加输入名字看运势和算命之类的H5活动	0.28	3.67	24.29	39.83	31.92	3.99
当遇到不明来源的"薅羊毛"优惠活动时，尽量不参与	0.56	2.54	14.12	37.01	45.76	4.25
不要下载盗版的电影、书籍等网络资源	2.82	11.58	31.07	31.36	23.16	3.60
添加陌生网友时,选择打开"不对其展示我的朋友圈"或者"仅聊天"这个选项	0.28	4.52	14.41	40.96	39.83	4.16
利用平台特性隐匿个人信息，避免遭受网络攻击	1.98	4.52	19.49	43.79	30.23	3.96
当自己的利益遭受损害时（遇到涉及暴力等不良网络信息），学会通过申诉、投诉、举报等方式进行网络维权	0.56	1.13	10.73	44.07	43.50	4.29

综合来看，参与者对于维护网络安全和个人信息保护有较高的意识和认可度。大部分人选择比较认可或非常认可相关行为，平均分都在 3.60 以上，其中有几项的平均分甚至超过 4 分。这表明参与者对于保护个人信息、避免网络攻击和维护自身权益较为重视。

此次在对新闻传播学子进行调查和深访之后，发现受访者整体在意识层面警惕性较高，能够了解数字环境下潜在的危害，并采取相应应对策略。

4. 职业认知与专业技能应用素养

2020 年中共中央、国务院印发《关于构建更加完善的要素市场化配置体制机制的意见》，国家文件首次将数据与土地、劳动力、资本、技术并列为生产要素。数据在新闻生产和传播中起到非常重要的作用，了解数据驱动的新闻生产的规律，掌握数据挖掘与数据可视化技能，成为从事新闻出版行业人员的必备能力。此外，目前新闻传播学专业还需要具备"提笔能写、坐下能编、扛机能拍、对镜能讲"等融合媒体生产所需的综合素养。在"我能运用 Python、SPSS 等软件分析处理数据"这个问题上，选择"一般""比较不符合""非常不符合"选项的人数较多，选择"非常符合"的选项人数较少，说明大部分人对于运用这些软件分析处理数据的能力相对较低。

在"我能用计算机技术制作 H5 动画、交互设计"这个问题上，选择"一般"和"比较不符合"选项的人数较多，选择"非常符合"的选项人数占比为 6.21%；在"我能将不同的视频片段剪辑成新的作品，如剪辑'拉郎配'等作品"这个问题上，选择"比较符合"和"非常符合"的选项人数较多，选择"非常不符合"和"比较不符合"选项的人数较少，说明大部分人剪辑视频的能力较强；在"我能对网络上的信息、内容进行再编辑、再加工和传播"这个问题上，选择"比较符合"和"非常符合"选项的人数较多，选择"非常不符合"和"比较不符合"选项的人数较少，说明大部分人对于对网络信息进行再编辑、再加工和传播的能力较强；在"我能基本掌握自身就业方向所需的数字技术和软件应用"这个问题上，选择"比较符合"和"非常符合"选项的人数较多，选择"非常不符合"和

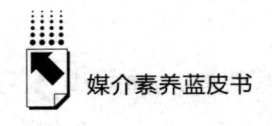

"比较不符合"选项的人数较少,说明大部分人对于掌握自身就业方向所需的数字技术和软件应用的能力较强(见图6)。

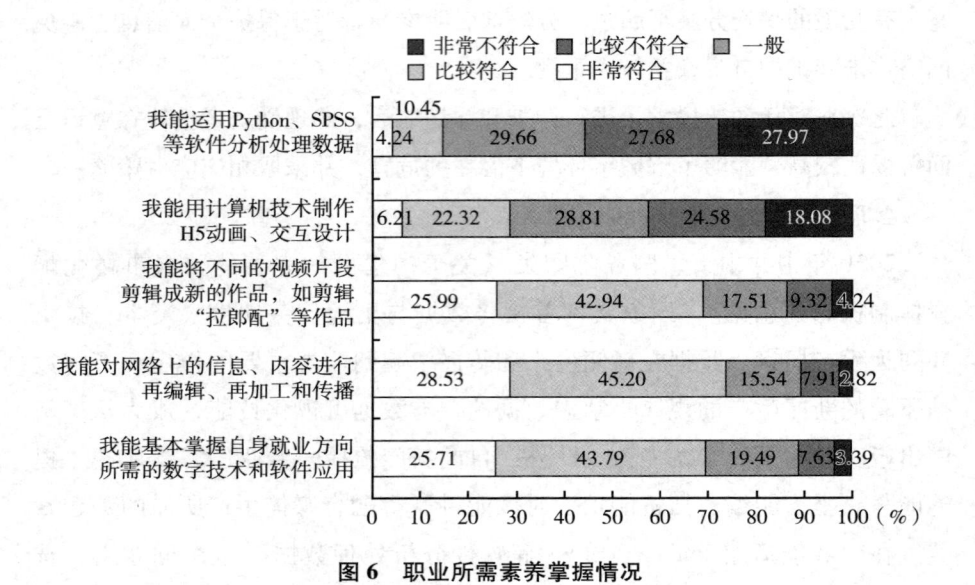

图例:■非常不符合 ■比较不符合 ■一般 □比较符合 □非常符合

题项	非常不符合	比较不符合	一般	比较符合	非常符合
我能运用Python、SPSS等软件分析处理数据	10.45	4.24	29.66	27.68	27.97
我能用计算机技术制作H5动画、交互设计	6.21	22.32	28.81	24.58	18.08
我能将不同的视频片段剪辑成新的作品,如剪辑"拉郎配"等作品	25.99	42.94	17.51	9.32	4.24
我能对网络上的信息、内容进行再编辑、再加工和传播	28.53	45.20	15.54	7.91	2.82
我能基本掌握自身就业方向所需的数字技术和软件应用	25.71	43.79	19.49	7.63	3.39

图6 职业所需素养掌握情况

总体来看,对于这些技术能力的评价,选择"一般"和"比较符合"的选项的人数较多,说明大部分人在这些技术上拥有一定的能力。

学生的职业素养常常可以通过对课程知识的掌握情况表现出来,因此,课题组设计了"请对您上学时所掌握的专业技能和素养进行自我评估"一题。新闻与传播学院设立的课程主要分为史论类课程(如传播学概论、新闻学概论、数字出版概论、中外新闻传播史等)、技能类课程(如摄影、摄像、剪辑、航拍等)、创作类课程(如采访与写作、新闻编辑、短视频创作、出版选题策划等)、价值类课程(如马克思主义新闻观、媒介批评等)、沟通类课程(如出镜记者报道、新闻发布、直播等)、方法类课程(如传播学研究方法等)、前沿类课程(如人工智能、虚拟现实、数据挖掘等)。

对于史论类课程,相对较好的评价占比最高,达到40.11%,而"非常差"和"较差"的评价占比较低,分别为2.54%和6.5%,平均分为3.46,整体评价较为"一般";技能类课程的评价相对较好,"比较好"和

"非常好"的评价占比分别为37.57%和13.84%,"非常差"和"较差"的评价占比较低,分别为2.26%和6.78%,平均分为3.54,整体评价较为一般;创作类课程得到了较高的评价,"比较好"和"非常好"的评价占比分别为53.39%和18.08%,"非常差"和"较差"的评价占比较低,分别为1.69%和2.82%,平均分为3.83,整体评价较好;价值类课程的评价相对较一般,"一般"和"比较好"的评价占比分别为40.68%和39.27%,"非常差"和"较差"的评价占比较低,分别为2.82%和7.91%,平均分为3.44,整体评价一般;沟通类课程得到了较好的评价,"比较好"和"非常好"的评价占比分别为39.55%和14.97%,"非常差"和"较差"的评价占比较低,分别为3.11%和8.19%,平均分为3.55,整体评价较好;方法类课程的评价相对较一般,"一般"和"比较好"的评价占比分别为42.09%和34.46%,"非常差"和"较差"的评价占比较低,分别为3.11%和7.06%;平均分为3.48,整体评价一般;前沿类课程得到了较低的评价,"一般"和"比较好"的评价占比分别为50.56%和19.49%,"非常差"和"较差"的评价占比分别为7.34%和15.82%,平均分为3.03,整体评价较低。

根据数据分析结果,创作类课程得到了较高的评价,沟通类课程和技能类课程的评价也较高,而前沿类课程的评价较低。同时,史论类课程、价值类课程和方法类课程的评价相对一般。

针对"职业与所学专业关联性"的认知,34.18%的人认为当前职业与所学专业的"关联性一般",相当一部分人(30.23%)认为当前职业与所学专业的"关联性较强",一部分人(18.93%)认为当前职业与所学专业的"关联性较弱",少部分人(9.60%)认为当前职业与所学专业的"关联性非常强",只有少数人(7.06%)认为当前职业与所学专业"没有关联性"(见图7)。

综上所述,对于当前职业与所学专业的关联性,大部分人认为"关联性一般"或"较强"。少数人认为"关联性较弱"或"非常强",而极少数人认为"没有关联性"。这表明在职业选择和专业发展过程中,个人的专业

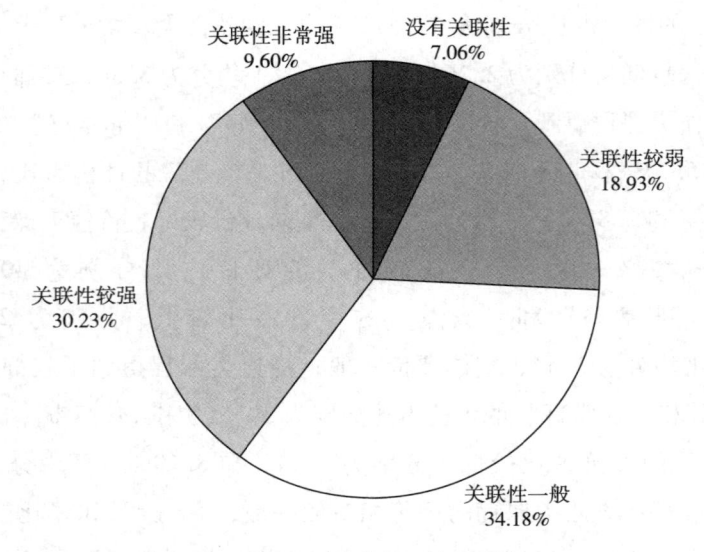

图 7　职业与所学专业的关联性

背景对职业发展的影响程度存在一定的差异。

学生就业后发现学校获得性媒介素养不足以支持职业需求，会继续通过多种渠道获得媒介素养。在网上自学是最受欢迎的提升渠道，占比为91.81%。这表明大部分人更倾向于通过网络自学来提升自己的专业能力和素养。选择将听候单位培训作为提升渠道的占比为28.53%。这说明一部分人选择通过参加单位提供的培训来提升自己的专业能力。选择将请教业务能手作为提升渠道的占比为62.99%。这说明一部分人选择通过请教已经具备较高专业能力的人来提升自己的能力。选择与同学或朋友讨论作为提升渠道的占比为51.98%。这说明一部分人选择通过与同学或朋友讨论来互相学习和提升。选择其他渠道的较少，占比仅0.85%。这可能是因为其他渠道不太常见（见图8）。

从上述数据可知，大部分人更倾向于通过在网上自学来提升自己的专业能力和素养，其次是请教业务能手、与同学或朋友讨论、参加单位培训。

对于毕业后的素养提升，参加过提高个人职业素养的课程的人群通常会选择学习的内容有以下几类。数字技术应用，如人工智能新闻、大数据挖掘

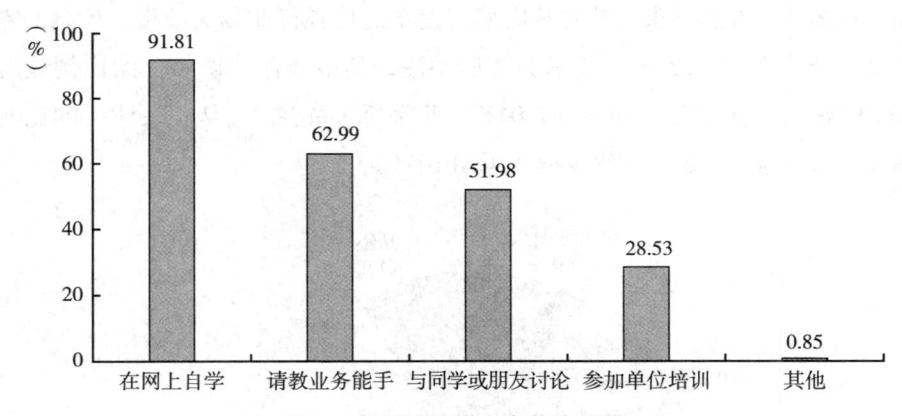

图 8　提升职业媒介素养的渠道

（柱状图数据：在网上自学 91.81%；请教业务能手 62.99%；与同学或朋友讨论 51.98%；参加单位培训 28.53%；其他 0.85%）

和数据清洗等，占比为 38.51%。数字沟通与传播，如网络直播、新闻发布等，占比为 43.24%。数字安全管理，如区块链、版权保护等，占比为 20.27%。新媒体内容运营，如自媒体账号运营、增粉技巧等，占比为 74.32%。其他内容，占比为 10.14%（见图 9）。

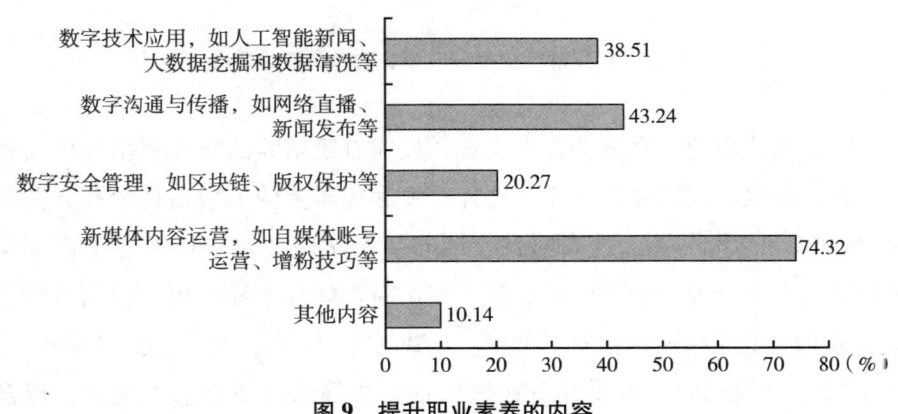

图 9　提升职业素养的内容

（条形图数据：数字技术应用，如人工智能新闻、大数据挖掘和数据清洗等 38.51；数字沟通与传播，如网络直播、新闻发布等 43.24；数字安全管理，如区块链、版权保护等 20.27；新媒体内容运营，如自媒体账号运营、增粉技巧等 74.32；其他内容 10.14）

上述数据反映出参加过提高个人职业素养的课程的人群更倾向于选择学习新媒体内容运营和数字沟通与传播的内容。这些结果可以为相关培训机构或教育机构提供参考，以满足学员的需求。

媒体具有"新闻+政务+服务"的功能，因此，关注政府部门的信息成为新闻传播从业者的要求。针对政府部门发布的传媒行业相关政策、动态，绝大部分受访者（91.83%）表示会有所关注，其中选择"偶尔"的比例最高（38.98%）。只有少数受访者（7.04%）几乎每天关注，"从不关注"的比例占8.17%，这一现象也不容忽视（见图10）。

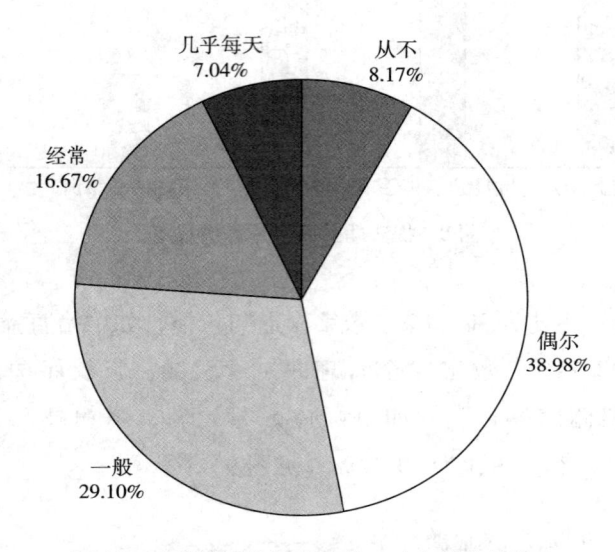

图10 对传媒行业相关政策、动态关注的情况

毕业生从职业媒介素养角度反观学校应着重培养的技能和学生应具备的素养。在媒介使用技能方面，选择需要和很需要的人数占比较高，分别为40.96%和48.59%。这表明在新闻与传播学院的培养中，学生需要掌握相关技术，合理、合法以及节制地使用新媒体技术和应用。在信息应用素养方面，选择需要和很需要的人数占比较高，分别为38.70%和51.13%。这说明学生需要具备在海量信息中筛选有效信息的能力，以及对信息的辨识、分析与批判能力。在媒介传播素养方面，选择需要和很需要的人数占比较高，分别为36.44%和53.67%。这表明学生需要具备负责任地发布信息和言论的素养。在数字沟通能力方面，选择需要和很需要的人数占比较高，分别为42.94%和47.18%（见图11）。这说明学生需要提升对交往对象进行选择、维护交际网络的能力。根据数据分析结果，未

来着重针对媒介使用技能、信息应用素养、媒介传播素养和数字沟通能力这四个方面对学生进行培养。

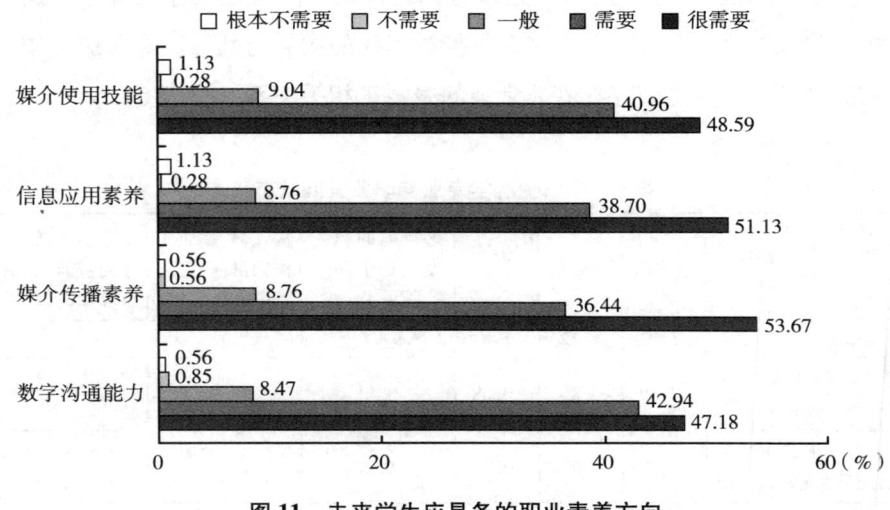

图11 未来学生应具备的职业素养方向

类别	根本不需要	不需要	一般	需要	很需要
媒介使用技能	1.13	0.28	9.04	40.96	48.59
信息应用素养	1.13	0.28	8.76	38.70	51.13
媒介传播素养	0.56	0.56	8.76	36.44	53.67
数字沟通能力	0.56	0.85	8.47	42.94	47.18

（二）获得性媒介素养与职业发展

1.所选专业与职业发展

课题组首先对毕业生专业与职业发展状态进行相关性研究，根据皮尔逊相关系数的结果，我们可以得出以下分析。

首先，我们观察到"您所学专业"和"您目前的职业发展处于哪个阶段水平"之间的相关系数为-0.08，这个相关系数的值非常接近于0，说明两者之间几乎没有线性相关关系。这意味着一个人所学的专业与其目前的职业发展阶段水平之间没有明显的关联。

其次，我们注意到"您目前的职业发展处于哪个阶段水平"和"从正式参加工作到目前，您是否更换过工作"之间的相关系数为0.03。这个相关系数的值非常也接近于0，表明两者之间几乎没有线性相关关系。这意味着一个人目前的职业发展阶段与其是否曾经更换过工作之间没有明显的关联。

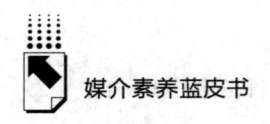

最后，我们观察到"从正式参加工作到目前，您是否更换过工作"和"从正式参加工作到目前，您更换过几次工作"之间的相关系数为0.98。这个相关系数的值非常接近于1，且带有标记，说明两者之间存在着非常强的正相关关系。这意味着一个人曾经更换过工作的次数与其从正式参加工作到目前的总工作次数之间存在着非常强的线性正相关关系（见表6）。

表6 毕业生所学专业与职业发展状态

项目	平均值	标准差	您所学专业	您目前的职业发展处于哪个阶段水平	从正式参加工作到目前，您是否更换过工作	从正式参加工作到目前，您更换过几次工作
您所学专业	1.92	1.72	1			
您目前的职业发展处于哪个阶段水平	2.89	0.86	-0.08	1		
从正式参加工作到目前，您是否更换过工作	1.60	0.49	0.03	0.00	1	
从正式参加工作到目前，您更换过几次工作	-0.31	2.25	0.03	0.00	0.98	1

资料来源：笔者自绘。

在广播电视学、编辑出版学、传播学、新闻学四个本科专业中，发展最好的是新闻学，有6.15%的毕业生成为单位中层领导干部，之后依次是传播学（4.08%）、广播电视学（3.95%）和编辑出版学（3.73%）。担任某部门的主管的毕业生占比最高的专业是编辑出版学（8.96%），之后依次为传播学（8.16%）、广播电视学（7.89%）、新闻学（3.08%）。在单位为较为稳定的普通职员的毕业生占比最高的是新闻学（73.85%），之后依次是广播电视学（71.05%）、编辑出版学（67.91%）和传播学（67.35%）。四个专业的毕业生在家待业人员、临聘人员占有一定比例，其中广播电视学为17.11%，编辑出版学为19.40%，传播学为20.41%，新闻学为16.92%（见表7）。

通过深度访谈得知，导致这种情况的原因较多，如有的毕业生家中有企业，有工作可做即可，签不签就业协议都无所谓；不少毕业生待在家里准备考研或者考公务员；还有一部分毕业生因为首次签约单位不理想，一直处在变动中，我们可以从"从正式参加工作到目前，您是否更换过工作"这项统计中可以得到印证，编辑出版学毕业生换工作的最多，达64.18%，之后依次是传播学（63.27%）、广播电视学（59.21%）、新闻学（55.38%）（见图12）。换工作的毕业生中，换过1~2次工作的毕业生，广播电视学专业为64.44%，编辑出版学为50.00%，传播学48.39%，新闻学为77.78%。换工作5次及以上的毕业生最多的专业是广播电视学（11.11%），其次是编辑出版学（8.14%）、新闻学（5.56%）和传播学（3.23%）（见表8）。

表7 毕业生的职业现状

单位：%

职业发展 专业	在家待业	临聘人员	较为稳定的普通职员	单位某部门的主管	领导倚重的中层干部
广播电视学	13.16	3.95	71.05	7.89	3.95
编辑出版学	11.19	8.21	67.91	8.96	3.73
传播学	14.29	6.12	67.35	8.16	4.08
新闻学	9.23	7.69	73.85	3.08	6.15

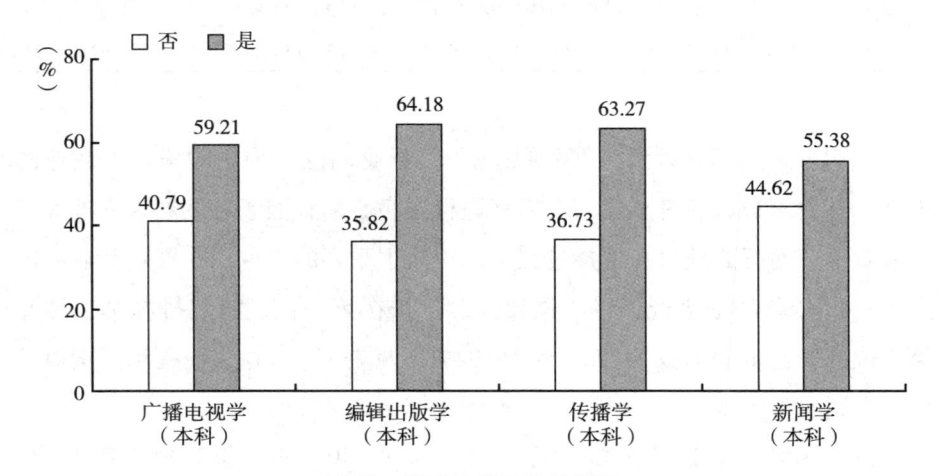

图12 毕业生换工作的情况

353

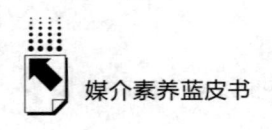

表 8 毕业生换工作的频率

单位：%

专业	换工作的次数		
	1~2 次	3~4 次	5 次以上（含 5 次）
广播电视学	64.44	24.44	11.11
编辑出版学	50.00	41.86	8.14
传播学	48.39	48.39	3.23
新闻学	77.78	16.67	5.56

薪资是反映职业发展水平的主要指标，课题组将毕业后前两年的薪资与目前的薪资做比较，从中可以看到薪资变动的幅度，具体变动情况如表 9 所示。

表 9 各专业毕业生年薪

单位：%

年薪\专业	4 万元以下		4 万~8 万元		8 万~12 万元		12 万~16 万元		16 万~20 万元		20 万元以上	
	毕业前两年	目前	毕业前两年	目前	毕业前两年	目前	毕业前两年	目前	毕业前两年	目前	毕业前两年	目前
广播电视学	9.21	11.84	38.16	13.16	38.16	34.21	10.53	27.63	1.32	3.95	2.63	9.21
编辑出版学	8.21	8.96	38.81	21.64	39.55	36.57	8.21	19.40	2.24	5.97	2.99	7.46
传播学	4.08	8.16	36.73	10.20	28.57	30.61	18.37	26.53	8.16	16.33	4.08	8.16
新闻学	10.77	46.15	35.38	24.62	30.77	26.15	15.38	26.15	3.08	7.69	4.62	9.23

我们设定"福利因素""发展因素""行业地位"为影响毕业生就业的因素，并要求被试者对上述三个因素进行排序。福利因素和发展因素被大部分人看重，而行业地位在选择过程中也扮演了重要的角色。在影响就业的因素中，49.28%毕业生选择将"福利因素"排在第一位，将其排在第二位和第三位的毕业生分别占 34.78%和 15.94%（见表 10）。这表明福利因素对求职者来说非常重要。

发展因素也受到了很多人的重视，有 39.30%的人将其放在第一位。将其放在第二位和第三位的分别占 37.83%和 22.87%。这表明个人才能、兴趣爱好和专业的匹配程度对求职者的选择也有很大的影响。

在选择就业时，较少有人将"行业地位"放在第 1 位，只有 14.84% 的人将其放在第一位。将其排在第二位和第三位的占比分别为 25.52% 和 59.64%。这表明企业的能力和地位对求职者的选择也有一定的影响。福利因素和发展因素被大部分人看重，而行业地位在选择过程中也扮演了重要的角色。

表 10 影响学生就业的因素

选项	综合得分	第 1 位	第 2 位	第 3 位
福利因素（工资、福利、环境、交通便利、稳定性因素）	2.27	49.28%	34.78%	15.94%
发展因素（与个人才能、兴趣爱好、专业的匹配程度）	2.08	39.30%	37.83%	22.87%
行业地位（该企业本身的能力或地段等因素）	1.48	14.84%	25.52%	59.64%

2."信息与数字素养"对职业发展的影响

信息检索素养是数字时代新闻传播从业者重要的媒介素养之一。上网搜索信息时，能恰当地设置关键词和使用多种渠道进行信息检索对薪资水平有正向影响，而能在海量信息中检索到有效信息和对信息检索结果进行科学评价的影响较小。然而，需要注意的是，薪资水平还受到许多其他因素的影响。

对新闻报道内容的批判性思考也是新闻传播专业学生应具有的重要素养。通过回归分析发现，对信息发布人身份的重视和对网络不良信息或行为的区分能力与职业发展阶段之间存在显著正相关关系。这意味着在职业发展过程中，重视信息发布人的身份和善于区分网络中的不良信息和行为对个人的职业发展有积极影响。然而，对自媒体报道真实性的质疑、对他人评价的关注以及关注和转发假信息的经历与职业发展阶段之间的关系不显著。这些结果为我们深入理解职业发展过程中个体对新媒体信息的认知和行为提供了重要的参考。

如何在纷繁复杂的信息丛林中保持清醒和定力，如何对媒介信息的真实性进行判断，这是新闻传播在校期间应具备的素养。从回归系数的角度来看，通过不同渠道来确定媒介信息的真实性和在转发或分享媒介信息前确认

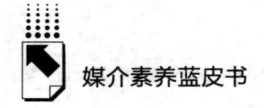

其真实性与提高薪资水平有一定的正向关系，媒介信息很容易影响对某件事/人的观点会降低薪资水平。通过不同渠道来确定媒介信息的真实性和在转发或分享媒介信息前确认其真实性对提高薪资水平有积极作用，而"媒介信息容易影响个人观点"这一变量则会降低薪资水平。这些结果为进一步研究媒介信息对个人经济收入的影响提供了一定的参考。

了解网络信息安全相关的法律法规和政策以及设置安全级别较高的密码对职业发展阶段水平有正向影响，但其他自变量对职业发展阶段水平的影响不显著。然而，整体模型的解释能力较低。在控制其他因素不变的情况下，对自己上网设备进行隐私设置与薪资水平之间存在正向关系，但是该关系并不显著。这意味着，自己上网设备的隐私设置与薪资水平之间的关系可能是随机因素导致的，两者并非真正具有相关性。

3. "媒介沟通与传播"与职业发展的关联性

在网络社会下，"公众更容易监督政府"这个因素对毕业生选择工作单位有一定的影响，其他两个因素（公民能够自由地发表对事件的看法，每个公民都有权发表自己的观点）则对毕业生选择工作单位没有显著影响。

在互联网传播的信息中，信息接收者经常面临着是否发声或者做出其他回应的困境，如面对道德发酵的问题，我们设置了"看到信息以后我会立即评价、留言，或转发给朋友或家人""我会持续关注这个事件，看是否出现反转""我会等待官方调查结果，再做评价"等三个问题。根据回归分析结果，"我会等待官方调查结果，再做评价"的程度对职业发展阶段水平具有显著影响，而"看到信息以后我会立即评价、留言，或转发给朋友或家人""我会持续关注这个事件，看是否出现反转"对职业发展阶段水平的影响不显著。

客户端是网络传播的重要载体，对客户端的属性是否熟悉，影响内容传播的效率。通过对使用社交类、生活类、娱乐类、新闻类和教育类App的用户进行调查，我们获得了相关数据，并得出了一些结论。首先，社交类App和生活类App之间存在显著的正相关关系，这意味着使用社交类App的人更有可能同时使用生活类App，反之亦然。其次，娱乐类App和生活类

App 之间也存在显著的正相关关系，这表明使用娱乐类 App 的人更有可能同时使用生活类 App。此外，娱乐类 App 和社交类 App 之间也存在显著的正相关关系，这意味着使用娱乐类 App 的人更有可能同时使用社交类 App。然而，新闻类 App 和其他类别的 App 之间的相关性较弱，新闻类 App 和生活类 App 之间的相关性较低，新闻类 App 和娱乐类 App 之间的相关性也较低。最后，教育类 App 与其他类别的 App 之间的相关性也较低。教育类 App 与生活类 App 之间的相关性较低，教育类 App 与娱乐类 App 之间的相关性也较低。

将对上述几种类型 App 的熟悉程度与薪资水平做回归分析可知，社交类 App 和生活类 App 对薪资水平的影响不显著，而新闻类 App 和教育类 App 对薪资水平有显著的影响。在控制其他因素的情况下，新闻类 App 的使用频率越高，薪资水平越高；而教育类 App 的使用频率越高，薪资水平越低。

4."数字素养与数据安全"与职业发展的关联性

常见的数字素养包括处理数据的能力、制作数字内容产品的能力、编辑能力和传播能力，经过回归分析发现，提高数据分析能力、计算机技术制作能力、视频剪辑能力和数字技术应用能力可以提高薪资水平，而对网络信息进行再编辑、再加工和传播的能力对薪资水平有负面影响。

毕业生上学期间所学课程均对职业发展有一定影响，相比而言，史论类课程、价值类课程、前沿类课程、方法类课程对薪资水平没有显著影响。而沟通类课程、技能类课程和创作类课程对薪资水平有显著正向影响。

通过本次调研，我们得出如下结论。（1）关于四类获得性媒介素养，毕业生对数字素养与数据安全掌握得最好，其次是信息与数字素养，再次是职业认知与专业技能应用素养，最后是媒介沟通与传播。（2）对新闻类 App 特性熟悉程度，数字素养的获得程度（主要包括数据分析能力、计算机技术制作能力、视频剪辑能力和数字技术应用能力），沟通类课程、技能类课程和创作类课程，对毕业生的职业发展贡献率较高。

需要注意的是，毕业生的职业发展虽然与媒介素养存在一定关系，但是

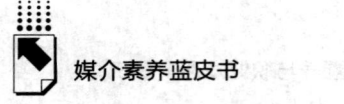

它还与其他因素相关，比如毕业生的生源地、学业成绩、性别、家庭社会关系也要很大程度上影响着毕业生的职业发展，仅以性别为例，在同一媒介素养水平下，的男生职业发展均优于女生。因此，我们在研究毕业生职业发展时，不能忽视其他影响职业发展的非媒介素养因素。

比较借鉴篇

B.14
数字素养与理想的数字生活
——澳大利亚数字素养教育的实践和反思

付 俊*

摘　要： 随着数字技术在生产和生活中日益普及，青少年的数字素养教育在全球众多国家的教育领域均得到了空前的重视。本报告通过分析数字素养教育在澳大利亚的开展，介绍了数字素养教育在澳大利亚国家课程体系中的重要地位，以及澳大利亚学校在实施数字素养教育过程中所遇到的困难。在分析学界关于数字素养的主要观点的基础上，本报告提出了理想的数字生活这一概念，并将其作为全面理解数字素养的内涵以及数字素养教育目标的理论方法。

关键词： 数字素养　数字素养教育　澳大利亚

---

* 付俊，澳大利亚墨尔本大学教育学院青年研究中心高级研究员，研究方向为媒介和数字素养教育、公民教育、青少年数字公民实践。

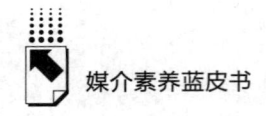

随着数字技术的普及以及数字技术相关产业在国家经济竞争中的地位日益提升，数字素养教育在众多国家的教育体系中均得到了空前的重视。各国的教育政策和核心课程内容均将数字素养视为学生适应未来社会、参与劳动力市场竞争必备的能力和素质。在这样的大背景下，本报告以澳大利亚数字素养教育的政策为例，分析了数字素养在澳大利亚教育内容体系中的重要地位以及数字素养教育在开展过程中遇到的困境。在此基础上，本报告分析了学界关于数字素养含义的争论，并提出了利用理想的数字生活这一概念来全面理解数字素养的意义和内涵的理论方法。

一 数字素养在澳大利亚

（一）数字素养在教育领域地位的变化

澳大利亚就业及劳资关系部制定的澳大利亚核心技能框架[①]规定了澳大利亚公民有效参与社会生活的五种核心能力，包括学习、阅读、写作、语言表达和计算能力。澳大利亚从国家层面为个人、社区、工作、教育和培训领域提供了能力发展的框架。自2012年颁布以来，该框架一直是澳大利亚教育领域设计课程内容和评估教育成效的重要参考标准。澳大利亚数字技术在过去十年突飞猛进，将数字素养纳入澳大利亚核心技能框架的呼声日益强烈。澳洲政府主导的"未来基础技能"研究项目组的专家也于2020年提出了数字素养技能框架[②]，提议将数字素养作为第六项核心技能纳入国家的核心技能框架，并将使用数字技术的意识，以及对有关数字技术的知识和使用技能的掌握程度作为衡量该核心技能的主

---

① "Department of Employment and Workplace Relations," Australian Government, 2012, https://www.dewr.gov.au/skills-information-training-providers/australian-core-skills-framework.
② "Department of Employment and Workplace Relations," Australian Government, 2020, https://www.dewr.gov.au/foundation-skills-your-future-program/resources/digital-literacy-skills-framework.

要指标。

在更新的核心技能框架发布两年之后,澳大利亚政府委托澳大利亚教育研究理事会对该框架的使用进行了评估。理事会发布的评估报告[1]建议用数字能力框架代替数字素养技能框架。区别于之前的数字素养技能框架,数字能力框架不是将数字素养作为第六个核心技能,而是提倡将数字素养融合到国家核心技能框架已有的五项核心能力中,以此来强调数字技术对学习者提高这五项核心技能水平的影响和作用。

与国家层面的能力发展框架对数字素养的重视形成鲜明对比的是澳大利亚关于青少年数字公民的相关政策。虽然政府开发了一些帮助弱势和边缘社群使用数字技术的资源,但与青少年群体有关的互联网政策以保护青少年免受互联网的负面影响为主。澳大利亚政府于2015年成立了网络安全委员会。该委员会为学校开发了应对网络安全问题、网络霸凌和网络仇恨言论的一系列资源。这一政策取向与许多欧洲和北美国家的方法如出一辙,均着眼于避免网络对青少年产生负面影响,而对如何有效利用数字媒体和网络技术促进青少年的成长和发展却并没有提出有益的指引和建议[2]。

(二)数字素养教育在学校教育中实施的困难

与数字素养在国家政策文件中的定位和含义的不断演变有关,数字素养在澳大利亚学校教育中的推进遇到了很多实际的困难。一项对澳大利亚从事数字新闻媒体素养教育的老师(约300位)的研究[3]显示,尽管这些教师都

---

[1] Louise Wignall, Anita Roberts, Jana Scomazzon, "Review of the Australian Core Skills Framework and Digital Literacy Skills Framework and Relevant Assessment Tools Final Report," https://www.dewr.gov.au/foundation-skills/resources/review-australian-core-skills-framework-and-digital-literacy-skills-framework-and-relevant.

[2] McCosker A., *Managing cyberbullying: The three layers of control in digital citizenship* (2015); S. Vivienne, A. Johns eds., *Negotiating Digital Citizenship: Control, Contest, Culture* (Rowman & Littlefield, 2016).

[3] Corser K., Dezuanni M., Notley T., "How News Media Literacy is Taught in Australian Classrooms," *Aust. Educ. Res.* 49 (2022).

认为数字新闻媒体素养对学生很重要，但这类教学内容的有效贯彻却面临诸多困难。典型的问题包括：教师缺乏对他们教学内容和教学方法的明确指引，教师无法在已经十分饱和的学校课程安排中加入有关数字新闻媒体素养的内容，教师缺乏必要的与教授数字新闻知识相关的专业发展机会。Nettleford 和 Williams 对 97 所澳大利亚中小学的新媒体素养教育实施情况的研究[①]也发现尽管老师已经认识到在学生的媒介信息消费方式趋于全数字化的情况下，培养学生的新媒体素养，发展他们对媒介信息的批判思维能力十分重要，但新媒体素养教育在不同学校实施的程度有很大差异。主要的困难在于老师没有足够的时间准备与最新的时事相关的教学内容，从而需要外界在教学资源开发方面的支持。此外，在师资培训、课程构建，以及与更广泛的社区合作方面，澳大利亚的新媒体素养教育仍然有很长的路要走。

从上面两项覆盖面较广的研究可以看出，不同国家几乎是同一时间进入社交媒体以及数字平台飞速发展的时代，在青少年的数字素养教育方面面临的挑战也十分相似。在实施数字素养教育的过程中，通常面临的首要问题是如何理解数字素养，以及有效开展数字素养教育的方法论问题。以下将从学界近年来的一些争论来探讨这两个问题。

二 学界的争论

（一）关于方法：超越保护主义

当前随着数字媒体与青少年生活的深度融合，家长和教育者对新媒介可能对青少年产生的负面影响十分担忧，因此通常会采取保护主义的方法限制甚至阻断青少年与数字媒体的接触。这种保护主义的态度与历史上影视媒体大规模进入家庭时人们的反应十分类似。其基本的观点为，青少年尚未养成

---

① Nettlefold J., Williams K., "News Media Literacy Challenges and Opportunities for Australian School Students and Teachers in the Age of Platforms," *Journal of Media Literacy Education* 1 (2021).

理性甄别数字媒体信息和合理使用数字媒体的能力,因此,限制他们对这些媒体的使用能够保护他们免受这些媒体信息的不良影响。许多关于限制青少年每天的屏幕时间的讨论,以及规定青少年使用数字媒体的场合的举措均是出于保护主义的视角。这方面的一个典型案例是澳大利亚的新南威尔士州决定将于2023年的第四个学期开始禁止公立初高中学生在学校使用手机①,在这之前,该项政策已经在小学实施。官方解释说这样的举措是为了促进学生的学习和社会发展,同时能够有效应对网络霸凌,减少网络对课堂的干扰,从而提升学生的学习成绩。

虽然政府发言人表示这样的举措得到了父母的广泛支持,但学界对这种出于保护主义的做法却持批判态度,认为这样的举措将会剥夺青少年通过数字媒体进行学习和社交的机会,也从一定程度上阻碍了他们提高批判地解卖网络信息和合理使用数字媒体的能力。Harris A. 等人在他们的一篇关于数字公民的论文中通过分析政府和非政府层面关于学校的数字技术应用方面的政策和教育项目指出,绝大部分的政策和教育项目都聚焦于网络安全,保护学生在学校期间免受来自数字设备的干扰,并保证他们不会受到互联网的负面影响。与这些保护主义的态度和举措相对应,这些教育项目和政策对青少年日常的数字媒体使用习惯和能力缺乏最基本的了解,对数字空间作为一个复杂的经济、社会、文化和政治参与空间的复杂性认识不足,因此,也不能够与青少年在网络上所进行的活动进行有效的对话②。由此可见,虽然保护主义的方法能够在一定程度上降低青少年受到数字技术的负面影响的风险,但从长远来看,会降低青少年数字素养的养成速度,而且也不利于研究者和有关政策的制定者深入理解青少年的数字媒体使用行为和习惯,而这些行为和习惯对他们的学习、社交、身份认同的形成,以及文化、社会、政治参与方面均具有重要意义。这导致制定有效的政策和引导措施变得不可能。考虑到

---

① "NSW Government Begins Mobile Phone Ban in Public High Schools, 2023," https://www.nsw.gov.au/media releases/nsw-government-begins-mobile-phone-ban-public-high-schools.
② Harris A. et al., *Toward Global Digital Citizenship, Contestations of Citizenship, Education, and Democracy in an Era of Global Change* (New York: Routledge, 2022).

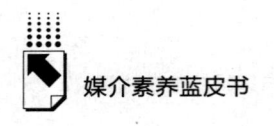

数字化生活将是未来生活的常态，对青少年的数字素养教育也应考虑随着青少年对数字技术认知的不断深化而逐渐摆脱保护主义的方法论。

（二）关于理解：超越技能论

关于什么是数字素养的问题是近年来学界争论的一个焦点。通常数字素养被理解为一套技能或者一种能力，也就是通常所说的技能论。具体而言这种技能包含熟练掌握和使用数字技术，并能够批判性地评价和解读数字媒体信息的能力。从这个角度，Gilster P. 将数字素养定义成理解、评价、整合数字信息的能力[1]。与此类似，Jones R. H. 和 Hafner C. A. 将数字素养理解为在特定情境下有效应用数字技术和工具的能力[2]。尽管这些从技能论出发所给出的定义能够在众多常见的场景中适用，但无法兼顾不同的数字社区中多样而分散的数字技术使用习惯及其演变。毕竟，如果我们将素养理解为特定社区共同遵守的行为规范和交流沟通体系，那么它的定义就必须考虑这一规范和体系因技术、社区语言，以及社区行为空间的变迁而不断变迁的过程。

基于这样的考虑，有学者提出在数字素养的技能层面之外，还应该考虑个体在与不同的数字社区互动过程中所形成的数字媒体使用习惯和文化，此外还要重视数字素养的批判维度，也就是在提高有效使用数字技术、参与数字空间活动的能力的同时，保持对数字技术和数字空间的批判思维意识，从而推动数字技术和数字空间的良性发展和建构，而非被动地适应数字技术和数字空间的发展[3]。近年来社交媒体的平台化发展所带来的一系列有关个人数据和隐私的问题，以及在数字空间中出现的各种形式的数字鸿沟，都证明了拥有对数字技术和数字空间发展的批判意识的必要性。

---

[1] Gilster P., *Digital Literacy*（New York：Wiley Computer Pub，1997）.
[2] Jones R. H., Hafner C. A., *Understanding Digital Literacies*（London and New York：Routledge，2012）.
[3] Luciana Pangrazio, "Reconceptualising Critical Digital Literacy," *Discourse：Studies in the Cultural Politics of Education* 37（2016）：163-174.

三 理想的数字生活：一个全面理解数字素养的新视角

如果说在数字技术普及的早期，人们对数字素养的讨论主要还围绕着提高相关的技术能力和素养，从而能够保持竞争力，更好地适应未来高度数字化的工作和生活场景，那么在数字技术高度融入人们工作和生活的今天，数字素养已成为我们讨论理想生活不可或缺的组成部分。从这个意义上讲，我们有必要从理想的数字生活的角度出发来重新认识数字素养的含义。为此，我们首先需要理解什么是理想的生活，以及什么是理想的数字生活。

（一）理想的生活和理想的数字生活

理想的生活涉及对人类存在的现状和应有状态的反思和判断。对理想的生活的理解涉及对什么才是好的、理想的人类生活状态这一命题的评价和判断[1]。简单而言，理想的生活包含两层含义，一是工具条件层面，这些条件包括一些维持良好的生活状态不可或缺的条件，比如健康，充足的可支配收入，稳定的工作、住所和社会关系等。二是价值感受层面，该层面强调个体在自我价值实现和社会服务方面的需求和渴望的满足，也就是对自我存在的价值感的体验[2]。从这个意义上讲，理想的生活在满足基本的物质生活条件和生理健康需求的基础上，也要给予自我价值和社会价值的实现以足够的重视。从世卫组织关于健康的广义的定义来说，健康不仅仅是指没有疾病，而应该是对自己的身体、精神，以及社会关系整体都很满意的状态[3]。

---

[1] Niall Docherty, Asia J. Biega, "(Re) Politicizing Digital Well-Being: Beyond User Engagements," https://doi.org/10.1145/3491102.3501857.

[2] Burr C., Floridi L., *Ethics of Digital Well-Being: A Multidisciplinary Approach* (Vol. 140) (Springer International Publishing, 2020).

[3] World Health Organization, "A State of Complete Physical Mental and Social Well-being and Not Merely the Absence of Disease or Infirmity (Constitution of the World Health Organization Basic Documents, Forty-fifth edition, Supplement, 2006)," https://www.who.int/docs/default-source/documents/publications/basic-documents-constitution-of-who.pdf.

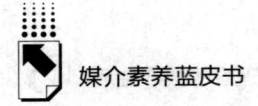

根据以上对理想的生活的阐述，我们可以把理想的数字生活理解为数字技术被合理有效地用于支持和实现人们理想的生活的状态①。虽然数字技术已经与我们在物理空间中的生活高度融合，但是为方便分析，本报告仍然从线上和线下生活两个维度来分析理想的数字生活在工具条件和价值感受两个层面的含义，以便我们在此基础上全面理解数字素养的含义。

从工具条件的层面来看，理想的数字生活意味着个体能够在数字空间中安全有效地利用数字技术与数字空间中的个体和社区进行互动，获得精神愉悦，引起情感共鸣，并获得对他们身份认同的支持和归属感。而对个体在物理空间的生活而言，理想的数字生活应能够让个体通过使用数字媒体和技术保障其健康，并能够通过学习、娱乐、消费等方式改善他们的线下生活。可以看出，理想的数字生活在工具条件层面仅讨论了作为数字媒体的熟练用户的个体所能够利用的数字媒体的现实功能，对数字技术在支撑个体价值感受层面的需求并未涉及。

从数字技术支持个人挖掘潜能和实现社会价值层面的意义来看，理想的数字生活意味着个体能够通过其在数字空间中的活动改进数字技术，改善数字社区的生态，使数字技术和数字空间向着公平、公正、透明的方向发展，并能够使更广大的群体从数字技术中受益②。而理想的数字生活对个体在物理空间或线下的生活而言，应能够满足个体使用数字媒体和技术实现个人目标和价值的需求③。表1是对理想的数字生活的内容从工具条件和价值感受两个横向维度以及从数字空间和线下空间两个纵向维度进行的分析。

---

① Dennis M. J., "Digital Well-being Under Pandemic Conditions: Catalysing a Theory of Online Flourishing," *Ethics and Information Technology* 3 (2021).
② Fu J., "Prefigurative Politics in Chinese Young People's Online Social Participation," in H. Cuervo & A. Miranda, eds., *Youth, Inequality and Social Change in the Global South* (Springer Singapore, 2019).
③ Gui M., Fasoli M., Carradore R., "'Digital Well-Being'. Developing a New Theoretical Tool for 'Media Literacy Research'," *Italian Journal of Sociology of Education* 9 (2017).

表 1　理想的数字生活的内涵分析

	数字空间	线下空间
工具条件	参与数字空间的社区互动,获得精神愉悦,获得身份认同和归属感。	使用数字媒体和技术保障个体健康,通过学习、娱乐、消费等方式改善线下生活。
价值感受	利用数字技术为其他数字用户提供帮助和服务,发掘自我潜能;推动数字社区发展,改进数字技术,创建公平、公正、透明的数字空间。	使用数字媒体和技术实现个人目标,构建社区,服务大众,方便线下生活,构建公平、公正、和谐的社会秩序。

资料来源:笔者自制。

(二)从理想的数字生活看数字素养

从以上对理想的数字生活内涵的分析,我们可以把数字素养理解成实现理想的数字生活所需要具备的素养。从这个意义上讲,数字素养首先包含实现理想的数字生活在工具条件层面的要求,如熟练使用数字设备,遵循数字技术使用的道德和社区规范,安全使用数字技术等。此外,要实现理想的数字生活在价值感受层面的价值,数字素养则需要包含批判性的内容①。这种批判性并不仅仅局限于批判性地接受网络信息,还包含从数字技术和数字空间的设计和运作的角度批判地审视数字空间的合理性。因为数字技术和平台本身并不是价值中立的,其设计是以注意力经济为主导,有时甚至以让用户成瘾为目的②。而且,许多数字技术的设计并没有充分考虑特定群体的需求和大多数用户的使用习惯。因此,数字素养必须包含对数字技术和数字环境的批判性要素,这样才能促使数字空间向着赋能理想的数字生活的方向发展。此外,数字素养也应该包含通过综合网络信息形成的对线下社会运作规律和规范的认知,人们通过有效使用数字技术实现个人在求学、就业、创

---

① Pangrazio L.,"Reconceptualising Critical Digital Literacy," *Discourse*: *Studies in the Cultural Politics of Education* 2 (2016).
② Dennis M. J.,"Digital Well-being Under Pandemic Conditions: Catalysing a Theory of Online Flourishing," *Ethics and Information Technology* 3 (2021).

业、社会参与等方面的价值①。数字素养的批判性要素为实现理想的数字生活提供了必要的手段和实现途径。该要素也证明了从超越技能论的层面探讨数字素养内涵的必要性。它是实现理想的数字生活的必要条件，同时也在我们实现理想的数字生活的过程中为我们的努力赋予了个人和社会价值层面的意义。从这个意义上讲，数字素养是在打造理想数字生活的过程中不断发展和不断被重塑的一个动态概念，理想的数字生活既是一个理想状态，又是实现这一理想的非常具体的日常行为。

四 结论与倡议

本报告从澳大利亚的数字素养教育所面临的困境出发，通过回顾学界近年来在理解数字素养以及推广数字素养教育方面的主要争论，提出从实现理想的数字生活的视角来全面理解数字素养的观点。对于理想的数字生活在工具条件和价值感受层面的需求决定了我们对数字素养的理解。我们应具有有效使用现有数字技术和适应数字环境的素养和能力，通过数字素养教育提高青少年对现有数字技术和环境的批判思考能力。这在数字技术飞速发展的今天，对于确保技术的开发和使用沿着符合伦理要求的方向发展具有重要的作用。同时，数字素养教育还应包含赋权青少年利用数字技术批判地思考和审视线下生活，并能够利用数字技术有效地参与学习、经济和社会活动，促进线下社会的繁荣、和谐、公平和公正等内容。

从对数字素养的理解也可以看出，发展数字素养教育不只是学校和老师的责任，于与我们的数字生活相关之人而言，这更是一项系统工程。因此，数字素养教育的实施应采用一种更系统化的方式。为此，Sinan Aral 在他研究社交媒体的专著中提出了使用社交媒体实现理想的数字生活的四维模

---

① Ito M. et al., *Connected Learning: An Agenda for Research and Design* (Digital Media and Learning Research Hub, 2013).

型,① 这为我们思考数字素养教育的系统化实施提供了思路。该模型包括 Money、Code、Law 和 Norms 四个维度。Money 指商业维度，主要是指数字技术和平台的商业模式，它决定着用户、平台和广告商的行为背后的动机。Code 指的是数字技术、平台以及算法的设计。Law 是指用于规范数字技术和媒体的法律和法规。Norms 指的是用户的使用习惯和使用方式，这体现了用户在既定的数字技术和环境条件下的主观能动性。考虑到与这四个维度相关的各种因素，青少年不应仅仅只是数字技术和平台的用户。青少年应该从实现自身理想的数字生活的角度有意识地提高数字素养，既要享受数字公民这一身份所赋予的权利，利用数字技术便利自己的生活，更要履行数字公民推动数字技术和平台健康发展的义务。而数字技术和平台的运营商、开发商、相关的政府机构，以及广大的用户群体均应积极为青少年提供教育和实践的机会，全面提高他们的数字素养，助力理想的数字生活的实现。

---

① Aral S., *The Hype Machine: How Social Media Disrupts Our Elections, Our Economy, and Our Health—and How We Must Adapt*（Currency, 2021）.

B.15
欧盟媒介素养政策研究（2010~2020）

王子娴　王子超　邱才浩　李琛*

摘　要： 随着21世纪信息时代的到来，媒介素养成为公民素质的重要组成部分，欧盟也投入了大量的精力和资金提升公民媒介素养。本报告从历史背景、发展动因、教育手段等方面概述了欧盟的媒介素养政策及欧盟目前面临的相关问题和挑战，指出欧盟的媒介素养政策不仅历史悠久，并且极具前瞻性、开放性和包容性，这些特性与欧盟的组织特点、政治制度、国际关系和社会发展水平息息相关，其在政策中的灵活性、开放性、完整性与务实性，对我国未来的媒介素养政策建设具有一定的借鉴意义。

关键词： 媒介素养政策　媒介素养教育　欧盟

长久以来，媒介在人们的生活中发挥着关键作用，其重要性不断增加。在我们的日常生活中，学习、工作、社会影响、自我表达、身份构建，以及与他人的交流与媒体联系越来越紧密。个人和社会层面的一切动态与媒体的相关性越来越强，并通过媒体变得更加可见。因此，媒介素养已成为公民能力的重要组成部分，提高公民媒介素养有助于人们在互联网时代过上美好、有意义的生活。

---

* 王子娴，浙江大学博士后，研究方向为科技传播、学术出版；王子超，浙江传媒学院新闻与传播专业硕士生，研究方向为数字交往；邱才浩，浙江传媒学院新闻与传播专业硕士生，研究方向为数字治理；李琛，英国博尔顿大学视觉传媒硕士研究生，研究方向为数字素养。

一 欧盟媒介素养政策的演进

随着信息和传媒技术的飞速发展，媒介在塑造公众意识、引导舆论以及传播知识方面的作用日益凸显。欧盟作为一个由多个国家组成的政治和经济实体，也意识到了媒介在社会文化和政治环境中的重要性。为了应对日益复杂的传媒格局，欧盟逐步推进媒介素养政策实施，帮助公民在信息时代中正确理解和运用媒体，从而更好地参与社会和民主进程。欧盟的媒介素养政策不仅反映了技术的进步，更折射出一个不断演变的社会对媒介素养重要性认知的深化。

（一）2010年前的媒介素养政策

为了适应媒体领域的数字化和全球化发展，欧盟于1989年制定了《电视无疆界指令》。该指令的目标是为欧盟成员国的广播和媒体服务提供一个共同的框架，以促进实现文化多样性、跨国界传播和内容保护等方面的目标。

2006年，欧洲议会和欧洲联盟理事会发布了《欧洲议会与欧盟理事会关于保护未成年人和人的尊严、保护与欧洲视听和信息服务产业竞争力相关的答复权的建议》，这是一项关于在媒体内容方面保护未成年人和用户的建议。该建议强调了保护未成年人免受有害媒体内容侵害和确保在媒体中互相尊重的重要性，同时还强调需要在媒体素养问题上对教师进行培训，并将媒体素养纳入课程以保护儿童。[1]

随后，欧盟接连发布多项政策与法案。2007年欧盟颁布《视听媒体服务指令》以代替自1989年以来实施的《电视无疆界指令》，这是欧盟为管理成员国之间的视听媒体自由流动而制定的一套规则。这是欧盟首次将媒介

---

[1] Pérez Tornero, José Manuel, Pi Mireia, "Media Literacy Policy in European Union: A New Horizon," in Ulla Carlsson and Sherri Hope Culver, eds., *Media and Information Literacy and Intercultural Dialogue* (2013).

素养纳入法规，且该法规对成员国具有约束力。2008年欧洲议会通过了《欧洲议会关于数字环境中的媒介素养的决定》[①]，强调有必要培养公民的媒介素养技能，以有效地应对数字时代的挑战。《欧洲议会关于数字环境中的媒介素养的决定》将媒介素养视为在信息时代公民需要具备的一项关键能力。2009年，欧洲议会发布的《数字环境中的媒介素养2009/625/EC号建议》[②] 强调了媒介素养教育的重要性，旨在提高公民在数字时代批判性地评估、分析和创造媒体内容的能力。有了这项建议，欧盟的媒介素养政策变得更加清晰。

（二）2010~2020年面向数字社会的媒介素养政策

2010~2020年，欧盟重点关注媒介素养政策对国家和社会各个层面带来的影响，以应对数字时代的挑战。这一时期的媒介素养政策旨在增强公民的能力，使他们能够适应媒体环境，理解和分析信息来源，并获得负责任地使用数字媒体所需的技能。以下是欧盟在此期间与媒介素养相关的一些重要发展举措和政策。

1. 欧盟委员会关于媒介素养的倡议与举措

欧洲委员会于2010年提出了"数字欧洲议程"，这个议程旨在将数字技术整合到欧洲的各个领域，从而推动创新、促进经济增长、改善公共服务，并推动公民参与数字社会。与此同时，欧盟委员会也提出了各种提高公民媒介素养水平的倡议，如2010年的"全民媒体扫盲"倡议。该倡议通过开展媒介素养培训活动、推广数字技能、促进媒体多样性、提供资源和工具等方式提高公民的批判性思维能力。这个倡议是对数字化时代媒体环境的回应，也是鼓励欧洲公民更好地适应和参与数字媒体建设的举措。

---

① "Resolution on Media Literacy in A Digital World," https://eur-lex.europa.eu/legal-content/EN/TXT/?uri=CELEX%3A52008IP0598.
② Commission of the European Communities, Commission Recommendation on Media Literacy in the Digital Environment for A More Competitive Audiovisual and Content Industry and An Inclusive Knowledge Society (2009).

此外，欧盟委员会组建了媒介素养专家小组，由成员国代表和相关组织观察员组成。专家们分析媒介素养发展目标和趋势，并提出行动建议。小组每年召开三次会议，推广良好做法，促进联系，探索政策协同的途径。

2. 更安全互联网计划

欧盟的"更安全互联网计划"（Safer Internet Program）始于1999年，最初是为了应对网络内容和行为方面的问题。随着时间的推移，该计划不断演变，逐渐扩展为更广泛的互联网安全问题。该计划的视角在2014年从保护公众免受互联网负面影响转向通过"更好的儿童互联网倡议"确保为未成年人提供更好的网络环境，旨在通过教育、举报机制、资源支持、研究和政策制定等多种途径，创造一个更安全、更负责任的数字环境，确保儿童和青少年能够在互联网上获得积极的体验。

3. 关于《视听媒体服务指令》的修订

2018年修订的《视听媒介服务指令》对广播和媒体服务领域相关内容进行了全面的调整，以适应新兴的媒体形式，对于广告宣传的规定更加严格，要求采取措施监管在线视频共享平台。还强调文化多样性的重要性，对文化媒体服务建设的责任做出了更具体的规定。新指令对媒介素养这个词的定义为一个既表明技术技能的重要性，也表明批判性思维的重要性的术语。

修订后的指令强调了多方利益相关者合作的重要性，以促进媒介素养发展。同时，新修订的《视听媒体服务指令》包含三项关于媒介素养的举措：一是制定了视频分享平台管理办法，强调视频分享平台需履行相应职责，包括内容标注、行为引导、广告透明度等方面内容；二是规定了欧洲视听媒体服务监管小组在媒介素养方面的任务，为欧盟监管机构、欧盟委员会提供建议和帮助，确保指令全面实施；三是明确了成员国在媒介素养方面的责任，要求成员国促进媒介素养技能发展，并每三年向委员会报告一次措施。还指出，欧盟委员会应根据新技术发展、媒介素养水平和部门竞争力，提供应用报告和建议书，以推动视听媒体发展。

4. 开发媒介素养平台和资源

欧盟支持媒介素养平台与资源开发，如开展媒介素养在线项目，提供教育材料、资源和工具给教师、学生和家长。荷兰的 Mediawijzer.net 为不同目标群体提供专门培训和信息。SeniorWeb 是其合作伙伴，与公共图书馆合作建立教育中心，为老年人提供媒介素养课程。Mediawijzer.net 还有针对残疾人的媒介素养档案，档案内容包含背景信息、提示和合作伙伴网站列表，EDDY 便是合作网站之一。EDDY 是一个为残疾青少年提供电子远程教育的数字教育平台，为那些因残疾而无法上课的高中生提供帮助。①

5. 数据监测

为了更好地了解与媒介素养有关的挑战和机遇，欧盟开展了一定的数据监测工作，这些信息有助于为政策制定实施提供依据。例如，EurOMo 和欧洲媒体所有权监测项目是欧盟委员会于 2020 年 12 月提出的"欧洲民主行动计划"的一部分，该行动计划旨在增强公民的权能，使欧盟的民主制度更具弹性。② 欧盟委员会希望在主要新闻媒体的所有权和控制权方面提高透明度，EurOMo 是帮助实现这一目标的试点项目。它提供了各种媒体集团及拥有媒体集团 5%以上股份的直接和间接股东的可视化数据，并通过向公民和监管机构开放访问权限，使他们可以对媒体所有权结构进行评估。其还以国别报告的形式提供了这些原材料的背景。

二　欧盟媒介素养政策动因

影响欧盟媒介素养政策的因素有很多，这些因素反映了不断变化的媒体环境、进步的技术、社会挑战，以及在数字时代提高公民能力的必

---

① McGonagle T., "Media Literacy: No Longer the Shrinking Violet of European Audiovisual Media Regulation," *Media L. & Pol'y* 20 (2011).
② Haenens L., "Media Literacy: From the Margins to Centre Stage in European Media Policy The EurOMo Toolkit: Focus on Media Ownership Awareness," https://yskills.eu/media-literacy-from-the-margins-to-centre-stage-in-european-media-policy-the-euromo-toolkit-focus-on-media-ownership-awareness/.

要性。此外，欧盟与美国之间的关系也对欧盟内部的媒介素养政策调整产生了影响。这些因素共同推动了欧盟媒介素养政策的演变，其目的是使公民有能力适应复杂的媒体环境，并以负责任和知情的方式参与数字媒体建设。

（一）数字化转型和技术进步的影响

数字技术、互联网、社交媒体和在线平台的快速发展改变了信息的生产、共享和消费方式。欧盟认识到，有必要让公民了解复杂的数字生态系统并掌握批判性评估信息的技能。欧盟委员会2013年的报告指出，"媒体融合"是一种不断扩大的现象，渐渐地它可被视为一种完全整合的现象。随着新媒介技术的飞速发展，数字化媒介迅速崛起，具有移动性、用户参与内容创作、网络和数字产品易获得等特点，然而传统媒介如报纸、广播等仍在历史舞台上继续存在。媒介的内容、形式和传播平台正在不断融合演变，相应的，这种演变引起了公众媒介使用行为的变化。内容的多平台消费已成为普遍现象，尤其是年轻人已习惯于内容在屏幕间流动，多媒体融合使跨媒体的用户体验成为可能，相关研究也越来越关注这种内容消费方式及其对年轻人的特殊影响。媒介融合引发了新变化，产生了新要求，媒介素养政策与欧盟其他相关政策相互交织、相互协调，形成了媒介素养政策融合的趋势。如在媒介计划、终身学习计划等已有的计划中以子计划的方式发展媒介素养；在就业政策中强调提高公众的ICT技能，通过发展媒介素养促进就业，激发创造力，促进产业创新；在社会政策中强调通过发展媒介素养缩小数字鸿沟、减少社会排斥等。[①]

（二）欧盟政策框架的推动

欧盟更广泛的政策框架，如"数字单一市场"战略和《视听媒体服务指令》，也对媒介素养政策产生了影响，强调了媒介素养对促进建立一

---

① 耿益群、王鹏飞：《数字环境下欧盟媒介素养政策演进趋势》，《现代传播》2016年第1期。

个更加互联互通的社会的重要性。欧盟"数字单一市场"战略于2015年发布，旨在消除数字市场内的障碍，使数字产品、服务和内容能够自由流通，从而构建一个统一的数字市场，促进数字创新、经济增长，增加就业机会。《视听媒体服务指令》旨在更新和调整欧盟成员国内的音频和视听媒体服务规定，以适应数字化媒体环境的变化，主要内容包括广告规定、内容配额、保护未成年人等方面。实施这些举措的目的是确保数字媒体领域的合规性、透明性，促进公平竞争，同时保护公众利益，维护消费者权益。

（三）错误信息与虚假信息的泛滥

假新闻、错误信息和虚假信息的泛滥引发了人们对虚假信息传播及其对公众舆论、民主进程和社会凝聚力的负面影响的担忧。媒介素养政策旨在通过强化人们的批判性思维和促进事实核查来应对这些问题。在2020年1~6月克罗地亚担任欧盟轮值主席国期间，欧盟理事会通过了"欧盟理事会关于不断变化的世界中媒介素养的结论"。这些关于媒介素养的结论指出，新媒体和传播平台改变了社会和传播关系，影响了文化和创意产业，改变了媒体格局以及我们生产、传播和消费内容的方式。

（四）公民权的发展以及对弱势群体的保护

媒介素养对于培养积极的公民意识，以及使民众知情并参与民主进程至关重要。欧盟认识到，媒介素养可提高个人参与公共讨论、做出知情决定和向当局问责的能力。关于从更注重保护的政策向更注重分担责任的政策转变的问题，欧盟政策由对公民的网络行为进行规定和限制以保护公民，转变为鼓励公民注意媒介素养对自身的重要性，自主提升使用媒体的相关能力，参与提升自身媒介素养水平的活动。[①] 需要保护的理念与媒体效果及力量理

[①] Sádaba C., Salaverría R., "Tackling Disinformation with Media Literacy: Analysis of Trends in the European Union," *Revista Latina de Comunicación Social* (February, 2023).

论中的理论模式相关联，而促进的理念则与集中关注用户如何使用媒体及评估用户搜索、选择和评估能力的模式相关联。在欧洲，媒介素养发展的一个新特点是强调提高公民的媒体技能水平，这导致人们逐渐减少对只注重保护的政策的关注。越来越明显的是，旨在保护的活动（特别是涉及儿童和青年的活动）正得到赋权和促进战略的补偿，这种变化的一个很好的例子是"更安全的互联网"计划的实行。同时，儿童和青少年是最容易受到数字媒体潜在负面因素影响的群体。媒介素养政策旨在保护这些群体，教他们如何批判性地评估内容、管理自己对网络的使用并保证上网安全。针对老年人和残疾人等弱势群体制定的媒介素养政策也体现了政策的包容性发展。

（五）欧盟媒介的独立性探索

尽管由于技术依赖、意识形态、地缘政治等因素，美国与欧洲的数字信息管理以合作为主，但美国媒体巨头在欧盟市场的扩张仍旧会影响当地媒体公司，因此欧盟的媒介素养政策在本土市场的保护层面表现出对美国媒体巨头的限制。

2022年7月18日，欧洲理事会正式通过《数字市场法》，之后《欧盟官方公报》公布《数字市场法》全文，该法案于2024年全面落地实施，是二十多年来欧盟管理全球最大科技公司的最大规模法律的改革的一部分。《数字市场法》试图构建一个数字化的公平竞争环境，为大型在线平台（"看门人"）确立了明确的权利和规则，并确保没有任何一个平台可以滥用其优势。"看门人"必须符合以下条件。首先，过去三个财政年度的每个财政年度中，其在欧盟的年营业额达到或超过75亿欧元，或者其平均市值或同等公允市场价值至少达到750亿欧元，并在至少三个欧盟成员国提供相同的核心平台服务。其次，必须是业务用户接触客户和其他最终用户的重要门户，即在上一个财政年度至少有4500万月活跃最终用户和至少1万名年活跃业务用户。最后，该公司在目前或将来地位稳固，即过去三个财政年度都达到上述用户数量。

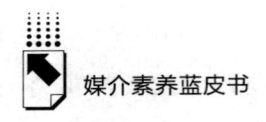

可以看出，欧盟对"看门人"的定义事实上针对的就是美国的谷歌、苹果等科技巨头，当然也包括中国的 TikTok。欧盟对于这些"看门人"从数据使用方面进行了严格的限定。首先，未经欧盟许可，不得交叉或合并使用从其核心平台服务处或从其核心平台服务上做广告的第三方处获得的个人数据，不得在与业务用户竞争时，使用操作核心平台服务后得出的数据。其次，不得阻止企业和用户通过直接或第三方在线销售渠道以相同或不同的价格或条件向最终用户提供同种产品或服务，不得以彼此对核心平台服务的访问为条件进行业务交往等。最后，不得限制用户在不同应用程序和服务之间切换使用户难以离开其平台或服务经营业务，也不得阻止用户向监管部门举报其违规行为。

这一法案引起了美国部分公司的不满，但欧盟对此次法案的落实异常严格，坚决要"捍卫本土市场和内容创作的利益"，在此情况下一贯重视系统封闭性的苹果也不得不做出妥协：正在考虑允许 iPhone 用户从自己的 App Store 以外的地方选择应用程序，以对欧盟《数字市场法案》进行回应。欧盟更多将核心政策放在如何规制大公司使用其所获取的用户数据上，这本质上是一种对欧盟本土数字信息的保护。

三　欧盟媒介素养政策影响

媒体素养政策的影响可以通过多种方式体现，这些政策通常旨在实现与知情公民和负责任的媒体相关的更广泛的社会目标。以下是媒介素养政策可以带来的一些潜在结果和好处。

（一）协调统一的媒介素养共识

欧盟作为一个区域一体化组织，对于各成员国形成一致的市场、货币、外交政策、信息管理政策起到举足轻重的作用。在媒介素养教育方面，欧盟也使各成员国获得了超越国家层次的共识。爱沙尼亚经济事务和通信部副秘书长 Sandra Sarav 在 2022 年的欧洲媒介素养联盟会议上仍在强调成员国之间协调行动的重要性。目前已有欧盟委员会、欧洲观众利益协会、欧洲媒体素养联盟等多个组织来协调欧洲各国媒介素养政策、确立媒介教育成果、进行媒介素养评估等工作。早在2009年，欧盟理事会便提出要重视教育系统对于提升公民媒介素养水平的作用，媒体素养的重要性在欧盟受到更多关注。2018年，欧盟的1808号指令首次为成员国规定了促进媒介素养发展的义务，全体成员国的媒介教育义务被正式确立，整个欧盟对媒介素养定义形成了统一共识，这有助于欧盟委员会统一衡量各国的媒介政策效果、媒介教育成果及公民媒介素养发展现状。① 2020年修订的《视听媒体服务指令》强调了媒介素养的作用。它要求会员国推广提高公民媒介素养水平的措施②，为欧盟的媒介素养政策的进一步优化提供了强有力的依据。

（二）批判性思维的培养

欧盟的媒介素养政策非常强调批判性思维。个人应学会质疑假设、分析信息并参与有关媒体内容的有意义的讨论。这些技能不仅在媒体消费方面很有价值，而且在生活的其他方面也很有价值。欧盟正在尽力去培养公民的批判性思维，并致力于减小国家之间的媒介素养水平差异。

2022年，欧洲进步协会领导开展了一个名为"Read Twice"（R2）的新项目，旨在消除欧盟年轻人中的媒体文盲，解决虚假信息传播问题。该项目选择来自保加利亚、罗马尼亚和克罗地亚的精通媒体的年轻人，他们将首先在葡萄牙和德国接受培训，锻炼批判思维，然后教导其他年轻人识别虚假信息。

为了实现这些目标，欧洲进步协会正在与东欧非政府组织回声协会Udruga Echo（克罗地亚）和可能性协会Se Poate（罗马尼亚）合作，以提

---

① Tzvetozar, "Read Twice: A New Initiative to Counter Disinformation by Enhancing Citizens' Critical Thinking Skills," https：//www.themayor.eu/en/a/view/read-twice-a-new-initiative-to-counter-disinformation-by-enhancing-citizens-critical-thinking-skills-11117.

② European Commision, "Media Literacy Guidelines," https：//digital-strategy.ec.europa.eu/en/library/media-literacy-guidelines.

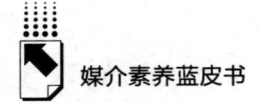

高本国公民媒介素养水平。Read Twice（R2）的其他合作伙伴包括葡萄牙大学和欧洲联盟（Alliance 4 Europe），它们将发挥导师的作用，并在培养媒介素养水平更高的公民方面传授有效的经验，以提高欧盟公民对新型虚假信息传播的认识水平，并讨论防止虚假信息传播的工作方法。同时，这也是欧盟内部解决媒介素养水平不均问题的一种政策性方法。[①]

（三）错误信息的过滤

欧盟的媒介素养计划为个人提供了识别和抵制错误信息和假新闻的工具。这有助于减少虚假信息的传播，并最大限度地降低其对公共话语的潜在负面影响。

信息与通信技术（ICT）的不断发展，使互联网公民可以访问和共享大量信息。这种信息接收与输出已经成为人类社会日常生活的一部分。欧洲经济发达，信息通信技术毫无疑问已经与欧盟社会经济文化高度融合，与此同时，这种环境引起的安全问题使网络空间的沟通与交流成为欧盟安全政策的焦点。对于欧盟媒介素养水平的提升而言，主要有两种手段：主动提升与被动提升。媒介教育、社会行为、政府政策等都可以列入主动提升的范畴，而被动提升则是指净化信息网络空间，通过过滤虚假信息和错误信息，让拟态环境尽可能更接近于真实的社会环境。在这一方面，欧盟的紧迫感越来越强，欧盟议会2016年的一份报告指出，欧盟成员国和公民正面临日益增长的系统压力，需应对来自国家和非国家行为者通过各类信息（包括虚假信息和错误信息）所进行的运动和宣传。肇事者包括各种不同的群体，但欧盟认为他们似乎都有一个共同的目标，即通过沟通和（错误）信息共享来歪曲真相，使成员国间彼此质疑，分裂欧盟。由此可见，欧盟对于一体化进程和成员国之间的关系稳定性是高度重视的，以至于认为最大的信息风险来

[①] European Commision, "Shaping Europe's Digital Future," https：//digital-strategy. ec. europa. eu/en/policies/media-literacy.

源于其他国家通过虚假信息宣传来达成其政治目的的行为。①

从技术上来看，如何给公共媒体减负，如何识别实时性虚假信息便成为紧迫的任务。欧盟认为，当前虚假信息混乱的原因在于新数字生态系统的运作，随着平台、算法、大数据驱动、机器学习和人工智能等技术的成熟，虚假信息已经变得越来越无孔不入且难以识别，因此欧盟将重点放在提供实际内容及真实价值上。数字虚假信息依赖于情感和视觉话语在新的数字生态系统中传播。针对这一点欧盟与美国展开了深度的合作，不仅仅如前文所述，欧盟自己的媒体如 BBC、德国之声、法国《世界报》也参与了过滤虚假信息的行动，如欧盟媒体将自己作为专业第三方机构调查其他媒体。在意识到数字技术和基础设施在公民生活和商业环境中发挥着关键作用后，2018 年，欧盟公布了数字欧洲计划，这是一项新的欧盟资助计划，专注于将数字技术带给企业、公民和公共行政部门。数字欧洲计划将提供战略资金来支持几个关键领域——超级计算、人工智能、网络安全、高级数字技能——的项目，并确保在整个经济和社会中广泛使用数字技术。该计划体现出欧盟过滤虚假信息、维护网络安全、发展本土数字技术的决心。②

（四）包容性的强调

欧盟的媒体素养政策还具有极强的包容性和开放性，体现了欧盟一贯强调的人权理念，这主要与其高水平的社会发展程度有关：尽管欧盟成员国的发展水平仍有差异，但整体人均 GDP 达到 37180 美元（2022 年），人类发展指数达 0.9（极高）。欧盟是世界上最发达的一体化组织。高福利决定了高水平的教育，其中重要的体现就是非歧视性，与国内目前强调的学校教育不同，欧盟的媒介素养教育不仅针对学生，还兼顾弱势群体以及整个国家的公民。学生、工作者、老年人、残障人士等特殊群体都在欧盟多个国家的媒

---

① Flavia Durach, Alina Bargaoanu, Cătălina Nastasiu, "Tackling Disinformation: EU Regulation of the Digital Space," *Romanian Journal of European Affairs* 1 (2020).
② European Commision, "Shaping Europe's Digital Future," https://digital-strategy.ec.europa.eu/en/activities/digital-programme.

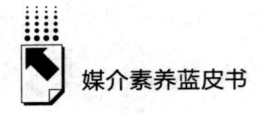

介素养教育范围之内，这也决定了其媒介素养教育方式是多元化的，政府相关部门为此做了大量的工作，针对教育活动的目标和环境，进行以人为本的、游戏化的、包容的、积极的、鼓励式的媒介素养教育，培养他们负责任地驾驭媒体的技能。欧盟的相关政策使公民能够做出明智的决定，保护他们的在线隐私并抵御有害影响。

残疾人作为媒介素养教育的一个特定目标群体，其重要性已得到欧盟各机构的明确承认。如ACOD，这是英国通信管理局的一个特别咨询委员会，负责处理老年人和残疾人在社会中面临的问题。荷兰也有一个专门针对残疾人媒介素养的主题页面，该主题包含残疾人媒介素养的背景信息、针对残疾人的媒介素养提示和面向残疾人的媒介素养相关网站列表。

同时，欧盟成员国的媒介素养教育非常重视效率和质量。在《媒介和视听行动计划》中，欧盟强调成员国应尽最大努力报告他们为提升所有年龄组的媒介素养水平而在正规教育和终身学习方面开展的任何活动。成员国还可以报告市场参与者、科学机构或非政府组织开展的相关提升公民媒介素养水平的活动。

此外，会员国还可以将发展媒介素养技能的措施作为单独和（或）交叉学科列入不同级别（小学、中学、高等教育或其他适当级别的教育和培训）的正规教育课程。根据《欧洲经济和社会委员会对欧洲议会和欧洲理事会关于保护未成年人和人的尊严、保护与欧洲视听和信息服务业竞争力相关的答复权的建议》，应该设置针对教师和培训人员的媒介素养课程，特别应该注意初级教师在媒介素养方面的培训和可持续发展。

可以看出，欧盟为媒介素养教育制定了复杂而完善的制度体系，从调查报告到培训，从专门的信息平台到专门机构，几乎所有工作都有政府参与，相关部门所做的事情、面临的境况非常复杂，体现出欧盟对各成员国政府的要求。

（五）增强教育效果

将媒介素养纳入教育课程可提高学生批判性地使用媒体的能力。鼓励学生负责任地制作媒体内容，提高其媒介素养水平。很多欧洲国家都将媒介素养教育与本国学校教育制度密切结合，教育系统在促进媒介素养教育活动过程中发挥着重要作用。欧洲的教育改革倾向于在课程设置中引入进行媒介教育和提升媒介素养水平的新方法，近几年改革后推出的新课程都关注大众传媒和信息与传播技术。许多国家将掌握媒体应用技能和数字技能作为其课程的最终目标之一，一些国家将这些技能与公民教育和积极的公民意识联系起来。正式、持续的学校教育是互联网时代提升公民媒介素养、培养数字人才的重要途径。欧盟重视在中小学阶段夯实基本的媒介素养基础，在大学阶段提升专业数字化能力。如德国 2016 年宣布实施"数字知识社会的教育攻势"战略，推动数字企业与行业协会和 850 所德国中学与职业学校展开合作，依据《数字能力框架》开设专门课程，内容包括计算机编程、互联网的安全使用与数据保护、网络暴力识别与防范等，在真实场景中教会学生们批判、独立和创造性地使用数字媒体，深化其对技术的理解。

（六）促进传媒产业发展

虽然提升媒介素养水平的重点并不在于创造就业机会，但媒介素养水平较高的受众可以反向激励媒体制作出质量更高、更深入的内容。这有助于媒体行业的整体健康发展。欧盟委员会认为媒体行业有责任为提高公众媒介素养水平提供必要的支持。具体来说，媒体部门应该向公众系统地传达媒体制作的信息，对商业传播所使用的技术进行清晰的解释，让受众能够辨别营销内容。如报刊编辑发起国际和国家倡议，推动将报刊引入学校。中期目标是推广与报刊有关的公众阅读，短期目标是提高阅读媒体的批判能力。欧盟很多国家的教育当局和报刊编辑达成了协议，教育部门和工业部门也结成了许多联盟，开展与阅读和推广图书有关的活动和项目，这些举措都涉及媒介素养的培养。此外，在公共电视界，以推动媒介素养教育发展为目的视听节目也在增加，其分析广告或讨论电视节目本身的内容，解释信息制作的主要方面或提供有关新技术的信息。

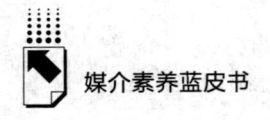

（七）鼓励社会参与和增强社会抗风险能力

媒介素养水平的提升有利于公民积极参与社会和政治事务。媒介素养水平更高的公民更有可能参与公共讨论、公民活动和民主进程。欧洲越来越多的专业教育工作者协会、家长协会、专业人士协会、政治和宗教运动协会以及青年协会指出了当前与媒体有关的风险，并鼓励民众提高对媒体的认识。这些协会各有各的风格，往往侧重于不同的方面，但它们共同构成了一个日益系统和全面的网络，以表达民众对媒体的关注和态度。这些组织尽可能地参与到指导和监管的工作中，并出现了在组织间建立互动平台的趋势。

媒介素养政策有助于逐步转变社会规范，推动具有批判性思维和负责任的媒体消费文化的形成。随着时间的推移，这将使社会更具弹性，能够抵御媒体操纵和虚假信息的影响。旨在加强批判性思维和提升媒介素养水平的政策，是在各部门的共同领导下在教育和媒体部门推行的。欧盟在过去十年中，制定了媒体和信息扫盲的计划和政策，批判性思维和识别虚假信息被认为是"更有效地使用网络信息和社交平台"的关键技能，成员国通过个别倡议也表现出了类似的兴趣。① 传统上，教育政策完全由各成员国负责制定。然而，欧盟目前的政策倡议敦促各成员国在虚假信息和宣传问题上加强协调，2015年欧盟在巴黎正式通过的《通过教育促进公民权利以及自由、包容、不歧视的共同价值观》宣言是这方面的一项重要协议。此协议呼吁"加强儿童和青年的批判性思维和判断能力，特别是在互联网和社交媒体背景下，让他们能够把握现实，区分事实与观点，识别宣传，抵制一切形式的仇恨言论"。作为其实施工作的一部分，《欧洲教育与培训合作战略框架》为成员国在教育政策领域交流"最佳做法"和相互学习提供了一个论坛。2015年的《欧洲教育与培训合作战略框架》明确将媒介素养与网络信息威胁联系起来，将增强"批判性思维"和提高"网络与媒体素养"水平列为

---

① Flavia Durach, Alina Bargaoanu, Cătălina Nastasiu, "Tackling Disinformation: EU Regulation of the Digital Space," *Romanian Journal of European Affairs* 1（2020）.

核心。

虽然其中的一些成果，如公民更加知情和批判性思维得到加强，可能会产生积极影响，但媒介素养政策的主要目标是培养全面发展、负责任的公民。评估媒介素养政策的影响很复杂，通常需要进行长期分析，并需要教育机构、政府、非政府组织和媒体机构之间的合作。

四 欧盟国家媒介素养政策的启示

欧盟的各成员国在各自独特的文化背景和社会需求之下在媒介素养政策方面进行了积极探索，以适应日益复杂的传媒环境。深入探讨欧盟的媒介素养政策，可以了解其在提升公民媒介素养水平方面所取得的成就和经验，为我国媒介素养政策的制定提供一定启示。

（一）媒介素养政策应凸显灵活性和开放性

由于没有一个单一的媒介教育组织可以满足每个人的需求，欧盟各国的政府、研究机构、民间组织等都参与到媒介素养教育当中，将媒介素养与本国学校教育制度密切结合。以芬兰为例，为了扩大本国的媒介素养教育，由芬兰国家视听研究所和芬兰教育部出台的文件《芬兰的媒介教育与国家媒介教育政策》明确要求媒介素养教育的参与者都必须了解自己专业知识和教育能力的局限性，并能够与其他专业领域建立联系和合作。挪威政府也强调教育机构和媒体组织之间的合作伙伴关系，以创建促进媒介素养发展的教育内容。这些合作旨在为学生提供负责任地驾驭媒体的真实经验。这种思维对于理解专业媒体机构的运作方式和信息生产具有重要作用，也间接为媒体机构培养了人才。

在制定媒介素养相关政策时，应考虑到目标群体的多样性以及个人可能同时属于多种目标群体的事实。可以建立、维护和发展支持媒介素养教育的网络，与其他部门进行相关合作。利用数字媒体提供的资源，如在线培训课程、公开可用的档案和收藏，使其在媒介素养教育的实践和发展中发挥作用。改进地方和区域媒介素养教育工作，让媒介素养教育更加务实并考虑到当地的特殊性。以系统的方式利用地方伙伴关系、资金等。增强媒介素养教育领域内的交流，增强多学科媒介素养教育专业人员之间的信息流动性。加强在各种目标群体和社区中关于加强媒介素养教育的相关服务。①

（二）媒介素养教育政策应具备务实性和完整性

欧洲范围内媒介素养政策和基础设施不断完善。欧盟政府始终关注媒介教育的培训问题。欧盟的学术界长期呼吁开发新的培训方式，如同伴指导、沟通性教育等，以促使人们满足相关职业不断变化的能力需求。跨机构的教育合作、跨领域的教育触达等务实性政策，是欧盟发展媒介素养教育的有效手段。

同时，义务教育培养包含媒介素养教育的内容已经成为欧盟发展的新趋势。爱沙尼亚、芬兰等国家都完成了相关的教育改革，希望培养学生对于网络信息进行评估的批判性思维，确保学生具备批判性评估媒体内容和适应数字环境的能力。针对非学生群体，则通过建立数字能力中心，为教育工作者、家长和寻求提高数字素养水平的个人等提供资源、培训和支持。数字能力中心旨在弥合数字鸿沟并确保所有公民都能获得信息和资源。此举确保了在学校教育之外，其他公民也拥有足够的公共媒介教育基础设施，能够享受足够多的媒介教育资源。欧盟各国将媒介素养和数字能力融入教育、公众意识活动以及与各利益相关者的伙伴关系中，并广泛建设数字媒介素养教育相关的基础设施。从政策出台到社会各界配合再到最后的评估机制，其媒介素养政策体系具有高效、完整的特点，可以为其他寻求提高公民媒介素养水平的国家提供借鉴。

在如今全球化的背景下，媒介素养的重要性日益凸显，成为我们在信息时代中不可或缺的一种素质。媒介素养不仅仅是辨别真假信息的能力，更是

---

① Salomaa, Saara, Palsa, Lauri, *Media Literacy in Finland: National Media Education Policy* (*National Audiovisual Institute*, 2019).

一种理解、分析和评估媒体内容的能力。这种素养有助于防范虚假信息的传播，提高对重要问题的理解水平，促进理性的公共讨论，从而为社会稳定与进步创造有利条件。所以媒介素养不仅关乎个人，更影响到社会的发展和稳定。一个具有高度媒介素养的社会能够更好地应对谣言、偏见和虚假信息，保持理性和冷静，从而降低社会分裂的风险。在全球范围内，媒介素养有助于建立跨文化的对话和合作，促进国际关系的发展，减少误解和冲突。在欧盟范围内，一系列超越国家层面的媒介素养政策已经被推行，逐步构建了一个欧盟各成员国政府共同引导的体系，以促进媒介素养的发展。这一体系采取自上而下的方法，由政府主导，实现了各部门之间的紧密合作。欧盟在各个层面制定并实施的媒介素养政策相互关联，有利于促进媒介素养水平的提升、增强公众对媒体环境的理解和参与能力。具体的政策措施会因国家、地区和文化背景的差异而有所不同。欧盟在媒介素养方面做的这一系列努力和积极的尝试，可以为我国相关工作和研究提供借鉴。

Abstract

This book explores the needs, current status, and applications of improving citizens' digital literacy under the framework of digital inclusion through extensive field research and policy studies. Based on these findings, it proposes policy recommendations.

The research reveals that digital inclusion stems from reflections on the digital divide. However, it extends beyond bridging the divide and ensuring equitable access to devices and connectivity. It also encompasses enhancing citizens' digital literacy, such as "digital access, creation, use, evaluation, interaction, sharing, innovation, problem-solving, safety, ethics, and other skills and competencies." Multiple digital literacy gaps may exist across regions within a country (e. g. , urban vs. rural areas, coastal vs. inland regions) and among different groups, depending on factors such as age, income, gender, education, and social class. Employing a digital inclusion framework to investigate the improvement of digital literacy among various groups is essential for narrowing these gaps and promoting social equality.

This book includes four research reports on different vulnerable groups: a survey report on the current status and needs of digital literacy among visually impaired adolescents in special schools, a survey on the media use and digital literacy of older adults, an investigation into rural adolescents' awareness of privacy and personal information protection, and a report on rural women (homestay managers) and their digital capacity building. These reports highlight new forms of the digital divide and the digital literacy needs and current situations of various groups, advocating for inclusive digital literacy education centered on individuals to enhance digital literacy.

Abstract

The book also includes three reports on how rural youth and women leverage digital literacy for local development. These include a survey on the digital literacy of rural homestay practitioners, a study on using communication technologies to expand gender-friendly spaces in rural areas, and an investigation into how "digital empowerment" shapes rural changemakers. These reports emphasize the role of digital literacy in local development with a people-centered approach. The latter two studies, in particular, reconstruct technological systems based on the needs of rural women, integrating appropriate technologies into their lives and livelihoods. This is especially evident in intangible cultural heritage preservation, where the economic contributions of minority women are emphasized. Such studies make visible the agency of returning youth and women, offering valuable insights for the bottom-up construction of diverse digital literacy knowledge systems.

Additionally, the book includes three experiential reports on urban and rural media literacy education to explore practical pathways for digital literacy education. It also provides research materials on new policy developments. Among them, a report on artificial intelligence (AI) policies examines the current state of AI development internationally and domestically, explaining the background, institutional requirements, internal logic, and policy implications of China's AI legislation.

The research finds that improving the digital literacy of all citizens is key to achieving digital inclusion and building an equitable society. Digital inclusion requires not only top-down policy and technological support but also bottom-up digital literacy education tailored to the developmental needs of different social groups, thereby fostering inclusive local development through enhanced digital literacy.

Keywords: Digital Inclusion; Digital Literacy; Inclusive Development; Digital Divide

Contents

I General Report

B.1 "Leaving No One Behind": A Research Report on Digital
Inclusion, Digital Literacy, and Sustainable Development

Bu Wei, Cai Ke / 001

Abstract: This report reviews and analyzes the origins, evolution, and applications of the concept of digital inclusion through a literature review while also examining its relationship with improving digital literacy. Subsequently, it investigates the current state of digital literacy among various vulnerable groups and the development of related policies under the framework of digital inclusion. The findings reveal that digital inclusion originates from reflections on the digital divide. However, it extends beyond equitable access to devices and connectivity to include the enhancement of citizens' digital literacy, encompassing skills and capabilities such as digital access, creation, usage, evaluation, interaction, sharing, innovation, problem-solving, safety, and ethics, enabling effective technology use to improve lives. The literature analysis shows that many quantitative and qualitative studies highlight groups prioritized by digital inclusion efforts, such as people with disabilities, older adults, women, ethnic minorities, and rural residents, and conclude that digital literacy levels among citizens are generally low. Improving the digital literacy of all citizens is crucial to achieving digital inclusion. This requires not only top-down policy and technological support but also bottom-up digital literacy education tailored to the developmental needs of different social groups, fostering inclusive local development through improved digital literacy.

Keywords: Digital Inclusion; Digital Literacy; Digital Capability; Inclusive Development

Ⅱ Policy and Regulations

B.2 An Analytical Report on the Policies and Regulations Relating to the Literacy of Medium, Information, Internet, and Digit in China (2021-2023)　　*Yang Yingwen* / 029

Abstract: Focusing on "media literacy", "network literacy", "information literacy", and "digital literacy", this report examines relevant laws and regulations issued between 2021 and 2023, analyzing their specific provisions and the different emphases of these terms. The aim is to provide legal perspectives for various disciplines. From the dimension of legal efficacy hierarchy, the report organizes broad legal norms related to media, including laws, administrative regulations, local regulations, administrative rules, and documents from political parties and organizations. The content emphasizes rights protection for different groups, network security, digital government, digital economy, and universal literacy. Current policies and regulations primarily rely on education and guidance, lacking punitive measures and enforcement. However, incorporating the concept of "literacy" into legal frameworks guides individuals to enhance self-discipline and correct values. By 2025, as national digital literacy reaches the level of developed countries, digital ethics and moral standards will significantly improve. Policies and regulations on "media literacy", "network literacy", "information literacy", and "digital literacy" will assume greater societal responsibilities, providing more effective institutional guarantees.

Keywords: Media Literacy; Network Literacy; Information Literacy; Digital Literacy

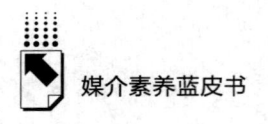

B.3 Development and Analysis of Artificial Intelligence Policies and Regulations (2020-2023)

Wu Shenkuo, Deng Lishan / 051

Abstract: The rapid development and application of artificial intelligence (AI) technologies have significantly increased productivity. However, the processes of AI development, training, and usage can be maliciously exploited, raising concerns about privacy, fairness, discrimination, security, and social stability. Legal and regulatory measures are therefore necessary. This report briefly introduces the current global state of AI technology and governance, summarizes China's AI-related policies and laws from 2020 to 2023, and provides a detailed analysis of three departmental regulations currently in effect: Regulations on Algorithm Recommendation Management of Internet Information Services, Regulations on Deep Synthesis Management of Internet Information Services, and Interim Measures for the Management of Generative AI Services. The report aims to explain the background, institutional requirements, internal logic, and policy implications of China's AI legislation. Overall, the development of China's AI policies and regulations has progressed from top-level design based on legislative opinions to agile governance centered on departmental regulations, moving toward comprehensiveness and systematization. China's AI policy and regulatory framework offer valuable experiences, practices, and solutions for international AI governance.

Keywords: Artificial Intelligence; Deep Synthesis; IIS Algorithms; Laws and Regulations

III Digital Inclusion and Sustainable Development Reports

B.4 Survey Report on the Current Status and Needs of Digital Literacy Among Visually Impaired Adolescents in Special Schools   *Cai Cong / C71*

Abstract: This report investigates visually impaired adolescents aged 12 and above in four schools for the blind and special education institutions. Using questionnaires, it examines their digital media access, usage, and skills; perceptions and attitudes toward digital literacy and diverse career development; and their needs for digital literacy enhancement. A total of 574 valid questionnaires were collected. The findings reveal that the internet usage rate (82.2%) among visually impaired adolescents in special schools is lower than the national average for minors. The main reasons for not accessing the internet include lack of network access, protecting residual vision, lack of internet-enabled devices, limited knowledge of accessibility technologies, and parental restrictions. These adolescents have low awareness of emerging assistive devices and technologies and significant curriculum needs in schools. They have a limited understanding of diverse employment opportunities and low confidence in their ability to pursue relevant careers. They also lack legal knowledge related to accessibility and disability rights. In addition to basic internet skills, these adolescents express a desire for specialized courses on audio post-production, programming, and other skills. Based on these findings, the report recommends increasing and diversifying computer/information courses in special schools, tracking advancements in assistive technologies, emphasizing the role of peer support among visually impaired adolescents, strengthening education on rights protection laws, showcasing successful employment cases, and encouraging societal involvement in enhancing their digital literacy to support independent living and career development.

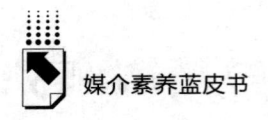

Keywords: Visually Impaired Adolescents; Special Schools; Digital Literacy; Accessibility

B.5 The Report on Digital Aging? Media Use and Digital Literacy of the Elderly in China *Song Hongyan* / 109

Abstract: The overlap of an aging society and a digital society, alongside the rapid iteration of digital and intelligent media and technologies, poses challenges to older adults' digital inclusion, adaptation, and literacy. This report explores the media life experiences, digital adaptation, and digital literacy of older adults in the digital-intelligent era through questionnaire surveys and face-to-face interviews. The findings reveal that, in terms of media usage, older adults show a stronger attachment to smartphones (94.8% own one) compared to televisions and computers, though their media usage purposes are similar. Regarding digital adaptation, 53.3% of older adults find the digital devices they have encountered to be suitable (either "somewhat suitable" or "entirely suitable"), and 74.7% believe such devices have improved their lives. Meanwhile, 63.4% of older adults think digital devices need (either "entirely" or "partially") an "elder mode". In digital literacy, five dimensions are assessed: digital media access and usage literacy, digital comprehension and discernment, media and digital safety, digital participation and communication, and media and digital adaptation capabilities. Among these, media and digital adaptation scores the highest, while media and digital safety scores the lowest. Based on the findings, the report suggests optimizing multi-scenario applications of digital media for older adults, deepening digital adaptation transformation, enhancing multi-stakeholder digital literacy support systems, promoting intergenerational digital literacy and skill exchanges, and strengthening the tracking, evaluation, and provision of digital literacy programs for older adults.

Keywords: Older Adults; Digital Literacy; Digital Adaptation

B.6 Survey Report on Privacy Awareness and Personal Information Protection Among Rural Adolescents

Wang Shengce, Hu Yun / 153

Abstract: In recent years, China has strengthened the protection of citizens' privacy and personal information. Following the implementation of the Civil Code of the People's Republic of China, specific laws and regulations have also been introduced to protect the privacy and personal information of minors. But do teenagers themselves have an awareness of privacy and personal information protection? Considering the disparities between urban and rural areas in terms of internet access, usage, and literacy education, this study focuses on rural adolescents. Due to limited resources, the researchers employed non-probability sampling to investigate the privacy and personal information protection awareness of rural adolescents. The sample was drawn from typical rural schools in Zhejiang Province. By analyzing rural adolescents' online behaviors and their awareness of privacy and personal information protection, the study found that rural adolescents have limited internet exposure. They demonstrate a need for online social interaction and some level of cybersecurity awareness but lack theoretical understanding and knowledge of related laws and regulations, largely influenced by their schools and parents. It is recommended to enhance legal education in rural schools and strengthen internet literacy education to raise awareness of privacy and personal information protection among adolescents.

Keywords: Rural Adolescents; Privacy and Personal Information; Protection Awareness

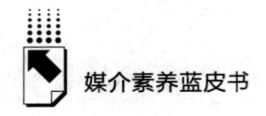

B.7 Analysis Report on Digital Literacy Capacity Building for Rural Women (Homestay Managers) (2023-2024)

—Taking the "Digital Mulan" Homestay Manager Training Program as an Example   *Bu Wei, Cai Ke and Cao Ang* / 172

Abstract: This report investigates the current state and needs of digital literacy among rural women participating in the "Digital Mulan" homestay manager training program, which spans 12 provinces in China. Using quantitative research, qualitative analysis, and fieldwork, the study explores digital literacy's role in empowering rural women from a gender perspective. It also proposes strategies and action plans for improving digital literacy. Findings reveal that the rural women in the "Digital Mulan" program, primarily from central and western regions, often transitioned from manual labor or homemaking (17%). Over 80% began homestay work in 2018, and nearly all participated in the training program, which increased their income and social interaction skills, helping them achieve independence. While most women could use smartphones proficiently, only 30 – 40% could adeptly utilize professional digital tools. Their primary training needs included integrated marketing communication, mobile photography, and live-streaming skills. Most participants believed they worked in relatively gender-equal environments, though 37% reported balancing housework with professional responsibilities. Gender attitude scales suggested a moderate sense of female independence but highlighted the need for greater awareness of familial and community roles. This report recommends incorporating foundational and professional digital literacy training, such as marketing, photography, live-streaming, and cybersecurity. It also emphasizes integrating a gender perspective by transforming "night talks" into participatory gender-focused courses, establishing inclusive classrooms, and addressing women's rights and gender equality issues. Promoting rural women's involvement in social interaction and emphasizing inclusive teaching approaches are also essential.

Keywords: Rural Women; Homestay Managers; Digital Literacy; Digital Capability

B.8 Survey Report on the Digital Literacy of Rural Homestay Practitioners *Cao Ang / 215*

Abstract: This report examines the current state and challenges of digital literacy among rural homestay operators through field observations and in-depth interviews in Wuxing Village, Baitou Town, Chongzhou City, Sichuan Province. Findings reveal that rural homestay operators possess certain digital literacy skills, such as strong information-searching capabilities, intergenerational management of OTA platforms, and leveraging personal networks for online reputation building. Village collectives and government departments also support rural tourism promotion. However, operators face challenges, including limited proficiency in communication technology, unstable OTA platform operations, polarized marketing approaches, and insufficient awareness of tourism communication's importance. The report recommends strengthening the "homestay industry ecosystem", encouraging diverse homestay development, and offering tailored digital literacy training and services to meet operators' varying skill levels. Training should emphasize identifying unique homestay features, audience targeting, and selecting appropriate media channels for marketing.

Keywords: Digital Literacy; Homestays; Rural Tourism

B.9 Expanding Gender-Friendly Spaces in Rural Areas Through Communication Technologies
—*A Survey Report on the Gender Project by the L Foundation*
Wang Ziyan / 234

Abstract: Rural women play a key role in rural revitalization but face various constraints and challenges in pursuing self-development and contributing to community building. How women's organizations can better support rural women to become empowered agents of change is the central focus of this report. Since

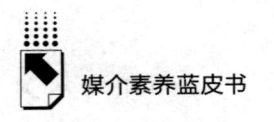

2013, the G Province L Rural Women's Development Foundation has been implementing women's and children's support projects in rural areas. Through participatory observation and in-depth interviews, this case study analyzes and summarizes the foundation's decade-long experience. The study highlights how women's organizations use online women's communities as a base, leveraging communication technologies, including digital tools, to produce knowledge and content, advocate for rural women and children, and promote urban-rural interaction to achieve diverse empowerment goals. To better support rural women and expand gender-friendly spaces, the report recommends optimizing online-offline linkages, offering demand-driven digital media literacy training, and enabling rural women to become knowledge producers. Strengthening emotional and resource connections to innovate urban-rural interaction is also essential.

Keywords: Women's Organizations; Rural Women; Communication Technologies; Women's Rights

B.10 Shaping rural change-makers through digital empowerment
—Research Report on the "Womenup" Program of
China's Social Entrepreneur Foundation　　*Bu Wei*, *Cai Ke* / 256

Abstract: This report uses field research, literature analysis, and interviews to explore how a poverty alleviation program is advancing gender equality with the support of digitization. Since 2015, the "womenup" program of China's Social Entrepreneur Foundation has helped rural women find jobs, start businesses, increase their incomes, and provide them with reproduction and community support through digital means. Since 2015, the program has gradually expanded from a single e-commerce training to a comprehensive economic empowerment program, including entrepreneurial skills training, female leadership, family education, and community participation, reflecting the idea that "the all-round development of people is the biggest public good". International development expert Moser pointed out that low-income women have three roles: reproduction, production, and community participation in management. The three sections of the "womenup" program is combined with the experience of international women's development to form the Gender and Development Theory (GAD) with Chinese characteristics. In the areas of production, reproduction, and social engagement, projects are empowered through digital learning, operations, and community building. The project restructures the technological system according to the needs of rural women, embedding appropriate technologies into their lives and livelihoods, especially intangible cultural heritage aspect, and highlighting the economic contribution of ethnic minority women. The online and offline courses of the project are designed to help them build self-confidence, reduce feelings of inferiority and helplessness, and strengthen support and solidarity among sisters. The digital literacy education of the "womenup" program is not only a charity story to improve skills but also a deeper dive into the lives of rural women, supporting them to get rid of their dependent status and participate in rural development. Gender training and gender equality policies would be more effective if they were incorporated into women's workshops and leadership courses.

Keywords: Economic Empowerment; "Womenup" Program; E-Commerce Training; Intangible Cultural Heritage Empowerment; Women's Leadership

Ⅳ Media Literacy Education

B.11 Practice Report of the Media Literacy Education Team Led by Zhang Haibo at Guangzhou Youth Palace

Zhang Lingmin, Wang Xiaoyan / 277

Abstract: The Children's Media Literacy Education Practice at Guangzhou Children's Palace has spanned nearly 20 years. The media literacy education team led by Zhang Haibo (hereafter referred to as the "Zhang Haibo Team") developed the first set of media literacy textbooks in China to be incorporated into the national public education system, achieving a transition from extracurricular practice, single-school experiments, and multi-school promotion to regional coverage. This report reviews the Zhang Haibo Team's media literacy education practice for children. Using in-depth interviews and secondary data collection methods, it gathered over 100,000 words of interview transcripts, textbook content, media reports, and other relevant materials to summarize the specific content and implementation pathways of China's "Guangzhou Model" for children's media literacy education. The report promotes the advanced experience of the "Guangzhou Model" to enrich and expand the "China Practice" in children's media literacy education. Guangzhou Children's Palace has pioneered a pathway that combines "top-down, dynamic media literacy curriculum development" with the promotion of "top-down, comprehensive participation from families, schools, communities, and enterprises" in media literacy education. The core experience of the "Guangzhou Model" includes: emphasizing top-level design and fulfilling social governance functions; adhering to a problem-oriented approach and leveraging social resources; implementing the concept of "children's participation" to empower children; and breaking barriers to expand from the education circle to the social circle, achieving broader societal action. This report provides suggestions for the future development of children's media literacy education at children's palaces: shifting the focus of courses from "safety" to "development", enriching the connotation of media literacy in the intelligent media era, emphasizing differences in media use between urban and rural children, implementing customized rural media literacy education, and developing a scientific assessment system for children's media literacy.

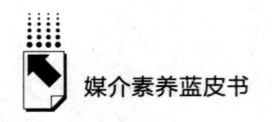

Keywords: Children's Media Literacy Education; Online Safety Education; Network Ecology Governance; Guangzhou Children's Palace

B.12 Experience Report on Media Literacy Education in Rural Schools of Huangshan *Wang Xiaoyan, Zhang Lingmin* / 310

Abstract: Against the backdrop of rural revitalization, studying media literacy education practices in rural areas holds profound significance for promoting educational equity. By exploring the experiences of literacy education for rural children, more precise and effective educational support can be provided to rural areas. This report focuses on the 8-year media literacy education initiative carried out by Huangshan University in rural schools in Anhui Province, investigating the experiences of media literacy education in rural schools to serve as a reference for such education in rural regions. The report primarily uses interviews to gather insights from six core members of the Huangshan University media literacy project team, as well as school principals and homeroom teachers. The research reveals the core achievements of the "Huangshan Rural Model": developing a series of media literacy education courses tailored for rural children, enriching their mental world, enhancing their expressive abilities and learning motivation, establishing an online and offline media literacy resource repository, and earning multiple awards and social recognition for the achievements of its support team. Through the "university + rural" practical education model, Huangshan University has provided media literacy education for rural children and a practice platform for university students, fostering mutual development. Based on these findings, the report suggests directions for the future expansion of media literacy education in rural schools, including broadening the content and target audience of media literacy education and addressing the media needs of teachers and students.

Keywords: Rural Children; Media Literacy Education; Huangshan Experience

B.13 A Case Study on Acquired Media Literacy and Career Development of Journalism and Communication College Students

Cui Bo, Bai Yihan, Cao Xianjie, Zhao Xi and Huang Zhishang / 329

Abstract: Based on UNESCO's 2013 media and information literacy assessment framework and combined with the talent training program for journalism and communication undergraduate students at a media institution, this study examines the media literacy of journalism and communication students during their studies. It evaluates media literacy across four dimensions: media use and information application, media communication and dissemination, digital literacy and data security, and professional awareness and skills application. Using questionnaire surveys, the study measures the media literacy levels of journalism and communication undergraduates enrolled between 2014 and 2018 and explores the relationship between the media literacy acquired during university and their career development. Results show that among the four dimensions of acquired media literacy, graduates performed best in digital literacy and data security, followed by media use and information application, professional awareness and skills application, and lastly, media communication and dissemination. Familiarity with news apps, knowledge of digital literacy, and mastery of communication, skills-based, and creative courses significantly influenced graduates' career development.

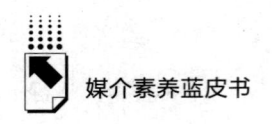

Keywords: Acquired Media Literacy; Career Development; Media Literacy; College Students

V Experience and Lessons

B.14 Digital Literacy and Digital Wellbeing

—*Practices and Reflection of Australian Digital Literacy Education*

Fu Jun / 359

Abstract: With the growing prevalence of digital technology in production and daily life, digital literacy education for adolescents has gained unprecedented attention in the educational sectors of many countries worldwide. This report analyzes the implementation of digital literacy education in Australia, highlighting its pivotal role in the national curriculum and the challenges Australian schools face in its implementation. Based on an analysis of the main academic perspectives on digital literacy, the report proposes the concept of an "ideal digital life" as a theoretical framework to comprehensively understand the connotation of digital literacy and the objectives of digital literacy education.

Keywords: Digital Literacy; Digital Literacy Education; Australia

B.15 Report on EU Media Literacy Policy (2010-2020)

Wang Zixian, Wang Zichao, Qiu Caihao and Li Chen / 370

Abstract: As the information age progresses in the 21st century, media literacy has become a critical component of citizenship, prompting the European Union (EU) to invest significant effort and funding in improving citizens' media literacy. This report outlines the current state of EU media literacy policies, including their historical background, driving factors, and educational methods, while identifying the challenges and issues they face. It highlights that EU media literacy policies are not only longstanding but also forward-looking, inclusive, and adaptive, reflecting the EU's organizational characteristics, political systems, international relations, and level of social development. The policies' flexibility, openness, comprehensiveness, and pragmatism provide valuable lessons for the development of media literacy policies in China.

Keywords: Media Literacy Policies; Media Literacy Education; European Union

社会科学文献出版社

皮 书

智库成果出版与传播平台

✤ 皮书定义 ✤

皮书是对中国与世界发展状况和热点问题进行年度监测，以专业的角度、专家的视野和实证研究方法，针对某一领域或区域现状与发展态势展开分析和预测，具备前沿性、原创性、实证性、连续性、时效性等特点的公开出版物，由一系列权威研究报告组成。

✤ 皮书作者 ✤

皮书系列报告作者以国内外一流研究机构、知名高校等重点智库的研究人员为主，多为相关领域一流专家学者，他们的观点代表了当下学界对中国与世界的现实和未来最高水平的解读与分析。

✤ 皮书荣誉 ✤

皮书作为中国社会科学院基础理论研究与应用对策研究融合发展的代表性成果，不仅是哲学社会科学工作者服务中国特色社会主义现代化建设的重要成果，更是助力中国特色新型智库建设、构建中国特色哲学社会科学"三大体系"的重要平台。皮书系列先后被列入"十二五""十三五""十四五"时期国家重点出版物出版专项规划项目；自2013年起，重点皮书被列入中国社会科学院国家哲学社会科学创新工程项目。

皮书网

（网址：www.pishu.cn）

发布皮书研创资讯，传播皮书精彩内容
引领皮书出版潮流，打造皮书服务平台

栏目设置

◆ **关于皮书**
何谓皮书、皮书分类、皮书大事记、
皮书荣誉、皮书出版第一人、皮书编辑部

◆ **最新资讯**
通知公告、新闻动态、媒体聚焦、
网站专题、视频直播、下载专区

◆ **皮书研创**
皮书规范、皮书出版、
皮书研究、研创团队

◆ **皮书评奖评价**
指标体系、皮书评价、皮书评奖

所获荣誉

◆ 2008年、2011年、2014年，皮书网均在全国新闻出版业网站荣誉评选中获得"最具商业价值网站"称号；

◆ 2012年，获得"出版业网站百强"称号。

网库合一

2014年，皮书网与皮书数据库端口合一，实现资源共享，搭建智库成果融合创新平台。

皮书网

"皮书说"微信公众号

权威报告·连续出版·独家资源

皮书数据库
ANNUAL REPORT(YEARBOOK) DATABASE

分析解读当下中国发展变迁的高端智库平台

所获荣誉

- 2022年，入选技术赋能"新闻+"推荐案例
- 2020年，入选全国新闻出版深度融合发展创新案例
- 2019年，入选国家新闻出版署数字出版精品遴选推荐计划
- 2016年，入选"十三五"国家重点电子出版物出版规划骨干工程
- 2013年，荣获"中国出版政府奖·网络出版物奖"提名奖

皮书数据库　　"社科数托邦"微信公众号

成为用户

登录网址www.pishu.com.cn访问皮书数据库网站或下载皮书数据库APP，通过手机号码验证或邮箱验证即可成为皮书数据库用户。

用户福利

- 已注册用户购书后可免费获赠100元皮书数据库充值卡。刮开充值卡涂层获取充值密码，登录并进入"会员中心"—"在线充值"—"充值卡充值"，充值成功即可购买和查看数据库内容。
- 用户福利最终解释权归社会科学文献出版社所有。

社会科学文献出版社　皮书系列
卡号：698544268447
密码：

数据库服务热线：010-59367265
数据库服务QQ：2475522410
数据库服务邮箱：database@ssap.cn
图书销售热线：010-59367070/7028
图书服务QQ：1265056568
图书服务邮箱：duzhe@ssap.cn

S 基本子库
SUB DATABASE

中国社会发展数据库（下设 12 个专题子库）

紧扣人口、政治、外交、法律、教育、医疗卫生、资源环境等 12 个社会发展领域的前沿和热点，全面整合专业著作、智库报告、学术资讯、调研数据等类型资源，帮助用户追踪中国社会发展动态、研究社会发展战略与政策、了解社会热点问题、分析社会发展趋势。

中国经济发展数据库（下设 12 专题子库）

内容涵盖宏观经济、产业经济、工业经济、农业经济、财政金融、房地产经济、城市经济、商业贸易等 12 个重点经济领域，为把握经济运行态势、洞察经济发展规律、研判经济发展趋势、进行经济调控决策提供参考和依据。

中国行业发展数据库（下设 17 个专题子库）

以中国国民经济行业分类为依据，覆盖金融业、旅游业、交通运输业、能源矿产业、制造业等 100 多个行业，跟踪分析国民经济相关行业市场运行状况和政策导向，汇集行业发展前沿资讯，为投资、从业及各种经济决策提供理论支撑和实践指导。

中国区域发展数据库（下设 4 个专题子库）

对中国特定区域内的经济、社会、文化等领域现状与发展情况进行深度分析和预测，涉及省级行政区、城市群、城市、农村等不同维度，研究层级至县及县以下行政区，为学者研究地方经济社会宏观态势、经验模式、发展案例提供支撑，为地方政府决策提供参考。

中国文化传媒数据库（下设 18 个专题子库）

内容覆盖文化产业、新闻传播、电影娱乐、文学艺术、群众文化、图书情报等 18 个重点研究领域，聚焦文化传媒领域发展前沿、热点话题、行业实践，服务用户的教学科研、文化投资、企业规划等需要。

世界经济与国际关系数据库（下设 6 个专题子库）

整合世界经济、国际政治、世界文化与科技、全球性问题、国际组织与国际法、区域研究 6 大领域研究成果，对世界经济形势、国际形势进行连续性深度分析，对年度热点问题进行专题解读，为研判全球发展趋势提供事实和数据支持。

法律声明

"皮书系列"(含蓝皮书、绿皮书、黄皮书)之品牌由社会科学文献出版社最早使用并持续至今,现已被中国图书行业所熟知。"皮书系列"的相关商标已在国家商标管理部门商标局注册,包括但不限于LOGO( )、皮书、Pishu、经济蓝皮书、社会蓝皮书等。"皮书系列"图书的注册商标专用权及封面设计、版式设计的著作权均为社会科学文献出版社所有。未经社会科学文献出版社书面授权许可,任何使用与"皮书系列"图书注册商标、封面设计、版式设计相同或者近似的文字、图形或其组合的行为均系侵权行为。

经作者授权,本书的专有出版权及信息网络传播权等为社会科学文献出版社享有。未经社会科学文献出版社书面授权许可,任何就本书内容的复制、发行或以数字形式进行网络传播的行为均系侵权行为。

社会科学文献出版社将通过法律途径追究上述侵权行为的法律责任,维护自身合法权益。

欢迎社会各界人士对侵犯社会科学文献出版社上述权利的侵权行为进行举报。电话:010-59367121,电子邮箱:fawubu@ssap.cn。

社会科学文献出版社